중국 특색 사회주의 농촌 활성화의 길로 나아가다

"13.5"국가 중점 출판물 출판계획 프로젝트

시진핑 신시대 중국 특색 사회주의 사상 학습 총서

명예 총괄 편집ㅣ왕웨이광 王偉光
총괄 편집ㅣ셰푸잔 謝伏瞻
편집ㅣ왕징칭 王京淸 차이팡 蔡昉

총괄 기획ㅣ자오젠잉 趙劍英

시진핑 신시대
중국 특색
사회주의 사상
학습 총서

중국 특색 사회주의 농촌 활성화의 길로 나아가다

천시원(陳錫文)·웨이허우카이(魏后凱)·송야핑(宋亞平) 지음
김선녀(金善女) 옮김

역락

시대정신의 정수
위대한 실천의 지침

———

세푸잔(謝伏瞻)[1]

시진핑 총서기는 "마르크스주의는 끊임없이 발전하고 있는 개방적인 이론으로 항상 시대의 선두에 있다"고 지적했다.[2] 시진핑 신시대 중국 특색 사회주의 사상은 시대와 함께 나아가는 마르크스주의의 품격을 더욱 확대·발전시켰을 뿐 아니라 시대의 발전에 순응하고, 시대의 관심에 호응함으로써 '새로운 시대에 어떠한 중국 특색 사회주의를 어떻게 유지·발전시킬 것인가'라는 중대한 시대적 과제에 과학적으로 답을 했으며, 마르크스주의 중국화에서 새로운 비약을 실현했다. 시진핑 신시대 중국 특색 사회주의 사상은 마르크스주의, 중국 특색 사회주의, 국정운영 및

———

1 저자는 중국사회과학원 원장, 당조 서기이자 학부주석단 주석직을 맡고 있다.
2 시진핑, 「마르크스 탄생 200주년 기념 대회 연설」(2018년 5월 4일), 인민출판사, 2018년판, 9면.

당 통치와 관리에 있어 새로운 지평을 연 현대 중국 마르크스주의이자 21세기 마르크스주의이며, 시대정신의 본질이자 위대한 실천지침이라 할 수 있다.

1. 시대와 인민의 질문에 과학적으로 답을 했다

마르크스는 "문제는 시대의 격언이고, 시대가 스스로의 내면 상태를 가장 실질적으로 나타내는 목소리이다."라고 언급한 바 있다.[3] 시진핑 총서기 역시 "시대에 입각해 특정한 시대적 문제를 해결해야만 시대의 사회진보를 추진할 수 있고, 시대에 따라 그 시대의 구체적인 목소리에 귀를 기울여야만 사회 조화를 촉진하는 시대의 호각을 불 수 있다"는 심오한 의견을 피력했다.[4] 시진핑 신시대 중국 특색 사회주의 사상은 시대의 질문과 인민의 물음에 과학적으로 답을 했고, 시대와 인민이 제기한 중대한 이론과 현실 문제에 답을 하고 해결하는 가운데 마르크스주의 중국화의 최신 성과를 형성하여 신시대 중국 특색 사회주의의 위대한 승리를 쟁취하는 과학적 지침이 되었다.

3　『마르크스엥겔스 전집』, 제1권, 인민출판사, 1995년판, 203면.
4　『지강신어』에 실린 시진핑의 「문제는 시대의 슬로건이다」(2006년 11월 24일), 저장(浙江)인민출판사, 2007년판, 235면.

(1) 현 시대의 본질과 특징을 깊이 분석해 '인류가 어디로 나아가야 하는가'라는 중요한 문제에 과학적으로 답을 했다

시진핑 총서기는 "지금 우리가 처한 시대는 마르크스의 시대에 비해 심오한 변화를 보이고 있지만, 500년 세계 사회주의의 관점에서 보면 우리는 여전히 마르크스가 규정한 역사적 시대에 처해 있다."[5]라고 지적했다. 자본주의의 기본적인 모순에 대한 마르크스와 엥겔스의 분석과 자본주의는 반드시 소멸하고 사회주의가 승리한다는 역사유물론은 구시대적인 관점이 아니다. 이는 마르크스주의에 대한 우리의 굳건한 믿음이고, 사회주의는 반드시 승리한다는 신념에 대한 과학적인 근거이다.

시대의 본질은 바뀌지 않았지만 당대 자본주의는 새로운 특징을 보여주고 있다. 한편으로 자본주의의 생산성 수준은 오늘날에도 여전히 세계에서 앞서가고 있고, 계층 갈등 완화, 자체 조정 및 체제 복구 능력이 여전히 강하며, 위기를 넘기고 극복할 수 있는 능력과 공간을 가지고 세계 경제와 정치 질서에 대해서도 여전히 강한 통제력을 가지고 있다. 반면 현재 자본주의에도 새로운 변화들이 많이 일어나면서 새로운 문제들이 많이 생겼다. 시진핑 총서기가 지적했듯이 "많은 서방 국가 경제의 지속적인 침체, 양극화 및 사회 갈등 심화는 자본주의의 고유한 생산 사회화와 생산 수단의 사적 소유 사이의 갈등이 여전히 존재하지만 그 표현 형태와 특성은 다소 다르다."[6] 현 시대의 본질과 단계별 특성으로 인해 일련의 중대한 세계적인 문제가 나타났다. 세계적으로 빈부 격차가 점점 심각해지고 있고,

---

5   『시진핑, 국정운영을 논하다』, 제2권, 외문출판사, 2017년판, 66면.

6   시진핑, 「철학과 사회과학업무 간담회 연설」(2016년 5월 17일), 인민출판사, 2016년판, 14면.

글로벌 경제 성장의 모멘텀이 심각하게 부족하다. 패권주의와 강권정치가 여전히 존재하고 있고, 지역의 핫 이슈들이 잇달아 발생하고 있으며, 테러, 사이버 안보, 심각한 전염성 질병, 기후변화와 같은 비전통적 안보 위협이 계속 만연해 세계 평화와 발전에 위협이 되고 있다. 이와 함께 세계 다극화, 경제 글로벌화, 사회 정보화와 문화적 다양성이 더욱 발전함에 따라 패권주의와 강권정치에 반대하는 평화세력이 빠르게 발전했으며, 세계 거버넌스 체계와 국제 질서의 변혁이 가속화되고 있다. 비합리적인 세계 경제 정치 질서가 지속되기는 어려워지면서 인류 사회는 대변혁과 발전 및 중요한 조정의 시기로 들어서며 '백 년에 한 번 있을까 말까 한 미증유의 대변혁'에 직면하게 된다. 새로운 시대적 조건에서 인류가 직면한 중대한 글로벌 도전에 어떻게 대처하고, 인류를 어두운 전망을 가진 미래가 아닌 밝은 미래로 어떻게 이끌어 가야 하는가라는 중대한 문제에 대해 과학적으로 답을 해야 한다. 이는 '인류가 어디로 나아가야 하는가'와 관련된 중요한 시대적 과제이다. 시진핑 총서기는 전 인류의 입장에 서서 이 중요한 질문에 과학적으로 답을 하고, 새로운 사상과 새로운 관점을 제시하며, 인류 사회의 발전 법칙에 대한 이해를 심화시키고, '세상에 어떤 문제가 있고, 우리가 어떻게 해야 하는가'라는 해결이 시급한 현실적인 문제에 대하여 구체적인 답을 내놓았다.

(2) 세계 사회주의 운동의 새로운 상황과 특징에 대한 분석을 통해 '사회주의가 어디로 나아가야 하는가'에 대한 중대한 문제에 과학적으로 답을 했다

시진핑 총서기는 다음과 같은 깊이 있는 관점을 내놓았다. "사회주의는 처음 등장한 후 현재에 이르기까지 500여 년의 역사를 가지고 있다. 공상에서 과학으로, 이론에서 실천으로, 한 나라에서 여러 나라로의 발전을 이룩했다". 특히 10월혁명의 위대한 승리는 과학적 사회주의를 이론에서 실천으로, 이상에서 현실로 이끌어 인류 역사 발전의 신기원을 열었다. 제2차 세계대전 이후 많은 사회주의 국가들이 나타났으며, 세계 사회주의 운동이 왕성하게 발전했다. 그러나 1980년대 말 90년대 초 소련과 동유럽에 급격한 변화가 발생하면서 세계 사회주의 운동은 심각한 좌절을 맛보며 침체에 빠졌다.

21세기 들어 서구 자본주의 국가들이 심각한 위기를 겪으면서 세계에서의 영향력이 계속 감소했다. 반면, 중국 특색 사회주의는 눈부신 성과를 거두었고, 다른 국가와 지역의 사회주의 운동과 진보 역량들도 다소 발전했다. 하지만, 당분간 두 시스템이 협력하고 경쟁하는 상황은 오랫동안 존재할 것이기 때문에 세계 사회주의 발전은 여전히 갈 길이 멀다. 이런 배경과 조건에서 세계 사회주의 운동이 수렁에서 벗어나 발전하고 활성화할 수 있을 것인지, '서양은 지고 동양이 떠오르고', 사회주의가 약화되고 자본주의가 강세를 띠는 전반적인 상황을 바꿀 수 있을 것인가에 대한 중대한 질문에 반드시 답을 해야 한다. 이는 '사회주의가 어디로 나아가야 하는가'와 관련된 중대한 문제이기 때문이다. 시진핑 총서기는 역사와 현실 그리고 미래에 대한 철저한 이해를 통해 이러한 중대한 질문에 과학적으로 답하고, 사회주의 발전 법칙에 대한 이해를 심화시켰으며, 과학적 사회주의 발전을 강화했다. 신시대 중국 특색 사회주의의 발전은 세계 사회주의의 새로운 발전을 이끄는 기치이자 중요한 기둥이 되었다.

(3) 당대 중국의 새로운 역사적 위치와 새로운 문제에 대한 심층 분석을 통해 '중국이 어디로 나아가야 하는가'라는 문제에 과학적으로 답을 했다

세계 사회주의 운동이 심각한 도전에 직면하고, 침체된 상황에서 중국은 중국 특색 사회주의 노선을 따라 흔들림없이 개척해 나가면서 오랜 노력 끝에 경제, 과학기술, 국방 등 분야에서 세계 선두로 올라서며 국제적 위상을 드높이는 새로운 모습으로 세계 민족의 숲에 우뚝 서게 되었다. 중국 특색 사회주의가 신시대에 들어선 것은 '중화인민공화국 발전사와 중화민족 발전사에서 중요한 의미를 가지고, 세계 사회주의 발전 및 인류사회의 발전 역사에서도 큰 의의를 가진다'.[7]

중국 특색 사회주의는 새로운 시대로 접어 들었고, 중국은 점점 더 세계무대의 중심에 다가가고 있으며 그 영향력과 호소력 및 지도력이 끊임없이 향상되어 마르크스주의와 사회주의를 믿는 사람들이 많아지고 있다. 이렇게 두 사회제도의 세력 균형 또한 마르크스주의와 사회주의에 유리한 방향으로 심오한 변화가 일고 있다. 때문에 서구 자본주의 국가들이 중국에 대한 침투와 공격을 계속 늘리고 있으며, 중국 내 '화평연변(Peaceful Evolution)'[8]과 '색깔혁명'[9]과 같은 위험도 끊임없이 커지고 있다. 따라서 새로운 시대에 어떻게 새로운 역사적 특징을 갖는 위대한 투쟁을 전개할지,

---

7   시진핑, 「샤오캉사회 전면실현의 결정적인 승리를 이룩하고 신시대 중국 특색 사회주의의 위대한 승리를 거두자-중국공산당 제19차 전국대표대회(이하 19차 당대회라고 약칭함) 보고」(2017년 10월 18일), 인민출판사, 2017년판, 12면.

8   옮긴이 주: 서방 국가들이 비폭력적 수단과 방법으로 변화를 유도하여 사회주의국가를 와해시키는 전략.

9   옮긴이 주: 비폭력 형식으로 정권교체를 실현하는 사회운동.

새로운 시대에서 나타날 수 있는 국내의 주요 사회 갈등을 어떻게 잘 해결할지, 국제적으로 국가 안보와 주권 그리고 발전 이익을 어떻게 수호하고, 새로운 시대 중국 특색 사회주의의 승리를 쟁취해 중화민족의 위대한 부흥을 실현할지와 같은 문제에 대해 과학적인 사고로 답을 해야 할 필요가 있다. 이는 '중국이 어디로 나아가야 하는가'와 직결된 중대한 문제이다. 시진핑 총서기는 새로운 역사적 입장을 바탕으로 과학적으로 이 중요한 질문에 답을 함으로써 중국 특색 사회주의 건설 법칙에 대한 인식을 심화시켰다. 아울러 이는 마르크스주의 중국화의 역사적 진전에 있어서 이정표적 의미를 갖는다.

(4) 새로운 시대 중국공산당이 직면한 리스크와 도전을 깊이 분석해 '중국공산당이 어디로 나아가야 하는가'라는 중대한 문제에 과학적으로 답을 했다

중국공산당은 중국 노동자계급의 선구자이자 중화민족과 중국 인민의 선봉대로써 위대한 자아혁명과 사회혁명을 끊임없이 추진해왔다. 중화민족은 일떠서고 부유해지고 강해지기까지의 위대한 비약을 했고, 중화민족의 위대한 부흥이라는 밝은 미래를 맞이하였다. 그러나 장기집권과 개혁개방이 지속적으로 심화되고, 외부 환경이 복잡하게 변화하고 있는 새로운 역사 여건 속에서 당에도 큰 변화가 일어났다. 장기집권, 개혁개방, 시장경제 및 외부환경으로부터의 '4가지 시련'은 오랫동안 복잡하게 변했고, 해이한 정신, 능력부족, 민심이반, 부패만연과 같은 '4가지 위험'이 극심해졌다. "우리 당은 복잡한 집권 환경에 직면해있다. 뿐만 아니라 당의 진보성에 영향을 주고 당의 순수성을 약화시키는 요소들도 복잡하게 얽혀 있으며, 당내 존재하는 불순한 사상과 조직, 불순한 작태와 같은 두드러진 문제들이 아직 해결되지 않고 있다"[10]고 지적한 시진핑 총서기의 말처럼 중국 공산당이 전대미문의 시련과 위험을 견디고 자신의 진보성과 순수성을 항상 유지할 수 있는지, 시대의 최전선에서 인민의 중추로써 항상 강한 지도 핵심 역량이 될 수 있는지 여부와 관련된 중요한 문제에 대해 과학적으로 답을 해야 한다. 이는 '중국 공산당이 어디로 나아가야 하는가'와 관련된 중요한 문제이다. 도전과 위험을 충분히 감당할 용기를 가진 시진핑 총서기는 이 중요한 질문에 과학적으로 대답하고, 공산당 집권법칙에 대한 이해의 깊이를 더함으로써 마르크스주의 집권당 건설을 새로운 차원으로 추진했다.

요컨대 인류가 어디로 나아가고, 사회주의가 어디로 나아가며, 당대 중국이 어디로 나아가고, 중국공산당이 어디로 나아가야하는지와 같은 시대적 질문과 인민의 질문, 이러한 중대한 이론과 현실적인 문제가 하나로 집중된 것이 바로 시대의 중요한 과제인 '새로운 시대에 어떠한 중국 특색 사회주의를 어떻게 견지하고 발전시킬 것인가'라는 문제이다. 시진핑 동지를 대표로 하는 중국공산당은 이론과 실천의 결합을 통해 이러한 중요한 시대적 과제에 대해 체계적으로 답하면서 시진핑 신시대 중국 특색 사회주의 사상을 창안했다. 이러한 마르크스주의 중국화의 최신 성과는 중국의 것일 뿐 아니라 세계의 것이며, 중국 인민의 행동 지침이자 전 인류의 사상적 공동 자산이다.

---

10   시진핑, 「샤오캉사회 전면실현의 결정적인 승리를 이룩하고 신시대 중국 특색 사회주의의 위대한 승리를 거두자-19차 당대회 보고」(2017년 10월 18일), 인민출판사, 2017년판, 61면.

2. 풍부한 이념적 의미, 엄격한 이론적 체계

시진핑 신시대 중국 특색 사회주의 사상은 이념적 의미가 풍부하고, 개혁, 발전, 안정, 내정, 외교, 국방, 당과 국가 관리 및 군 관리와 같은 모든 분야를 총망라한 체계가 완전하고 논리적으로 치밀하고 상호 연계된 사상 이론 체계를 구축했다.

(1) 신시대 중국 특색 사회주의의 고수와 발전은 시진핑 신시대 중국 특색 사회주의 사상의 핵심 요지이다

중국 특색 사회주의는 우리 당이 중국의 현실과 긴밀하게 연계하고, 심층적인 탐구와 혁신을 통해 거둔 근본적인 성과이자, 개혁개방 이후 당의 모든 이론과 실천의 주제이다. 중화인민공화국 수립 후, 마오쩌둥(毛澤東) 동지를 중심으로 한 1세대 중앙 지도부는 당 전체와 인민의 단합을 이끌며 중국 정세에 적합한 사회주의 건설의 길을 모색하기 시작했다. 개혁개방 이후, 덩샤오핑(鄧小平) 동지를 핵심으로 한 2세대 중앙 지도부, 장쩌민(江澤民) 동지를 위시한 3세대 중앙 지도부, 후진타오(胡錦濤) 동지가 총서기로 있을 당시의 당 중앙은 중국 특색 사회주의 견지와 발전이라는 주제를 중심으로 '사회주의가 무엇이며 어떻게 사회주의를 건설할 것인가', '어떤 당을 어떻게 건설할 것인가', '어떤 발전을 어떻게 이룰 것인가'와 같은 중대한 문제를 깊이 분석하고, 과학적으로 답을 하고 중국 특색 사회주의 건설에 대한 인식을 끊임없이 심화시켜 덩샤오핑 이론, '3개 대표론[三個代表]'[11]

---

11 옮긴이 주: 선진 생산력(자본가), 선진문화 발전(지식인), 광대한 인민(노동자·농민)의 근본 이익을 대표해야 한다는 이론.

이라는 중요한 사상과 과학발전관을 확립함으로써 중국 특색 사회주의 이론 체계를 끊임없이 풍부하게 만들었다.

18차 당대회 이후 시진핑 동지를 핵심으로 한 당중앙은 일관되게 이 주제를 고수하고, 새로운 시대적 여건과 새로운 실천 요구를 긴밀하게 결합하여 새로운 비전을 가지고 '새로운 시대에 어떠한 중국 특색 사회주의를 어떻게 고수하고 발전시켜야 하는가'라는 중요한 시대적 과제를 둘러싸고 과학적으로 답을 하여 시진핑 신시대 중국 특색 사회주의 사상을 창시함으로써 신시대 중국 특색 사회주의의 본질적인 특징, 발전 법칙과 건설 경로를 심도 있게 명시하고 신시대에 중국 특색 사회주의를 고수하고 발전시키기 위한 과학적인 지침과 기본적인 준수사항을 제시했다.

(2) '명확하게 해야 하는 8가지[八個明確]"[12]는 시진핑의 신시대 중국 특색 사회주의 사상의 주요 내용이다

시진핑 총서기는 마르크스주의의 기본 원리와 당대 중국의 구체적

---

12 옮긴이 주: ①사회주의 현대화와 중화민족의 위대한 부흥을 실현하기 위해 중국 특색 사회주의를 고수하고 발전시키는 것을 명확하게 한다. ②새로운 시대의 중국 사회의 주요 갈등은 아름다운 생활에 대한 늘어나는 인민들의 수요와 불균형하고 충분치 못한 발전 사이의 갈등임을 명확하게 한다. ③중국 특색 사회주의는 '오위일체'를 일반적인 배치로 삼고, '4가지 전면'을 전략적 배치로 삼을 것을 명확하게 한다. ④전면적인 개혁 심화의 목표는 개발도상국의 사회주의 제도를 완비하고 발전시키고, 국정 운영 체계와 운영 능력의 현대화를 추진하는 것임을 명확하게 한다. ⑤법치 추진의 목표는 중국 특색 사회주의 법치 체계와 사회주의 법치국가를 건설하는 것임을 명확하게 한다. ⑥새로운 시대 강군에 대한 당의 목표는 당의 지휘에 따라 싸움에서 승리하고, 우수한 기풍의 인민군대를 건설해 세계 최고 군대로 만드는 것임을 명확하게 한다. ⑦중국 특색의 대국 외교가 새로운 국제관계와 인류 운명공동체 구축을 추진하는 것임을 명확하게 한다. ⑧중국공산당 지도가 중국 특색 사회주의의 가장 중요한 특징을 명확하게 한다.

실천을 창의적으로 통합하여 새로운 시대에 중국 특색 사회주의를 고수하고 발전시키기 위한 일반 목표와 임무, 전반적인 배치와 전략적 포석 및 발전 방향, 발전 방식, 발전 동력, 전략적 절차, 외부조건, 정치적 보장과 같은 일련의 기본적인 문제를 체계적으로 구체화했다. 아울러 '명확하게 해야 하는 8가지'를 상세하게 요약함으로써 시진핑 신시대 중국 특색 사회주의의 사상의 주요 내용을 구성했다. 첫 번째, 국가 발전의 관점에서 중국 특색 사회주의를 유지하고 발전시키는 전반적인 목표와 과제 및 전략적 단계를 분명하게 했다. 두 번째, 인간과 사회 발전의 관점에서 새로운 시대 중국 사회의 주요 모순을 분명히 하고 해결함으로써 사람의 전면적인 발전과 모두가 함께 부유해질 수 있는 사회적 이상을 명확하게 했다. 세 번째, 총체적인 배치와 전략적 포석의 관점에서 새로운 시대 중국 특색 사회주의 사업의 발전 방향과 정신 상태를 명확하게 했다. 네 번째에서 일곱 번째까지는 개혁, 법치, 군대, 외교 분야로 각각 나누어 새로운 시대 중국 특색 사회주의 고수와 발전을 위한 개혁의 모멘텀, 법치 보장, 군사 안보 보장 및 외부 환경 보장 등을 명확하게 했다. 여덟번째, 가장 본질적인 특징과 최대의 장점, 최고 정치 지도력의 관점에서 새로운 시대에 중국 특색 사회주의를 유지하고 발전시키기 위한 근본적인 정치적 보장을 명확하게 했다.

'명확하게 해야 하는 8가지'는 새로운 시대에 중국 특색 사회주의를 고수하고 발전시키기 위한 가장 핵심적이고 중요한 이론과 함께 실천 문제를 포함하고 있다. 즉, 중국 특색 사회주의의 가장 본질적인 특성뿐 아니라 당과 국가의 앞날과 운명을 결정하는 근본적인 힘을 포함한다. 중국이 시대를 따라 잡기 위한 법보와 함께 중국의 모든 문제를 해결할 수 있는 기반과 열쇠도 포함되어 있다. 사회주의 정치 발전의 필연적인 요구뿐 아니라 중국 특색 사회주의의 본질적인 요구와 중요한 보장도 담겨있다. 국가와 민족 발전을 위한 깊이 있고 근본적이며 지속적인 힘과 공동 발전이라는 근본적인 목적도 포함하고 있다. 중화민족의 영속적인 발전을 위한 천년대계뿐 아니라 우리 당의 국정운영에 대한 중요한 원칙도 포함되어 있다. '두 개 100년' 분투목표 실현을 위한 전략적 지지와 함께 중화민족의 위대한 부흥 실현을 위한 필연적인 요구사항도 포함하고 있다. 중국몽(中國夢) 실현을 위한 국제환경과 안정적인 국제 질서를 포함하고, 우리 당의 가장 뚜렷한 품격이 담겨 있다. 이런 내용들은 논리적인 단계성을 갖추고, 내용적으로 상호보완을 이루어 시진핑 신시대 중국 특색 사회주의 사상의 체계성, 과학성, 혁신력을 중점적으로 보여주었다.

(3) '견지해야 하는 14가지[十四個堅持]'는 새로운 시대에서 중국 특색 사회주의를 고수하고 발전시키기 위한 기본 방략이다

'견지해야 하는 14가지'는 시진핑 신시대 중국 특색 사회주의사상의 중요한 구성 부분으로 신시대 중국 특색 사회주의를 고수하고 발전시키기 위한 기본적인 방략이다. 주요 내용은 다음과 같다. 모든 일에 대한 당의 지도력, 인민 중심의 입장, 전면적인 개혁 심화, 새로운 발전 이념, 인민의 주인 역할, 전면적인 법치, 사회주의 핵심 가치 체계, 발전 중 민생 보장과 개선, 인간과 자연의 조화로운 공존, 전반적인 국가 안보관, 인민군에 대한 당의 절대적인 지도력, '일국양제(一國兩制)'와 조국 통일 추진, 인류 운명공동체 구축 추진, 전면적인 종엄치당 등을 견지해야 한다.

'견지해야 하는 14가지'의 기본 방략은 전방위적 발전 요구를 포함

중국 특색 사회주의 농촌 활성화의 길로 나아가다

한 중국 특색 사회주의 실천 요구를 바탕으로 공산당 집권 법칙, 사회주의 건설 법칙, 인류사회의 발전 법칙에 대한 이해를 심화시켰다. 모든 업무에 대한 당의 지도를 견지하고, 전면적인 종엄치당의 최고의 중요성을 구현하면서 중국공산당이 현재 중국의 최고 정치 지도 역량이라는 것을 단단히 틀어쥐고 각별히 초점을 맞추었다는 것을 보여주었다. 인민 중심의 기본 입장을 고수하고 전면적인 개혁 심화를 견지하는 기본 방법을 충분히 구현했다. 중국 특색 사회주의 '오위일체'라는 전반적인 포석과 '4가지 전면'이라는 전략적 배치의 기본 요구를 포함하고, 핵심적이고 특수한 분야에서의 기본적인 요구를 강조했다. 즉, 전반적인 국가 안보관의 견지를 통해 국가 안보 분야의 기본적인 요구를 구현했다. 인민군에 대한 당의 절대적인 리더십 견지를 통해 군대와 국방 건설 분야에서의 기본적인 요구를 구현했다. '일국양제'의 견지와 조국 통일 추진을 통해 홍콩, 마카오, 타이완 업무에 대한 기본 요구 사항을 구현했다. 인류 운명공동체 구축 추진에 대한 견지를 통해 외교 업무 분야의 기본적인 요구사항을 구현했다. 전반적으로 '견지해야 하는 14가지'라는 기본 방략은 행동 강령과 중요한 대책 조치의 측면에서 볼 때, 경제, 정치, 법치, 과학기술, 문화, 교육, 민생, 민족, 종교, 사회, 생태문명, 국가안보, 국방과 군대, '일국양제'와 조국 통일, 통일 전선, 외교, 당 건설 등 모든 분야에 걸쳐 과학적으로 답을 하고, 전략적인 배치를 하여 실천성과 운영성을 가진 근본적인 요구를 이루었다. 이는 '두 개 100년' 분투목표와 중화민족의 위대한 부흥인 중국몽 실현을 위한 '로드맵'과 '방법론'이고 과학적인 행동 강령과 실천지침이다.

(4) 시진핑 신시대 중국 특색 사회주의 사상은 엄격한 이론 체계이다

시진핑 신시대 중국 특색 사회주의 사상은 마르크스주의의 기본 입장과 관점 및 방법을 고수하며 중국 특색 사회주의의 생생한 실천에 뿌리를 두고 있다. 시대적 과제에 초점을 맞추고, 시대를 위한 청사진을 그리며, 시대의 악장을 연주함으로써 체계가 완벽하고 논리가 치밀하고 내재적으로 통일된 과학적 이론 체계를 구축했다. 시진핑 신시대 중국 특색 사회주의사상은 인민의 입장과 과학적인 논리가 뚜렷하고, 풍부한 사고와 함께 이행 방법들을 담고 있다. 아울러 마르크스주의를 견지하고 발전시키는 변증법적 통일을 구현하고 사물 발전의 객관적 법칙성을 파악하고 인간의 주관적 능동성을 발휘하는 변증법적인 통일을 구현했으며, 중국 국정에 입각하는 것과 세계 발전 대세를 파악하는 것과의 변증법적인 통일을 보여줌으로써 마르크스주의 발전의 새로운 장을 열었다.

풍부한 내용을 담고 있는 시진핑 신시대 중국 특색 사회주의 사상은 과학적인 이론 지침이자 근본적인 행동 강령이다. '명확히 해야 하는 8가지'는 새로운 시대에 어떠한 중국 특색 사회주의를 고수하고 발전시켜 나갈 것인가에 대한 문제에 초점을 맞추어 신시대 중국 특색 사회주의 발전에서의 생산력과 생산 관계, 경제 기초와 상부 구조, 발전 목표와 실천 프로세스 등의 변증법적 관계를 과학적으로 설명했고, 경제건설, 정치건설, 문화건설, 사회건설, 생태문명 건설 및 국방, 외교, 당 건설의 각 분야를 망라한 것으로 이 과학 이론체계 구축을 위한 기본 골자라 할 수 있다. '견지해야 하는 14가지'는 새로운 시대에 중국 특색 사회주의를 어떻게 유지하고 발전시킬 것인가에 대한 문제에 편중하고, 새로운 시대의 실천 요구에 따라 리더십, 발전 사상과 근본 경로, 발전이념과 정치제도, 국정운영, 사상문화, 사회민생, 녹색발전, 국가 안보, 군대 건설, 조국통일, 국제관계, 당 건설 등 분야에 대해 이론적 분석의 깊이를 더하고, 정책적 지도를 명확하게 했다. 이는 시진핑 신시대 중국 특색 사회주의 사상의 이론적 정수와 핵심 요지를 구체적으로 펼친 것으로써 당의 기본 이론 및 노선과 함께 당과 인민사업 발전에서 근본적으로 따라야 하는 사항이다.

한마디로 시진핑 신시대 중국 특색 사회주의 사상은 역사와 현실, 미래를 관통하고, 중국 땅에 뿌리를 내리고, 인민의 염원을 반영하고 시대의 진보와 발전 요구에 부응하는 과학 이론 체계이다. '현실에 입각한 실사구시'를 견지하고, '문제 지향적 원칙'을 고수하며, '시대의 목소리'에 귀를 기울이고, 우리가 지금 하고 있는 일을 중심으로 인민이 가장 관심을 가지는 직접적이고 현실적인 이익 문제 해결에 주안점을 두고, 중국 특색 사회주의의 대업을 순조롭게 추진했다. 항상 당과 국가사업의 장기적인 발전에 맞춰 전면적인 샤오캉사회 건설에서 기본적인 현대화 실현을 거쳐 전면적인 사회주의 현대화 강국을 건설하는 전략적 포석을 이루었고, 중화민족의 위대한 부흥인 중국몽을 실현하기 위한 가장 강한 목소리를 냈다.

3. 마르크스주의 발전에 독창적인 공헌을 했다

시진핑 총서기는 "신중국 창건 이후, 특히 개혁개방 이후 중국에는 심각한 변화가 일어났다. 이러한 거대한 역사 변화속에서 중국인은 그 속에 내포되어 있는 역사 경험과 발전 법칙을 더 잘 보여줄 수 있는 능력과 자격을 갖추었고, 중국은 마르크스주의 발전을 위해 독창적인 기여를 했다"[13]고 지적했다. 시진핑 신시대 중국 특색 사회주의 사상은 마르스크주의를 혁신적으로 발전시킨 모델이다. 마르크스주의 철학, 정치경제학, 과학적 사회주의에 대한 철저한 이해를 통해 마르크스주의의 기본 원리와 당대 중국의 구체적 현실과의 유기적인 결합을 구현했고, 우수한 중화 전통문화와 인류문명의 성과에 대한 계승과 발전을 보여주었으며, 마르크스주의에 실천적, 이론적, 민족적, 시대적 특성을 부여했다. 이는 당대 중국 마르크스주의와 21세기 마르크스주의이며 마르크스주의의 융성한 발전을 위해 중국은 독창적인 공헌을 했다.

(1) 변증법적 유물론과 역사유물론에 새로운 의미를 부여했다

시진핑 총서기는 "변증법적 유물론과 역사유물론은 마르크스주의의 세계관이고 방법론이며, 모든 마르크스주의 이론의 초석이다. 마르크스 철학은 공산주의의 비장의 무기이다. 마르크스주의의 철학적 지혜의 자양분을 끊임없이 받아들여야 한다"고 강조했다.[14] 시진핑 신시대 중국 특색 사회주의 사상은 변증법적 유물론과 역사유물론을 당과 국가의 모든 업무에 창조적으로 운용함으로써 마르크스주의 철학을 풍부히 하고 발전시켰다. 예를 들어 시진핑 총서기는 인류 사회 발전 법칙과 관련한 사상을 배우고 실천해야 한다고 강조하고, 공산주의의 원대한 이상과 신념이 공산당원들의 정치적 영혼이자 정신적 지주이고, 공산주의의 실현은 단계적 목표를 하나하나 이루는 역사적 과정이며 "지금 우리의 노력과 미래 세대의

---

13 『시진핑, 국정운영을 논하다』, 제2권, 외문출판사, 2017년판, 66면.
14 시진핑, 「변증법적 유물론은 중국공산당의 세계관이자 방법론이다」, 구시, 2019년 제1기.

지속적인 노력은 모두 공산주의 실현이라는 위대한 목표를 향해 나아간다",[15] 공산주의의 원대한 이상을 중국 특색 사회주의의 공통된 이상과 통합시키고, 우리가 하고 있는 일과 통일시켜야 한다고 제기했다. 인민의 입장을 고수하는 것과 관련한 사상을 배우고 실천해야 한다고 강조하고, 항상 인민의 입장을 근본 입장으로 삼고, 인민을 위한 행복 도모를 근본 사명으로 삼아 성심성의껏 인민을 섬기는 근본 취지를 유지하고, 대중 노선을 관철하고, 인민의 주체 지위와 개척 정신을 존중하고, 항상 인민들과 깊은 연대 관계를 유지하고, 일치단결하는 위대한 힘을 모으고, 인민을 이끌고 단합시켜 역사적 위업을 창조하고, 사람과 사회의 포괄적인 발전과 진보를 끊임없이 추진해야 한다고 제기했다. 생산력과 생산관계와 관련한 사상을 배우고 실천해야 한다고 강조하고, 사회 진보를 추진하는 가장 활동적이고 혁명적인 요소는 생산력이고, 사회주의의 근본적인 임무는 생산력을 해방하고 발전시키는 것이기 때문에 발전을 최우선으로 두고, 생산관계 조정을 통해 사회 생산력 발전을 위한 활력을 자극하고, 상부구조를 완비함으로써 경제기초 발전의 요구를 만족시켜 중국 특색 사회주의가 보다 규칙적으로 발전해 나갈 수 있도록 해야 한다고 제기했다. 새로운 시대 중국 사회의 주요 갈등은 날로 증가하는 더 나은 삶에 대한 인민들의 수요와 불균형하고 불충분한 발전 사이의 모순임을 밝혔다. 사회 모순 운동 이론의 적용을 강조하고, 유물변증법의 기본 방법을 배우고 숙지하고, 마르크스주의 방법론을 풍부하게 만들고 발전시켜야 한다고 강조하고, 전략적

---

15 『18대 이후 중요 문헌 선집』(상)에 실린 시진핑 「중국 특색 사회주의를 견지하고 발전시키는데 대한 몇 가지 문제」(2013년 1월 5일), 중앙문헌출판사, 2014년판, 115면.

사고와 역사적 사고, 변증적 사고와 혁신적 사고, 법적 사고력과 마지노선 사유[16]의 능력을 강화했다. 이러한 새로운 사상과 관점, 새로운 방법은 새로운 시대의 여건에서 변증법적 유물론과 역사유물론의 기본 원리와 방법론에 새로운 시대적 의미를 부여함으로써 마르크스주의 철학의 실천적 품격을 빛내고, 마르크스주의 철학의 창조적 운용을 새로운 경지로 끌어올렸을 뿐 아니라, 중국 인민이 세계를 이해하고 변화시키는데 강한 정신적인 힘을 제공하고, 세계를 변화시키는 진리의 위대한 힘을 발휘시켰다.

(2) 마르크스주의 정치 경제학의 새로운 장을 열었다

시진핑 총서기는 "마르크스주의 정치경제학의 기본 원리와 방법론을 잘 배우면 과학적인 경제 분석 방법을 익히고 경제 운영 과정을 이해하고, 경제와 사회의 발전 법칙을 파악하고 사회주의 시장 경제를 제어하는 능력을 향상하고, 중국 경제 발전의 이론과 실천 문제에 답하는데 도움이 된다"고 지적했다.[17] 시진핑 총서기는 중국 국정과 발전 관행을 바탕으로 세계와 중국 경제가 직면한 새로운 상황과 문제에 대한 심층적인 연구를 통해 마르크스주의 정치경제학의 기본 원리를 새로운 시대 중국 경제 및 사회 발전 현실과 결합하여 중국 경제 발전을 위한 실천의 규칙적인 성과를 다듬고 요약했으며, 실천 경험을 체계화된 경제학 이론으로 승화시켜 시진핑 신시대 중국 특색 사회주의 경제 사상을 이루었다. 예를 들어 발

---

16 옮긴이 주: 최악을 상정하고 준비하여 최고의 결과를 얻어내자는 사고방식.

17 시진핑, 『전면적인 개혁 심화 견지를 논하다』에 실린 「시진핑, 당대 중국 마르크스주의 정치경제학의 새로운 경지를 끊임없이 열자」(2015년 11월 23일), 중앙문헌출판사, 2018년판, 187면.

전은 인민을 위한 것이라는 마르크스주의 정치경제학의 기본 입장을 견지하고, 인민 중심의 발전 사상을 고수하고 모두가 잘 사는 공동 번영의 길을 향해 변함없이 나아가고, 전 인민이 함께 누리고, 포괄적으로 공유하며, 함께 만들고 공유하고, 점진적으로 공유하는 것을 추진함으로써 전 인민의 공동 번영을 실현할 것을 제기하여 사회주의 생산 본질과 목적에 관한 마르스크주의 이론을 발전시켰다. 중국 경제와 사회 발전의 법칙에 대한 우리 당의 이해가 깊어졌음을 반영하는 혁신, 조정, 녹색, 개방, 공유의 새로운 발전 개념을 창의적으로 제시하고 실천하여 마르크스주의 발전관을 혁신했다. 중국 사회주의의 기본적인 경제제도와 분배제도를 유지하고 보완하고, 공유제 경제를 확고하게 다지고 발전시키고, 비공유제 경제의 발전을 적극적으로 장려하고 지원하고 유도하고, 노동에 따른 분배를 주체로 여러 분배 방식이 병존하는 분배제도를 완비하고, 이를 통해 개혁 발전의 성과를 모든 인민들에게 공평하게 돌아가게 만들고, 효율성과 공정성의 유기적인 통일을 실현할 것을 제기함으로써 마르크스주의 소유제이론과 분배이론을 발전시켰다. 사회주의 시장경제 체제 완비를 통해 자원 분배에서 시장이 결정적 역할을 하도록 하고, 정부의 역할이 더욱 잘 발휘될 수 있도록 함으로써 중국 특색 사회주의 건설 법칙에 대한 우리 당의 인식에 혁신적인 진전을 가져오고, 사회주의 시장경제 발전이 새로운 단계로 진입했음을 상징적으로 보여주었다. 고속 성장 단계에서 질적 발전 단계로 전환하는 중국 경제의 중대한 변화에 착안하여 경제발전의 뉴노멀에 능동적으로 적응을 하고, 파악하고 이를 이끌고, 품질제일, 효율과 이익 우선을 위해 공급측 구조 개혁을 메인으로 경제 발전의 질적·효율적 변혁과 함께 원동력의 변혁을 추진하고, 현대화 경제체계를 구축하여 사회주의 경제 건설 이론을 발전시켰다. 전면적인 샤오캉사회 실현과 중화민족의 위대한 부흥인 중국몽 실현을 위한 전략적 측면에서 빈곤퇴치 난관돌파를 국정운영에서 중요한 위치에 두고, 정확한 빈곤구제와 정확한 빈곤퇴치와 같은 중요한 사상을 내놓아 중국이 추진한 빈곤감소 사업은 큰 성과를 거두고 세계 빈곤 감소에 중대한 공헌을 했다. 대외개방의 기본 국가 정책을 유지하면서 더 고차원적인 개방형 경제를 발전시키고, 적극적인 글로벌 경제 거버넌스 참여와 함께 '일대일로' 건설 추진을 제기하여 사회주의 대외개방 이론을 심화시켰다. 이러한 일련의 새로운 사상과 이념, 새로운 논단은 마르크스주의 정치경제학의 기본 원리와 방법론을 창조적으로 발전시키고 유지함으로써 중국 특색 사회주의 정치경제학의 학술 체계, 담론 체계, 방법론 체계에 대한 혁신적인 발전을 실현했다. 아울러 당대 중국 사회주의 정치경제학, 21세기 마르크스주의 정치경제학의 새로운 장을 펼쳤을 뿐 아니라 국제경제학 분야에서 교조적인 서구 경제학 이론과 개념, 방법과 담론을 깨뜨려 마르크스사회주의 정치 경제학 발전에 큰 기여를 했다.

(3) 과학적 사회주의의 새로운 경지를 열었다

시진핑 총서기는 "과학적 사회주의의 기본원칙을 잃어버려서는 안 된다. 잃어버린다면 사회주의가 아니다"[18]라고 지적했다. 과학적 사회주의에 대한 이론적 사고와 경험에 대한 요약, 중국 특색 사회주의 견지와 발전에 대한 책임과 탐구는 시진핑 신시대 중국 특색 사회주의 사상이 형성되

---

18 『18차 당대회 이후 중요 문헌 선집』(상)에 실린 시진핑 「중국 특색 사회주의를 견지하고 발전시키는데 대한 몇 가지 문제」(2013년 1월 5일), 중앙문헌출판사, 2014년판, 109면.

고 발전하는 모든 과정에서 나타났다. 시진핑 신시대 중국 특색 사회주의 사상은 과학적 사회주의의 기본원칙에 입각해 이론과 실천, 제도와 문화를 비롯한 각 분야의 혁신을 추진하고, 과학적 사회주의에 관한 일련의 새로운 사상을 제시했다. 예를 들어 과학적 사회주의의 기본원칙을 중국의 구체적인 현실, 역사와 문화 전통, 시대적 요구와 결합해 '중국 특색 사회주의는 그 어떤 다른 주의가 아닌 사회주의이다'[19]를 제시했는데, 이는 과학적 사회주의 이론 논리와 중국 사회 발전과 역사 논리와의 변증법적인 통일이고, 중국에 뿌리를 두고, 중국 인민의 염원을 반영하며, 중국과 시대의 발전진보 요구에 부응하는 과학적 사회주의이다. 중국 특색 사회주의 사업의 총체적 배치는 '오위일체'이고, 전략적 배치는 '4가지 전면'임을 확인하고, 확고한 '4가지 자신감[四個自信]'[20]을 강조하고 전면적인 개혁 심화가 중국 특색 사회주의를 유지하고 발전시키는 근본적인 원동력임을 확인한 것은 사회주의의 포괄적 발전에 관한 마르크스주의 인식을 풍부히 하고 발전시켰다. 과학적 사회주의의 기본원리를 적용해 당대 중국의 실질적 문제를 해결하고 중국 특색 사회주가 새로운 시대에 들어섬과 동시에 사회주의 현대화 강국을 건설할 데 관한 사상을 창조적으로 제시하여 사회주의 발전단계 이론을 풍부히 하고 발전시켰다. 중국 특색 사회주의 제도 유지와 보완, 지속적인 국가 통치 체계와 통치 능력의 현대화 추진에 관한 사상을 창조적으로 제시함으로써 국가 통치 체계와 통치 능력 현대

---

19 『18차 당대회 이후 중요 문헌 선집』(上)에 실린 시진핑, 「중국 특색 사회주의를 견지하고 발전시키는데 대한 몇가지 문제」(2013년 1월 5일), 중앙문헌출판사, 2014년판, 109면.

20 옮긴이 주: 노선 자신감(道路自信), 이론 자신감(理論自信), 제도 자신감(制度自信), 문화 자신감(文化自信).

화에 대한 참신한 과학적 사회주의 이론을 창안했고, 마르크스주의 국가 이론과 사회 통치 이론을 풍부히 하고 발전시켰다. 인류 역사 발전의 관점에서 국제 정세의 심오한 변화를 정확하게 파악하고, 평화와 발전, 협력과 상생의 시대 조류에 따라, 미래에 대한 비전을 가지고 인류 운명공동체 구축에 관한 중요한 사상을 제시했다. 즉, 평화가 지속되고 보편적으로 안전하며, 공동으로 번영하고 개방적이고 포용적이며 깨끗하고 아름다운 세계를 구축함으로써 미래 사회 발전에 관한 마르크스주의 이론을 풍부히 하고 발전시켰다. 중국 특색 사회주의의 가장 본질적인 특징과 중국 특색 사회주의제도의 최대 장점은 중국 공산당의 지도력이고, 당은 최고 정치 지도 역량이며, 새로운 시대 당 건설에 대한 총체적인 요구와 새로운 시대 당의 조직 노선, 당 건설에서 정치 건설의 중요함을 부각시키고, 전면적인 종엄치당을 항상 견지하는 등 중대한 사상을 창조적으로 제기하여 마르크스주의 집권당이 장기 집권에서 직면하게 되는 일련의 중대한 문제들에 대해 과학적으로 답을 하고, 공산당 집권 법칙에 대한 이해를 심화함으로써 마르크스주의 정당 건설 이론을 풍부히 하고 발전시켰다. 이러한 중요한 이론적 관점은 세계 사회주의 500여 년의 역사, 과학적 사회주의의 170여 년의 역사, 특히 근 70년 동안의 중화인민공화국 사회주의 건설에서의 긍정적인 경험과 부정적인 경험에 대한 총결산을 통해 얻은 중요한 결론으로써 21세기에 어떻게 과학적 사회주의를 견지하고 발전시킬 것인가와 같은 중대한 이론과 실천에 대한 질문에 답하고, 과학적 사회주의의 기본 원리를 풍부히 하고 발전시켰으며 과학적 사회주의의 살아있는 생명력을 충분히 보여주고, 사회주의의 위대한 기치를 중국 대지에 높이 휘날리게 하고 과학적 사회주의를 새로운 발전 단계로 끌어올렸다.

실천은 끝이 없고, 이론 혁신에도 끝이 없다. 시진핑 총서기는 "세계는 시시각각으로 변하고 있고, 중국도 마찬가지로 시시각각 변화하고 있다. 우리는 이론적으로 시대에 발맞추어 끊임없이 법칙을 이해하고, 이론적 혁신, 실천적 혁신, 제도적 혁신과 문화적 혁신을 포함한 모든 분야의 혁신을 지속적으로 추진해야 한다"고 지적했다.[21] 오늘날의 시대 변화, 중국 발전의 폭과 깊이는 마르크스주의 고전작가들의 당시의 상상을 훨씬 능가한다. 이는 우리들에게 마르크스주의로 시대를 살피고, 이해하고 이끌어 가고, 생생하고 풍부한 당대 중국의 실천을 통해 마르크스주의의 발전을 추진할 것을 요구하고 있다. 이는 보다 넓은 안목으로 당대 발전을 위한 마르크스주의의 현실적인 기초와 실천적 필요를 살펴가면서 21세기 마르크스주의를 계속 발전시키며, 마르크스주의 발전의 새로운 경지를 끊임없이 열어 마르크스주의가 더 찬란한 진리의 빛을 발산하게 해야 한다.

4. 시진핑 신시대 중국 특색 사회주의 사상으로 철학과 사회과학 업무를 이끌어야 한다

시진핑 총서기는 "마르크스주의의 지침을 따르는 것은 당대 중국 철학과 사회 과학이 다른 철학 및 사회과학과 구분되는 근본적인 지표로써

---

21 시진핑, 「샤오캉사회 전면실현에서 결정적인 승리를 이룩하고 신시대 중국 특색 사회주의의 위대한 승리를 거두자-19차 당대회 보고」(2017년 10월 18일), 인민출판사, 2017년판, 26면.

반드시 기치 명확하게 견지해야 한다"[22]고 지적했다. 마르크스주의 지침을 따르지 않게 되면 철학과 사회과학이 영혼과 방향을 잃고 궁극적으로 해야 할 역할을 발휘할 수 없게 된다. 시진핑 신시대 중국 특색 사회주의 사상은 진리를 빛내고 시대의 정수를 응축한 당대 중국 마르크스주의로써 새로운 시대 철학과 사회과학의 최대 성과이다. 시진핑 신시대 중국 특색 사회주의 사상을 고수하는 것이 마르크스주의를 진정으로 유지하고 발전시키는 것이다. 시진핑 신시대 중국 특색 사회주의 사상으로 정신을 무장하고, 실천을 지도하며, 업무를 추진하는 것은 모든 일을 잘 하기 위한 중요한 전제 조건이다. 시진핑 신시대 중국 특색 사회주의 사상의 지도를 견지하면 중국 철학과 사회과학은 기준과 근간을 가지게 되고 철학과 사회과학 연구는 올바른 정치 방향과 학술적 지향점 및 가치관을 보장할 수 있고, 시대와 보조를 맞추어 사람들과 함께 분발정진하며 철학과 사회과학의 번영과 발전을 실현할 수 있다.

(1) 시진핑 신시대 중국 특색 사회주의 사상을 철저히 배우고 이해하고 이행해야 한다

시진핑 신시대 중국 특색 사회주의 사상을 배우고, 홍보하고 실천하는 것은 철학과 사회과학계의 첫 번째 정치적·이론적 과제이다. 새로운 시대가 부여한 중국 특색을 가진 철학과 사회과학을 구축하는 숭고한 사명을 가지고 다음과 같이 행동해야 한다. 첫째, 배우고 익혀야 한다. 이 사상이 내포하고 있는 핵심 요지, 풍부한 의미와 중대한 가치를 깊이 배우고 이

---

22   시진핑, 「철학과 사회과학 업무 간담회 연설」(2016년 5월 17일), 인민출판사, 2016년판, 8면.

해하며, 마르크스주의 이론의 보물 창고를 풍부히 하고 발전시키는데 기여한 독창성을 깊이 깨닫고, 철학과 사회과학 업무에 대한 지도적 의미를 잘 파악해야 한다. 둘째, 정통해야 한다. 시진핑 신시대 중국 특색 사회주의 사상에 일관된 입장과 관점 및 방법을 배워야 하고 철저하게 이행하려면 왜 그러한지 알아야할 뿐 아니라 그러한 까닭도 알아야 한다. 시진핑 총서기가 그렇게 언급한 이유가 무엇이며 어떤 시각에서 그것을 언급했는지를 깨달아야 한다. 셋째, 이행해야 한다. 철학과 사회과학업무간담회에서 시진핑 총서기의 중요한 연설과 중국 사회과학원 창립 40주년 및 중국사회과학원 역사연구원 설립 축전 정신을 철저하게 이행하고, 시진핑 신시대 중국 특색 사회주의 사상을 철학과 사회과학의 모든 분야와 부분에서 실행해야 한다. 학술 연구, 교실 수업, 성과 평가, 인재양성 등 모든 부분에 걸쳐 당의 혁신 이론을 다양한 학문과 개념, 범주에서의 통합을 촉진함으로써 당의 중요한 이론과 혁신 성과를 철학과 사회과학에 잘 융합되도록 해야 한다. 그리하여 체계성과 학리성을 함께 중시하고, 투철한 이론과 활발한 문체를 겸비한 높은 수준의 연구 성과를 내놓고, 당대 중국 마르크스주의와 21세기 마르크스주를 연구하고 해석하는 학술경전을 펴내여 마르크스주의 중국화·현대화·대중화를 촉진하기 위해 새로운 기여를 하여야 한다.

(2) 새로운 시대 중대한 이론과 현실적 문제를 연구하고 답을 찾는 것을 주요 공략 방향으로 삼아야 한다

문제는 시대의 목소리이다. 시진핑 총서기는 "당대 중국의 위대한 사회 변혁은 단순하게 중국 역사 문화를 이어가는 마더보드가 아니고, 마르크스주의 고전 작가의 생각을 원용한 것이 아니며, 다른 나라의 사회주의 실천을 재판하거나 국외 현대화 발전의 복사판도 아니기 때문에 기성의 교과서를 찾는 것은 불가능하다"고 재차 강조했다.[23] 중국의 특색과 풍격, 중국의 기개를 갖춘 철학과 사회과학을 구축하기 위해서는 중국의 현실에 기반을 두고, 우리가 하고 있는 일에 중점을 두어야 한다. 문제 지향적으로 당과 국가의 전반적인 사업에 주안점을 두고, 새로운 시대에서의 중대한 이론과 현실적 문제, 대중이 주목하는 관심사와 어려운 문제, 당 중앙이 관심을 두는 전략과 전술 문제에 초점을 맞추어야 한다. 특히 시진핑 총서기가 언급한 일련의 중대한 문제에 초점을 맞추어야 한다. 예를 들어 사상적으로 마르크스주의의 지도적 입장을 다지고, 사회주의의 핵심 가치관을 육성하고 실천하며, 당 전체와 전국의 모든 민족과 인민이 단결해 노력할 수 있는 공통의 사상적 기반을 다지는 방법, 새로운 발전 이념을 이행하고 공급측 구조 개혁을 가속화하며 경제 발전 모드 전환을 통한 발전의 질과 효율성 제고 방법, 보다 나은 민생 보장과 향상을 통한 사회 공정성과 정의를 증진시키는 방법, 개혁 정책 결정의 수준을 높이고 국가 거버넌스 체계와 능력의 현대화를 추진하는 방법, 사회주의 문화 강국 건설을 가속화하고, 문화 소프트파워를 증강시키며 국제적으로 중국의 발언권을 향상시키는 방법, 당의 지도력과 지배력을 향상시키고 반부패와 변화 및 리스트 저항 능력 강화 방안 등 이러한 문제들에 대한 연구에 크게 이바지해야 한다. 이를 통해 중앙의 의사 결정에 중요한 참고가 되고, 사업 발전에 중요한 추진 역할을 할 수 있는 우수한 성과를 내며, 중국의 사회발전과 인류 사회

---

23   시진핑, 「철학과 사회과학업무 간담회 연설」(2016년 5월 17일), 인민출판사, 2016년판, 21면.

발전의 위대한 논리 흐름을 밝힘으로써 중화민족의 위대한 부흥이라는 중국몽 실현을 위한 지적인 지원을 제공해야 한다.

(3) 중국 특색 철학과 사회과학의 학과·학술·담론 체계 구축에 박차를 가해야 한다

철학과 사회과학의 특징과 스타일, 기개는 일정한 단계까지의 발전에 의해 만들어진 결과로써 성숙도의 지표이자 실력의 상징이며 자신감의 발현이다. 중국 특색 철학과 사회과학 구축은 새로운 시대에 중국 철학과 사회과학의 번영과 발전을 위한 고귀한 사명이며, 많은 철학과 사회과학자들의 신성한 의무이다. 철학과 사회과학 학계는 높은 정치·학술적 의식을 가지고, 강한 책임감과 절박함과 담당정신으로 '3대 체계' 건설 가속화를 위해 더 강한 조치를 취하고, 실질적인 진전과 함께 큰 성과를 거두어야 한다. 시진핑 총서기의 철학과 사회과학 업무 간담회 연설에서 제시한 요구에 따라 중국에 기반을 두고 외국으로부터 배우고, 역사 발굴을 통해 현 시대를 파악하고, 인류를 생각하고 미래를 향한 사고를 가지고 민족성과 계승성을 보여주고, 창조력과 시대정신, 체계성과 전문성을 구현해야 한다. 이를 바탕으로 중국 철학과 사회과학의 학과 체계, 학술 체계, 담론 체계를 구축함으로써 모든 분야와 요소를 아우르는 포괄적인 철학과 사회과학 체계를 이루어 중국 특색과 풍격, 중국의 기개를 담은 철학과 사회과학 건설을 위한 토대를 마련해야 한다. 아울러 중국 철학과 사회과학연구의 국제적인 영향력을 강화하고, 국가 문화의 소프트파워를 향상시켜 '학술 속의 중국', '이론 속의 중국', '철학과 사회과학 속의 중국'을 전 세계에 알려야 한다.

(4) 이론과 실제가 연계된 마르크스주의 학풍을 발양해야 한다

중국 철학과 사회과학의 번영과 발전을 위해 학풍 문제를 잘 해결하고 학풍 건설을 강화해야 한다. 시진핑 총서기는 "실천에서 벗어난 이론은 경직된 도그마가 되어 그 생명력과 활력을 잃게 된다"고 지적했다.[24] 철학 및 사회과학 종사자들은 이론과 실제를 연계해야 한다. 수작을 숭상하고, 신중하게 학문에 임하고, 성실함과 책임을 추구하는 우수한 학풍을 적극 발양하기 위해 노력함으로써 바르고 공정하고, 서로를 배우면서 긍정적으로 발전할 수 있는 학술 생태를 조성해야 한다. 좋은 학문 윤리를 확립하고, 의식적으로 학문 규범을 준수하여 널리 배우고 자세히 묻고, 신중하게 생각하고 판단하며 성실하게 이행하는 것에 주의를 기울여야 한다. '학자로서 도를 넓히'는 가치에 대한 추구를 통해 사람됨과 일, 학문을 진정으로 통일해야 한다. '학문을 하는데 있어서는 오로지 진리만을 추구하고, 글을 쓰는데 있어서는 반드시 근거가 있고 절대로 빈말을 해서는 안 된다'는 신념을 고수하고, 외로움과 유혹을 견디고, 마지노선을 지킴으로써 큰 학문과 진정한 학문에 뜻을 세워야 한다. 사회 책임을 최우선으로 두고, 학술 연구의 사회적 영향을 진지하게 고려하고, 사회주의 핵심 가치관을 의식적으로 실천해야 한다. 선과 아름다움, 진실을 추구하고 전하는 사람으로서 깊은 학문적 수양을 통해 존중을 얻고, 고매한 인격과 매력으로 분위기를 이끌어야 한다. 조국과 인민을 위해 덕을 세우고, 입언(立言)을 하는 가운데에 자아 성취를 하고 가치를 실현함으로써 선진 사상의 옹호자이자 학술 연구의 개척자, 사회 풍조의 선도자, 중국공산당 집권의 확고한 지지

---

24   시진핑, 「변증법적 유물론은 중국공산자의 세계관이자 방법론이다」, 구시, 2019년 제1기.

자가 되어야 한다.

(5) 철학과 사회과학에 대한 당의 전면적인 리더십을 유지하고 강화해야 한다

철학과 사회과학 사업은 당과 인민의 중요한 사업이고, 철학과 사회과학 전선은 당과 인민의 중요한 전선이다. 철학과 사회과학 사업에 대한 당의 전반적인 리더십을 강화하고 개선하는 것은 수준 높은 성과를 내고 우수한 인재를 배출하고 '3대 체계' 구축에 박차를 가하는 근본적인 정치적 보장이다. '4가지 의식(四個意識)'[25]을 확고하게 수립하고, '4가지 자신감'을 확고히 하고, '수호해야 할 두 가지[兩個維護][26]'를 꿋꿋하게 지켜내야 한다. 사상적, 정치적, 행동적으로 시진핑 동지를 위시로 한 당 중앙과의 고도의 일치를 흔들림 없이 유지하고, 당 중앙과 전체 당에서 시진핑 총서기의 핵심 지위를 확고부동하게 수호하며, 당 중앙의 권위와 중앙 집중화된 통합 리더십을 흔들림 없이 수호함으로써 철학과 사회과학이 항상 중심에 초점을 맞추고, 전반적인 상황에 부합하도록 보장해야 한다. 정치적 리더십과 업무 지도를 강화하고, 철학과 사회과학 발전 법칙을 존중하며, 철학과 사회과학을 지도하는 업무 능력을 향상시키고 번영과 발전, 유도와 관리라는 두 마리 토끼를 모두 꽉 잡아야 한다. 지식인에 대한 당의 정책을 성실하게 이행해야 한다. 노동, 지식, 인재 및 창조를 존중하며, 정치적으로 충분히 신뢰하고 사상적으로 적극적으로 이끌며, 업무적으로 여건

---

25   옮긴이 주: 정치의식, 대국 의식, 핵심 의식, 일치의식.

26   옮긴이 주: 당 중앙과 당 전체에서의 총 서기의 핵심적 지위 수호, 당 중앙의 권위와 중앙 집중 통일 지도 수호.

을 마련하고, 생활적으로 관심을 가지고 보살피며 그들을 위해 실질적이고 좋은 일을 하고, 그들의 어려움을 해결해 주어야 한다. 평등하고 건전하고 충분히 이치를 말할수 있는 학술적 논쟁을 활기차게 펼치고, 학술적 관점과 스타일이 다른 학파들이 함께 연구하고 평등하게 토론하는 백화제방과 백가쟁명의 방침을 확실하게 이행해야 한다. 학문적 문제와 정치적 문제를 정확히 구분하되 일반적인 학술 문제를 정치 문제로 삼아서는 안 되고, 정치 문제를 일반적인 학술 문제로 취급해서도 안 된다. 학술연구를 내세워 학문적 도덕 및 헌법과 법률에 위배되는 가짜 학술행위를 하는 것과 학술 문제와 정치 문제를 혼동하고 학문적 문제를 정치적 문제에 대한 해결책으로 처리하는 단순한 관행도 반대한다.

이백의 시구 중에 '여러 인재들이 아름답고 밝은 시대에 속하게 되어 시운을 타고 함께 도약하였다[群才屬休明, 乘運共躍鱗]'라는 말이 있다. 중국 특색 사회주의는 새로운 시대로 접어들었다. 지금은 철학 및 사회과학의 번영과 발전의 시대이자 철학과 사회과학 종사자들의 전도가 유망한 시대이기도 하다. 많은 철학 및 사회과학 종사자들은 시진핑 신시대 중국 특색 사회주의 사상에 관한 지침을 고수하며 분발하여 신시대의 철학 및 사회과학 발전을 위한 새로운 장을 써내려감으로써 '두 개 100년' 분투 목표와 중화민족의 위대한 부흥인 중국몽 실현을 위해 새로운 큰 공헌을 해야 한다.

18차 당 대회 이후 시진핑 동지를 대표로 하는 중국공산당은 시대의 발전에 따라 당과 국가사업 발전 전반에 걸쳐 중국 특색 사회주의의 유지 및 발전을 둘러싸고 이론과 실제를 결합하여 '새로운 시대에 어떠한 중국 특색 사회주의를 어떻게 유지하고 발전시킬 것인가'라는 중대한 시대적 과제에 대해 체계적인 답을 함으로써 시진핑 신시대 중국 특색 사회주의 사상을 확립했다. 풍부한 내용과 심오한 사상을 가지고 있는 시진핑 신시대 중국 특색 사회주의 사상은 생산력과 생산 관계, 경제 기반과 상부구조의 모든 부분과 연관되어 있고, 경제 건설, 정치 건설, 문화 건설, 생태 문명 건설, 당 건설 및 국방과 군대 건설, 외교 업무 등 분야를 포함함으로써 완벽한 체계와 논리 정연한 과학 이론 체계를 형성했다. 시진핑 신시대 중국 특색 사회주의 사상은 마르크스-레닌주의, 마오쩌둥 사상,

덩샤오핑 이론, '3개 대표'의 중요 사상, 과학발전관을 계승하고 발전시킨 마르크스주의 중국화의 최신 성과일 뿐 아니라 당대 중국의 마르크스주의, 21세기의 마르크스주의이며, '두 개 100년'이라는 분투 목표와 중화민족의 위대한 부흥을 실현하기 위해 전체 당과 인민들이 따라야 하는 행동 지침이다. 시진핑 신시대 중국 특색 사회주의 사상에 대해 깊이 배우고 열심히 연구하고 과학적으로 해석하는 것은 새로운 시대가 중국 철학과 사회과학 종사자들에게 부여한 숭고한 사명이자 책임이다.

2015년 말, 시진핑 총서기의 일련의 중요 연설의 정신과 국정운영에 대한 새로운 이념과 사상, 새로운 전략을 깊이 배우고, 철저하게 이행하기 위해 중국사회과학출판사 자오젠잉(趙劍英)사장은 「시진핑 총서기의 일련의 중요 연설 정신 및 국정운영에 대한 새로운 이념과 사상 및 새로운 전략 학습 총서」를 집필하고 출판하는 사업을 조직하고 계획했다. 중국사회과학원 당조는 강한 정치의식, 대국의식, 핵심의식, 일치의식으로 이 작업에 큰 중요성을 부여하고, 중앙의 관련 배치와 요구에 따라 우수하고 유능한 과학 연구팀을 꾸려 시진핑 총서기의 일련의 중요 연설 정신과 국정운영에 대한 새로운 이념과 사상, 새로운 전략과 관련하여 집중적인 공부와 심층적인 연구, 과학적인 해석을 하면서 총서 집필 작업에 매진했다.

2016년 7월, 전국철학사회과학업무판공실의 비준을 거쳐 「시진핑 총서기의 일련의 중요 연설 정신 및 국정운영에 대한 새로운 이념과 사상 및 새로운 전략 학습 총서」의 집필과 출판은 18차 당 대회 이후 국정운영에 대한 당 중앙의 새로운 이론과 사상, 새로운 전략 연구를 위한 국가사회과학기금의 특별 프로젝트 중 하나로 정립되었고, 당시 중국사회과학원 원장 겸 당조 서기였던 왕웨이광(王偉光) 동지가 수석 전문가를 맡았다. 2016

년 4월에 설립된, 18차 당 대회 이후 국정운영에 대한 당 중앙의 새로운 이론과 사상, 새로운 전략 연구를 위한 국가사회과학기금 특별 프로젝트는 정치, 경제, 문화, 군사 등 13개 중점 연구 방향을 포함하고 있다. 이 과제는 특별 프로젝트에서 군사학과를 제외한 12개의 연구 방향에 대해 유일하게 다방면에 걸쳐 진행된 다각적인 학제 간 연구 과제로써 그에 상응하는 12개의 하위 프로젝트팀을 구성했다.

연구팀은 19차 당 대회를 앞두고 19차 당 대회를 위한 헌정 프로젝트로 1차 원고를 완성해 중앙선전부에 제출하여 승인을 받았다. 19차 당 대회 이후, 연구팀은 시진핑 총서기의 최신 중요 연설과 19차 당 대회 정신을 바탕으로 중앙선전부의 검토 의견에 따라 여러 차례 수정해 다듬고, 책명을 「시진핑 신시대 중국 특색 사회주의 사상 학습 총서」로 정했다.

중국사회과학원 원장 겸 당조 서기인 셰푸잔 동지가 본 프로젝트에 대한 연구와 총서 저작과 수정 사항을 명확하게 지시하고, 서문을 작성했다. 왕웨이광 동지는 연구팀의 수석 전문가로서 전체 연구 과제와 서브 연구 과제의 기본 틀과 요구사항 및 실시 계획 수립을 총괄했다. 중국사회과학원 부원장 겸 당조 부서기 왕징칭(王京清) 동지는 본 총서의 연구와 집필에 항상 지대한 관심을 가지고 출판 작업을 지도했으며, 중국사회과학원 부원장 차이팡(蔡昉) 동지가 과제 연구와 글쓰기에 대한 구체적인 조율 및 지도 책임을 담당했다. 중국사회과학원 과학연구국 국장 마위엔(馬援) 등 동지들의 프로젝트 보고와 경비 관리 분야에 대한 강력한 지원이 뒷받침되었다. 중국사회과학원출판사는 프로젝트 책임부서로써 본 총서를 총괄 기획하고, 당 위원회 서기 겸 사장인 자오젠잉(趙劍英) 동지의 지도하에 높은 정치 책임 의식을 가지고 사회과학원의 당조와 연구팀 전문가들이 과제 연구 관리, 프로젝트 운영 및 편집 출판 업무에 성실하게 임할 수 있도록 협조를 아끼지 않았다. 중국사회과학출판사 총편집 보조 왕인(王茵) 동지, 중대 프로젝트 출판센터 주임 보조 쑨핑(孫萍) 동지가 프로젝트 관리와 운영에 많은 노력을 보태주었다.

3년이 넘는 기간 동안 100명에 가까운 연구팀의 전문가와 학자들이 시진핑 동지가 부동한 역사시기에 발표했던 중요 연설과 저술을 깊이 학습하고, 깊이 연구한 후 정성들여 원고를 집필했다. 수십 차례의 이론 세미나, 전문가의 원고 심사 회의를 거치면서 여러 차례 수정을 거쳤다. 시진핑 신시대 중국 특색 사회주의 사상의 시대적 배경, 이론적 기원, 실천적 기반, 주제, 주요 관점 및 핵심 요지에 대한 체계적인 해석을 시도했고, 시진핑 신시대 중국 특색 사회주의 사상이 내재하고 있는 이론적 논리와 정신적 본질을 전체적으로 파악하고, 당대 중국 마르크스주의 및 21세기 마르크스주의의 이론적 형태와 위대한 이론 및 실천적 의미를 완전하게 보여주기 위해 노력한 결과 전체 약 300만 자로 이루어진 「시진핑 신시대 중국 특색 사회주의 사상 학습 총서」 12권이 탄생하게 되었다.

(1) 『당대 마르크스주의 철학의 새로운 경지를 열다』
(2) 『새롭고 위대한 신시대 당 건설 프로젝트 심층 추진』
(3) 『인민 중심의 새로운 발전 이념 고수』
(4) 『신시대 중국 특색 사회주의 정치경제학 구축』
(5) 『전면적인 법치를 통한 법치중국 건설』
(6) 『신시대 사회주의 문화강국 건설』
(7) 『신시대 중국 특색 사회주의 문예 역사적 사명 실현』

(8) 『생태문명 건설 이론 확립 및 실천 모색』

(9) 『중국 특색 사회주의 농촌 활성화의 길로 나아가다』

(10) 『시진핑 신시대 중국 특색 사회주의 외교사상 연구』

(11) 『시진핑 신시대 국정운영의 역사관』

(12) 『전면적인 종엄치당에는 마침표가 없다』

시진핑 신시대 중국 특색 사회주의 사상은 심오하고 광범위하며, 풍부한 내용을 담고 있습니다. 집필진이 최대한의 노력을 기울였으나, 수준의 한계로 아직 배우고 체득하지 못한 부분이 있을 수 있기 때문에 연구와 해석에서 누락된 부분이 있을 수 있다. 개선과 보완을 위해 독자 여러분들의 귀중한 의견과 함께 지도 편달을 부탁드린다.

마지막으로 총서 집필과 출판 작업에 참여해주신 전문가 및 학자, 각급 지도자, 편집, 교정, 인쇄 등 모든 실무자들께 진심으로 감사의 뜻을 전한다.

「시진핑 신시대 중국 특색 사회주의 사상 학습 총서」연구팀

수석전문가 왕웨이광

중국사회과학출판사

2019년 3월

차례

제1장

총 론

농업, 농촌, 농민을 줄여 '삼농(三農)'이라고 한다. '삼농' 문제는 시종 중국의 혁명과 건설 그리고 개혁 전반에 걸친 근본적인 문제이자 중국 현대화 건설의 기반이 되는 문제다. 중국 경제 발전 및 사회 안정 기반과도 연관되어 전면적인 샤오캉(小康)사회 실현을 위한 중요한 열쇠이기도 하다. 중국공산당의 역대 지도자들 역시 '삼농'문제에 큰 중요성을 부여하며 시대별로 마르크스주의의 기본 원리를 중국의 실제 상황과 결합시켜 '삼농'을 지도하고, '삼농'을 지향하고 '삼농'을 섬기며 사회주의 현대화 건설을 추진해왔다. 중국공산당 제18차 전국대표대회(이하 18차 당대회) 이후, 시진핑(習近平) 총서기는 특별히 '삼농'사업에 무게를 두고, '삼농' 문제 해결을 당 전체 업무의 최우선 순위에 두어야 한다고 강조했다. 중국공산당 제19차 전국대표대회(이하 19차 당대회)는 농촌 활성화 전략을 도입해 전면적인 샤오캉사회 실현을 위한 막바지 시기의 7대 전략 중 하나로 삼겠다고 밝혀, 새로운 시대 '삼농'문제를 풀어나가려는 당 중앙의 중대한 전략적 결단을 보여주었다. 시진핑 총서기는 포괄적인 전략적 시각으로 전면적인 샤오캉사회 실현과 중화민족의 위대한 부흥을 위한 중국몽(中國夢) 실현을 목표로 삼았고, 농촌 개혁과 발전에서 직면하게 되는 새로운 상황과 문제에 대처하기 위해 '삼농'발전에 관한 일련의 새로운 사상과 이론을 내놓고,

새로운 요구를 했다. 이 모든 것들이 어우러져 시진핑 신시대 중국 특색 사회주의 사상의 중요한 부분을 이루었다.

1. '삼농'의 중요성

농업은 인민경제의 기초이자 가장 기본적인 물질 생산 부문이며, 경제와 사회 발전을 보장하고 지탱하는 근간으로써 개혁개방과 현대화의 전반적인 부분과 연관이 있다. 13억 명이 넘는 인구에게 식량을 공급하기 위해서는 농업의 중요한 역할이 부각된다. 광범한 농민들의 삶의 터전인 농촌은 중화민족의 향수를 담고 있으며, 도시 주민들을 위한 생태공간이자 휴식공간이 되기도 한다. 농업대국이자 인구대국인 중국에는 농업인구가 가장 많다. 때문에 시진핑 총서기는 당 전체가 농업과 농촌 그리고 농민 문제를 항상 각별히 중시해야 한다고 누차 강조해왔다.

(1) '삼농' 문제는 중국의 현대화 건설과 중화민족의 위대한 부흥 실현을 일관하는 기본 문제이다

'삼농' 문제는 중국에서 특별한 역사적·현실적인 의미를 가진다. '삼농' 문제를 잘 처리하면 사업이 순조롭게 추진되어 사회주의 현대화 건설이 큰 발전을 거둘 수 있겠지만, 제대로 처리하지 못하면 사업에 차질이 생기고 좌절될 수 있다. 시진핑 총서기는 19차 당대회 보고에서 "농업, 농촌, 농민 문제는 국가 경제 및 민생과 관련된 근본적인 문제다. '삼농' 문제의 해결을 당 전체 업무의 최우선 과제로 두어야 한다.[1]"고 지적했다. 18차 당 대회 이후, 시진핑 총서기는 중국의 현대화 건설과 중화민족의 위대한 부흥을 실현하는 과정에서 근간이 되는 '삼농' 문제 해결을 당 전체의 최우선 과제로 삼고, '삼농' 업무를 끝까지 확실하게 해야 한다고 여러 차례 밝혔다. '삼농' 문제 해결을 당 전체 업무의 최우선 과제로 삼는다면 당의 집권과 국가 부흥을 위한 중요한 경험이 될 것이기 때문에 오랫동안 흔들림 없이 잘 처리해야 한다고 강조했다.[2] 한시도 농업을 소홀히 하거나 농민을 잊어버리고 농촌에 무관심할 수 없다. 농업을 강화하고 농촌에 혜택을 주고, 농민의 풍요로운 삶을 보장하기 위한 정책을 고수하고, 농촌의 전면적인 샤오캉사회 실현을 위한 노력을 완화해서는 안 된다. 항상 이에 대한 인식과 관심을 늦추지 않고, 투자를 아끼지 않는 모멘텀을 유지해야 한다.[3]

(2) 국가 식량 안보는 인민 경제 발전의 전략적 문제이다

중국은 인구 대국이다. 13억 인구의 식량문제를 해결하는 것은 중대한 전략적 문제다. 중국 농업 발전의 출발점은 언제나 국가 식량 안보 보장이었다. 시진핑 총서기는 19차 당대회 보고에서 "국가의 식량 안보를 확보

---

1   시진핑, 「전면적인 샤오캉사회 실현을 통해 신시대 중국 특색 사회주의의 위대한 승리를 거두자—중국공산당 제19차 전국대표대회에서의 보고」, 인민출판사(人民出版社), 2017년 판, 32면.

2   중국공산당 농업부 당조 이론학습센터, 「과학적인 이론 사유로 농촌 개혁과 발전의 새로운 경지를 열다」, 구시(求是), 2015년판, 제11기.

3   「전략적 집중력을 유지하고 발전 자신감 강화를 통해 혁신 속에서 새로운 진보를 이룬다」, 인민일보(人民日報), 2015년 7월 19일, 1면.

해 중국인의 밥그릇을 단단히 손에 쥐어야 한다."고 지적했다.[4] 시진핑 총서기는 13억 명이 넘는 인구를 가진 중국에서 어느 날 식량 문제가 생기면 아무도 중국을 구해줄 수 없다며 항상 자신의 밥그릇을 꽉 쥐고, 그 그릇에는 중국의 식량으로 채워져 있어야 한다고 여러 차례 경고했다. 이는 편안할 때도 위태로운 상황을 대비하는 시진핑 총서기의 주도면밀하고 원대한 전략적 이념을 충분히 반영한다.

1980년대 초반에 추진된 농가 도급 생산 책임제[5]는 농촌 개혁의 서막을 열었고, 농촌 생산력을 극적으로 해방시켜 농업 생산에 활력을 불어넣었다. 해마다 식량 생산이 늘어나면서 단기간에 먹고 사는 문제를 해결함으로써 중국 경제의 고속 성장을 오랫동안 유지할 수 있는 토대를 마련했다. 21세기에 들어서면서 당 중앙과 국무원은 국가 식량 안보에 더 많은 관심을 기울이면서 식량 생산을 효과적으로 촉진하는 일련의 지원 정책을 실시한 결과, '12년 연속 식량 생산 증가'라는 기적을 일구어 낼 수 있었다. 전국의 식량 생산량은 2003년의 4억3,100만 톤에서 2015년의 6억2,100만 톤으로 증가했다. 이는 식량 안보를 항상 중요한 전략적 위치에 두고 인민 경제의 고속성장을 위한 든든한 보장이 뒷받침되었기 때문이다.

새로운 시대 중국의 식량 생산은 자연환경 제약과 생산 및 운영비용 상승이라는 두 가지 중대한 도전에 직면하게 된다. 이러한 상황에서 중앙은 스스로가 주체가 되어 국내 상황을 충분히 고려하여 생산 능력을 확보

---

4   시진핑, 「전면적인 샤오캉사회 실현을 통해 신시대 중국 특색 사회주의의 승리를 거두자—중국공산당 제19차 전국대표대회에서의 보고」, 인민출판사, 2017년판, 32면.

5   옮긴이 주: 1978년 농가 도급생산 책임제를 도입해 집단 경작 체제를 가족 단위로 전환[家庭聯産承包責任制].

하고, 적절한 수입과 과학기술 지원을 통해 기본적인 곡물의 자급자족과 식량의 절대적 안전 보장 목표를 이룰 수 있도록 새로운 상황에서의 국가 식량 안보 전략을 제안했다.

(3) "중국이 강성하려면 농업이 강해야 한다"

농업은 인류사회의 생존을 위한 기초이며, 인민경제에서 음식과 같은 주요 생필품을 제공하는 가장 기본적인 물질 생산 부문이다. 개발도상국이자 농업 대국인 중국에 있어 농업은 인민경제에서 기초적 위치가 더욱 두드러지게 나타난다. 때문에 중국이 현대화와 중화민족의 위대한 부흥을 실현하기 위해서는 농업 기반을 튼튼하게 다져야 한다.

2015년 12월에 열린 중앙 농촌업무회의에서 시진핑 총서기는 농업에 중점을 두고 기반을 다지는 것은 안민(安民)의 기본으로 한시도 '삼농' 업무를 소홀히 해서는 안 된다고 강조했다. '13차 5개년 계획' 기간 동안 '삼농' 문제 해결을 당 전체의 최우선 과제로 삼아 혁신과 조화, 녹색, 개방과 공유의 발전 이념을 확고히 수립하고 실천하며, 농업을 강화하고 농촌에 혜택을 주고 풍요롭게 만들기 위한 노력을 증대시켜야 한다. 다양한 농촌 개혁 추진을 통해 '삼농'이라는 난제를 해결하고, 혁신력과 개발 우위를 강화함으로써 농업 현대화를 적극적으로 추진해야 한다. 빈곤구제와 발전 업무를 착실하게 진행함으로써 사회주의 신농촌 건설의 수준을 향상해 농업과 농촌이 큰 성과를 거둘 수 있는 환경을 마련해 주어야 한다.

18차 당대회에서 새로운 산업화, 정보화, 도시화, 농업 현대화를 동시에 추진하는 '4화동보(四化同步)'의 목표를 제시하고, 농업 현대화 실현이 가장 중요하다고 강조했지만, 농업 현대화가 '4화동보'에서 가장 어려운 과제임을 알아야 한다. 시진핑 총서기는 2013년에 열린 중앙 농촌업무회의에서 "농업은 여전히 '4화동보'의 취약부분이며 농촌은 여전히 전면적인 샤오캉사회 실현의 숏보도(short board)[6]이다"고 지적했다.[7] 그는 모든 당원들이 이념적으로나 정치적으로 농업에 큰 중요성을 부여하고 농업 현대화 실현을 위해 노력하며, 농업의 취약한 부분과 단점을 보완할 것을 상기시켰다. 농업 현대화를 실현해야만 진정한 '4화동보'를 이룰 수 있고, '4화동보'라는 전략적 목표를 실현해야만 중화민족의 위대한 부흥이라는 중국몽을 실현할 수 있다.

(4) "중국이 아름다우려면 농촌이 반드시 아름다워야 한다"

농촌은 중국의 많은 농민들이 모여 사는 터전으로 중화민족의 향수를 담고 있다. 신농촌 건설 가속화로 농촌을 변모시키고 아름다운 신농촌을 건설하는 것은 농촌의 샤오캉사회 실현을 구체적으로 구현하고, 농촌의 경제, 정치, 문화, 사회, 생태문명 건설과 당 건설이 유기적으로 어우러지고 조화롭게 발전했음을 방증한 결과이다. 신농촌 건설과 관련하여 시진핑 총서기는 "농촌을 황량한 농촌, 남겨진 사람들의 농촌, 추억의 고향으로 만들어서는 안된다."[8]며 생동하고 구체적인 요구를 밝혔다. "중국이

---

6   옮긴이 주: 나무욕조 법칙(cannikin law) 물통에 얼마나 많은 물을 담을 수 있는지는 숏보드에 달려있다.

7   중공중앙문헌연구실(中共中央文獻研究室)에서 편집한 『18차 당대회 이후 중요 문헌 선집』(상)에 실린 시진핑의 「중앙 농촌업무회의에서의 연설」, 중앙문헌출판사(中央文獻出版社) 2014년판, 658면.

8   중공중앙문헌연구실에서 편집한 『18차 당대회 이후 중요 문헌 선집』(상)에 실린 시진핑의 「중앙 농촌업무회의에서의 연설」, 중앙문헌출판사, 2014년판, 682면.

아름다우려면 농촌을 아름답게 해야 한다." 많은 농촌이 아름다워지고 사람과 생태가 조화를 이루어야만 중국이 더 아름다워질 수 있다.

새로운 사회주의 신농촌 건설은 중국의 특성을 고수하면서 중국의 현실에 근거해야 한다. 2015년 1월 20일, 시진핑 총서기는 윈난성(雲南省) 시찰 당시 "신농촌 건설은 농촌 실정에 맞는 길을 따라 농촌 자체의 발전 법칙을 준수하고, 농촌의 특성을 완전히 반영해야 한다. 향토 정취에 주의를 기울이고, 농촌의 모습과 청산녹수를 유지하며, 향수를 기억할 수 있도록 해야 한다.⁹"고 강조했다.

(5) "농촌이 발전하려면 근본적으로 수많은 농민에게 의지해야 한다"

중국은 세계에서 가장 많은 농촌인구를 가진 농업대국이다. 2016년 말 중국의 농촌인구는 총 인구의 42.65%를 차지하는 5억 8973만 명이었다. "중국이 부유해지려면 농민이 부유해져야 한다."는 시진핑 총서기의 말처럼 중국의 번영은 농촌 번영과 분리시킬 수 없다. 농민은 중국 인구의 중요한 구성 부분이자 중요한 노동력의 원천이며, 부의 창출을 위해 무시할 수 없는 존재이다. 시진핑 총서기는 중국공산당 중앙정치국 제22차 공동 학습을 주재하면서 "수억 명의 농민에 기대어 농촌을 발전시켜야 한다. 농촌개혁과 제도혁신을 끊임없이 추진하고, 수억 명의 농민들이 주체적 역할을 하고, 창조적 정신을 충분히 발휘하도록 함으로써 농촌 사회의 생산성을 지속적으로 해방하고 발전시켜 나가 농촌 발전을 위한 활력을 자

---

9 「확실한 빈곤 구제개발로 민족 지역의 사회 경제 발전 가속화 추진」, 인민일보, 2015년 1월 22일, 1면.

극해야 한다"고 강조했다.[10]

첫째, 농민의 부를 중요하게 생각하며 단 한 명의 농민도 누락되어서는 안 된다. 개혁개방 이후 중국 경제는 지속적으로 빠른 성장을 유지했고, 인민 소득 수준도 크게 향상되었다. 그러나 오랫동안 존재해 온 도시와 농촌의 차이를 단기간에 변화시키기는 어려워 도시 주민과 농민의 소득에는 여전히 큰 차이가 있었다. "샤오캉사회 실현의 열쇠는 고향이 쥐고 있다."는 시진핑 총서기의 말처럼 전면적인 샤오캉사회 실현의 핵심이 농촌에 있지만 어려움 또한 농촌에 있다. 2014년 12월 시진핑 총서기는 장쑤(江蘇) 조사 연구에서 "농민들의 소득 증대에 더욱 주의를 기울여야 한다. 농민들이 행복한 삶을 살도록 하는데 있어서 한 가구, 한 명도 누락되어서는 안 된다"고 강조했다.[11] 2010년 이후부터 농민의 소득 성장 속도는 7년 연속 도시 주민보다 높았지만 전면적인 샤오캉사회 실현 임무를 실현하기에는 여전히 역부족이었다. 농민의 소득 증가를 적극적으로 추진해야 하며, 평균수로 다수를 가늠해서는 안 되고 농민 소득 수준의 향상 여부를 봐야 한다.

둘째, 농민을 부유하게 만들려면 도시와 농촌의 통합을 촉진할 필요가 있다. 이원적 구조를 없애고, 도시와 농촌 개발을 통합해 많은 농민들이 경제 발전의 성과를 공유하도록 해야 한다. 18차 당대회는 '4화동보' 목표를 제시해 도시와 농촌을 통합적으로 조화롭게 발전시키고자 했다. 시진

---

10 「많은 농민들이 개혁 발전의 성과를 함께 누릴 수 있도록 도농 통합 발전 체제 메커니즘을 보완하자」, 인민일보, 2015년 5월 2일, 1면.

11 「경제 발전 뉴노멀을 능동적으로 파악하고 적응하면서 개혁개방과 현대화 건설을 새로운 차원으로 끌어 올린다」, 인민일보, 2014년 12월 15일, 1면.

핑 총서기는 우리는 산업화, 정보화 및 도시화뿐만 아니라 농업 현대화 및 신농촌 건설을 함께 발전시켜야 한다. 도시와 농촌의 이원적 구조를 깨고 도시와 농촌의 통합 발전을 촉진함으로써 농촌을 농민들이 행복하게 생활할 수 있는 아름다운 보금자리로 만들어야 한다"고 지적했다.[12] 초점은 도시-농촌의 융합 체제 메커니즘을 통해 공업으로 농업을 촉진하고, 도시가 농촌을 이끌며 공업과 농업이 서로에게 혜택을 주고, 도시와 농촌이 하나가 되는 새로운 유형의 도농 관계를 확립하는 것이다. 도시-농촌 주민의 기본권익 평등, 도시와 농촌 공공 서비스의 평준화, 도시와 농촌 주민의 소득 균등화, 도시와 농촌 요소의 합리적인 배분 및 도시와 농촌 산업 발전의 통합을 점진적으로 실현하는 것을 목표로 한다.[13] 중국의 종합 국력이 증강됨에 따라, 농업 강화와 농민 혜택 정책을 통해 공업이 농업에 보탬이 되고, 도시가 농촌을 지원할 수 있도록 '삼농'에 대한 국가 재정 지원 역시 끊임없이 확대되었다. 시진핑 총서기는 공업이 농업에 보답하고, 도시가 농촌을 지원하는 장기적인 지침을 마련해 농업을 강화하고 농촌에 혜택을 주고 농민을 부유하게 만드는 정책을 효과적으로 보완하고 실천할 것이다. 사회 각 방면의 역량을 총동원하고, '삼농'에 대한 지원 확대를 통해 도농 통합 발전의 새로운 방식을 마련하기 위해 노력해야 한다고 강조했다.[14]

셋째, 농민의 자질을 향상시키고, 농업을 잘 이해하고 농촌과 농민을

12　중공중앙문헌연구실 편저, 「시진핑의 '4개전면' 전략 배치 조율과 추진에 관한 논술 엮음」, 중앙문헌출판사, 2015년판, 32면.

13　「도시-농촌 발전의 통합 체제 메커니즘을 개선하여 더 많은 농민들이 개혁과 발전의 결실을 공유하도록 하자」, 인민일보, 2015년 5월 2일, 1면.

14　상동.

사랑하는 '삼농' 실무팀을 양성해야 한다. 교육 분야에서도 도시와 농촌의 격차가 드러났다. 농촌 교육이 미흡한 상황이다. 사회주의 신농촌과 전면적인 샤오캉사회 실현을 위해 농촌에서 교육 사업을 잘 운영하고 농촌의 교육 수준을 향상시키는 노력이 절실하게 요구된다. 농촌 교육에 지대한 관심을 보인 시진핑 총서기는 차세대 농촌 인력들이 더 많은 지식과 기술을 습득할 수 있도록 농촌 의무 교육을 확실하게 시행해야 한다고 제안했다.[15] 빈곤지역과 발전된 지역과의 교육과 인재 상황은 큰 격차를 보인다. 뒤쳐진 교육 수준이 경제 발전에 미치는 영향이 크기 때문에 빈곤지역의 교육 발전이 특히 중요하다. 농촌 인적자원은 양적으로나 질적으로나 크게 부족한 상황이다. 이에 대해 시진핑 총서기는 농촌지역, 민족지역, 빈곤지역에 대한 직업교육 지원의 강도를 높여 모두가 빛나는 인생을 살 수 있는 기회를 가질 수 있도록 해야 한다고 지적했다.[16] 빈곤지역의 의무교육은 낙후되어 있고, 고급 인재를 끌어들일 수 있는 매력이 부족하다. 직업 교육 강화를 통해 기술과 전문지식을 갖춘 숙련된 전문 인력을 양성하게 된다면 고용확대와 노동력 이전을 촉진하는 데 도움이 된다.

현대 농업 발전을 위해서는 자질을 갖춘 농민들이 필요하다. 오늘날 중국이 현대 농업을 향해 가면서 현대 농업의 요구를 충족시키기 위해서는 전통적인 농민들과는 다른 새로운 농민들이 필요하다. 시진핑 총서기는 19차 당대회 보고에서 "농업을 잘 알고 농촌과 농민을 사랑하는 '삼농'

---

15 「개혁개방 심화하여 혁신 드라이브를 추진하고, 연간 경제 사회 발전 목표를 실현하자」, 인민일보, 2013년 11월 6일, 1면.

16 「직업교육 발전에 더 나은 지원을 함으로써 '두 개 100년'목표 실현을 위한 인재를 보장하자」, 인민일보, 2014년 6월 24일, 1면.

실무팀의 육성"[17]은 농업과 농촌의 현대화 및 높은 자질을 갖춘 농민의 수요를 충족시키기 위해 필요하다고 지적했다. 2013년 중앙 농촌업무회의에서 시진핑 총서기는 "농민의 자질을 향상시켜 새로운 농민을 양성해야 한다……농업 후계자들을 확보하기 위해 청년 농민 양성을 국가 실용 인재 육성 계획에 포함시켜야 한다…… 새로운 농업 경영 주체의 육성 가속화를 중대한 전략으로 삼아 젊은이들을 농업으로 끌어들이고, 직업 농민 육성에 초점을 맞춘 전문적인 정책 메커니즘을 통해 직업 농민을 육성해야 한다……농업 현대화 건설과 농업의 지속적이고 건전한 발전을 위해 탄탄한 인력 기반을 마련해 보장해야 한다"[18]고 지적했다. 도시화로 인해 농촌을 떠나는 인구가 점점 늘어나고 있다. 새로운 유형의 농업 경영 주체가 가족 경영을 대체해 중국 농업의 주요 관리 주체로 떠오르게 될 것이다. 경영 방식 전환을 위해서는 전문 경영관리가 가능한 기술 인력이 필요하다. 새로운 유형의 농민 육성을 통해 직업 농민을 양성하는 것은 농업 현대화의 필연적인 요구이다.

넷째, 농촌의 부를 실현하기 위해서는 인프라 개선이 매우 중요하다. 농촌인프라는 경제발전의 중요한 물질적 기반이다. 정부는 인프라 구축에 박차를 가하고 더 많은 공공재를 농촌에 제공할 책임이 있다. 특히 빈곤지역에 대한 인프라 투자의 한계효용은 상당히 높기 때문에 경제발전을 촉진하고 농민 소득을 향상시키는 데 대한 효과가 크다. 시진핑 총서기는 후

17   시진핑, 「전면적인 샤오캉사회를 실현하고 신시대 중국 특색 사회주의의 위대한 승리를 거두자-중국공산당 제19차 전국대표대회 보고」, 인민출판사, 2017년판, 32면.
18   중공중앙문헌연구실에서 편집한 『18차 당대회 이후 중요 문헌 선집(상)』에 실린 시진핑의 「중앙 농촌업무회의에서의 연설」, 중앙문헌출판사, 2014년판, 679-680면.

난(湖南) 시찰에서 빈곤지역이 빈곤에서 벗어나 부를 축적하려면 교통 등과 같은 인프라 개선이 중요하다고 지적하고, 이에 대한 지원을 계속해야 한다고 강조했다.[19] 그는 농촌 도로 개발에 관한 보고서에서 특히 일부 빈곤지역의 집라인(Zipline)을 바꾸고 도로를 건설하면 대중들이 빈곤을 타파하고 부를 축적할 수 있는 문을 열 수 있다고 강조했다.[20] 빈곤지역에 대한 인프라 투자 강화 및 빈곤지역 인프라 투자에 대한 체제 메커니즘 개선에 관한 방법에 대해 시진핑 총서기는 중국공산당 중앙정치국 제22차 공동학습에서 "농촌 인프라 구축 메커니즘을 개선하려면 도농간 인프라의 상호 연계와 공유를 추진하고, 농촌 인프라와 공공 서비스 시설에 대한 정책 결정, 투자, 건설, 운영 및 보호 관리를 위한 메커니즘을 혁신하고, 농촌의 공공복지 인프라 건설에 사회 자본이 적극적으로 참여하도록 유도해야 한다[21]"고 지적했다.

(6) "샤오캉사회 실현의 관건은 고향에 달려 있다"

농촌의 샤오캉이 없으면 전면적인 샤오캉의 실현을 언급할 수 없다. 그러나 전면적인 샤오캉 실현의 어려움 또한 농촌에 있다. 시진핑 총서기는 "전면적인 샤오캉사회 건설에서 농촌을 잃어서는 안 된다"고 당 전체에 당부했다. 농촌의 샤오캉이 실현되어야 전면적인 샤오캉이라고 부를

19 「개혁개방 심화하여 혁신 드라이브를 추진하고, 연간 경제 사회 발전 목표를 실현하자」, 인민일보, 2013년 11월 6일, 1면.
20 「도로 건설로 부의 문을 활짝 열자-농촌 도로 발전에 관한 시진핑 총서기의 관심 기록」, 인민일보,(해외판) 2014년 4월 29일, 1면.
21 「도시-농촌 발전의 통합 체제 메커니즘을 개선하여 더 많은 농민들이 개혁과 발전의 결실을 공유하도록 한다」, 인민일보, 2015년 5월 2일, 1면.

수 있다. 농촌은 전면적인 샤오캉 실현의 숏보드이자 풀기 힘든 어려운 숙제다.

시진핑 총서기가 당 전체에 "샤오캉 실현의 관건은 고향에 달려 있다"고 거듭 일깨운 이유는 농촌 없이는 전면적인 샤오캉을 이룰 수 없다는 것과 그에 따르는 어려움을 당원들이 깨닫기를 바랐기 때문이다. 현대화로 가는 과정에서 농촌이 낙오되어서는 안 된다. 한마음 한뜻으로 중국몽을 꿈꾸는 과정에서 6억 명에 가까운 농민의 꿈을 무시해서는 안 된다.

관건은 고향에 달려 있다. 즉 농민들이 부유해졌는지를 확인해 봐야 한다. 농업 현대화를 적극적으로 추진하고 농촌의 1차, 2차 및 3차 산업의 융합 발전을 실현해야 한다. 새로운 루트를 넓히고, 새로운 잠재력을 발굴하고, 새로운 운동 에너지를 배양함으로써 농민의 수익 증대를 위한 루트를 늘리고, 이와 동시에 농업을 공고히 하고 농민 소득 증대와 농업 발전을 이루어야 한다. 농민이 얼마나 만족하는지에 따라 사업 성공 여부를 가늠할 수 있다. 농민들이 만족하는 샤오캉이 진정한 샤오캉이다. '고향을 돌아봐야 한다'는 말을 통해 당 전체는 농촌의 샤오캉 실현에 대한 어려움과 도전을 충분히 인식하고, 과감하게 어려움을 극복하고 밀고 나가야 한다는 점을 깨달아야 한다.

2020년까지 전면적인 샤오캉사회를 실현하는 것이 당의 첫 번째 100년 목표이다. 전면적인 샤오캉사회 실현의 어려움은 농촌에 있다. 시진핑 총서기는 "이제 전면적인 샤오캉사회 실현을 위한 호각이 울렸다. 난관을 극복하기 위해 확고한 신념을 세우고, 사업을 추진하기 위한 강력한 힘을 모아 전국의 각 민족들에 의지해 당과 국가 사업을 승리에서 새로운 승리로 끊임없이 이끌어 가는 것이 중요하다"[22]고 지적했다. 전면적인 샤오캉 사회 실현은 힘든 과제이다. 어려움을 극복하기 위해 당 전체가 협력해야 한다. 시진핑 총서기는 "전면적인 샤오캉사회 건설에서 가장 힘들고 어려운 부분은 농촌, 특히 빈곤한 지역에 있다. 농촌의 샤오캉, 특히 빈곤지역의 샤오캉이 이루어지지 않는다면 전면적인 샤오캉사회를 이룰 수 없다. 이 말의 의미를 깊이 이해하고 새겨야 한다"[23]고 일깨워주었다. 그는 〈'인민경제 및 사회발전을 위한 13차 5개년 계획 수립에 대한 중국공산당 중앙위원회의 제안'에 관한 설명〉에서 "'13차 5개년' 계획은 전면적인 샤오캉사회 실현의 마무리 계획이다. 전면적인 샤오캉사회 실현에 존재하는 숏보드를 확실하게 파악하고 채우기 위해 노력해야 한다. 예를 들어, 농촌 빈곤인구를 빈곤에서 벗어나도록 하는 것이 바로 가장 중요한 숏보드라고 할 수 있다"[24]고 지적했다. 전면적인 샤오캉사회 실현을 위해 취약한 부분인 농촌을 보완해야 한다. 농촌 인프라와 기본적인 공공 서비스를 개선하고, 생태 및 환경적 단점을 보완하며 지역 발전 불균형과 농촌 빈곤을 없애기 위해 노력해야 한다.

첫째, 인프라 및 기본적인 공공 서비스가 취약하다. 역사적인 이유로 인해 인프라와 기본적인 공공 서비스 부분에서 도농간의 격차는 여전히 크다. 농촌의 교통, 통신, 공공교육, 보건, 문화 및 사회 보장은 여전히

---

22 시진핑, 「전국 정치협상회의 신년 다과회 연설」, 인민일보, 2013년 1월 2일, 2면.
23 『샤오위루(焦裕禄)같은 현 위원회 서기가 되자』에 실린 시진핑의 「허베이성 푸핑현 빈곤구제 개발 업무 시찰 시 담화」, 중앙문헌출판사, 2015년판, 16면.
24 시진핑, 「'인민경제 및 사회발전을 위한 13차 5개년 계획 수립에 대한 중국공산당 중앙위원회의 제안'에 관한 설명」, 인민일보, 2015년 11월 4일, 2면.

도시와 어느 정도 차이가 있다. 이를 해결하기 위해 2016년 중앙 1호 문건은 인프라 건설에 대한 재정 지원을 농촌지역에 집중하고, 농촌과 농업 이동 인구가 많은 향진(鄕鎭)[25]의 사회사업 개발에 초점을 두어야 한다고 지적했다. 국가 재정 투입을 통해 농촌의 수도, 전기, 도로, 가스와 같이 생산과 생활에 필요한 여건을 개선하는 데 박차를 가하고, 농촌 교육, 문화, 건강 보건, 사회 보장과 같은 사회사업을 대대적으로 발전시켜 도시와 농촌의 기본적인 공공 서비스의 평준화를 위해 노력한다. 농촌 식수 안전 강화 및 개선 프로젝트를 수행해야 한다. 모든 요건을 갖춘 향진에 마을을 통과하는 아스팔트 도로를 깔고 통근 셔틀 버스를 운영해 일정 인구가 자연스럽게 마을로 통하는 도로를 이용할 수 있도록 추진한다. 공공서비스 측면에서 농촌의 취학 전 교육을 발전시키고, 고등학교 단계 교육의 보급에 박차를 가한다. 도시 및 농촌 주민을 위한 중병 보험 제도를 전면적으로 실시한다. 곤란에 처한 농촌 어린이를 돕는 복지시스템과 미성년자를 위한 사회 보호 시스템을 확립하고 완비한다. 상술한 목표 달성을 위해 도시 인프라를 농촌지역으로 확장하고, 도농간 인프라를 상호 연계하여 함께 건설하고 공유할 수 있도록 촉진함으로써 도농 통합의 인프라 및 공공서비스 보장 메커니즘을 확립할 수 있다. 또한 일부 재정 지원 정책을 도시보다 먼저 시행할 수 있다. 예를 들어, 고등학교 교육의 수업료 및 기타 비용을 면제해 주는 정책을 농촌지역에서 먼저 시행할 수 있다. 이렇게 우대 정책을 통해 도시와 농촌지역의 격차를 줄인다.

둘째, 환경 및 생태적으로 취약하다. 세계 경작지의 10%와 담수 자원

---

25   옮긴이 주: 향과 진으로 현 밑에 있는 행정 단위.

의 약 6%를 보유하고 있는 중국이 세계 인구의 20%를 먹여 살리는데 농업은 큰 공헌을 했다. 하지만 화학 물질에 의존한 농업 생산 방식과 과도한 경작지 사용으로 인해 비점원오염(Non-point Source Pollution:면원오염)이 심각해지고 토양비옥도(soil fertility)가 줄어들어 농업의 지속가능성이 훼손되었다. 농업 발전은 자원조건과 생태환경이라는 두 가지 요소의 '압박'을 받고 있다. 따라서 농업 발전 방식을 전환해 자원을 절약하고 환경 친화적인 현대 농업 발전의 길을 가는 것이 특히 필요하다.

셋째, 지역 발전 불균형과 농촌 빈곤 현상이 여전히 존재한다. 개혁개방 이후, 중국의 많은 농민들은 지속적인 경제 고속성장으로 소득수준과 생활수준이 크게 향상되었다. 이렇게 농촌 빈곤인구는 크게 줄어들었다. 1978년에서 2015년까지 7억 1500만 명의 농촌 빈곤인구가 감소했고, 빈곤인구의 감소 규모는 연평균 1931만 명에 이른다. 빈곤 발생률은 91.8%가 줄었고, 빈곤인구는 연평균 6.9%가 감소했다. 특히 2010년 이후 중국 농촌의 빈곤인구 감소 속도가 눈에 띄게 빨라졌다. 2010년 농촌 빈곤 발생률은 17.2%, 빈곤인구는 1억 6567만 명이었다. 2011년에서 2015년까지 농촌 빈곤인구는 1억 992만 명이 줄어들었다. 연평균 빈곤인구 감소 규모는 2198만 명으로 빈곤 발생률은 11.5%가 감소했고, 연평균 19.6%의 빈곤인구가 줄어들었다.[26] 하지만 중국의 빈곤구제 및 퇴치 사업은 아직도 갈 길이 멀다. 현행 농촌 빈곤 기준에 따르면 2016년 말까지 전국의 농촌 빈곤인구 4335만 명 가운데 대부분이 중서부지역에 집중되어 있는 것으로 나타났다.

---

26   리페이린(李培林), 웨이허우카이(魏後凱) 주필, 「중국 빈곤 구제 및 개발 보고 2016」, 사회과학문헌출판사(社會科學文獻出版社), 2016년판, 50면.

중부지역의 농촌 빈곤인구는 1594만 명,[27] 빈곤 발생률은 4.9%이다. 서부지역의 빈곤인구는 2251만 명으로 빈곤 발생률은 7.8%였다. 특히 극빈 지역이 밀접해 있는 곳과 빈곤 현은 빈곤 인구가 많고 빈곤 발생률이 높아 빈곤에서 벗어나기가 어려운 실정이었다. 2015년 전국 빈곤 현의 빈곤 발생률은 13.3%이며, 밀접해 있는 극빈 지역 14곳 모두 10% 이상의 빈곤 발생률을 보였고, 그 중 8곳은 15%가 넘는 것으로 나타났다.[28] 따라서 현 단계 중국의 빈곤구제 및 개발 사업은 이미 '맡은 바 임무를 완수하기 위해 공략하고 쟁취해야 하는 스퍼트를 올려야 하는 시기'로 들어섰다.

시진핑 총서기는 "수천만 인구가 빈곤구제 기준선 이하의 생활을 하고 있는 상황에서 전면적인 샤오캉사회 실현을 선언할 수는 없다. 그 이유는 전면적인 샤오캉사회 실현에 대한 인민들의 만족도 뿐 아니라 국제사회의 인정을 받는 데에도 영향을 미칠 수 있기 때문이다"고 지적했다.[29] 2015년 11월에 열린 중앙의 빈곤구제 실무회의에서 '빈곤퇴치와 탈출을 위한 정확한 맞춤형' 빈곤구제 전략을 제시하며 빈곤이라는 난관을 돌파하기 위한 나팔을 울렸고, 각급 당 위원회와 정부에 빈곤퇴치를 '13차 5개년 계획' 기간 동안의 최우선 과제와 제일 민생 과제로 삼을 것을 요구했다. '5개의 그룹(五個一批)'[30]의 전체 배치에 입각하고, 2020년 현행 표준에 따라 농촌

---

27 웨이허우카이(魏后凱), 황빙신(黃炳信) 주필, 「중국의 농촌 경제 상황 분석 및 예측(2016–2017)」, 사회과학문헌출판사, 2017년판, 43면.

28 리페이린(李培林), 웨이허우카이(魏后凱) 주필, 「중국 빈곤 구제 및 개발 보고 2016」, 사회과학문헌출판사, 2016년판, 58면.

29 시진핑, 「'인민경제와 사회발전을 위한 13차 5개년 계획에 관한 중국공산당 중앙위원회의 제안'에 관한 설명」, 인민일보, 2015년 11월 4일, 2면.

30 옮긴이 주: 빈곤에서 벗어나는 5개의 그룹, 생산 발전을 통해 빈곤에서 벗어나는 그룹, 지

빈곤인구가 완전히 빈곤에서 벗어나도록 하는 목표를 실현해야 한다.

2016년 중앙 1호 문건은 "2020년에 이르면 현대 농업 건설이 확실하게 진전을 이루고 식량 생산력력이 보다 탄탄해지고 국가 식량 안보와 주요 농산물의 공급이 효과적으로 보장되고, 농산물 공급 체계의 품질과 효율이 확실하게 향상될 것이다. 농민들의 생활이 전면적인 샤오캉 수준에 달하고 농촌 주민의 1인당 소득이 2010년보다 2배 더 증가되고, 도농 간 주민의 소득격차가 계속 좁혀질 것이다. 농촌 빈곤인구들이 중국의 현행 표준에 맞게 빈곤에서 벗어나면서 빈곤 현 모두가 가난하다는 오명을 씻게 될 것이다. 지역성 빈곤을 해결하고, 농민의 자질과 농촌 사회의 문명 수준이 현저하게 향상되면서 사회주의 신농촌 건설 수준이 향상될 것이다. 농촌의 기본 경제제도, 농업 지원 및 보호 제도, 농촌 사회관리 제도, 도농발전 단일화 체제 메커니즘이 더욱 완비될 것이다"라고 밝혔다.

2. '삼농'분야에 대한 시진핑 총서기의 탐구와 실천

'삼농'에 관한 시진핑 총서기의 중요한 논술은 그가 오랫동안 농촌에서 근무하면서 이행했던 실천과 정치 경력을 통해 형성된 것으로써 '삼농'에 대한 실질적인 경험과 이론적인 요약의 기반이다. 수십 년의 정치 생애에서 시진핑 총서기는 지식청년으로, 생산대대의 서기로 지내면서 '삼농'

역 이전을 통해 빈곤에서 벗어나는 그룹, 생태 보상을 통해 빈곤에서 벗어나는 그룹, 교육 발전을 통해 빈곤에서 벗어나는 단체, 사회보장의 도움을 받는 그룹.

과 끈끈한 정을 쌓게 되었고, 그후 농업을 발전시키고 농촌을 풍요롭게 하며 농민을 부유하게 만드는 "삼농'의 꿈'이 그의 마음속에서 자리 잡게 되었다. 18차 당대회 이전, 여러 직위를 거치면서 저술한 학술 논저의 대부분은 '삼농' 문제에 관한 것이었다. 18차 당대회 이후 시진핑 총서기는 국정운영의 관점에서 '삼농' 업무에 대한 설명과 지시를 내려 '삼농'에 대한 완전한 이론적 체계를 마련했다.

(1) '삼농'을 몸소 체험하면서 중국을 이해하였다

시진핑 총서기가 '삼농'을 몸소 경험하게 된 시작은 젊은 시절 옌촨(延川)현 원안역(文安驛)공사 량자허(梁家河) 대대에 몸담고 일하면서부터이다. 량자허 대대에서 7년 동안 그는 일반사원으로서 량자허 대대원들과 함께 일하며, 황무지를 개간하고, 농사를 짓고, 풀을 베고, 양을 방목하고, 석탄을 나르고, 둑을 쌓고, 거름을 고르는 일을……거의 쉬지도 않고 했다. 마을 사람들의 눈에 그는 "고생을 마다하지 않고 근면성실하게 일하는 좋은 젊은이"로 비춰졌다. 지식 청년으로써 그의 경험은 대중과의 유대관계를 더욱 증진시켰고, 농민을 대하는 그의 진솔함에 깊이를 더했다. '삼농'에 대한 시진핑 총서기의 중요한 논술은 가장 일선에 있는 농업 생산 노동에 뿌리를 두고 있다. 농민들과 함께 일했던 경험이 있었기 때문에 시진핑 총서기는 민정을 잘 살필 수 있고, 농업을 잘 알고 있기 때문에 농촌을 잘 이해할 수 있다.

그 후 시진핑 동지는 허베이(河北), 푸젠(福建), 저장(浙江), 상하이(上海) 등에서 농업을 전적으로 책임지거나 부분적으로 담당했다. 현위 서기에서 성 서기에 이르기까지 그의 최대 관심사는 '삼농'이었고, '삼농'과 깊은 인연을 가지고 있다. 그는 다양한 시기에 다양한 근무지에서 '삼농' 사업에 직접 참여하면서 대담하게 혁신하고 심층적으로 탐구를 했기 때문에 '삼농' 분야에서 실질적인 경험을 많이 쌓을 수 있었다. 그는 이러한 경험을 다시 체계적이고 이론적으로 종합했다. 18차 당대회 이전, 시진핑 총서기의 학술 논저, 업무 연설 및 지침은 모두 '삼농' 문제에 관한 것이었다. 일례로 그는 『빈곤탈출』을 출판했고, 푸젠성 위원회 부서기로 재직하면서 『현대 농업 이론과 실천』을 집필했으며, 전문 저서인 『중국의 농촌 시장화 건설 연구』를 완성했다. 그가 저장성 성장과 성 위원회 서기를 역임했을 당시, 저장성은 전국 최초로 지방 법규인 <농민전문합작사조례>를 공포했는데, 이는 2006년 <중화인민공화국 농민전문합작사법>을 제정할 수 있는 발판이 되었다.

(2) 과감히 탐구하고 개척 혁신하였다

'삼농'에 관한 시진핑 총서기의 중요한 논술은 다양한 기간 동안 농업과 농촌 업무를 담당하면서 '삼농' 사업을 위해 탐구하고 발전시켜온 노력과 직결된다. 시진핑 동지는 산시(陝西)의 농촌 생산대대에서 당 지부 서기로 일하면서 농촌이 빈곤에서 벗어날 수 있는 방법을 모색하기 시작했고, 이후 여러 자리에서 일하면서 현지의 특성에 맞는 개혁과 실천을 직접 진두지휘하면서 풍부한 경험을 쌓았다.

푸젠성 닝더(寧德)에서 일했을 때, 그는 '식량 문제는 항상 중국 국가 경제 발전을 위한 전략적인 문제'라고 지적하고, 푸젠 동부에서 더 중요하고 특별한 의미를 지니고 있다고 덧붙였다. 따라서 닝더에서 일하는 동안 그는 항상 '삼농' 사업에 큰 중요성을 부여하고 편안할 때도 위태로운 상황을 생각하는 주도면밀하고 원대한 전략적 이념으로 '삼농' 사업을 이끌었다. 이 시기에 출판된 『빈곤탈출』은 '삼농' 문제를 단계적으로 총 정리한 것이다.

저장성에서 일하는 동안 그는 저장성 '삼위일체(三位一體)' 농민 협력 경제 조직 체계 개혁을 직접 지도하고, 루이안(瑞安)에서 시범 사업을 추진했으며, 그 경험을 총결산하고 보급하기 위해 전체 성 현장 회의를 개최했다. '삼위'란 농민들의 전문 협력, 공급 및 마케팅 협력, 신용 협력이 하나로 통합되어 세 가지 협력 기능 및 조직의 화와 세 가지 시스템의 통합을 이루는 것이다. '삼위'는 이미 중국의 공급판매합작사 개혁 목표 중 하나가 되었다.

시진핑 동지는 민둥(閩東:푸젠 동부)에서 근무할 당시 대농업(大農業) 발전의 몇 가지 근본적인 문제에 대해 언급하면서 국가의 전체 구도 안에서 독특한 '민둥의 사고'를 가져야 한다고 지적했다. 이것이 바로 시진핑 동지가 제시하는 '대농업 발전의 길'이다. 대농업은 여러 기능을 가지고 개방적이고 종합적인 방향으로 농업을 입체적으로 발전시키는 것을 말한다. '민둥의 사고'는 식량 생산, 농가 생산 도급 책임제, 농촌 종합 개발, 농촌 집단 경제, 과학을 통한 농업 활성화 및 농촌 서비스 체계를 포함한 현대 농업 발전에 대한 체계적인 사고이다.

3. 새로운 시기 '삼농' 사업의 중요 내용

시진핑 총서기의 '삼농'에 관한 중요한 설명은 새로운 시대 '삼농' 사업의 중요한 분야를 총망라하고, '삼농'문제를 체계적으로 해결하기 위한 이론적 체계와 정책적 가이드로 구성된다. 식량 안보 보장, 전면적인 농촌 개혁 심화, 신농촌 건설 가속화, 농업 발전 방식 전환, 농민 소득 증대 등에 관한 시진핑 총서기의 중요한 논술들은 현 단계 '삼농' 문제의 본질을 정확히 인식하고 파악했을 뿐 아니라, '삼농' 문제의 해결 가속화를 위한 개혁 심화의 방법도 포함한다. 거기에 더해 농촌 개혁 심화를 위해 준수해야 할 원칙과 건드려서는 안 되는 마지노선을 제시했다. 이렇게 '삼농'에 대한 체계적인 이론은 정부가 '삼농'정책을 수립하는 이론적 근거가 되었을 뿐 아니라 현재와 향후 중국의 '삼농' 사업 실천을 지도하는 중요한 근거가 된다.

(1) 식량 안보 확보가 국정운영에서 가장 중요하다

중국은 많은 인구를 보유한 개발도상국이다. 반드시 식량문제를 국가 전략으로 삼아 해결해야 한다. 이를 위해 2013년에 열린 중앙의 농촌실무회의에서는 '스스로 주체가 되어 국내 상황에 입각해 생산력을 확보하고, 적절하게 수입하고 과학기술이 뒷받침하는 국가 식량 안보 전략'을 제안했다.

스스로 주체가 되어 국내 상황에 입각해야 한다는 말을 통해 중국인의 밥그릇은 항상 스스로가 꽉 쥐고 그 그릇에는 중국의 식량을 담아야 한다는 것을 분명히 했다. 식량에 대한 기본적인 자급자족이 바탕이 되어야만 식량 안보의 주도권을 장악하고, 더 나아가 경제와 사회 발전이라는 전반적인 상황을 통제할 수 있다. 식량의 기본적인 자급을 이루는 첫 번째 조건은 18억 묘[畝[31]](약 1조2000억㎡)의 경작지 레드라인을 반드시 사수해 존립의 근본을 지키는 것이다. 경작지를 잃게 되면 모든 부분에서 수동적이 될 수밖에 없다.

'생산량 확보'를 위해 농민들이 곡물을 수익성 있게 키우고, 주요 생산 지역에서 곡물 생산에 대한 적극성을 가지는 '두 가지 열정'을 동원하고 보호해야 한다. 시장 자원 배분에서 결정적인 역할을 충분히 발휘하는 식량 가격 형성을 위한 메커니즘을 개혁해야 한다. 농업 보조금을 식량 생산과 연계하는 메커니즘을 모색해 더 많은 식량생산자들이 더 많은 보조금을 받을 수 있도록 만들고, 한정된 자금이 가장 효과적인 곳에 쓰일 수 있도록 해야 한다.

식량 비축 및 조정을 잘하려면 식량 수확과 저장을 위해 시장 주체의 적극성을 동원하고, 사회 창고시설에 대한 효과적인 이용을 통해 식량을 비축하는 것이 필요하다. 이를 위해 중앙정부와 지방정부가 함께 책임져야 한다. 중앙 정부가 일차적 책임을 지고, 각급 지방정부는 전반적인 상황에 대한 의식을 가지고, 식량 생산 투입을 늘려 스스로 국가 식량 안보 유지에 대한 책임을 져야한다. '적절한 수입'이란 대외개방을 통해 농업의 국내외 시장과 자원을 잘 활용하고, 적절하게 수입을 확대하며, 농업 수출에 박차를 가함으로써 수입의 규모와 흐름을 파악하는 것을 가리킨다. 아울러 식량 절약에 신경을 써야 한다. 식량 절약 정신을 가정에서 어려서부터 가르쳐 사회 전반적인 풍조가 될 수 있도록 해야 한다.

---

31   옮긴이 주: (중국식) 토지 면적의 단위: 1畝=0.0667㎢.

(2) 농촌의 기본경영제도를 안정시키고 보완하여야 한다

시진핑 총서기는 19차 당대회 보고에서 "농촌의 기본 관리 시스템을 완비하고, 농촌 토지 제도 개혁을 심화시켜 도급지에 대한 '삼권분리' 시스템을 개선해야 한다"고 지적했다.[32] 당의 농촌 정책을 견지하려면 기본적인 농촌 관리 시스템을 준수하는 것이 무엇보다 중요하다. 농촌 토지에 대한 농민의 공동 소유는 농촌 기본 관리 시스템의 '핵심'이다. 시진핑 총서기는 농촌 기본 관리 시스템이 당의 농촌 정책의 초석이라고 지적하고, 농촌 토지 집단 소유제를 효과적으로 실현할 수 있는 형태를 끊임없이 모색하여 집단 소유권 이행, 농가 토지 계약권 안정, 토지 경영권 활성화 원칙에 따라 도급지의 '삼권분리' 제도를 정비해야 한다고 강조했다. 농가의 가족 경영을 기반으로 협력과 연대를 연결 고리로 삼고, 사회적 서비스가 뒷받침이 되는 복합적이고 입체적인 현대 농업경영 체계의 구축을 가속화한다. 이러한 요구에 따라 법에 의거한 자발성과 보상 원칙을 지키면서 농촌 토지 소유권 이전을 질서정연하게 유도해 다양한 형태의 적정 규모 경영을 발전시켜야 한다. 무리하게 '대약진'을 하지 않고 지역 상황에 맞게 차근차근 해 나가야 하며, 강압적으로 명령하거나 터무니없는 지시를 해서는 안 된다. 농가 가족 경영의 기본적 지위를 지키면서, 대규모 재배업과 양식업 농가, 가족 농장, 농민합작사 및 산업 선도기업과 같은 새로운 유형의 농업 경영 주체를 양성하기 위해 박차를 가한다.

시진핑 동지는 민둥 지역에서 근무할 당시 '통합'과 '분산'의 결합이

---

32 시진핑, 「전면적인 샤오캉사회를 실현하고 신시대 중국 특색 사회주의의 위대한 승리를 거두자-중국공산당 제19차 전국대표대회 보고」, 인민출판사, 2017년판, 32면.

중국 특색의 사회주의 농업경영체제의 기본 형태를 구성한다고 지적한 바 있다. 시진핑 총서기는 18차 당대회 이후 농가의 가족 경영을 기반으로 협력과 연대를 연결 고리로 삼고, 사회적 서비스가 뒷받침이 되는 복합적이고 입체적인 현대 농업 경영체계를 구축해야 한다고 분명히 밝혔다. 이는 농업 경영체계 혁신에서 기본적으로 추구해야 하는 방향이다.

농촌의 기본 관리 시스템을 고수할 때는 농민의 뜻을 존중해야 하며, 강제 명령을 내리거나 개혁을 이유로 농민의 뜻에 반하는 일을 해서는 안 된다. 2014년 9월에 열린 전면적인 개혁 강화를 위한 중앙위원회 제5차 간부회의에서 시진핑 총서기는 "농민의 뜻을 존중하고, 자발적으로 양도한 토지 경영권에 대한 보상을 해야 하며, 강제 명령 또는 맹목적인 행정 명령을 강요할 수 없다"고 강조하고, "적당한 규모를 유지하고 대규모 식량 생산 개발에 대한 지원을 중점적으로 해야 한다. 농민들이 토지의 적정 규모 경영에 적극적으로 참여하고 진정한 수혜자가 되도록 해야 한다[33]"고 덧붙였다.

(3) 중국 특색을 가진 농업 및 농촌 현대화의 길로 나아가야 한다

시진핑 총서기는 19차 당대회 보고에서 농업 및 농촌을 우선적으로 발전시켜야 한다고 지적하고, 산업 번영, 생태적 보금자리 만들기, 농촌 문명, 효과적인 관리 및 풍요로운 생활에 대한 총체적인 요구 사항에 따라 도농의 융합 발전 체제메커니즘과 정책 체계를 수립하고 완비함으로써 농

---

33 「개혁 방안의 질을 엄격히 관리해 개혁의 진전과 성과를 보장하자」, 인민일보, 2014년 9월 30일, 1면.

업 및 농촌의 현대화를 가속화해야 한다고 덧붙였다. 이는 농촌 활성화 전략의 총체적인 요구 사항일 뿐만 아니라 중국 특색의 농업 및 농촌지역의 현대화에 대한 깊이 있는 해석이 포함된 것이다. 시진핑 총서기는 또한 농업 현대화와 농촌 번영을 이루지 못하고, 농민이 평안하고 즐겁게 살지 못한다면 국가의 현대화는 불완전하고 불안정하며 견고하지 못할 것이라고 지적했다.[34] 농업이 근본적으로 나아가야 할 길은 현대화에 있고, 농업 현대화는 국가 현대화를 지원하는 근간이 된다. 새로운 산업화, 정보화, 도시화, 농업 현대화에서 가장 근본인 농업 현대화로 인해 발목이 잡혀서는 안 된다. '삼농' 문제를 잘 해결하기 위해 개혁을 심화시키고 중국 특색의 농업 및 농촌 현대화의 길을 가야 한다.

산업 번영을 위해 농업의 공급측 구조 개혁을 실시함으로써 제품 구조를 최적화하고, 생산 방법을 조정한다. 산업 체계에 맞춰 농업 산업의 변화와 업그레이드를 실현하고, 전통적 농업의 현대화 농업 전환을 촉진해야 한다. 품질이 떨어지는 농산물 공급을 줄이고, 우량 품질의 농산품 생산과 공급을 확대해야 한다. 생태 보호와 농업 생산과의 관계를 잘 조절해야 한다. 새로운 형태의 농업과 농촌 산업을 개발하고, 농업을 산업과 융화시키며, 농업의 전 부분을 업그레이드하고, 전체 체인의 가치를 향상시켜야 한다. 농촌 생태 보호에 주의를 기울이고, 농촌 거주 환경을 개선해 농민들이 평화롭게 살고 일할 수 있는 아름다운 생태적 보금자리를 만들어야 한다. 한편으로 '청산녹수(靑山綠樹)가 금은보화보다 더 귀중하다'는 개념을

---

34 「경제 발전 뉴노멀을 능동적으로 파악하고 적용하면서 개혁개방과 현대화 건설을 새로운 차원으로 끌어 올린다」, 인민일보, 2014년 12월 15일, 1면.

확립하고 실천해야 한다. 농촌의 산과 강, 산림 및 도로에 대한 종합적인 관리를 추진해야 한다. 인간과 자연이 조화롭게 공생할 수 있도록 농촌 쓰레기처리, 하수처리 및 짚단 쌓기를 포함한 마을 환경 개선을 위해 노력해야 한다. 또 다른 한편으로는 농촌지역의 공공 인프라에 대한 투자를 늘리고 도농간 공공 서비스의 평준화를 이루어 도시와 농촌의 융화 발전을 실현하기 위해 노력해야 한다. 농촌 문명을 위해 농촌에서 사회주의 핵심 가치를 실천하고, 중국의 전통 미덕을 발전시키고 농촌을 조화롭고 문명화된 곳으로 만들어야 한다. 효과적인 관리를 위해 농촌 사회의 관리 수준을 향상시키고, 농촌 기초 사업을 강화함으로써 자율성과 법치 그리고 덕치가 결합된 농촌 관리 체제를 완비해야 한다. 농민들이 경제 발전의 결실을 함께 나누고, 더 나은 삶을 영위할 수 있는 풍요로운 생활을 할 수 있도록 해야 한다. 2018년 3월, 시진핑 총서기는 제13차 전국인민대표대회 1차 회의 산둥대표단 심의에 참석해 중요한 사업인 농촌 활성화 전략의 실시를 위해 전반적으로 기획하고 과학적으로 추진해야 한다고 강조했다. 그는 농촌의 산업, 인재, 문화, 생태, 조직 활성화를 추진하는 '5가지 진흥'에 대한 과학적인 분석을 통해 국가 중대한 사업인 농촌 활성화에 대한 세세한 계획을 제시했다. 2018년 1월에 열린 중앙 농촌업무회의에서 시진핑 총서기는 중국 특색 사회주의 농촌 부흥의 길을 처음으로 제안하고, 그 의미에 대해 깊이 있는 설명을 덧붙였다. 첫째, 도농 관계를 재정비하고 통합 발전의 길을 가야 한다. 둘째, 농촌의 기본 관리 시스템을 공고히 하고 개선하여 공동번영의 길로 나아가야 한다. 셋째, 농업의 공급측 구조 개혁을 심화시켜 양질의 농업을 발전시키는 길을 택해야 한다. 넷째, 인간과 자연의 조화로운 공존을 유지하면서 농촌의 녹색 발전의 길을 가야 한다. 다섯째, 농경 문명을 계승하고 발전시켜 농촌 문화 번영의 길을 걸어야 한다. 여섯째, 농촌 관리 체계 혁신을 통해 효과적인 농촌 관리의 길로 나아가야 한다. 일곱째, 빈곤과 맞서 싸우는 정확성을 키워 빈곤 감소를 위한 중국만의 길을 찾아가야 한다.

중국적인 유일무이한 농업 및 농촌 현대화 길을 가기 위해서는 현실에 기반을 두고 실정에 맞는 현대화 모델을 모색해야 한다. 중국은 광활한 영토를 가진 만큼, 지역 간 농업 생산 여건이 크게 차이가 나고, 다양한 농업 경영방식을 가지고 있다. 그렇다고 해도 농업 운영에서 농가의 지배적 지위는 일정 기간 동안 여전히 유지될 것이다. 중국의 농업 현대화는 반드시 국가 상황에 입각해 지역에 따라 적절하게 실시하는 길을 택해야 하며 '일률적'으로 처리하는 길을 갈 수는 없다. 적정 규모의 경영과 소농가 경영과의 관계를 올바르게 처리해야 한다. 현대 농업 산업 시스템, 생산 시스템 및 관리 시스템을 구축하려면 농업 지원 및 보호 제도를 완비해야 한다. 다양한 형태의 적정 규모 경영을 발전시키고, 새로운 유형의 농업 경영주체를 육성하며, 농업 사회화 서비스 시스템을 개선하고, 소농가와 현대 농업 발전의 유기적인 연계를 실현해야 한다.

농업 현대화는 '4화동보' 전략 목표의 중요한 내용이며, 농업 현대화는 농업 발전의 목표이자 활로이다. 현대화는 반드시 과학기술에 의해 실현되어야 한다. 시진핑 총서기는 "농업에 과학기술의 날개를 달아야 한다. 생산량과 효율성 증대를 모두 중시하고, 좋은 품종과 방식을 매칭하며, 농기계와 영농기술을 결합하고, 생태와 조화를 이루는 생산 원칙에 따라 농업기술의 집약화, 노동과정의 기계화, 생산관리의 정보화, 안전 및 환경보호의 합법화를 촉진함으로써 높은 생산량과 고효율, 우수한 품질의 생태

와 안전한 농업 발전 요건을 충족하는 기술 체계 구축에 박차를 가해야 한다"고 지적했다.[35]

(4) 도농 통합 발전을 추진해야 하다

농촌 활성화 전략 이행을 위해 도농 통합 발전에 도움이 되지 않는 체제 메커니즘을 혁신해야 한다. 도농 통합 발전을 위한 정책 시스템을 수립하고 개선함으로써 도농간 지역 격차를 좁혀 도시와 농촌의 통합 발전을 실현해야 한다. 시진핑 총서기는 도농 통합 발전은 국가 현대화의 중요한 상징이라고 지적했다. 신농촌 건설이 새로운 도시화와 함께 조화롭게 발전해 하나가 될 수 있도록 지속적으로 추진함으로써 이륜구동의 엔진을 만들어야 한다. 공업과 농업, 도시와 농촌을 종합적으로 고려한 계획을 세우고, 공업으로 농업을 촉진하고, 도시가 농촌을 이끌며 공업과 농업이 서로에게 혜택을 주고, 도시와 농촌이 하나가 되는 새로운 유형의 도농 관계를 형성해야 한다. 도시와 농촌 주민의 평등한 기본권익을 확보하고, 도시 및 농촌 공공 서비스의 평준화, 도시와 농촌 주민의 소득의 균등화, 도시와 농촌의 요소 배분의 합리화, 도농 간 산업 발전 통합의 점진적인 실현을 목표로 한다.

중국 특색의 도농 통합 발전의 길을 걷기 위해 반드시 중국의 현실에 기반을 두어야 한다. '도농 발전의 불균형은 중국 경제 사회 발전이 안고 있는 두드러진 모순이며, 전면적인 샤오캉사회 실현과 사회주의 현대화

---

35 「18기 3중 전회 정신을 성실하게 이행해 전면적인 개혁 심화를 위한 강력한 긍정 에너지를 모아야 한다」, 인민일보, 2013년 11월 29일, 1면.

추진 가속화를 위해 반드시 해결해야 할 중대한 문제이다. 개혁개방 이후 농촌의 면모는 완전히 달라졌으나 도시와 농촌의 이원적 구도는 근본적으로 바뀌지 않았고, 개발에 대한 도농 간 격차가 계속 벌어지는 추세는 변하지 않았다. 이러한 문제를 근본적으로 해결하기 위해 도농 통합 발전을 추진해야 한다'[36].

시진핑 동지는 민둥에서 일하는 동안 농업과 공업이라는 두 바퀴가 어떻게 돌아가고, 공업으로 농업을 보조하고 촉진하는 방법에 대해 독창적인 관점을 수없이 제시했다. 18차 당대회 이후 시진핑 총서기는 농촌을 절대로 황폐하게 남겨진 추억의 고향으로 만들어서는 안 된다고 지적하며, 사람들이 고향 마을의 산과 강을 볼 수 있고, 고향의 향수를 기억할 수 있도록 나무를 자를 때도 신중하게 하고, 무분별하게 호수를 메우지 않고, 집을 적게 철거해야 한다고 강조했다. 이렇게 변증적 사고와 심오한 철학을 담은 사상과 관점으로 도농 통합 발전을 위한 방향을 제시했다. 도농 통합 발전은 중국의 국정과 도농 간 불균형한 발전의 이원적 구조를 가진 현실에 입각해야 한다. 또한 자연 부존자원, 역사, 문화, 전통, 제도 및 체제를 바탕으로 보편적 법칙을 따라야 한다. 아울러 기존의 규범을 묵과해서는 안 되고, 세계 선진 경험을 거울로 삼아야 하지만 그대로 답습해서는 안 된다.[37]

2013년 12월에 열린 중앙 도시화업무회의에서 현대화를 위한 가장 중요한 엔진은 도시화와 공업화라고 특별히 강조했다. 중국 특색의 과학

---

36   시진핑, 「중앙의 전면적인 개혁 심화에 관한 몇 가지 주요 문제의 결정'에 대한 설명」, 인민일보, 2013년 11월 16일, 1면.

37   「도농통합발전체제 메커니즘을 개선하여 더 많은 농민들이 개혁과 발전의 결실을 공유하도록 하자」, 인민일보, 2015년 5월 2일, 1면.

발전을 통한 새로운 도시화의 길은 인본주의를 중심으로 품질 향상과 산업화, 정보화 및 농업 현대화를 병행 발전시키는 것이 핵심이 되어야 한다. 인간을 근본으로 하여 인간 중심의 도시화를 촉진해야 한다. 도시 인구의 자질과 삶의 질을 개선하고, 도시에서 안정적으로 취업하고 생활할 수 있도록 상주인구의 질서 있는 시민화를 우선적으로 추진해야 한다.[38]

(5) 사회주의 신농촌을 건설해야 한다

사회주의 신농촌 건설은 중국 특색 사회주의 건설 사업의 중대한 역사적 과제이며 경제, 사회, 정치, 문화, 당 건설 및 생태 등 다양한 분야를 다루는 체계적인 사업이다. 19차 당대회 보고에서 지적한 '산업 번영, 생태적 보금자리 만들기, 농촌 문명, 효과적인 관리 및 풍요로운 삶'은 농촌 진흥을 위한 일반적인 요구사항이며 사회주의 신농촌의 기본 특징이기도 하다. 농촌은 중국 전통문명의 발상지이다. 향토문화의 뿌리가 끊어져서는 안 된다. 시진핑 총서기는 신농촌 건설은 반드시 농촌의 실제 상황에 맞는 길을 따라 농촌 자체의 발전 법칙을 따르고, 농촌의 특징을 충분히 반영하고, 고향의 느낌을 살리면서 농촌의 모습과 스타일을 그대로 간직하고, 아름다운 산천을 보존하고, 향수를 기억해야 한다고 지적했다.[39]

농촌 실정에 맞는 길은 중국 농촌 현실을 바탕으로 급속하게 추진되는 도시화 과정 속에서도 농촌 공동의 발전과 번영의 길을 가는 것이다. 농촌의 노동력이 도시로 유입됨에 따라 농촌 인구가 점점 줄어들고 농촌에

---

38 「중앙 도시화업무회의 베이징에서 개최」, 인민일보, 2013년 12월 15일, 1면.
39 「확실한 빈곤 구제개발로 민족 지역의 사회 경제 발전에 박차를 가하자」, 인민일보, 2015년 1월 22일, 1면.

남아 있는 인구의 고령화와 저연령화가 이루어지는 상황에서 농촌의 활력을 어떻게 북돋우고 농촌의 정취와 발전 동력을 유지하느냐는 신농촌 건설에서 반드시 직면해야 할 문제다. 2013년 중앙 농촌업무회의는 농촌에 '남아 있는 여성, 노인, 어린이' 문제를 중시하고, 농촌의 민생을 보장하고 개선함으로써 이들을 위한 돌봄 서비스 시스템을 완비해야 한다고 지적했다. 비어 있는 마을에 문제의 초점을 맞추어 농촌의 주거환경을 정비하고, 새로운 사회주의 신농촌 건설을 계속 추진함으로써 농민들이 행복한 가정을 꾸려나갈 수 있는 아름다운 마을을 건설해야 한다.

신농촌 건설은 농민의 뜻을 존중하면서 농촌의 생태환경을 잘 보존하며, 농촌 윤리를 지키고, 농촌 문명을 전승해야 한다. 2013년 시진핑 총서기는 후베이(湖北) 어저우(鄂州)의 농촌을 시찰할 때 아름다운 마을 건설이 중요하지만 농민의 뜻을 존중하지 않고, 그럴듯하게 꾸며대며 대대적으로 철거하거나 지어서는 안 된다고 지적하고, 신농촌 건설에서 중요한 부분인 생활환경 개선 특히 농촌 위생 상태 개선이 중요하다고 강조했다. 2014년 시진핑 총서기는 장쑤 시찰에서 "화장실 문제는 신농촌 건설에서 상징적인 의미를 지니고 있기 때문에 지역 상황에 따라 화장실 하수관망을 설치하고, 농촌 하수처리를 원활하게 만들어 농민들의 삶의 질을 끊임없이 향상시켜야 한다[40]"고 지적했다. 농민의 자질 향상은 신농촌 건설에서 중요한 내용이다. 신농촌의 주인인 농민들의 자질에 따라 신농촌 건설의 수준이 결정되는 만큼, 사회주의 신농촌 건설을 위해 농민에 대한 교육

---

40 「경제 발전 뉴노멀을 능동적으로 파악하고 적용하면서 개혁개방과 현대화 건설을 새로운 차원으로 끌어 올리자」, 인민일보, 2014년 12월 15일, 1면.

을 중시해야 한다. 효과적인 농촌 의무교육 실시를 위해 시진핑 총서기는 허베이(河北) 푸핑(阜平)을 시찰하면서 "다음 세대가 좋은 삶을 영위할 수 있도록 문화적 소양을 먼저 갖추도록 한다면 그들의 미래는 완전히 달라질 수 있다. 아이들이 좋은 교육을 받도록 의무교육을 잘 수행해야 한다"[41]고 지적했다. 농촌 직업교육을 강화하고 농촌 직업교육에 대한 투자를 늘려 새로운 유형의 직업농민을 육성해 농업 현대화의 주역으로 삼아야 한다. 사회주의 신농촌 건설의 목적은 농촌 사회의 전면적인 발전과 진보를 지향하는 것이다. 농촌 문명의 새로운 관습을 육성하고, 농촌지역의 건전한 문명생활을 장려하기 위해 농민에 대한 사상과 도덕 교육 및 민주와 법률 교육을 강화해야 한다.

(6) 정확한 빈곤 구제와 빈곤 탈출을 실시해야 한다

시진핑 총서기는 빈곤구제 사업을 중시하여 빈곤지역에서 가난을 몰아내는 문제에 관심을 가져왔다. '두 개 100년[42]'의 분투 목표를 실현하기 위해 '정확한 빈곤 구제와 빈곤 탈출'이라는 빈곤 탈출 전략을 내놓았는데 이는 전면적인 샤오캉사회 실현 목표를 실현하기 위한 2020년 중국의 중대한 전략적 포석이 되었다.

시진핑 총서기는 "전면적인 샤오캉사회 실현에서 가장 힘들고 어려

---

41 『샤오위루(焦裕祿)와 같은 현 위원회 서기가 되자』에 실린 시진핑의 「허베이성 푸핑현 빈곤 구제 개발 업무 시찰 당시 담화」, 중앙문헌출판사, 2015년판, 24면.

42 옮긴이 주: 중국공산당 창당 100주년인 2021년까지 샤오캉사회를 실현하고, 건국 100주년인 2049년까지 중국을 조화로운 현대사회주의 국가로 변화시키겠다는 시진핑 체제의 미래비전.

운 임무는 농촌, 특히 빈곤지역에 있다. 농촌의 샤오캉, 특히 빈곤지역의 샤오캉이 없이는 전면적인 샤오캉사회 실현은 없다. 중앙 정부는 빈곤구제개발 사업을 매우 중요하게 생각한다. 각급 당 위원회와 정부는 빈곤구제개발 사업을 잘 하기 위해 책임감과 사명감을 키워야 한다. 확실한 계획과 목표, 자금과 조치를 가지고, 지속적인 점검을 통해 고향 마을의 주민들이 하루빨리 가난에서 벗어나 기본적인 의식주가 보장되는 샤오캉을 누릴 수 있도록 함께 노력해야 한다"[43]고 지적했다.

시진핑 총서기는 2015년 중앙 빈곤구제 업무회의에서 "정확한 빈곤구제와 빈곤 퇴치를 위해 빈곤 퇴치 효과를 개선하는 데 중점을 두어야 한다. 올바른 길을 찾고, 좋은 체제 메커니즘을 구축함으로써 실질적으로 정확한 정책을 내놓고 확실하게 추진하기 위해 노력해야 한다. 아울러 목표한 곳에서 실질적인 효과를 거둘 수 있도록 해야 한다"고 지적했다. '보조 지원 대상' 문제를 잘 해결하기 위해 빈곤인구의 실제 상황을 확실하게 파악하고, 가정과 개인에 따라 정책을 시행할 수 있도록 빈곤인구의 수와 가난한 정도, 빈곤인구가 된 원인 등을 확실하게 파악해야 한다. '보조 지원 기관' 문제를 잘 해결하기 위해 중앙에서 총괄하고, 성(자치구, 직할시)에서 총책임을 진다. 시(지방)현에서 이행하는 빈곤구제개발 사업 메커니즘을 잘 잡아 명확하게 분업을 하고, 책임 소재를 잘 구분해야 한다. 적임자에게 임무를 부여하고, 평가가 제대로 이루어져야 한다.[44] 정확한 빈곤 구제와

---

43 『시진핑, 국정운영을 논하다』에 실린 시진핑의 「빈곤지역의 빈곤 탈출과 발전 가속화 추진」, 외문출판사, 2014년판, 189면.

44 「빈곤 탈출을 위한 돌격 나팔은 이미 울렸고, 당과 국가 전체가 목표를 향한 각오를 다져야 한다」, 인민일보, 2015년 11월 29일, 1면.

빈곤 퇴치 실현의 관건은 보조와 지원 문제를 얼마나 잘 해결하는지에 달려있다. 농촌 빈곤의 특징과 구체적인 상황을 근거로 시진핑 총서기는 빈곤 탈출의 방법을 생산 발전, 지역 이전, 생태 보상, 교육 발전, 사회보장 5개 차분으로 나눈 '5개 차분' 프로젝트를 실시해야 한다고 제안했다.

(7) 농촌 생태문명 건설에 박차를 가해야 한다

18차 당대회 보고에서 경제, 정치, 사회, 문화, 생태문명을 건설하는 '오위일체(五位一體)'라는 전반적인 레이아웃을 제시했다. 생태문명 건설이 처음으로 국가 발전 전략 포석에 포함된 것은 중요한 혁신이자 발전이다. 2013년 4월, 시진핑 총서기는 하이난(海南) 시찰에서 좋은 생태환경은 가장 공평한 공공재로 가장 보편적으로 혜택을 줄 수 있는 민생복지[45]라고 지적했다. 생태문명 건설은 도구가 아니라 사회 발전의 목표로써 인민 중심의 발전사상을 구현하고자 하는 경제학적 의미가 담겨 있다.

2013년 5월, 시진핑 총서기는 중국공산당 중앙정치국 제6차 공동 학습에서 "경제발전과 생태환경보호와의 관계를 올바르게 처리하려면 생태환경보호가 생산력을 보호하고, 생태환경 개선이 곧 생산력 발전이라는 이념을 확고하게 세워야 한다……"[46]고 강조했다.

당 18기 5중 전회에서 제시한 5대 발전 이념에 생태문명 건설의 녹색 발전 이념이 포함되어 있다. 국제적인 경험과 교훈을 통해 생태문명에 대

45   중공중앙문헌연구실 편저, 「전면적인 개혁 심화에 관한 시진핑의 논술 엮음」, 중앙문헌출판사 2014년판, 107면.

46   『시진핑, 국정운영을 논하다』에 실린 시진핑의 「사회주의 생태문명의 새로운 시대를 향해 적극 나아가자」, 외문출판사, 2014년판, 209면.

한 사람들의 인식도 초기의 '선 오염, 후 관리'에서 '오염과 동시에 관리하는 것'으로 바뀌었고, 최근에는 '지속가능 발전'으로 끊임없이 바뀌고 있다. 그러나 이러한 발전 과정에서 사람들이 여전히 환경개발과 보호를 도구로 보고, 자원, 환경 및 생태를 도구와 수단으로 간주하는 중대한 오류를 범하고 있었다. 하지만 시진핑 총서기는 환경개발과 보호가 목적 그 자체라고 생각했다. 저장성 당서기를 역임할 당시 그는 환경은 민생이고, 푸른 산과 하늘은 아름다움과 행복을 주고, 청산녹수는 금은보화이다.[47] 때문에 시대와 함께 발전시켜야 하는 목표로 삼아야 한다고 지적했다.

(8) 당 지도와 농촌 관리를 강화해야 한다

'삼농' 사업은 늘 당 중앙 업무의 최우선 과제이다. 시진핑 총서기는 허난 시찰 당시 모든 일의 중요한 토대가 되는 '삼농' 사업을 위해 각급 당 위원회와 정부는 세심한 주의를 기울이고 또 기울여야 한다고 강조했다. '삼농' 사업에 문제가 생기면 당의 지배 기반이 흔들리고, 국가 발전 전반에 영향을 미칠 것이다. 당의 지도를 견지하고, 당의 지도를 강화하고 향상시키는 것은 중국 사회주의 혁명과 건설의 승리를 위한 근본적인 보장이며, '삼농' 사업을 잘 수행하기 위한 기본적인 보장이다.

농촌의 기층 당 조직은 농촌에서의 당의 전투 보루이자 당 지배의 정치 기반이다. 농촌 기층 당 조직의 창의성과 응집력 그리고 전투력을 지속적으로 향상시키고 농촌 기층 당 조직이 핵심 역할을 충분히 수행할 수

---

47 중공 저장성 위원회, 「청산녹수는 금은보화라는 길로 나아가자-시진핑 동지의 '양산' 중요 사상을 깊이 있게 학습하자」, 구시(求是), 2015년 17기.

있도록 함으로써 농촌지역에서 당의 집권 기반을 더욱 공고히 해야 한다. 2015년 6월, 시진핑 총서기는 구이저우(貴州) 조사 연구에서 당 업무를 가장 견고하게 지탱해주는 힘은 기층에서 나오고, 경제 사회 발전과 민생에서 가장 두드러진 모순과 문제 역시 기층에서 나타나기 때문에 기층을 잘 잡고 기반을 다지는 것을 장기적인 계획과 탄탄한 기본 정책으로 삼아야 하며 조금도 긴장을 늦춰서는 안 된다고 지적했다. 아울러 기층 당 조직 건설을 강화하고, 그들의 응집력과 전투력을 전반적으로 향상시키는 데 주력해야 한다고 강조했다.

농촌 관리는 국정운영의 유기적인 부분으로 농촌의 안정과 번영, 농민의 행복과 복지, 경제 발전 및 국가의 부강과 관련된다. 농촌 관리는 당의 농촌 업무에서 중요한 부분이며, 당의 농촌 기층 조직의 사명이다. 시진핑 총서기는 2013년 12월에 열린 중앙 농촌업무회의에서 "농촌 민생 보장과 개선을 최우선 방향으로 삼아 체계적 관리, 법률적 관리, 종합적이고 원천적 관리라는 새로운 개념을 수립해 많은 농민들이 편안하게 생업에 종사할 수 있도록 하고, 농촌 사회의 안정과 질서를 보장해야 한다[48]"는 새로운 농촌 관리 이념을 제시했다. '4가지 관리'의 개념은 새로운 시대 농촌 관리에 대한 새로운 사고로 구성된 농촌 관리 이론에 대한 중요한 혁신이라 하겠다. 시진핑 총서기는 19차 당대회 보고에서 농촌지역의 말단 기초 사업을 강화하고, 자치와 법치 그리고 덕치가 어우러진 농촌 관리 시스템을 완비하겠다고 밝혀 새로운 시대 농촌 관리 업무의 방향을 제시했다.

---

48 중공중앙문헌연구실에서 편집한 『18차 당대회 이후 중요 문헌 선집』(상)에 실린 시진핑의 '중앙 농촌업무회의에서의 연설', 중앙문헌출판사, 2014년판, 681면.

4. '삼농'에 대한 시진핑 총서기의 중요 논술의 중요 가치

'삼농'에 관한 시진핑 총서기의 중요한 논술은 중화민족의 위대한 부흥이라는 중국몽과 같은 맥락에서 원대하고 심오한 전략적 안목을 가진다. '삼농' 사업을 중시한 중국공산당의 우수한 전통을 발양하고 '삼농' 문제에 대한 역대 중국공산당의 탐구와 투쟁을 이어받은 것으로 시진핑 신시대 중국 특색 사회주의 사상의 유기적인 구성 부분으로써 '삼농'에 관한 마르크스주의 이론을 더욱 풍부하게 만들고 발전시켰다. 시진핑 총서기는 '삼농' 사업을 국가 안정과 당 전체 업무에서 가장 중요하다고 정의했다. 그의 중요한 연설과 논술은 '삼농' 사업에 관한 중국공산당의 전략 사상을 더욱 풍부하게 만들었고, 새로운 역사 여건에서의 '삼농' 발전에 관한 중대한 이론과 현실적인 문제에 대해 깊이 있는 답을 제시한 것으로 심오한 이론적 가치와 지도적 의미를 가진다.

(1) 마르크스주의 중국화의 최신 성과이다

시진핑 총서기의 '삼농'에 대한 주요 논술은 심오하고 체계적이면서도 광범위한 과학적 체계를 형성했다. 이는 '삼농' 사업을 중시해 온 중국공산당의 우수한 전통을 계승하고 발양한 것일 뿐 아니라 상황을 잘 살펴 시대와 발맞춰 가면서 새로운 시기 중국의 '삼농' 사업을 지도하는 이론적 기반이 되었다. 또한 마르크스주의 이론과 방법을 실천적으로 중국에 적용한 또 하나의 이론적 혁신이며, 중국 특색 사회주의 이론 체계를 풍부하게 만들고 개선하고 발전시킨 마르크스주의 중국화의 최신 성과를 집약적으로 구현했다.

시대와 함께 발전하는 것은 마르크스주의 이론의 특징이다. 마르크스주의의 중국화 촉진은 중국공산당의 일관된 중대한 사명이자 임무이다. '삼농'에 관한 시진핑 총서기의 중요 논술은 마르크스주의의 원리와 방법을 과학적으로 적용하고, 새로운 시기 중국의 '삼농'이 가지는 새로운 특징과 직면하게 될 주요 모순을 결합시켰다. 이렇게 실천을 바탕으로 '삼농' 문제를 과학적으로 해결할 수 있는 이론과 방법을 제시했다. 즉, 시대와 발맞춰 중국의 경제 발전 단계와 '삼농'이 직면하게 될 새로운 상황과 문제들에 적응하면서 생산력과 생산의 변증적 관계에 대한 과학적인 분석을 통해 이루어진 새로운 이론이라 할 수 있다.

(2) 시진핑 신시대 중국 특색 사회주의 사상의 중요한 구성 부분이다

시진핑 총서기의 '삼농'에 관한 중요한 논술은 시진핑 신시대 중국 특색 사회주의사상이 '삼농' 분야에서 구체적으로 구현되었다. 이는 '삼농' 사업을 잘 이끌어 온 중국공산당의 오랜 경험의 결정체이자 시진핑 총서기가 몸소 '삼농'을 경험하고 연구한 이론적 종합으로써 시진핑 신시대 중국 특색 사회주의 사상의 중요한 구성 부분이다. 당 18기 5중 전회에서 제시한 바와 같이, 18차 당대회 이후 당 중앙은 시진핑 동지를 중심으로 중국 특색 사회주의를 변함없이 견지하고 발전시켜왔고, 과감한 실천과 혁신을 통해 공산당 집권 법칙, 사회주의 건설 법칙, 인류사회의 발전 법칙에 대한 이해를 심화시켜왔다. 새로운 국정운영 방침들을 만들어 새로운 여건 속에서 개혁개방을 심화하고, 사회주의 현대화 추진 가속화를 위한 과학적인 이론 지도와 행동 지침을 제공했다. '삼농'에 관한 시진핑 총서기의 중요한 논술은 시진핑 신시대 중국 특색 사회주의 사상의 중요한 이론적 기초이다. 중국공산당의 '삼농' 업무에 대한 오랜 경험을 종합해 제시한 새로운 사상으로 '삼농'의 발전 법칙을 따르고, '삼농' 발전의 새로운 상황과 문제에 적응하며, 내실이 풍부한 고도의 맞춤형 국정운영을 위한 새로운 전략을 마련하는 유기적인 구성 부분이 되었다.

(3) 중국 특색 '삼농'이론의 중대한 혁신이다

중국 국정에 입각해 '삼농' 문제를 근본적으로 해결하기 위해서는 중국 스스로의 방법을 채택해야 한다. '삼농' 문제의 본질에 대한 철저한 이해를 바탕으로 마르크스주의 이론과 방법을 과학적으로 적용해 '삼농' 문제를 해결하기 위한 방법과 사고를 제시해야 한다. '삼농'에 관한 시진핑 총서기의 중요 논술은 중국의 실천에 뿌리를 두고 있다. 중국 농촌의 개혁개방이 큰 성과를 거두고, 경제 발전이 뉴노멀[49] 상태로 접어선 상황에서 중국의 농촌 발전이 맞이하게 될 새로운 상황과 문제들에 따라 시대에 발맞춰 '삼농' 문제를 해결해야 한다는 새로운 이론이다. 특히 인민 중심의 발전 사상을 강조하고 있다. 사람 중심의 발전을 시작으로 전면적인 샤오캉이라는 목표를 향해 나아가고, '삼농' 문제의 해법과 중화민족의 위대한 부흥인 중국몽 실현이라는 원대한 목표를 결합한 것으로 새로운 시대의 '삼농' 문제 사업을 잘 하기 위한 근본적인 지침이 된다.

---

49   옮긴이 주: 고도 성장기를 지나 중고속의 안정 성장 시대를 맞이한 중국 경제의 새로운 상태를 뜻함. [新常态]

5. '삼농'에 대한 시진핑 총서기에 관한 중요 논술의 지도적 의의

시진핑 신시대 중국 특색 사회주의 사상은 신시대 중국 특색 사회주의를 건설하는 이론적 토대이자 행동 지침이다. '삼농'에 관한 시진핑 총서기의 중요 논술은 시진핑 신시대 중국 특색 사회주의 사상의 유기적인 구성 부분으로써 마르크스주의 정치경제학의 중요한 혁신적 성과라 하겠다. 여기에는 풍부하고, 깊이 있고 체계적인 내용뿐 아니라 높은 선견지명과 교육성을 담고 있어 중국 경제의 뉴노멀 상황에서 농촌 개혁을 계속 심화할 수 있는 이론적 지침이 된다. 아울러 새로운 역사적 조건에서 '삼농'을 발전시켜야 하는 현실적인 문제에 대한 답을 한 것으로 현재뿐 아니라 향후 일정 기간 동안에도 '삼농' 사업의 중요한 이론적 정책적 근거로써 신시대 '삼농' 사업이 나아가야 할 바를 제시해 줄 것이다.

(1) 정치적 관점에서 '삼농' 사업의 중요성을 충분히 이해해야 한다

'삼농'에 관한 시진핑 총서기의 중요 논술은 '삼농'문제 해결의 중요한 이론적 근거이자 정책 안내서이다. '삼농' 사업을 잘 하기 위해서는 정치적 관점에서 '삼농' 사업의 중요성을 충분히 인식해야 하고, 사상적으로 전면적인 샤오캉사회 실현과 현대화 실현 과정에서 '삼농' 사업의 중요한 지위를 정확하게 이해하고 있어야 한다. '삼농'의 성공은 정확한 이론적 지도와 밀접한 관계가 있다. '삼농'에 관한 시진핑 총서기의 중요 논술이 바로 중국의 '삼농' 사업을 위한 이론적 지도서가 된다. '삼농' 사업을 중시하고 전체 당 사업의 최우선으로 두어야 한다. 이는 기타 업무를 잘 처리할 수 있는 전제이자 기초이기 때문이다. '삼농' 사업을 국가 안정을 위한 최우선 과제로 삼고 잘 처리했던 중국공산당의 노력을 충분히 설명하고, '삼농' 사업의 중요성과 필요성을 충분히 보여주었다. 개혁개방 이후 1982년에서 1986년 사이 5년 연속 중앙은 '삼농'에 관한 1호 문건을 발표했고, 21세기로 접어들면서 2004년부터 14년 연속 '삼농' 관련 1호 문건을 내놓았다. '삼농' 사업을 잘 수행하는 것은 '두개 100년'이라는 큰 목표 실현에 있어 중요한 부분이다. 강한 농업, 부유한 농민, 아름다운 농촌 실현은 중국의 강대함 및 중화민족의 위대한 부흥과 밀접하게 연결된다. '삼농' 문제를 잘 해결할 수 없다면 중국의 강대함과 부흥을 말할 수 없다. 중화민족 부흥의 중국몽 실현이라는 정치적인 시각으로 봤을 때, 중국의 강대함을 위해서는 강한 농업, 아름다운 농촌과 부유한 농민이 필요하다는 것을 깨달아야 한다.

강한 중국을 위해 농업을 강화해야 한다. 전통 농업에서 현대 농업으로의 전환을 가속화하고 중국 특색을 가진 현대화 농업의 길을 적극적으로 모색하는 것이 필요하다. 농업이 강해지려면 첫째 개혁에 의지해야 한다. 농촌 토지제도 개혁 심화를 통해 새로운 형태의 집단소유제의 실현을 모색해야 한다. 자원 배치에서 시장이 결정적 역할을 충분히 발휘하고 발전 방식을 전환해 농업의 적절한 규모 경영을 실현해야 한다. 둘째, 과학기술 진보에 의존해야 한다. 현대 농업 기술과 장비를 충분히 활용하고 농업 과학 및 기술 인력 육성을 강화하며, 새로운 유형의 농부 양성을 통해 함축적인 발전의 길을 따르면서 전체 농업 요소의 생산성을 높이고, 전체 농업 생산력을 향상시켜 식량 안보를 보장해야 한다. 아름다운 중국을 위해서는 농촌을 아름답게 해야 한다. 화학 물질 투입에 의존했던 현재의 생산 방식을 전환해 녹색 발전을 실현할 수 있도록 발전 방식을 바꿔야 한다. 중국이 부강해지려면 농민이 부유해져야 한다. 많은 농민들이 경제 발전의 성과를 함께 누리도록 해야 한다. 공업으로 농업을 촉진하고, 도시가 농촌을 이끌며 공업과 농업이 서로에게 혜택을 주고, 도시와 농촌이 하나가 되는 새로운 유형의 도농 관계를 형성해야 한다. 이를 통해 도시와 농촌 주민들의 기본권이 평등해지고, 도시 및 농촌 공공 서비스의 평준화를 실현하고, 도시와 농촌 주민의 소득이 균형을 이루고, 도시와 농촌의 요소 배분이 합리적으로 이루어져 도농 간 산업 발전 통합을 점진적으로 실현하는 것을 목표로 한다.

(2) 중국 특색의 '삼농' 발전의 길을 위해 정확한 방향을 알려주었다

개혁 심화는 중국공산당이 '삼농' 문제를 잘 해결할 수 있도록 하는 중요한 비결이다. 시진핑 총서기는 '삼농' 문제를 잘 해결하기 위해서는 개혁 심화를 뒷받침으로 중국 특색 농업 현대화의 길을 가야한다고 지적했다. 1980년대의 농촌 개혁은 농민들의 열의를 동원하면서 농업의 비약적인 발전을 실현했다. 이제는 개혁을 계속 심화시키고, 체제 메커니즘의 혁신을 꾸준히 추진함으로써 개혁에 활력을 불어 넣고, 수많은 농부들의 혁신 및 창업에 대한 활력을 북돋아 농업과 농촌 발전을 위한 새로운 추진력을 발휘할 수 있도록 해야 한다.

19차 당대회는 자원 배치에서 시장의 결정적 역할을 다시 한 번 강조했다. 농촌 개혁은 시장 수요 지향적인 공급측 구조 개혁을 더욱 추진해야 한다. 식량 가격 형성 메커니즘과 수확 및 저장 제도 개혁을 안정적으로 추진하고, 시장 수요에 따라 농업 생산과 제품, 산업에 대한 구조조정을 가속화하고 농업의 안정적인 발전과 농가 수익을 지속적으로 늘려야 한다. 시장 지향적인 개혁과 농민의 이익 보호와 함께 농산물 시장 규제 시스템을 개선하기 위해 '품목별로 시책하고, 점진적으로 추진'하는 방법을 채택해야 한다.

'삼농'에 대한 지원을 지속적으로 강화한다. 농업과 농촌 투자의 지속적인 성장 메커니즘을 확대하여 농촌지역에 더 많은 금융자원이 제공될 수 있도록 만들고, 농업 보험 제도와 같은 조치를 대대적으로 개선함으로써 농업에 대한 자금 지원을 늘리고, 농촌 재정 공급 구조를 개선한다.

농촌 집단 재산권 제도의 개혁을 심화하여 2020년까지 토지 등 농촌 집단자산에 대한 권리 확인 증서를 발행하고, 주식으로 전환된 운용 자산의 몫을 그 집단 경제조직 구성원에게 나누어 주며, 비 운영 자산의 집단 운영 및 관리 메커니즘을 개선한다. 농촌 집단 재산권 제도 개혁의 목표는 집단 경제의 폐지가 아니라 집단 경제를 더욱 발전시키고 강화하는 것이다. 개혁을 통해 집단 경제의 이점을 최대한 활용하여 농민들이 더 많은 재산상의 혜택을 누리고 개혁의 성과를 공유할 수 있도록 했다. 시진핑 총서기는 2016년 4월 샤오강(小崗)촌에서 열린 농촌 개혁 간담회 연설에서 "어떤 경우에도 농촌 토지 집단 소유권을 무너뜨리거나 경작지를 줄일 수 없고, 식량 생산 능력 약화를 야기하거나 농민의 이익을 해쳐서는 안 된다"고 지적했다.[50] 이는 농촌 개혁 심화 과정에서 반드시 지켜야 하는 마지노선이다.

---

50 「새로운 상황에서 농촌 개혁을 더욱 강력히 추진하여 농민들이 편안하게 생활하고 즐겁게 일할 수 있도록 촉진하자」, 인민일보, 2016년 4월 29일, 1면.

(3) '삼농'사업을 지도하는 기본 원칙이다

'삼농'에 관한 시진핑 총서기의 중요한 논술은 새로운 시기 중국공산 당의 '삼농' 사업에 대한 전략적 사고를 구체화하고, '삼농' 발전을 위한 중 요한 이론과 현실적 문제에 대한 핵심을 잡았을 뿐 아니라 선명한 시대적 특색과 이론적 스타일을 가지고 있다. 그렇기 때문에 새로운 시대 '삼농' 사업을 잘 처리하기 위해 꼭 준수해야 한다. 2017년 중앙 1호 문건은 '새로 운 역사적 단계에서 농업의 중요한 문제는 총량 부족에서 구조적 모순으 로 바뀌었고, 단계적 공급 과잉과 공급 부족의 병존이 두드러지면서 주로 공급 분야에서 불협화음이 나타나고 있다'고 지적했다.[51] 따라서 새로운 상 황과 요구에 맞게 문제 해결 지향적 사고를 가지고, 업무의 초점을 조정하 고, 농업 공급측 구조 개혁을 더욱 추진함으로써 농업 및 농촌 발전의 새로 운 추진력을 육성하기 위해 속도를 내야 한다.

농업 공급측 구조 개혁을 더욱 진전시키기 위해서는 마르크스레닌주 의, 마오쩌둥(毛澤東)사상, 덩샤오핑(鄧少平)이론, '3개 대표론[52]', 과학적 발 전 개념, 시진핑 시대 중국 특색 사회주의 사상을 지도 이념으로 19차 당 대회 보고에서 보여 준 시진핑 총서기의 정신을 깊이 관철하고, 새로운 발 전 이념을 견지해야 한다. 농업을 유망산업으로 만들고 농민을 어엿한 직 업으로 만들기 위해 '삼농' 사업을 우선순위로 두고 농업과 농촌의 현대화 와 도시와 농촌의 통합 발전 가속화에 초점을 맞춘다.

---

51 「심층적인 농업 공급측 구조 개혁 추진으로 농업 및 농촌 발전을 위한 새로운 동력 육성 가속화에 관한 중국공산당 국무원의 몇 가지 의견」, 인민일보, 2017년 2월 6일, 1면.

52 옮긴이 주: '3개 대표론'은 장쩌민(江澤民) 주석이 발표한 것으로 공산당이 선진 생산력(자본 가), 선진문화 발전(지식인), 광대한 인민(노동자·농민)의 근본 이익을 대표해야 한다는 이론.

(4) 농촌 개혁 심화의 이론적 근거이자 뒷받침이다

18차 당대회 이후 시진핑 동지를 중심으로 당 중앙은 농촌 개혁을 심화하고, 생산력과 양립할 수 있는 생산관계를 지속적으로 탐색하고 혁신하며 농민의 열정을 북돋고, 개혁의 활력을 끊임없이 개방하기 위해 노력해왔다. 시진핑 총서기는 "농촌 개혁은 전면적인 개혁 심화의 중요한 구성 부분으로 '삼농' 사업을 잘하기 위해 개혁에 활력을 불어 넣어야 한다"고 지적했다. 18기 3중 전회에서 〈전면적 개혁 심화에 관한 몇 가지 중대 문제에 대한 결정〉이 통과된 후, 총 336건의 개혁 조치가 나왔으며, 이 중 약 15%인 50건이 '삼농'과 직접 관련된 개혁이었다. 시진핑 총서기는 농촌이 발전하려면 농민의 힘이 필요하다고 지적했다. 농촌 개혁과 제도 혁신을 끊임없이 추진하고, 무수한 농민들이 주체적 역할과 창조적 정신을 충분히 발휘할 수 있도록 함으로써 농촌 사회의 생산력을 지속적으로 해방하고 발전시켜 농촌 발전의 활력을 자극해야 한다.[53]

2015년 11월 중국공산당 중앙판공청, 국무원 판공청은 5개의 주요 농촌 개혁 분야를 제안한 〈농촌 개혁 심화를 위한 종합 실시방안〉을 발표했다. 첫째, 농촌 재산권 제도를 개혁하고 완비한다. 둘째, 농업 경영 방식을 혁신한다. 셋째, 농업에 대한 국가 지원 및 보호 시스템을 개혁하고 완비한다. 넷째, 도농 통합 발전 체제와 기제를 더욱 촉진한다. 다섯째, 농촌의 말단 조직 건설 강화를 통해 농촌 사회 관리를 완비한다. 5개의 개혁 분야는 26개의 중요한 개혁 조치와 연관되어 있고, 과거 이러한 개혁의 강도

---

53 「도시-농촌 발전의 통합 체제 메커니즘을 개선하여 더 많은 농민들이 개혁과 발전의 결실을 공유하도록 한다」, 인민일보, 2015년 5월 2일, 1면.

와 범위는 없었다.

개혁에는 다양한 측면과 많은 내용들이 포함되어 있기 때문에 복잡한 이해관계를 가진다. 이런 상황을 고려했을 때 개혁을 너무 성급하게 하거나 빠르게 수행해서는 안 된다. 특히 토지제도 개혁은 농촌지역에서 가장 민감한 부분이기 때문에 반드시 신중하게 추진해야 한다. 시진핑 총서기는 "농촌의 토지제도 개혁은 중요하다. 관련 주체와 연관된 이익관계가 매우 복잡하기 때문에 신중하고 합당하게 추진되어야 한다"[54]고 지적했다. 그는 "농촌의 토지소유권, 계약권 및 경영권 사이의 관계를 잘 고려해야 한다. 토지 이전에서 농민의 뜻을 존중하고 기본 농지 및 식량 안보를 보장하며 농민의 소득 증대에 도움이 되도록 해야 한다"고 강조했다.[55]

'삼농'에 관한 시진핑 총서기의 중요한 논술은 역사유물론과 변증적 유물론의 입장과 견해 그리고 방법에 기반을 둔 심오하면서도 과학적인 이론 시스템이다. 새로운 시기 '삼농'에 대한 주요 이론 및 실제적 문제에 대한 답변과 해결을 위한 지도 사상일 뿐 아니라 마르크스주의를 창조적으로 발전시킨 이론이다. 이는 새로운 시기 '삼농'을 지도하는 중요한 이론적 근거이며 마르크스주의 정치경제학을 현 시대에 맞게 중국화를 한 것으로써 시진핑 시대 중국 특색 사회주의 사상의 유기적 구성 부분이다.

---

54   중공중앙문헌연구실에서 편집한 『18차 당대회 이후 중요 문헌 선집(상)』에 실린 시진핑의 「중앙 농촌업무회의에서의 연설」, 중앙문헌출판사, 2014년판, 671면.

55   「전면적인 개혁개방 심화를 확고히 하고, 착실하게 경제 사회 발전을 추진하자」, 인민일보, 2013년 7월 24일, 1면.

제2장

농촌 기본 경영 제도의 안정과 완비

중국 경제체제 개혁은 농촌의 전통 인민공사체제 변혁에서 시작되어 점차 가족 도급 경영을 기반으로 통합과 분산이 결합된 이원적 경영 체제를 갖춘 농촌 기본 관리 제도를 수립했다. 개혁개방 40년 동안 중국이 거둔 위대한 업적과 실질적인 경험을 통해 농촌 기본 경영 제도의 안정화와 개선이 '삼농' 문제 해결 및 사회주의 기본 경제 제도의 유지와 보완을 위해 기초적이면서 전반적인 중대한 의의가 있음을 충분히 알 수 있다. 당 18차 3중 전회는 농업에서 가족 경영의 기본적 지위를 고수하고, 농촌 토지 집단 소유권을 유지하며, 농민의 토지 도급 경영권을 법으로 보호해야 한다고 지적했다. 시진핑 총서기는 19차 당대회 보고에서 "농촌 기본 관리 시스템을 다지고 완비하고, 농촌 토지제도의 개혁을 심화시키며, 도급지에 대한 '삼권분리 제도'를 완비해야 한다"고 지적하고, '오랫동안 변함없는 안정적인 토지 도급 관계의 유지'를 강조하면서, 농민과 토지 관계 안정 유지를 위해 '2차 토지 도급이 만기된 후 다시 30년을 더 연장할 것'을 제안했다.[1]

1　　시진핑, 「전면적인 샤오캉사회를 실현하고 신시대 중국 특색 사회주의의 위대한 승리를 거두자–중국공산당 제19차 전국대표대회 보고」, 인민출판사, 2017년판, 32면.

18차 당대회 이후 시진핑 총서기는 기본적인 농촌 경영 시스템의 안정화 및 개선, 농촌 집단 토지제도 개혁 심화와 같은 중요한 문제에 대해 전략적인 차원에서 체계적이고 깊이 있는 견해를 밝힌 바 있다. 농촌 기본 경영 제도 강화는 농촌 정책의 초석이며, 농민 집단 토지 소유권 유지는 기본적인 농촌 경영 관리 시스템을 유지하는 '영혼'이라고 강조하고, 가족경영의 기본적인 지위를 유지해야 한다고 덧붙였다. 시진핑 총서기는 급속한 도시화 과정에서 농촌의 노동력 이동과 토지 사용권 양도가 빠르게 이루어지는 현실을 반영해, 농촌 토지소유제의 효율적인 실현 형태를 지속적으로 모색하되 농촌 토지 집단 소유를 전제로 도급권과 경영권을 분리하고, 소유권, 도급권, 경영권 '삼권분리'가 이루어진 경영권 양도 구도를 마련해야 한다고 지적했다. 농촌 기본 관리 시스템 안정화와 완비에 관한 시진핑 총서기의 의견 중에서 특히 토지 '삼권분리'에 관한 의견은 통합 및 분산 관리가 결합된 이원적 경영 체제의 의미를 더욱 풍부하게 만들면서 시진핑 시대 중국 특색 사회주의 사상의 중요한 구성부분이 되었다.

1. 농촌 기본 경영 제도 견지

(1) 농촌 기본 경영 제도는 당의 농촌 정책의 초석이다

중국의 개혁개방은 농촌에서 시작되었다. 농촌 개혁은 농가 생산 도급 책임제에서 농가 도급 경영을 기반으로 통합과 분리가 결합된 이원적 경영 제도를 점차 구축하기 시작했다. 농촌의 기본적인 경영 제도를 확고하게 만들고 보완하는 것은 중국 공산당의 각종 농촌정책의 근간으로써 중국 특색의 사회주의를 구축하고, '삼농' 문제를 효과적으로 해결하는 데 있어 대체 불가한 중대한 전략적 의미를 가진다. 2013년 12월, 시진핑 총서기는 중앙 농촌업무회의에서 농촌 기본 경영 제도를 견지하는 것이 농촌 정책에서 가장 중요하다고 지적했다.[2] 2016년 4월 25일 안후이(安徽) 평양(鳳陽)현 샤오강촌의 농촌 개혁 간담회에서 가족 도급 경영을 기반으로 통합과 분리가 결합된 이원적 경영 제도가 농촌정책의 중요한 초석이라고 다시 한 번 강조했다. 농업과 농촌 발전이 직면한 여러 모순과 문제들에 대한 해결의 관건은 개혁 심화에 있다. 새로운 상황에서 농촌 개혁을 심화시키기 위해 농민과 토지의 관계를 올바르게 처리하는 것이 중요하다. 최대의 정책은 기본적인 농촌 경영 관리 제도를 지키고 개선해 나가면서 농촌 토지의 집단 소유, 가족 경영의 기초적인 지위, 안정된 토지 도급 관계를 반드시 고수하는 것이다.[3] 19차 당대회 보고에서 시진핑 총서기는 '농촌 기본 경영 제도를 공고히 하고 완비해야 한다'고 재차 강조했다.[4] 개혁 이후 중국은 농민과 토지의 관계를 지속적으로 조정하고 완비하면서 가족 도급 경영의 기초적 지위를 마침내 확립했다. 1978년 당 11차 3중 전회에서 통과된 〈농업 발전 가속화에 관한 몇 가지 문제의 결정(초안)〉은 인민공사체제하의 집단 노동, 균등 생산, 균등 분배를 했던 생산 방식을 작업조 단위의 도급 생산과 생산한 만큼 보수를 받을 수 있도록 전환함으로써 생산에

---

2   중공중앙문헌연구실에서 편집한 『18차 당대회 이후 중요 문헌 선집(상)』에 실린 시진핑의 「중앙 농촌업무회의에서의 연설」, 중앙문헌출판사, 2014년판, 668면.

3   「새로운 상황에서 농촌개혁을 더욱 강력히 추진하여 농민들이 편안하게 생활하고 즐겁게 일할 수 있도록 촉진하자」, 인민일보, 2016년 4월 29일, 1면.

4   시진핑, 「전면적인 샤오캉사회를 실현하고 신시대 중국 특색 사회주의의 위대한 승리를 거두자-중국공산당 제19차 전국대표대회 보고」, 인민출판사, 2017년판, 32면.

대한 농민들의 열정을 극대화시켰다. 1979년 당 11차 4중 전회에서 채택된 〈농업 발전 가속화에 관한 몇 가지 문제의 결정〉은 농업 생산 책임 시스템의 형태를 더욱 완화함으로써 가족 도급제 생산을 위한 물꼬를 열었다. 1982년 중앙 1호 문건 〈전국 농촌업무회의 요약〉에서 가족 도급제 생산의 사회주의적 본질을 인정하면서 1950년대 중반 이후 30년간 이어졌던 가족 도급 생산의 실천에 대한 논란이 마침내 종지부를 찍었다. 1983년 말, 가족 도급제 생산은 전국 농업 생산 책임제의 주요 형태로 자리 잡아 전체 생산 대[5]의 97.8%를 차지했다.[6] 1984년 중앙 1호 문건 〈1984년 농촌 업무에 관한 중국 공산당 중앙의 통지〉에서 농민이 투자를 늘리고 토지 생산력을 키워 집약적인 경영을 할 수 있도록 농가 생산 도급 책임제를 지속적으로 안정시키고 보완하고, 15년 이상의 토지 계약 기간을 보장해야 한다고 밝혔다. 1991년 당 13차 8중 전회에서 통과된 〈농업 및 농촌 사업을 더욱 강화하기 위한 중국공산당 중앙의 결정〉은 농가 생산 도급 책임제를 기반으로 통합과 분리가 결합된 이원적 경영 제도를 중국 농촌 집체 경제 조직의 기본적인 제도로 삼아 장기적으로 안정을 시켜나가고 끊임없이 보완해야 한다고 더욱 강조했다. 이원적 경영 체제는 당의 지도 속에서 농민들이 이루어낸 위대한 혁신으로 집체 경제가 스스로 개선해나가면서 발전했음을 방증하는 것이다.[7] 1993년 11월에 발표된 〈중국공산당 중앙 및 국무원의 현

---

5   옮긴이 주: 인민공사(人民公社)의 3급 소유제(三級所有制) 중 말단 소유 단위로 25~30개의 농가로 구성됨.

6   관루이제(關銳捷) 책임편집, 「중국 농촌 개혁 20년」, 허베이(河北)과학기술출판사, 1998년 판, 44면.

7   「농업과 농촌 사업을 강화할 데 관한 중국공산당 중앙의 결정」, 중화인민공화국 국무원공보, 1991년, 제42기.

농업 및 농촌 경제 발전에 관한 몇 가지 정책 조치〉에서 토지 도급 관계를 안정시키기 위해서 예정된 농경지 도급 기간이 끝난 후 다시 30년을 연장할 것이라고 밝혀, 농가 생산 도급제를 유지하고 안정시키는 기본적인 정책의 틀이 일차적으로 형성되었다.

1990년대에 들어서면서 중국의 농촌 기본 경영 제도 건설이 법치화의 궤도에 오르기 시작했다. 1993년 〈헌법〉개정안 제8조 1항에 '농촌에서 농가 생산 도급 위주의 책임제' 도입을 명시했고, 1999년 〈헌법〉 개정을 통해 '농촌 집체 경제 조직을 위해 농가 생산 도급 책임제를 기반으로 통합과 분산이 결합된 이원적인 경영 체제'를 더욱 완비한다고 밝혔다. 2002년 발표한 〈농촌 토지 도급법〉은 농가 생산 도급 경영을 기반으로 통합과 분산이 결합된 이원적 경영 체제를 안정화하고 보완함으로써 농민이 토지를 장기적으로 사용할 수 있는 권리를 보장하기 위해 경작지 도급 기간이 30년임을 법률로 명시했다. 2007년 〈물권법〉이 시행되면서 토지 도급 경영권의 용익물권 속성을 더욱 명확히 했다. 이로써 다년간 시행되어 실효를 거둔 농촌 토지 도급 정책은 법적 규범으로 전환되어 농촌 기본 경영 제도의 기본적인 틀이 마련됐다.

이렇게 농촌 기본 경영 제도는 '실천이 진리를 검증하는 유일한 기준'이라는 마르크스주의 사상의 노선을 따르고, 20여 년간 농업 발전을 더디게 만든 농업 집체화 노선의 실패 경험과 교훈을 바탕으로 중국의 기본적인 국정에 따라 사회주의 시장경제를 모색하고 실천했으며, 국제적 경험과 농업 산업의 특수성을 고려하고 농민의 뜻을 존중하면서 농촌의 미시 조직 시스템을 재창조한 개혁의 성과라 할 수 있다. 농촌 기본 경영 제도는 중국 특색 사회주의 시장 경제체제의 기본적인 제도 시스템이다. 현재 중국은 도농 통합 발전을 향한 사회적 전환 시기와 경제 뉴노멀 시기와 맞물려 있다. 중국이 국제 농산품 무역에 깊이 참여하고 있는 상황에서 농촌 기본 경영 제도는 순조로운 농촌 현대화 건설 추진, 농민 복지 증진 및 농촌 사회 안정과 밀접한 관계를 가진다. 때문에 2013년 12월 23일, 시진핑 총서기는 중앙 농촌업무회의에서 "농촌 기본 경영 제도는 말뿐인 슬로건이 아니라 농촌 토지 집체 소유와 가족 경영의 기본적인 지위를 지키고, 안정적인 토지 도급 관계 유지를 위해 실질적으로 필요한 제도이다. 기존의 농촌 토지 도급 관계를 안정적으로 오랫동안 변함없이 유지해야 한다"고 강조했다. 30여 년의 개혁 경험을 통해 당의 농촌 지역 정책이 그에 걸맞게 효율적인 농촌 경제제도 체제를 갖추어야 농촌 기본 경영 제도를 공고히 하고 완비하는데 도움이 되고, 농업 현대화와 농촌의 전면적인 샤오캉 실현을 위한 기본적인 요구를 충족시킬 수 있음을 알 수 있다. 따라서 농촌 기본 경영 제도는 농업 현대화와 농촌의 전면적인 샤오캉이라는 목표를 달성하기 위한 제도적 보장이며, 중국 특색 사회주의의 기본 경제 제도에 대한 내재적인 요구이기도 하다. 19차 당대회 보고에서 시진핑 총서기는 "오랫동안 변함없이 안정적인 토지 도급 관계를 유지하고, 2차 토지 도급 만기가 끝난 후 다시 30년 연장해야 한다"[8]고 지적하고, 중국 토지제도의 지속적인 안정을 실현하기 위해서는 안정적인 도급 경영에 대한 농민들의 기대를 충족시켜주고, 토지에 대한 그들의 권익을 보호해야 한다고 재차 강조했다.

---

8 시진핑, 「전면적인 샤오캉사회를 실현하고 신시대 중국 특색 사회주의의 위대한 승리를 거두자-중국공산당 제19차 전국대표대회 보고」, 인민출판사, 2017년판, 32면.

중국 특색 사회주의 농촌 활성화의 길로 나아가다

(2) 농촌 토지에 대한 농민 집체 소유는 농촌 기본 경영 제도를 유지하는 '혼'이다

시진핑 총서기는 2016년 4월 안후이 펑양현 샤오강촌 농촌 개혁 간담회에서 농촌 토지에 대한 농민 집체 소유는 농촌 기본 경영 제도를 유지하는 '혼'이라고 지적했다. 그는 토지 소유권의 주체인 농민들의 권익이 충분히 반영되고 보장되어야 하고 토지 개혁의 마지노선이 무너져서는 안 된다고 강조했으며, 어떤 개혁도 농촌 토지 집단 소유제를 훼손시키거나, 경작지를 축소하거나, 곡물 생산 능력을 약화시키거나, 농민의 이익을 해쳐서는 안 된다고 지적했다.[9]

중화인민공화국 성립 초기, 중국은 봉건 토지소유제를 없애고 '경작자가 땅을 소유'하는 농민 소유제를 확립했다. 그 후 1950년대에 중국 공산당은 많은 농민을 이끌고 농업합작화 운동을 전개하면서 마침내 토지 집체 소유를 확립하게 되었다. 개혁개방 이후 중국은 농촌에서 토지 농가 도급제를 실시해 토지 집단 소유와 농민이 도급해 사용하는 농촌 경작지 제도를 형성했다. 농촌 개혁과 관련된 중앙의 문건과 정책은 토지 집단 소유를 꾸준히 강조하고, 관련 법률과 법규들은 토지 집단 소유에 대한 정의를 끊임없이 개선했다. 1980년대 농촌 도급 생산 책임제 실시 초기에는 농촌에서 농가 도급 생산을 토지 사유화로 간주했다. 이에 1982년 중앙 1호 문건은 '가구 단위 생산 도급제'가 토지를 농가에게 돌려주고, 집단 소유 재산을 균등하게 나누어 토지를 분배 받아 개인 경영을 하는 것으로 생각

---

9 「새로운 상황에서 농촌개혁을 더욱 강력히 추진하여 농민들이 편안하게 생활하고 즐겁게 일할 수 있도록 촉진하자」, 인민일보, 2016년 4월 29일, 1면.

하는데 이는 완전히 오해라고 지적했다. 농가 도급 생산 책임제는 토지 공유를 기반으로 구축된 것으로 농가와 집단이 도급 관계를 유지하는 것이라고 강조했다. 1982년 〈헌법〉 제10조는 법률에 의해 국가 소유로 규정된 농촌과 도시 교외의 토지를 제외한 모든 토지는 집단 소유이고, 택지, 자류지(自留地)[10], 자류산(自留山)[11] 역시 집단 소유에 속한다고 규정했다. 1986년에 제정된 〈토지관리법〉 제8조는 '집단 소유의 토지는 법에 따라 마을 농민들이 공동 소유하고, 마을 농업생산합작사와 같은 농업 집체 경제조직이나 마을 주민위원회가 운영 관리한다'고 규정했다. 1988년에 실시된 〈민법통칙〉 제74조에서도 집단 소유의 토지는 법에 따라 마을 농민들이 공동 소유해야 한다고 명확하게 규정했다. 2002년 〈농촌 토지 도급법〉과 2007년 〈물권법〉 등 관련 법률들이 공포되고 지속적으로 보완됨에 따라 농민 구성원의 집단 소유권이 토지 집단 소유에 구체적으로 반영되고, 농민 소유자의 집단 소유 토지에 대한 개별적인 권리와 이익은 30년간의 토지 도급 경영권에 대한 권익을 통해 실현되는 것임이 마침내 명확해졌다. 집단 소유는 더 이상 전통적인 계획경제체제와 국가 행정권이 통제하던 시기에 있었던 집단 구성원의 소유권과 이익을 부정하고 모두가 가지고 있으나 모두가 공유하지 못했고, 개인의 몫이 없었던 전통적인 집단 소유제도가 아니다.

---

10   옮긴이 주: 1955년 중국 농업합작화, 즉 개인토지의 집단소유화 이후 농가 재배를 위하여 전체 경작지의 5% 범위 내에서 농민에게 남겨 준 땅. 여기에서 생산된 농산품은 집체분배로 계산되지 않고, 국가수매대상과 통계에 포함되지 않으며, 생산자가 자유로이 처분할 수 있다.

11   옮긴이 주: 나무 재배 및 그에 따른 부산물의 생산·판매의 권리를 인민공사원(人民公社員)에게 부여한 산.

중국 농촌의 토지 집단 소유제는 사회주의 공유제의 내재적 요구이자, 중국의 기본 국정, 역사적 유산, 처해 있는 발전 단계 등 여러 요소들이 복합적으로 반영되어 이루어진 선택의 결과이다. 토지 집단 소유의 유지와 개선은 중국 특색 사회주의 초급 단계라는 현실과 중국 특색 사회주의 제도가 추구하는 공평성 및 공동 번영이라는 본질적인 요구에 부합한다. 이는 다양한 이해관계 집단의 개혁을 위해 최대 공약수를 취한 가장 이성적인 선택이다. 토지 집단 소유의 본질을 바꾸게 되면 중국의 현실과 맞지 않아 사회적인 불안을 초래할 수 있다. 현행 토지 집단 소유제는 농촌 사회의 안정을 촉진했을 뿐 아니라 농촌 노동력의 외지 이동에도 영향을 주지 않았다. 아울러 운영자들이 근시안적인 이익 때문에 토지를 고갈시키는 현상도 나타나지 않았다. 농업의 지속적인 성장을 추진하면서 순조로운 도시화를 추진할 수 있도록 효과적으로 보장했고, 토지 사유화 혹은 국유화로 인해 발생할 수 있는 사회 갈등 악화를 피했을 뿐 아니라 제도 변화에 따른 값비싼 비용도 치르지 않았다. 중국 특색 사회주의 시장 경제를 구축하고 중국의 현대화를 안정적으로 추진하기 위해 탄력적이고 유연한 제도적 배치였음이 증명되었다.

(3) 가족경영의 기본적 지위와 집단 토지 도급권의 농민 귀속 유지는 농촌 기본 경영 제도를 안정시키고 완비하는 근본적인 요구이다

농촌 기본 경영 제도의 유지와 안정은 가족경영의 기초이자 근간이다. 2013년 12월 23일 중앙 농촌업무회의에서 시진핑 총서기는 가족경영 문제에 관해 전문적이고 포괄적인 설명을 했다. 그는 가족경영의 기본적 지위를 유지해야 하는 필요성을 강조했다. 가족경영은 농업 생산에서 근본적인 역할을 하고 있는데, 이는 주로 농민 일가가 집단 토지 도급 관리의 법적 주체라는 사실로 반영된다. 농촌 집단 토지는 집단 경제 조직의 구성원인 농가에서 도급을 해야 하며, 다른 어떤 주체도 농가의 토지 도급 지위를 대신할 수 없다. 농가에서 도급한 토지는 농가에서 경영하거나 경영권 이양을 통해 다른 경영 주체가 관리할 수 있지만 도급 경영권을 양도하더라도 집단 토지에 대한 도급권은 농가에 속한다. 이는 농지의 도급 경영권과 농촌 기본 경영 제도의 근간이다.

세계 농업 발전 역사를 통틀어 보면 전통적인 농업 시기이거나 현대 농업 발전 단계에서나, 선진국이든 개발도상국이든 농업 생산의 기본 경영 단위는 가족경영의 형태가 주를 이루고 있다. 가족경영이란 농가의 가정 단위 구성원들이 주요 노동력이 되어 농업 경영을 하는 것을 말한다. 농업의 기본 경영 조직 형태가 다른 산업과 차이가 있는 이유는 주로 농업 산업의 자연 재생산과 경제 재생산이 서로 교차하는 기본 속성에 의해 결정되기 때문이다. 현대 과학 기술이 매우 발전했음에도 불구하고 농산품 생산은 여전히 기후와 같은 자연 조건에 따라 리스크가 높아지는 등 불확실한 요인들을 가지고 있다. 농작물 성장의 계절성과 주기성, 순서에 따라 생산해야 하는 특성상 농업 노동 투입 비용과 감독비용이 높아지기 때문에 표준화된 관리를 실시하기 어렵다. 따라서 노동 인센티브 문제는 가족 단위로 운영하면 효과적으로 해결될 수 있다. 또한 가족농업은 다양한 수준의 생산력을 포용할 수 있다. 선진국의 완전 시장 지향적인 기업화된 가족 농장에서 저개발 지역의 자체 소비와 자체 생산을 결합해 겸업하는 소규모 농가에 이르기까지 가족농업의 경영 방식은 강한 탄력성과 유연성을 가지고 있다.

중국은 인구에 비해 토지자원이 상대적으로 부족한 실정이다. 중국의 도시화 과정에서 토지는 특수한 생산 요소로써 여러 가지 기능을 담당하고 있다. 첫째, 생산 기능이다. 토지는 많은 농가에 기본적인 생계를 제공하며 국가 식량 안보의 자급을 보장하는 데 있어 대체 불가한 역할을 하고 있다. 둘째, 재산적 기능이다. 도시화 과정이 추진됨에 따라 재산으로써 토지의 속성이 점점 두드러졌다. 토지는 급속한 도시화가 이루어지고 있는 지역 농민들의 중요한 소득의 원천이 되고 있다. 셋째, 사회보장기능이다. 도시와 농촌에 통일된 사회보장체계가 아직 완전히 구축되지 않은 중국에서 토지는 농민들에게 실업 연금과 같이 사회보장을 위한 최소한의 안전장치가 되고 있다. 토지는 특히 주기적인 경기 변동기에 고향으로 돌아올 수밖에 없는 농민들, 농민이 아니면서 취업 노동력을 잃은 노인, 허약자, 병자, 장애인과 같은 농촌 취약계층과 빈곤가구가 생계를 의존할 수 있는 중요한 자원이 된다. 넷째, 사회 심리적 안전 기능이다. 역사 발전의 과정을 봤을 때, 도농 통합의 가속화에 따라 2차 및 3차 산업을 통한 비농업 소득이 농민 가정의 주요 경제 수입원이 되면서 토지의 경제적 보장 기능은 점차 약화되었다. 하지만 중국은 전통적인 농업 대국으로써 토지가 농민에게 주는 사회 심리적 안전 기능은 토지 기능의 변화보다 뒤쳐져 오랫동안 존재하게 될 것이다. 다섯째, 사회 정치 기능이다. 토지 권리는 공민의 정치 및 사회적 권리와 늘 밀접한 관계를 가진다. 농촌 말단에서 마을 자치 제도를 원활하게 실행하기 위해서 농촌의 토지 집단 소유제와 농민 구성원들이 동등한 토지 도급 경영권을 갖는 것은 불가분의 관계를 가진다.[12] 따라서 가족경영의 기본적 지위와 농가의 토지 도급권 유지는 농촌 기본 경영 제도를 지키는 근간이 된다. 이 목표를 이루는 길은 오랜 시간 변치 않는 토지 도급 경영 관계를 고수하고, 권리 등록 및 인증과 같은 법적 안전장치를 통해 이를 정착시키는 것이다.

2. 농촌 토지에 대한 '삼권분리'

(1) 토지 '삼권분리'는 토지 집단 소유제의 효과적인 실현 형식 중 하나이다

농촌 토지제도 개혁 심화는 사회주의 공유제를 개선하는데 있어 중요한 부분이자 중국 특색 사회주의 경제체제 건설을 위해 필요한 조건이기도 하다. 도시화 과정과 농촌 노동력의 이동이 가속화되면서 새로운 형태의 토지 집단 소유제가 생겨났다. 단체, 도급 농가, 새로운 경영 주체들이 임대, 양도, 출자 및 위탁 관리와 같은 다양한 형식을 통해 토지 사용권을 공유하고 있다. 혁신적인 농촌 개혁을 실천하기 위해 시진핑 총서기는 농촌 토지의 '삼권분리' 문제를 검토해야 한다고 지적했다. 2013년 7월 후베이 조사 연구에서 농촌 개혁 심화와 농촌 기본 경영 제도 완비를 위해 농촌 토지 소유권, 도급권, 경영권 사이의 관계를 잘 연구하고, 토지 이전 과정에서 농민의 뜻을 존중하고, 기본 농지와 식량 안보를 보장함으로써

---

12 (미) Richard T. Ely and Edward W. Morehouse, 「토지경제학원리(Elements of land economics)」, 텅웨이짜오(滕維藻) 옮김, 상무인서관(商務印書館), 1982년판, 28면.

농민의 소득 증대에 도움이 되도록 해야 한다고 지적했다.[13] 같은 해 연말 중앙의 농촌업무회의에서 그는 농촌 기본 경영 제도를 개선하기 위해 토지 도급권은 보류하고 토지 경영권을 양도하는 농민들의 뜻을 따라 농민의 토지 도급 경영권을 도급권과 경영권으로 분리해 실시해야 한다고 다시 한 번 강조했다. 토지 경영권을 활성화하고 질서 있게 전환해야 한다. 이는 농촌 개혁의 또 다른 중대한 제도적 혁신이다. 돌이켜 보면 1980년대 중반, 경제가 상대적으로 발전하고 농경지 자원이 부족해 인간과 토지와의 갈등이 두드러졌던 소수 지방에서는 많은 농촌 노동력들이 생계를 위해 외지로 나가거나 토지를 친지 혹은 친구에게 양도하는 현상이 나타났다. 당시 이 현상을 정책적으로 인정한 지방 정부도 있었으나 법률적인 관련 규정이 부족했다. 이에 대해 두룬성(杜潤生) 선생은 "시장 경제를 전제로 소유권을 명확히 하고, 도급권을 안정시키고, 사용권을 활성화하는 방법에 대한 법적인 틀이 부족하다"[14]고 지적한 바 있다. 2002년 〈농촌 토지 도급법〉의 발표로 중국의 토지제도는 법제화 단계로 들어섰다. 이 법은 제1조에서 입법의 기본 목표는 '농가 도급 경영을 기반으로 통합과 분리가 결합된 이원적 경영 체제를 안정시키고 개선하기 위한 것이며, 농민들의 토지 사용권을 장기간 보장하기 위한 것이다'라고 밝혔다. 제3조에서 '농촌 토지 도급 경영 제도를 실시한다'고 명시함으로써 장기적인 도급권 보장을 위한 법적 장치가 마련되었다. 제10조에서 '국가는 도급자가 토지 도급 경

---

13 「전면적인 개혁개방 심화를 확고히 하고, 착실하게 경제 사회 발전을 추진하자」, 인민일보, 2013년 7월 24일, 1면.

14 두룬성(杜潤生), 「두룬성: 중국 농촌 체제 개혁에 관한 주요 정책결정 기록」, 인민출판사, 2005년판, 154면.

영권을 자발적으로 유상 양도할 수 있도록 법으로 보호한다'고 명시하고 있다. 제32조는 가족 도급을 통해 취득한 토지 도급 경영권은 법에 따라 하청, 임대, 교환, 양도 또는 다른 방식으로 전환될 수 있다고 규정하고, 동시에 토지 이전 시 준수해야 할 원칙을 규정했다. 이로써 집단 소유의 토지 소유권과 농민 소유의 도급 경영권을 양도할 수 있는 토지제도의 기본 틀을 합법화했다. 그러나 이 법에는 도급 경영권의 성격이 소유자의 물권에 속하는지 혹은 계약 쌍방 간의 채권에 속하는지에 대해 규정하지 않았다는 결함이 있다. 하청, 임대, 교환, 양도에 대한 방법도 구체적으로 명확하게 규정하지 않았다. 또한 농가의 토지 도급 경영권 담보에 관한 규정이 없었다. 이후 제정된 〈담보법〉 제37조에서 경작지, 자류지 등 집단 소유의 토지 사용권은 원칙적으로 담보할 수 없다고 규정했다. 2007년 공포된 〈물권법〉은 사람과 토지와의 관계를 안정시켜 농촌 토지 권리에 대한 물권화를 완성했다. 제59조에서 농민이 집단 소유한 동산과 부동산은 그 구성원 단체가 공동 소유한다고 규정했다. 이미 발표된 다른 관련 법률과의 가장 큰 차이점은 〈물권법〉에서는 집단 소유권의 주체를 명확하게 하려고 '구성원의 권리'라는 개념을 도입해 집단 구성원이 의사 결정에 참여할 권리와 알권리 그리고 권리를 보호받을 수 있는 해당 규정을 마련한 것이다. 이로써 〈민법통칙〉의 '노동 대중의 집단 소유'와 〈토지관리법〉의 '농민 집단 소유'에 관한 규정을 한층 더 발전시켰다. 집단 소유에 농가 구성원과 집단의 이중 소유가 포함되고 상호 의존하는 양자의 특수한 속성 때문에 농가 도급 경영권은 물권적 속성을 갖는다.

최근, 농업 현대화 건설이 깊이 있게 진행됨에 따라 소규모 분산 경영과 농업 현대화가 요구하는 생산 경영의 집약화, 전문화, 조직화 및 사회화 사이의 갈등이 점점 더 두드러지고 있다. 새로운 농업 경영 체제 구축에 박차를 가하기 위해 제시한 당 18기 3중 전회의 지도에 따라 농촌 토지 이전이 가속화되면서 유입 범위에도 변화가 일어났다. 집단 경제 조직 구성원 혹은 농민들 사이의 하도급과 교환 위주에서 벗어나 구성원 이외의 전문 대부호, 가족 농장, 심지어 농업 기업 및 상업 자본으로 범주가 점점 확대되었다. 2015년 연말까지 전국의 농가 도급 경작지의 운영권 이전 면적은 4억 4300만 묘(약 29만 5333㎢)로 전체 농가 도급 경작지의 33.3%를 차지하고 있다.[15] 그 중 총 이전 면적의 21.8%를 차지하는 9737만 묘(약 6만 4913 ㎢)가 협동조합으로 이전되었다.[16] 농업부의 데이터에 따르면 2016년 6월까지 현재 전국 2억 3천만 농가 중 30%가 넘는 7천만 가구가 토지를 양도했고, 그 중 동부 연해 지역 농가의 양도 비율이 50%가 넘는 것으로 나타났다. 많은 농가들이 도급 토지를 가족 농장, 농민 합작사 및 농업 기업과 같은 270만 개 이상의 새로운 농업 경영 주체에게 양도했다.[17] 〈농촌 토지 도급법〉 제39조는 도급자가 일정 기간 동안 토지의 일부 또는 전부를 제3자에게 하청 또는 임대할 수 있으며, 도급자와 발주자의 도급 관계는 변함이 없다고 규정했다. 이는 도급 농가가 제3자에게 토지를 임대할 경우 집

---

15 장홍위(張紅宇), 「농촌 개혁 심화에 관한 4가지 문제」, 농업경제문제(農業經濟問題), 2016년, 제7기.

16 농업부 농촌협력경제경영관리 종합 연구팀, 「뉴노멀 상황에서 농민합작사의 건전한 발전을 촉진하기 위한 연구 보고서(1)」, 중국농민합작사(中國農民合作社), 2016년, 제11기.

17 「소유권 견지, 도급권 안정, 경영권 활성화를 통해 현대 농업 발전의 제도적 기반을 마련한다-국무원 신문판공실 브리핑 중 〈농촌 토지 소유권, 도급권, 경영권 분리 방법 보완에 관한 의견〉에 관한 기자의 질문에 대한 한장푸(韓長賦)의 답변」, 농촌업무통신(農村工作通訊), 2016년, 제22기.

단 하청단위와의 관계가 변하지 않는 상황에서 임대하는 토지의 도급 경영권을 넘겨주는 것이 아니라 경영권만을 준다는 의미다. 때문에 〈농촌 토지 도급법〉은 보완이 필요하다. 농가 구성원의 도급에 대한 권리와 이익을 잘 보호하기 위해 토지제도를 더 혁신해야 한다. 실천 중인 새로운 변화에 대해 시진핑 총서기는 2013년 12월 중앙 농촌업무회의에서 토지 도급 경영권 주체와 경영권 주체의 분리는 중국 농업 생산 관계 변화의 새로운 흐름이며, 기본 농촌 경영 제도 완비를 위한 새로운 요구라고 지적하고, 농촌 토지 집단 소유제의 효율적인 실현 형태를 끊임없이 모색해야 한다고 강조했다.[18]

2016년 10월 31일 중국공산당 중앙판공청과 국무원 판공청이 〈농촌 토지 소유권, 도급권, 경영권 분리 방법 개선에 관한 의견〉을 발표하면서 토지 '삼권분리' 정책이 마침내 자리를 잡게 되었다. 이 문건은 토지 도급권이 토지 경영권을 유출한 농가의 소득 증대를 촉진하고, 새로운 농업 경영 주체의 토지 경영권과 그들의 수익을 보호하고, 농업의 적절한 규모 경영을 촉진하기 위한 용익물권임을 재확인했다. 19차 당대회 보고에서도 도급지 '삼권분리' 제도를 완비해야 한다고 지적했다. '삼권분리'는 농가 도급 생산 책임제를 잇는 농촌 개혁이자 중대한 제도혁신이다. 통합과 분리가 결합된 이원적인 농촌 경제 체제의 의미를 풍부하게 만들었고, 집단 소유제 유지와 도급 농가의 토지에 대한 권익 보호를 전제로 중국 특색의 현대 농업 발전의 길로 나아갈 수 있는 새로운 발전 모델을 제공했다. 아울러 '삼권분리'의 시행은 중국 농촌 기본 경영 제도의 유연하면서도 탄력적

---

18 「중앙 농촌업무회의 베이징에서 개최」, 인민일보, 2013년 12월 25일, 1면.

중국 특색 사회주의 농촌 활성화의 길로 나아가다

인 공간과 지속적인 활력을 보여 주었고, 중국 농촌 토지제도 개혁과 혁신 이론을 풍부하게 만들었다.

(2) 농가 도급 경영권 안정이 많은 농가의 이익을 보호하는 열쇠이다

토지 '삼권분리' 정책의 출범은 새로운 경제 발전 단계와 토지 이전의 새로운 변화와 추세에 부응한 것으로 토지의 집단 소유 속성 유지 및 가족경영의 기초적 지위 안정을 위한 현실적이면서도 정책적인 의미가 강하다. 이는 토지 도급 경영권 '영구불변'의 제도적 의미에 대한 답을 한 것이다. 즉, '영구불변'의 핵심은 농가 도급권이며, 토지 경영관계의 영구불변이 아닌 토지 도급 관계의 영구불변이라는 점이다. 토지 유입측이 점점 비 도급 농가로 전화되는 상황에서 도급권을 명확하게 하고 강화해 취약한 농민 대다수의 이익을 효과적으로 보호함으로써 농민들이 도급권을 잃고 최소한의 사회보호망을 상실할 수 있는 잠재적 위험을 피할 수 있게 되었다. 경영권을 외부로 양도하는 과정에서 도급권과 경영권의 분리를 통해 경영권의 활성화를 촉진하고, 경영주체가 합법적으로 취득한 경영권을 평등하게 보호하면서 경영자의 수익을 극대화시킨다. 특히 대규모 경영, 임대 계약 기간 안정 및 투자 자본 수익률 기간이 긴 경영자의 경우, 정부의 토지 경영권 활성화를 통해 토지 경영권에 대한 융자 담보를 할 수 있어 농민과 기타 토지 경영자들이 은행 대출 담보가 불충분한 문제를 완화했다. 아울러 토지 경영권이 융자 담보로 인해 토지 도급 관계에 차질을 빚지 않도록 방화벽도 구축했다. 이렇게 토지 도급권과 경영권의 분리는 토지 집단 소유권을 고수하기 위한 본질적인 요구일 뿐만 아니라 농민과 경영자의 이익 상생을 실현하기 위한 제도적인 조치이기도 하다. 장기적으로 봤을 때, 토지 경영권 이전의 실현은 토지 도급권의 안정에 달려있다. 때문에 시진핑 총서기는 2016년 4월 안후이성 펑양현 샤오강촌 농촌 개혁 간담회에서 농민들이 정말로 '안심'할 수 있도록 토지 도급 경영권 등기 제도를 서둘러 정착시켜야 한다고 지적했다.[19] 농업부의 최신 데이터에 따르면 2016년 이미 2545개 현(시,구), 2만 9천 개의 향진(鄕鎭)[20], 49만 2천 곳의 마을에서 토지 촌에서 토지 소유권, 토지 사용 권한 및 기타 권리의 확인 및 결정 업무를 실시했고, 농가 도급 경작지의 60%에 달하는 7억5000만 묘(약 50만㎢)에 대해 이 작업이 완성된 것으로 나타났다.[21]

(3) 토지 경영권 활성화는 토지의 질서정연한 이전을 유도하는 열쇠 이다

토지 경영권 활성화는 현대 농업 발전의 큰 흐름에 부합하는 중요한 정책 조치이다. 충분한 농가 도급권 보호를 바탕으로 농가의 경영권을 분리해 토지 경영권을 활성화시킨다. 새로운 경영 주체의 장기적이고 안정적인 토지 관리권을 계약관계를 통해 보장해야 한다. 이는 토지 계약 관계를 통한 신규 경영 주체의 장기 투자에 도움이 될 뿐 아니라 토지 생산 효율, 노동 생산량과 자원 이용률 향상에도 도움이 된다. 토지 경영권 활성화 이후 발생할 수 있는 비식품, 비농업 문제를 피하는 방법과 관련, 시진핑 총서기는 2016년 4월 샤오강촌 농촌 개혁 간담회에서 '3가지의 상응'이 필

---

19 「새로운 상황에서 농촌개혁을 더욱 강력히 추진하여 농민들이 편안하게 생활하고 즐겁게 일할 수 있도록 촉진하자」, 인민일보, 2016년 4월 29일, 1면.

20 옮긴이 주: 현(縣) 밑에 있는 행정 단위.

21 「'삼권분리', 농촌 토지 재산권 제도의 중대한 혁신」, 인민일보, 2016년 11월 4일, 6면.

요하다고 지적했다. 토지 경영권 활성화와 토지 경영권의 질서정연한 양도는 정책성이 강하기 때문에 순환, 집중, 규모 경영의 정도를 잘 파악해야한다고 지적하고, 도시화 과정과 농촌 노동력 이동 규모와 서로 상응해야하고, 농업 과학기술 진보와 생산 방법 개선과 서로 상응해야 하며, 농업사회화 서비스 수준의 향상과 서로 상응해야 한다고 강조했다.[22] 2014년 9월 29일 중앙의 전면적 개혁 심화 지도팀 제5차 회의에서 시진핑 총서기는농촌 집단 소유제를 전제로 도급권과 경영권을 소유권, 도급권, 경영권으로 나누고, 경영권은 양도가 가능하도록 틀을 짜야 한다고 강조했다.[23] 소수 상공자본의 경작지 경영권 취득의 목적은 농업 생산을 시작하려는 것이 아닌 도시화에 따른 농지의 잠재적 부가가치를 이용하기 위해서이다.이에 대해 시진핑 총서기는 2015년 5월 토지 이전 실행에 관한 중요한 지침을 내놓았다. 농촌 토지를 양도받은 상공자본이 비농업 관련 건설을 하거나 경작지 보호와 식량 생산에 영향을 주는 문제를 일으키지 않도록 주의해야 한다고 특별히 강조하면서, 토지 도급 관련 법규에 대한 정비, 식량생산 지원 정책 시행, 리스크 감독 및 예방 메커니즘 완비, 향진 농촌의 경영 관리 체계 구축 강화를 통해 토지의 양도를 순조롭게 실행하고, 농민들이 농업 생산 특히 식량 생산에 적극 참여할 수 있도록 동기 부여를 하는데 주의를 기울여야 한다고 덧붙였다.[24]

---

22 「새로운 상황에서 농촌개혁을 더욱 강력히 추진하여 농민들이 편안하게 생활하고 즐겁게일할 수 있도록 촉진하자」, 인민일보, 2016년 4월 29일, 1면.

23 「개혁 방안의 질을 엄격히 관리해 개혁의 진전과 성과를 보장하자」, 인민일보, 2014년 9월 30일, 1면.

24 「법규에 따른 경작지 점유와 보상의 균형을 잘 맞추고, 농촌 토지 이전을 규범에 맞게 질서정연하게 추진하자」, 인민일보, 2015년 5월 27일, 1면.

3. 통일 경영 완비와 다양한 형태의 적정 규모 경영 발전

(1) 통일 경영을 완비한다

시진핑 총서기는 푸젠 근무 당시 집필한 『빈곤탈출』[25]에서 '집단통일'과 '가족경영', '통일'과 '분리' 사이의 변증적 관계를 깊이 연구하고, '통일과 분리의 결합'과 '분리'한 이후 '통일'하는 핵심 문제를 제시했다. 그는 집단이 우위를 발휘하고, 집단의 우월성과 개인의 적극성을 결합함으로써 도급 책임제에서 통일 경영에 대한 무시로 인해 발생할 수 있는 편차를 바로 잡고, 농가 생산 도급 책임제를 완비해야 한다고 지적했다. 아울러 농촌 집단 경제 발전을 위한 구체적인 형식과 길을 적극적으로 모색해야 하다고 지적했다. 시진핑 총서기는 그의 박사 논문 『중국 농촌 시장화 연구』[26]에서 새로운 시기 농촌 집단 경제 조직의 다양한 구현 형식에 대한 더욱 체계적인 연구를 통해 조직화된 농촌 시장화 발전의 길을 가야 한다고 지적하고, 동시에 농민이 순조롭게 시장에 진입하고 시장을 확대할 수 있도록 다양한 유형의 농촌 집단 경제 조직을 구축하고, 서비스 기능을 강화하는 사회화 서비스 활성화 방안에 대해서도 심도 있게 논술했다. 시진핑 동지는 저장에서 일하는 동안 2006년 성 전체 농촌업무회의에서 농민의 전문협력, 공급 및 마케팅 협력, 신용협력의 '삼위'라는 위대한 구상을 체계적으로 제시했다[27]. 이는 농촌의 통합과 분산의 이원적 경영 체제에 대한

---

25   시진핑, 「빈곤 탈출」, 푸젠인민출판사, 2014년, 144-146면.

26   시진핑, 「중국 농촌 시장화 연구」, 박사 학위 논문, 칭화대학(清華大學), 2001년.

27   「농민의 전문 협력, 공급 및 마케팅 협력, 신용협력의 '삼위일체'인 새로운 협력 체계를 모색하고 구축했다-저장 농촌 개혁은 이렇게 문제를 풀어냈다」, 경제일보(經濟日報), 2017년

중대한 혁신이며 보완이다.

2008년 당 17기 3중 전회에서 통과된 〈농촌 개혁과 발전 추진을 위한 몇 가지 중대한 문제들에 관한 중앙의 결정〉에서 "가족 경영이 선진 과학 기술과 생산 수단을 채택하고, 기술 및 자본과 같은 생산요소 투입을 늘려 집약화 수준을 높이는 데 주력해야 하며, 통합경영은 농가 연합과 협력을 발전시키는 방향으로 다양한 형식의 다각화된 경영 체계로 전환해야 한다.……"[28]고 처음 제안했다. 이로써 통합 경영의 의미가 더 풍부해지고, 실현 방식이 개선되면서 혁신을 이루게 되었다. 2013년 당 18기 3중 전회에서 통과된 〈전면적인 개혁 심화를 위한 몇 가지 중대한 문제들에 관한 중앙의 결정〉은 "새로운 농업 경영 체계 구축에 박차를 가하고, 농업에서 가족경영의 기본적 지위를 유지하면서 가족경영, 집단경영, 협력경영, 기업경영 등을 함께 발전시키는 농업 경영 방식의 혁신을 추진해야 하며, 농촌 토지 집단소유권을 유지하고, 농민의 토지 도급 경영권을 법으로 보호함으로써 집단 경제를 발전시키고 강화해야 한다"[29]고 제안했다. 이를 통해 다양한 비즈니스 방식의 혁신을 강조했다. 2013년 12월 중앙 농촌업무회의는 농촌 개혁의 발전 방향과 전략적 추진에 관한 시진핑 총서기의 중요한 연설의 정신에 따라, 농가 가족경영을 기반으로 협력과 연합을 실행하고, 사회화 서비스가 뒷받침되는 복합적이고 입체적인 현대 농업 경영체

7월 14일, 1면.

28 「농촌 개혁 발전 추진을 위한 몇 가지 중대한 문제에 대한 중국공산당 중앙의 결정」, 인민일보, 2008년 10월 20일, 1면.

29 중공중앙문헌연구실에서 편집한 『18차 당대회 이후 중요 문헌 선집(상)』에 실린 「전면적인 개혁 심화를 위한 몇 가지 주요 문제에 대한 중국공산당 중앙의 결정」, 중앙문헌출판사, 2014년판, 523면.

계 구축에 박차를 가해야 한다고 제안했다.[30]

(2) 다양한 형식의 적정 규모 경영을 발전시킨다

중국은 사회 전환과 농업 현대화 가속화라는 역사적인 발전 단계에
처해 있다. 그러나 중국의 지역 발전 불균형은 여전히 심화되고 있다. 동부
연안 개발 지역과 대도시 교외 지역의 가족경영이 기업화·전문화 생산으
로 나아가는 한편, 중서부의 가족경영은 여전히 겸업을 하는 농가가 중심
이고, 개발이 덜 된 빈곤지역은 전통적인 생계형 농가들이 대부분 유지되
고 있어 다양한 형식과 차원의 가족경영 방식들이 나타났다. 하지만 도시
화로 인해 농촌의 노령화가 심각해지면서 누가 어떻게 농사를 지을 것인
지와 같은 문제가 부각되었다. 이렇게 경쟁력이 약하고 소규모 분산되어
있는 가족경영의 문제들이 현대 농업 건설과 농산물의 시장 경쟁력에 직
접적인 영향을 미치고 있다. 시진핑 총서기의 중요 연설 정신에 따라, 2013
년 중앙 농촌업무회의에서는 농업의 집약적 관리, 규모화 경영 확대 및 사
회화 서비스 수준 향상, 농민의 영농 소득 증가를 위해 가정농장, 대규모
전문 농가, 농민합작사, 산업 선두기업 등 새로운 형태의 주체의 참여를 장
려하고 대대적으로 지원해야 한다고 지적했다.[31]

현재 중국 농촌에는 가족농장과 대규모 전문 농가와 같은 가족경영
규모의 주체, 협동조합으로 대표되는 협력경영 주체와 농업 산업화 선도
기업이 대표하는 기업규모의 경영 주체 등 새로운 경영 주체 유형이 다양

---

30 「중앙 농촌업무회의 베이징에서 개최」, 인민일보, 2013년 12월 25일, 1면.
31 상동.

하게 형성되어 있다. 농업부의 잠정 통계에 따르면 2016년 말 현재 중국 경작지 50묘(약 0.03㎢)이상을 관리하는 농가는 3762가구, 농업부처에서 인정한 가족농장은 44만 4885개이고, 가족농장의 토지 면적은 9571만 묘(약 6만3807㎢)이며, 토지주식협동조합은 10만 2736개이고, 출자한 토지 면적은 2916만 묘(약 1만9440㎢)인 것으로 나타났다.[32] 2015년 전국 농업 산업화 선도기업은 12만 9천개에 달했고, 매출액은 9조 2천 억 위안을 기록했는데 이는 '11차 5개년 계획' 대비 각각 29.7%와 82.9%가 늘어난 것으로 나타났다. 23만 개의 농민합작사가 선도기업과 효과적으로 연계되면서 농업 생산과 농산품 시장 공급의 주체가 되었다.[33] 2016년 전국 도급 경작지 양도 면적은 전년 대비 7.3% 늘어난 48억묘(약 320만㎢)로 도급지의 35.1%를 차지했다. 그 중 상하이(74.8%), 장쑤(60.2%), 베이징(60.0%), 저장(53.8%), 헤이룽장(50.4%) 지역은 그 비율이 50% 이상인 것으로 나타났다.[34] 아울러, 최근 서비스 규모를 갖춘 새로운 유형의 서비스 주체가 대거 등장해 농가와 새로운 농업 경영 주체를 위해 다양한 전문 생산 운영 서비스를 제공하면서 농촌의 적정 규모 경영의 의미를 풍부하게 만들었다. 현재 농기계 및 식물 보호 협동조합으로 대표되는 전문 서비스 협동조합, 생산하기 전부터 마무리까지 원스톱 서비스를 제공하는 생산 서비스형 기업 및 다양한 유형의 농업 기술 서비스 조직 등 특화된 대규모 신형 서비스 주체들이 형성

---

32 농업부 농촌 경제체제와 경영관리사, 농업부 농촌 협력 경영관리 종합센터 엮음, 「중국 농촌 경영관리 통계 연보(2016)」, 중국농업출판사, 2017년판, 4, 31, 42면.

33 농업부 농촌 경제체제와 경영관리사, 농업부 농촌 협력 경영관리 종합센터 엮음, 「중국 농촌 경영관리 통계 연보(2015)」, 중국농업출판사, 2016년판, 23면.

34 농업부 농촌 경제체제와 경영관리사, 농업부 농촌 협력 경영관리 종합센터 엮음, 「중국 농촌 경영관리 통계 연보(2016)」, 중국농업출판사, 2017년판, 14, 131면.

되었다. 새로운 형태의 농업 경영 주체는 새로운 형태의 농업 서비스 주체와 함께 중국 현대 농업 건설의 주역이 되고 있다.

(3) 농업의 적정 규모 경영을 추진하려면 적정을 유지하고, 농민의 의사를 존중하며, 농민의 권익을 잘 보호해야 한다

시진핑 총서기는 농업의 적절한 규모 경영 추진에 있어서 농민의 의사를 존중하고 농민이 권익을 보호하면서 충분한 역사적 인내심을 가질 필요성을 특별히 강조했다. 2016년 4월 안후이의 샤오강촌 농촌 개혁 좌담회에서 그는 "농민의 의사를 존중하고 그들의 권익을 수호해야 하며, 농민이 선택할 수 있도록 선택권을 주어야 한다. 시범을 보이고 지도를 할 수 있지만 일률적으로 무분별하게 강압적인 명령을 해서는 안 된다"고 지적하고,[35] 동시에 식량의 적절한 규모화 경영 실시와 농민의 자발적인 참여가 중요하다고 강조했다. 2014년 9월 29일에 열린 중앙 포괄적 개혁 심화 지도팀 제5차 회의에서 시진핑 총서기는 "적절한 규모를 유지하면서 대규모 식량 생산 개발에 주력해야 한다. 토지의 적절한 규모 경영에서 농민이 적극적인 참여자이자 진정한 수혜자가 되어야 한다. 각지의 기반과 여건에 따라 경작지 경영 규모를 합리적으로 정할 수 있도록 유도해야 한다. 단편적으로 속도나 크기에 치중해서는 안 되고, 도급 경작지를 직접 운영하는 일반 농가가 여전히 대다수인 기본적인 농촌 상황도 무시할 수 없다. 상공업 기업들의 농가 도급지 임대에 대한 엄격한 기준을 두고, 자격 심사, 사

---

35 「새로운 상황에서 농촌개혁을 더욱 강력히 추진하여 농민들이 편안하게 생활하고 즐겁게 일할 수 있도록 촉진하자」, 인민일보, 2016년 4월 29일, 1면.

업 검토, 리스크 보증기금과 같은 제도를 마련하며, 진입과 관리감독 제도에 대한 명확한 규정을 해야 한다"[36]고 지적했다. 시진핑 총서기의 이러한 중요한 설명들은 적절한 규모 경영 발전을 위한 기본적인 지도 사상과 기본 원칙, 업무 중점을 제시했다. 정부가 어떻게 관리감독 메커니즘을 강화하고, 행정 간섭을 피하면서 시장 지향적인 적절한 규모 경영 발전을 보장해 토지 이용률을 높이고, 많은 농민들이 수익을 함께 누리며, 정부 혼란을 방지할 수 있는지를 체계적으로 명확하게 제시했다.

---

36 「개혁 방안의 질을 엄격히 관리해 개혁의 진전과 성과를 보장하자」, 인민일보, 2014년 9월 30일, 1면.

제3장

농촌 개혁 심화

현재 농촌 경제와 사회는 심각한 변화를 겪고 있다. 농촌 개혁과 연관된 이익 관계가 더 복잡해지고, 목표와 영향을 주는 요인이 다양해짐에 따라 임무가 더욱 막중해졌다. 이처럼 복잡한 상황에 직면하게 되자 시진핑 총서기는 19차 당대회 보고에서 '농촌 활성화 전략 실시'를 제의하고, "농촌 기본 경영 제도를 공고히 하고 개선해야 한다. 농촌 토지 제도 개혁을 심화시키고 도급지의 '삼권분리' 제도를 완비해야 한다. 토지 도급 관계 안정과 장기적인 유지를 위해 2차 토지 도급 만기 후 다시 30년을 연장함으로써 농촌의 집단 재산권 재도 개혁을 심화시켜 농민의 재산권을 보호하고, 집단 경제를 키울 것이다"[1]라고 밝혔다. 이렇게 농촌 개혁 심화에 올바른 방향을 제시하고, 각 지역의 농촌 개혁 실천을 심화시킬 수 있는 이론적 근거를 마련했다. 농촌 집단 재산권 제도 개혁은 중요한 정층설계(頂層設計)[2]로써 농촌 개혁의 기본 과제 중 하나이자 중대한 제도적 혁신이다. 공

---

1   시진핑, 「전면적인 샤오캉사회를 실현하고 신시대 중국 특색 사회주의의 위대한 승리를 거두자-중국공산당 제19차 전국대표대회 보고」, 인민출판사, 2017년판, 32면.

2   옮긴이 주: 정층설계(Top-level design). 일종의 '그랜드 전략'을 뜻함. 시스템공학 중 회로설계와 네트워크 구축 이론에서 나온 말. 미세한 서브디자인을 통합하는 톱 레벨의 마스터 디자인을 의미함.

급판매합작사는 '삼위일체'[3] 중의 중요한 일체로서 농업 서비스를 위해 중요한 역할을 발휘하려면 그 효용을 반영하기 위한 추가 개혁이 시급하다. 농업 지원 및 보호 제도는 주요 농산물 공급 안정, 농민 소득 증가 촉진, 농업의 지속 가능한 발전을 위한 제도적 보장으로써 비합리적인 세부 사항을 없애고 농업 지원 및 보호 체계를 개선하기 위해 추가로 발전시킬 필요가 있다.

1. 농촌 종합 부대개혁의 주요 내용

농촌 종합 개혁은 농촌 집단 재산권 제도, 농업 경영 체계 제도, 농업 지원 보호 제도, 도시와 농촌 통합 발전 체제 메커니즘과 농촌 사회 관리제도와 같은 5개 분야의 개혁을 포함한다.

(1) 농촌 집단 재산권 제도 개혁

농촌 집단 재산권 제도 개혁을 심화하고, 농민의 재산권과 이익을 보호하며, 집단 경제를 강화하는 것은 농촌 활성화 전략을 이행하기 위한 중요한 수단이다. 시진핑 총서기는 안후이 샤오강촌 농촌 개혁 간담회에서 농업과 농촌 발전이 직면한 여러 가지 갈등과 문제 해결의 열쇠는 개혁 심화에 달려있다고 강조했다. 아울러 그는 어떤 개혁이든 농촌 토지 집단 소유제를 훼손시키거나 경작지를 감소시키거나 곡물 생산 능력을 약화시키거

---

3   옮긴이 주: 생산, 공급 및 마케팅, 신용[生产, 供销, 信用].

나 농민의 이익을 해쳐서는 안 된다고 강조했다. 농촌 토지 개혁을 심화하기 위해서 토지 공유의 성격을 바꾸지 않고, 경작지의 레드라인을 넘지 않고, 농민의 이익을 해치지 않는 '3가지 마지노선'을 지켜 전복적 오류를 범하지 않도록 해야 한다. 농촌 기본 경영 제도를 공고히 하고 개선해 농촌 토지제도 개혁을 심화시키고, 도급지의 '3권 분립'제도를 완비해야 한다. 토지 도급 관계를 안정시키고 오랫동안 유지하기 위해 2차 토지 도급 기간 만기 후 다시 30년을 연장한다. 농촌 토지제도 개혁을 통해 농업 생산자의 기대 수익을 안정시키고, 농업 생산 및 관리에 대한 농업 생산자의 열정을 자극하고, 토지 약탈식 경영을 피할 수 있다. 농촌 토지 이전을 추진하고, 새로운 농업 주체를 육성함으로써 적정 규모의 농업 경영을 발전시킨다. 농민의 토지재산권과 이익을 보호해야 한다.

(2) 새로운 농업 경영 체계 구축

시진핑 총서기는 19차 당대회 보고에서 "현대 농업 산업 시스템, 생산 및 운영 시스템을 구축하고, 농업 지원 보호 제도를 개선하며, 다양한 형식의 적절한 규모 경영을 발전시키고, 새로운 농업 경영 주체를 육성함으로써 농업의 사회화 서비스 체계를 개선하고, 소농가들이 현대 농업 발전과 유기적으로 연계될 수 있도록 해야 한다"고 지적했다.[4] 그의 이런 판단은 실천 속에서 더욱 풍부해지고 완벽해졌다. 2015년 '양회(兩會)[5] 기간

---

4 시진핑, 「전면적인 샤오캉사회를 실현하고 신시대 중국 특색 사회주의의 위대한 승리를 거두자-중국공산당 제19차 전국대표대회 보고」, 인민출판사 2017년판, 32면.

5 옮긴이 주: 양회란 전국인민대표대회(全國人民代表大會)와 정치협상회의(政治協商會議)를 말한다.

중 지린(吉林)대표단 심의에 참석한 시진핑 총서기는 농업현대화 추진을 위해 현대 농업 산업체계, 현대 농업 생산 시스템과 현대 농업 경영 체계 구축을 가속화하는 데 중점을 두고 잘 처리해야 한다고 지적했다. 그는 안후이 샤오강촌 농촌 개혁 간담회에서 현대 농업 산업체계, 생산 시스템, 경영 체계 구축을 주요 수단으로 농업 현대화 추진을 가속화해야 한다고 더욱 강조했다.[6] 시진핑 총서기는 "현대 농업 경영 체계는 농업 현대화를 추진하는 중요한 요소 중 하나로 대체 불가한 중요한 역할을 가지고 있다"고 강조했다. 새로운 농업 경영 주체를 키우기 위해 전문 대규모 농가, 가족농장, 농민합작사, 농업기업 등 새로운 경영 주체 육성에 역점을 두고, 가족경영, 집단경영, 협력경영, 기업경영을 함께 발전시켜야 한다. 국가 상황과 발전 단계에 맞게 농가 가족경영을 기반으로 협력하고, 사회화 서비스가 뒷받침되는 복합적이고 입체적인 현대 농업 경영체계를 구축하여 농업 경영의 집약화, 규모화, 조직화, 사회화 및 산업화 수준을 향상시킴으로써 소농가와 현대 농업 발전을 유기적으로 연계시켜야 한다.

(3) 농업 지원 보호 제도 개선

농촌 활성화 전략 실현을 위해 농업과 농촌을 먼저 발전시켜야 한다. 2013년 12월 시진핑 총서기는 중앙 농촌업무회의에서 "농업 투자를 늘리기 위해서 재정이 어렵더라도 농업에 대한 지출을 최우선으로 보장해야 하고, 지출 압박이 있더라도 '삼농'에 대한 투자를 줄일 수 없다[7]"고 지적

6   한장푸의 「농업 현대화 추진을 위한 3대 시스템 구축-안후이 샤오강촌 시진핑 총서기의 중요 연설 학습체험」, 인민일보, 2016년 5월 18일, 15면.

7   중공중앙문헌연구실에서 편집한 『18차 당대회 이후 중요 문헌 선집(상)』에 실린 시진핑의

했다. 농업에 필요한 지원과 보호를 하는 것은 현대 농업 발전을 위해 객관적으로 필요한 일이다. 농업 현대화의 성패는 사회주의 현대화 건설의 전반적인 상황과 연관된다. 현재 중국의 농업 발전은 여전히 많은 어려움과 도전에 직면해 있기 때문에 정부는 농업 발전을 적극적으로 지원하기 위해 합리적이고 효과적인 보호 조치를 취해야 한다.

(4) 도시와 농촌 통합 체제 메커니즘 혁신

시진핑 총서기는 18차 당대회 보고에서 "도농 통합 발전을 위한 체제 메커니즘과 정책 체계를 구축하고 개선함으로써 농업 및 농촌의 현대화 추진을 가속해야 한다"고 지적했다.[8] 도시와 농촌 사회의 현대화를 위해 경제 체제와 민주 정치, 문화적 활력과 사회적 관리 및 생태문명을 서로 연결해야 한다. 시진핑 신시대 중국 특색 사회주의 사상의 맥락에서 봤을 때, 현재 중국은 도시가 점점 거대해지는 반면 농촌은 점점 비어가는 현실적인 딜레마에 직면해 있다. 2015년 4월 30일 도농 통합 발전 체제 메커니즘 완비에 관한 제22차 집단 연구에서 시진핑 총서기는 도농 통합 발전의 가속화는 18차 당대회에서 내놓은 전략적 과제이며, '4개전면(四個全面)[9]'이라는 전략적 구도를 정착시키기 위한 필연적인 요구라고 강조했다. 전면적인 샤오캉사회 실현에서 가장 어렵고 복잡하면서도 막중한 과제는 농

「중앙 농촌업무회의 연설」, 중앙문헌출판사, 2014년판, 679면.

8   시진핑, 「전면적인 샤오캉사회를 실현하고 신시대 중국 특색 사회주의의 위대한 승리를 거두자–중국공산당 제19차 전국대표대회 보고」, 인민출판사, 2017년판, 32면.

9   옮긴이 주: 4개 전면이란 전면적인 샤오캉사회 실현[全面建成小康社会], 전면적인 개혁 심화[全面深化改革], 전면적인 의법치국[全面依法治国], 전면적인 종엄치당[全面从严治党]을 말한다.

촌 지역 특히 농촌 빈곤지역에 있다. 전반적인 도시와 농촌 관계에서 중요한 돌파구를 마련하기 위해 사업을 강화하고 투자를 늘리는 노력을 해야 한다. 특히 도시와 농촌의 이원적 구조 해결과 도농 간 요소들의 평등한 교환, 공공자원의 균등한 분배 부분에서 중대한 돌파구를 마련해야 한다. 농촌 발전에 새로운 동력을 불어 넣어 대다수 농민들이 개혁 발전 과정에 함께 참여하고, 개혁 발전의 성과를 함께 공유할 수 있도록 해야 한다.[10] 도농 통합 발전은 중국의 '삼농' 문제를 해결하는 근본적인 방법이며, 도시와 농촌의 이원적 경제 발전이라는 어려운 문제를 풀어나가기 위한 중요한 조치라 할 수 있다.

(5) 농촌 사회 관리 혁신

시진핑 총서기는 19차 당대회 보고에서 "농촌 말단의 기초 사업을 강화함으로써 자율성, 법치, 덕치가 결합된 농촌 관리 체제를 완비해야 한다"[11]고 지적했다. '4화동보'의 발전 과정에서 농촌 사회의 관리는 새로운 도전에 직면하고 있다. 아름다운 농촌 건설과 농촌 정신문명 건설 강화와 관련, 시진핑 총서기는 독창성이 풍부한 새로운 사상과 관점을 내놓고, 새로운 요구를 제시했다. 그는 아름다운 중국을 위해서는 아름다운 농촌이 필요하고, 중국이 강해지려면 농촌이 강해져야 하며, 중국이 부유해지려면 농민이 잘 살아야 한다고 강조했다. 사회주의 신농촌 건설을 지속적으로

---

10 「도농 통합 발전 체제 메커니즘을 완비하여 많은 농민들이 개혁 발전의 성과를 누리도록 한다」, 인민일보, 2015년 5월 2일, 1면.

11 시진핑, 「전면적인 샤오캉사회를 실현하고 신시대 중국 특색 사회주의의 위대한 승리를 거두자–중국공산당 제19차 전국대표대회 보고」, 인민출판사, 2017년판, 32면.

중국 특색 사회주의 농촌 활성화의 길로 나아가다

추진하고, 농민을 위한 행복한 보금자리를 건설해야 한다. 산업 번영, 생태적 보금자리, 농촌 문명, 효과적인 거버넌스 및 풍요로운 삶의 일반적인 요구 사항에 따라 완전한 도농 통합 발전 체제 메커니즘을 구축함으로써 농업 및 농촌의 현대화 추진에 박차를 가한다. 반드시 농촌의 실제 상황에 맞는 길을 따라 고향의 느낌을 살려야 한다. 농촌의 특징을 충분히 반영하고, 노스탤지어를 느낄 수 있는 아름다운 산천을 보존해야 한다. 농촌 사회 관리를 위해서 농촌 기층 당 조직 건설을 강화하고, 농촌 기층 민주주의 관리 제도를 개선하며, 농촌의 정신문명 건설을 강화함으로써 농촌 빈곤구제개발 체제 메커니즘을 혁신하고, 농촌 행정법 집행 시스템의 개혁을 심화시켜야 한다.

19차 당대회 보고에는 농촌 사회 관리 혁신에 관한 내용도 포함되어 있다. 1)교육 사업을 먼저 발전시킴으로써 농촌의 의무교육에 큰 중요성을 부여한다. 2)고용의 질과 인민소득 수준을 향상시키고, 다양한 루트를 통해 농민공(農民工)[12]들의 창업과 취업을 촉진한다. 3)사회보장 체계 건설을 강화하고, 농촌에 남아 있는 아동, 여성, 노인과 같은 소외 계층을 위한 돌봄 서비스 시스템을 완비한다. 4)빈곤과의 전쟁을 통해 2020년까지 현행 표준 이하의 농촌 빈곤인구가 빈곤에서 벗어날 수 있도록 보장한다. 5)건강 중국 전략을 실시해 기본 의료 보건 서비스 체계와 가정의학과 의사진을 강화한다. 6) 함께 만들고 관리하며 함께 누릴 수 있는 사회 관리 구도를 마련해 사회 거버넌스의 사회화, 법치화, 정보화 및 전문화 수준을 향상시켜야 한다. 7) 효과적인 국가 안보 수호를 위해 모든 종류의 침투, 전복,

---

12   옮긴이 주: 도시로 이주해 노동자의 일을 하는 농민.

파괴 활동 및 폭력 테러 활동, 민족분열 및 종교 극단주의 행동에 대해 빈틈없이 방비하고 단호하게 대응한다. 이렇게 농촌 사회 관리 혁신을 위한 새로운 요구를 제시했다.

2. 농촌 집단 재산권 제도 개혁 심화

개혁 관련 분야는 광범위하고, 복잡한 상황을 가지고 있다. 개혁으로 인한 영향이 크고, 이해관계가 서로 얽혀있기 때문에 조금만 부주의해도 심각한 결과를 낳을 수 있고, 심지어 사회 안정까지도 위협할 수 있다. 2016년 4월 29일 시진핑 총서기는 샤오강촌 농촌 개혁 간담회에서 "농촌 개혁 심화를 위해 농촌 집단 재산 소유권 및 주식협력제 개혁에 중점을 두고, 여러 요소들을 연동하는 것이 필요하다"고 지적했다. 집단 소유에 근거한 농촌 집단 소유는 사회주의 공유의 중요한 표현으로 사회주의 체제의 우월성을 충분히 보여주고 있다. 30년간의 변화와 발전을 거쳐 이루어진 지금의 농촌 재산권 제도는 새로운 시대의 요구에 부응하기 어려워져 개혁이 필요한 단계에 이르렀다. 당 18기 3중 전회는 "농촌 토지 집단 소유권을 유지하고 농민의 토지 도급 경영권을 법으로 보호하면서 집단 경제를 키워야 한다"고 강조했다.[13] 2015년 중앙 1호 문건에서도 "농촌 집단 재산권 제도 개혁을 추진하고, 농촌 집단 소유제의 효과적인 실현 방식을

---

13   중공중앙문헌연구실에서 편집한 『18차 당대회 이후 중요 문헌 선집(상)』에 실린 「전면적인 개혁 심화를 위한 몇 가지 주요 문제에 대한 중국공산당 중앙의 결정」, 중앙문헌출판사, 2014년판, 523면.

모색함으로써 농촌 집단 경제 운영 메커니즘을 혁신해야 한다"고 강조했다.[14] 시진핑 총서기는 19차 당대회 보고에서 "농촌 기본 경영 제도를 완비하고, 농촌 토지 제도 개혁을 심화시키고, 도급지의 '삼권분리' 제도를 개선해야 한다. 토지 도급 관계를 안정시키고 오랫동안 유지하기 위해 2차 토지 도급 만기 후 다시 30년을 연장함으로써 농촌의 집단 재산권 제도 개혁을 심화시켜 농민의 재산권을 보호하고, 집단 경제를 키울 것이다"라고 밝혔다.

(1) 토지 주식협력제 개혁 추진

핵심 생산요소인 농가 도급 토지에 집중한다. 현재 토지 이전은 하도급, 임대, 교환, 양도, 주식 협력의 다섯 가지 형태를 가진다. 처음 네 가지 방식은 서로 다른 경제 주체들 사이의 토지 순환이다. 양도인은 일회성 소득을 얻는데 이는 집단 경제 발전과 그다지 큰 관계가 없어 농민들이 토지의 규모 경영으로 얻는 부가가치 혜택을 공유하는 것도 어렵다. 최근 일부 지역에서는 토지 주식협력이 나타나기 시작해 점점 늘어나고 있는데 전문 대규모 농가, 가족농장 등이 토지 주식협력의 경영주체가 되고, 토지를 기반으로 하며, 농민들은 토지를 가지고 들어가 협력 경영에 참여하게 된다. 이를 통해 농업의 규모화와 표준화를 실현하고, 현대 농업 발전을 촉진시켰으며, 아울러 상공자본의 농업 진출과 대규모 농가의 토지임대로 발생할 수 있는 부정적인 영향을 피할 수 있었다. 또한 노약자와 외지에서 일하

---

14   「중국 공산당 중앙 국무원이 '개혁과 혁신 강화 및 농업 현대화 가속화에 대한 몇 가지 의견' 발표」, 인민일보, 2015년 2월 2일, 1면.

는 농민들이 협동조합의 발전으로 수익을 얻을 수 있었고, 집단 경제를 크게 키우면서 '어떤 땅에 농사를 짓고', '누가 농사를 짓고', '어떻게 농사를 짓는가'라는 문제를 해결했다.

경제가 발달한 동부 지역에서는 경영성 자산인 주식협력제 개혁에 중점을 두고, 현대 기업 시스템을 활용해 합작제에 주식 시스템을 도입해 기존의 집단 경제를 개조하는데 주력한 반면 중부 및 서부 지역, 특히 경제가 상대적으로 낙후된 지역에서는 토지에 더 많은 공을 들였다.

(2) 농촌 혼합 소유제 경제 발전 모색

집단 경제 조직이 자체 소유하고 있는 토지 등 자원자산, 건물, 설비와 같은 운영자산을 출자해 농민의 토지경영권 투자를 유도하고 유치하며, 지역 커뮤니티 외부의 경제 주체가 자금과 기술 등을 투입해 농촌 혼합 소유제 경제를 함께 발전시키면서 농민들의 협력과 단결을 이끌 수 있다.

(3) 집단 축척의 새로운 메커니즘 모색

농촌 세금 개혁 전 '3제5통(三提五統)[15]'과 다른 성격의 새로운 집단 축적 메커니즘을 구축하고, 과거의 '내가 빌리고 남이 쓰던 것'을 '내가 빌리고 내가 쓰는 것'으로 바꾸어 집단 공공 적립금 인출 시스템을 개선하고, 가족 도급 경영 외에 집단 경영과 같이 다양한 형태의 사업 방식을 모색한다. 비경영적 자산에 대해서는 집단 통합 운영 및 관리를 위한 효과적인 메

---

15   옮긴이 주: 농민이 촌급 행정 단위에 내는 3가지 유형의 보존 수수료(예: 펀드 제공 기금, 공공 복지 기금 및 관리 수수료)와 농민이 향진1급 정부에 내는 5가지 비용(교육비 부가가치세, 가족계획세금, 민병 훈련비, 농촌 도로 건설비, 위로금).

커니즘을 모색하고, 집단 경제 조직 및 지역 주민들에게 더 좋은 공공복지 서비스를 제공하는데 중점을 둔다.

3. 농업 지원보호제도 완비

농산물 가격에 대한 중국의 가격 경쟁 우위가 점차 사라지면서 농업의 국제 경쟁력이 약화되었다. 농산물 가격 역전 현상으로 외국산 농산물에 대한 수요가 강세를 보이고, 자국 농산물에 대한 수요는 약세를 보이고 있다. 외국산 농산물이 시장에서 유통과 소비가 증가한 반면 국내 농산물은 재고가 쌓이면서 낭비되고 있다. 개혁개방 이후 빈번한 농산물 시장 가격의 변동으로 인해 시장 메커니즘의 자원 배치에 대한 역할이 매우 불안정한 실정이다. 효과적이고 합리적인 농산물 가격을 형성하기 위해서 시장이 자원 배치에서 결정적인 역할을 하고, 정부가 역할을 더 잘 수행할 수 있도록 만들어야 한다.

중국 정부는 한동안 농산물 시장 가격 형성에 필요한 지원보호 정책을 취해 왔다. 예를 들어 10여 년 동안 시행된 위탁 수매 정책(정책적 구매 및 저장)은 사실상 가격 지원 수단이다. 구체적으로 설명하자면, 조건에 맞는 곡물창고업체가 국가가 정한 최저 수매가(혹은 임시 수매 가격)에 따라 곡물을 구매하는 것이다. 위탁 수매 정책은 오늘날까지도 계속되고 있고 탁월한 성과를 거두기도 했지만 여러 가지 단점들도 드러나고 있다. 위탁 수매 정책은 곡물 생산에 대한 농민들의 수익을 보장하고, 곡물 가격 하락으로 인한 농민들의 피해를 방지할 수 있었다. 하지만 위탁 수매 정책으로 농산물 가격이 높아지면서 같은 농산물에 대한 국내 농산물의 경쟁력이 외국산보다 떨어지게 되어 국산 곡물 재고 적체가 심각해지고 있다. 국내 농업 생산 비용이 국제시장보다 높아 국내 농업은 어쩔 수 없이 "두 가지 '한계'와 '압박'"에 직면할 수밖에 없다[16]. 때문에 농산물 가격 형성 메커니즘 완비에 박차를 가하는 것은 큰 의미를 가진다.

(1) 시장 지향적 개혁 방향 견지

시진핑 총서기는 19차 당대회 보고에서 "새로운 발전 개념을 견지하면서 시장이 자원 배분에서 결정적인 역할을 하고, 정부의 역할을 더 잘 수행할 수 있도록 해야 한다"고 강조했다. 이런 배경에서 농업 개혁은 행정 개입을 줄이고 시장화 개혁의 방향으로 나아갈 것이다. 우선 통합적·개방적이고 질서 있는 경쟁이 가능한 시장 시스템을 구축하고, 농산물 시장 체계를 질서 있게 보완한다. 이것이 바로 가격 형성 메커니즘의 기반이다. 최근 몇 년 동안 중국은 농산물 시장 시스템 구축에서 괄목할만한 성과를 얻었지만 높은 유통 비용과 낮은 효율 문제가 여전히 두드러져 농업 생산자의 소득에 영향을 미치고 있다. 그렇기 때문에 안전하고 효율적이며 질서 있는 경쟁을 할 수 있는 농산물 시장 체계를 구축해야 한다. 건전하고 완비된 농산물 시장 시스템을 구축하게 되면 농산물 공급을 효과적으로 보장할 수 있을 뿐 아니라 농민의 소득 증가를 촉진할 수 있다. 이를 통해 소비를 유도하고, 전체 농촌의 경제 구조조정을 추진함으로써 농촌 경제의

---

16   리커창(李克强), 「개혁과 혁신을 동력으로 하여 농업현대화를 촉진하자」, 구시, 2015년, 제4기.

안정적인 성장을 유지할 수 있기 때문에 그 의미가 크다. 시진핑 총서기는 "새로운 상황에서 농업의 주요 갈등은 총량 부족에서 구조적 갈등으로 전환되었다. 농업 공급측 구조 개혁 추진을 통해 전반적인 농업 효율과 경쟁력을 높이는 것이 현재와 향후 중국 농업 정책에서 개혁하고 보완해야 하는 주요한 방향이다"라고 지적했다.

구미 선진 농업국가의 선진적인 농산물 목표 가격 형성 정책을 벤치마킹하고, '시장이 선도하고 정책으로 후속 조치를 마련하는 원칙'에 따라 시장이 주도하는 농산물 가격 형성 메커니즘 체계를 차근차근 모색해야 한다. 시진핑 총서기는 중국공산당 중앙정치국 제10차 공동 연구에서 시장화 개혁을 견지해야만 시장의 활력을 충분히 살릴 수 있다고 강조했다.[17] 농산물 가격 지원 정책의 중요한 부분인 최저 수매가 보장 정책은 농민들의 생산 열정을 북돋고, 농민 소득 향상과 안정적인 식량 성장을 실현하는 데 중요한 기여를 했다. 기존 연구에 따르면 최저 수매가 보장 정책이 농업 생산을 효과적으로 자극하고, 생산을 늘리며 공급을 보장할 수 있는 것으로 나타났다. 직접적인 효과와 운영이 간단하다는 장점이 있는 반면, 농산물 시장에 대한 개입과 왜곡이 더 심각해져 효율이 떨어지고 재정적 부담이 크다는 단점이 있다. 시진핑 총서기는 농업 공급측 구조 개혁을 추진하기 위해 농업에 대한 재정 지원 체제 메커니즘을 혁신하고, 재정 자금이 유도 역할을 더욱 더 잘 발휘하도록 만들어 농산물 공급의 질과 효율성을 개선해야 한다고 강조했다.

최근 몇 년간의 실천을 근거로 콩과 목화의 목표가격 개혁과 옥수

---

17 「시장 지향, 인민을 위한 공정성과 효율성」, 인민일보, 2013년 11월 10일, 1면.

수 생산자 보조금 개혁을 통해 정층설계를 추진하고 더 깊이 연구할 필요가 있음을 알 수 있다. 단일 품목의 높은 재고량을 해결하기 위한 특별 조치로 국한하지 말고, 곡물 가격 지원 정책이 시장에 미치는 왜곡된 영향을 근본적으로 제거해야 한다. 여기에는 다음 두 가지가 포함된다. 첫째, 곡물을 판매하기 어려운 문제 해결을 식량 가격 보조금의 목표로 삼아야 한다. 시진핑 총서기는 2013년 중앙 농촌업무회의에서 "농민들이 곡물을 수익성 있게 키우고, 주요 생산 지역에서 곡물 생산에 대한 적극성을 가지는 '두 가지 열정'을 동원하고 보호해야 한다"고 강조하고, "농업 보조금을 식량 생산과 연계하는 메커니즘을 모색해 더 많은 생산자들이 보조금을 더 많이 받을 수 있도록 한정된 자금을 가장 효과적인 곳에 써야 한다"고 덧붙였다.[18] 둘째, 국가 식량 안보를 확보해야 한다. 시진핑 총서기는 "중국인의 밥그릇은 항상 스스로가 꽉 쥐고, 그 그릇에는 중국의 식량으로 채워져 있어야 한다. 곡물을 기본적으로 자급하고, 식량 안전의 절대적인 마지노선을 준수해야 하며, 과학기술과 정책 지원을 통해 식량의 종합 생산력을 안정적으로 계속 성장할 수 있도록 유지해야 한다"고 여러 차례 강조한 바 있다.

(2) 농업 보조금 제도 보완

사회주의 시장 경제체제 개선과 혁신적인 국가 건설에 박차를 가하기 위해 자원 배분에서 시장이 결정적인 역할을 수행하고, 정부가 더 좋은

---

18   중공중앙문헌연구실에서 편집한 『18차 당대회 이후 중요 문헌 선집(상)』에 실린 시진핑의 「중앙 농촌업무회의 연설」, 중앙문헌출판사, 2014년판, 664면.

역할을 발휘함으로써 정부와 시장 사이의 관계를 올바르게 처리하는 것이 무엇보다 중요하다. 시진핑 총서기는 "농업에 대한 투자를 늘리고, 재정이 아무리 어려워도 농업에 대한 지출을 최우선으로 보장해야 하며, 지출이 감소해도 '3농'에 대한 투자를 줄여서는 안 된다. 농업 보조금의 정확성과 지향성을 높여야 한다"고 지적했다. 따라서 농촌 활성화 전략을 실시할 때 농업 보조금의 정확성과 지향성을 향상시키는 것을 바탕으로 농업 보조금 제도를 더욱 개선할 필요가 있다. 농업 보조금은 본질적으로 농업 발전, 농촌 안정 및 농민 소득 증대를 목적으로 한다. 정부는 법에 따른 기준과 방식을 통해 정부 재정 수입을 특정 농업 생산 사업자에게 이전 지급한다. 농업 보조금은 두 가지 의미를 가지고 있는데 하나는 광의의 보조금으로 '녹색 상자 보조금'이라고도 부른다. 주로 농업에 대한 정부의 모든 투자 혹은 지원을 말하는데 그 중 대부분은 과학기술, 수자원 보존, 도로 및 교량 건설에 대한 투자들이다. '녹색 상자 보조금'은 농산물 가격에 직접적으로 관여하지 않는다. 다른 하나는 '노란색 상자 보조금'이라고도 하는 보호 성격의 보조금이다. 농산물에 대해 정부가 직접적으로 관여하고 보조하는 것이다. 여기에는 종자, 비료 및 관개와 같은 농업 투입 자원에 대한 보조금, 농산물 마케팅 대출 보조 및 휴경 보조금 등이 포함된다.

농업 및 농민 보조금 지원은 전 세계 국가에서 행해지는 일관된 관행이다. 현재 중국 농업 발전이 안고 있는 모순이 갈수록 두드러지고 있다. 양과 질, 투입과 산출, 비용 효과 및 생산, 생태와 같은 측면에서 구체적으로 나타나고 있다. 이러한 모순들이 단기간 더 악화되고 있다. 식량 수급 관계의 오랜 악화 상태에서 효과적인 구간에서 식량 생산을 유지하고, 농업 공급의 효율과 품질을 한층 더 업그레이드 시키며, 자원 환경에 '잠시

휴식'을 주기 위해 농업 보조를 줄여서는 안 되고 더 강화해야 한다. 농업 공급측 구조 개혁을 종합적으로 추진하는 맥락에서 볼 때, 농업 보조금 정책 개선을 위해 보조금의 정확성과 효율성을 높이고 농업 생산력 수준을 향상시키는 것이 중요하다. 시진핑 총서기는 2016년 말 중국공산당 중앙 정치국 상무위원회 회의에서 농업 공급측 구조 개혁 추진을 농업 및 농촌 사업의 주축으로 삼아 농업과 농촌 발전을 위한 새로운 동력을 키워 농업의 종합적인 효율과 경쟁력을 높이는 새로운 발전 이념을 견지해야 한다고 분명히 밝혔다.

2016년부터 시작된 농업 보호 지원 보조금은 시도해 볼만한 효과적인 방법이다. 농업의 '세 가지 보조금'을 농업 보호 지원 보조금으로 통합하고, 경작지의 지력(地力) 보호와 식량의 적절한 규모 경영을 지원하기 위해 정책목표를 조정했다. 농업 보호 지원 보조금의 핵심 내용은 다음과 같다. 첫째, 모든 곡물 재배 농민을 위한 직접 보조금, 농작물 품종 개선 보조금, 농자재 종합 보조금 보유 자금의 80%를 경작지 지력 보호에 사용한다. 둘째, 농업 보조금 잔액 기금의 20%와 농업의 '세 가지 보조금'에 대한 증분을 식량의 적절한 규모 경영을 집중적으로 지원하기 위해 사용한다.

농업의 '세 가지 보조금' 개혁의 핵심은 다음과 같다. 첫째, 경작지의 지력을 보호하는 것이다. 경작지 면적에 따라 보조금이 지급된다. 이미 가축 농장으로 사용된 경작지, 임지, 시설 농업 용지로 전환되거나 경작 조건을 충족시키지 못하는 토질을 가진 경작지에 대해서는 보조금이 지급되지 않는다. 경작지 지력 보호 보조금을 받을 수 있는 대상은 경작지 도급권을 보유하고 농사를 짓는 농민들이며, 보조금은 농민에게 직접 지급된다. 둘째, 식량의 적절한 규모 경영이다. 주로 토지 이전, 토지 주식 협력 등을 통해 형성된 토지에 대해 적절한 규모 경영을 하는 주체, 토지 위탁관리 및 계약농업을 통해 규모 경영을 실현한 주체, 농업 생산을 위해 대규모 사회화 서비스를 제공하는 주체를 지원한다. 경작지 지력 보호 지원금 보조 대상은 원칙적으로는 경작지 도급권을 가지고 농사일을 하는 농민이다. 곡물의 적당한 규모 운영을 지원한다. 지원 대상은 대규모 농가, 가족 농장, 농민합작사, 농업 사회화 서비스 조직 등 새로운 경영 실체에 초점을 맞추어 여러 가지 작물을 재배하는 사람이 우선권을 가지도록 한다.

현재 농업 보조금은 규모 있는 경영 및 새로운 경영 주체를 육성하고 일반 농가의 식량 생산 능력 보호를 유기적으로 결합하는 데 초점이 맞추어져 있다. 일부는 도급지 면적에 따라 농가에 계속 지급하는데 경작지를 묵혀두지 않고, 지력이 떨어지지 않게 보장함으로써 농산물 재배가 필요할 때 생산력을 빠르게 실질적인 생산량으로 되돌릴 수 있도록 하는 조건이 붙는다. 규모가 있는 농가의 재배 보조금은 재배 규모에 따라 새로운 주체로써 별도로 지급된다. '세 가지 보조금'의 개혁은 농업 보호 지원 제도 조정의 쉼표가 아니다. '곡물의 기본적인 자급과 절대적인 식량 안보'를 위한 식량 안보 전략의 마지노선을 지키고, 농민들의 지속적인 소득 증가세를 유지해야 한다. 농업 보조금 제도 개혁은 아직 진행 중이다.

2016년 11월 1일 포괄적 개혁을 위한 중앙 지도팀 제29차 회의는 농업 보조금 메커니즘에서 녹색 생태 발전을 강조하며 관련 농업 보조금 정책 개혁 이행에 박차를 가하기 위해 농경지, 초원, 임업, 습지와 같은 주요 생태계에 대한 보조금 지원 정책을 강화하고, 중금속 오염 경작지와 농업 비점오염원 관리 및 효율적인 농업용수 절약에 관한 지원 정책을 모색하는 내용의 〈녹색 생태를 지향하는 농업 보조금 제도 수립 개혁 방안〉을 통과시켰다. 이로써 양적 성장에서 양적·질적·생태적 성장에 초점을 맞춘 정책 목표를 세우게 된다.

4. 공급판매합작사에 대한 포괄적인 개혁 추진

개혁개방 이후 중국은 '통합 및 분산 관리가 결합'된 이원적 경영 체제를 실행해왔으나 '지나치게 분산되고 통합은 부족한' 단점이 나타나게 되었다. 2013년 3월 '양회' 기간 장쑤 대표단과의 좌담에서 시진핑 총서기는 "통합 및 분산 관리가 결합된 가족 도급 책임제가 '분산'의 긍정성을 충분히 보여주었지만, '통합'을 통해 어떻게 시장 경제와 규모 경제에 적응하는지에 관해서는 아직 좋은 해결책이 나오지 않았다"고 밝혔다.

시진핑 총서기는 박사 학위논문 『중국 농촌 시장화 연구』에서 농가들의 분산 경영으로 조직력이 떨어지고, 시장에서 평등한 협상 지위를 가지지 못했기 때문에 이들은 '가격 책정자'가 아닌 '가격 수용자'가 되었고, 분산 경영으로 인해 규모가 작은 농가들이 단독으로 거대 시장을 상대하기는 힘들다고 지적했다. 논문은 조직에 의지하여 새로운 연합으로 나아가는 해결책을 제시했다. 수많은 농민들이 '함께 리스크를 분담하고 이익을 공유하는 공동체'를 구성하게 된다면, 조직의 힘을 통한 강한 합력을 모을 수 있기 때문에 시장을 개척하고 점유를 수월하게 할 수 있게 된다.

2006년 중앙 1호 문건에서 '사회주의 신농촌 건설'을 제안했다. 당시 저장성 당 서기였던 시진핑 총서기는 그해 1월 8일 저장성 농촌업무회의에서 농민의 전문협력, 공급 및 마케팅 협력, 신용협력이라는 '삼위일체'

구상을 내놓았다. 12월 19일 전성 시범 사업 추진을 위한 현장 회의에서 '삼위일체'에 대해 3가지 협력 조직, 3가지 협력 기능, 3단계 협력 체계의 일체화라고 추가적으로 설명했다. '삼위일체'는 우선 농민의 전문협력, 공급 및 마케팅 협력, 신용협력을 삼위일체로 삼아 발전시키고, 규범화하고 개혁을 추진해 협력, 연합과 정합을 강화해야 한다. 또한 삼위일체는 금융, 유통, 과학기술 세 가지의 협력 기능의 일체를 가리킨다. 기층, 지역(산업) 심지어 전국 3단계 협력 체계의 삼위일체 혹은 경제 협력 단체, 대중 자치 단체 및 행정 보조 기관의 삼위일체로 확장될 수 있다. '삼위일체' 농민 협력은 새로운 유형의 농업 경영 시스템 구축의 핵심 내용이고, 농촌의 기본 경영 제도를 완비하고 궁극적으로 통합과 분산 관리를 결합시키기 위한 전략적인 선택이며, 농촌을 안정적으로 관리하고 지속적으로 발전시키기 위한 전략적인 방법이다. '삼위일체' 농민 협력에서 공급판매합작사는 가장 중요하다. 중국의 최대 경제 협력 조직인 공급판매합작사는 농업을 위해 서비스를 제공하는 경제 협력 조직이자 당과 정부가 '삼농' 사업을 잘 할 수 있도록 돕는 중요한 캐리어이기도 하다. 공급판매합작사는 오랫동안 농촌에서 뿌리를 내리고 농민에게 다가가 있었다. 비교적 완전한 조직 체계와 건전한 사업 네트워크, 비교적 완전한 서비스 기능을 갖추고 있어 당과 정부가 농업을 위해 믿고 활용할 수 있는 핵심 역량이 되기에 충분한 자격이 있다. 그러나 역사적인 이유와 함께 제도적으로 완전히 바로잡히지 않았기 때문에 현재의 공급판매합작사에는 긴밀하지 못한 농민과의 협력 관계, 미흡한 종합 서비스 강도, 느슨한 단계별 연관 관계, 내생동력 및 개발 활력 부족과 같은 문제들이 존재하고 있다. 새로운 상황에서 공급판매합작사를 최대한 빨리 농민과 더 긴밀하게 연계할 수 있는 방법을 모색하는 것이 필요하다. 농업을 위해 보다 완벽한 서비스 기능을 갖추고 효율적인 시장 지향적 운영이 가능한 협력 경제 조직 시스템을 구축해야 한다. 농민의 생산과 생활을 위한 원동력과 플랫폼으로 만들고, 당과 정부가 농민들과 긴밀하게 연계할 수 있는 가교를 마련하는 것이 시급한 전략적 과제가 되었다.

시진핑 총서기는 19차 당대회 보고에서 "농업의 사회화 서비스 체계를 개선하고, 소농가와 현대 농업 발전을 유기적으로 연계해야 한다"고 지적했다.[19] 종합적인 공급판매합작사 개혁 추진의 우선순위는 농업 발전을 위한 서비스를 보장하는 것이다. 이를 바탕으로 농자재 공급, 농산물 유통 및 농촌 서비스와 같은 중요한 분야에서 편리하고 실속 있고, 안전하면서도 우수한 서비스를 농민에게 제공해야 한다. 2017년 중앙 1호 문건은 농업 공급측 구조 개혁 추진을 제안했다. 숏보드 보완에 초점을 둔 농업 공급측 구조 개혁에서 농업 사회화 서비스 공급 부족을 보완하는 것이 가장 중요하다고 지적했다. 시진핑 총서기는 새로운 역사적 상황에서 공급판매합작사가 특유의 장점과 중요한 역할을 수행할 수 있도록 지속적으로 운영해야 할 필요가 있다고 지적했다.[20] 공급판매합작사는 농촌에 뿌리를 두고 농민에게 가까이 다가가 있고, 조직 시스템과 경영 네트워크가 완비되어 현대 농업을 발전시키고, 농민의 삶을 풍요롭게 만들며, 도시와 농촌 경제의 번영을 위한 고유의 강점을 가지고 있다. 공급판매합작사의 포괄적인

19 시진핑, 「전면적인 샤오캉사회를 실현하고 신시대 중국 특색 사회주의의 위대한 승리를 거두자—중국공산당 제19차 전국대표대회 보고」, 인민출판사, 2017년판, 32면.

20 「공급합작사의 고유한 장점과 중요한 역할을 발휘하여 농업 발전과 농민의 치부, 도시의 번영과 농촌의 번영을 위한 새로운 장을 열어나가자」, 인민일보, 2014년 7월 25일, 1면.

개혁은 단순히 유통 분야의 개혁이나 공급판매합작사 자체의 개혁만은 아니고, 경제체제 특히 농촌 경제체제 개혁의 중요한 구성 부분으로 도시와 농촌, 공업과 농업, 생산과 유통 등 여러 부분의 관계를 다루고 있다.

농업 사회화 서비스 능력 향상은 공급판매합작사의 종합적인 개혁의 중요한 목표 중 하나이다. 공급판매합작사의 종합적인 개혁은 공급판매합작사를 농업 서비스 분야로 확대하는 것을 골자로 하며, 구체적 내용은 다음과 같다. 첫째, 농업 사회화 서비스를 강화한다. 농업 현대화를 위한 새로운 공급 판매합작사를 설립하고, 농업 사회화 서비스인 농민 우대 프로젝트를 실시할 수 있도록 지원해야 한다. 농업 서비스 기구를 설립하고 완비하며, 새로운 농업 경영과 서비스 주체를 폭넓게 결합시킴으로써 공급판매합작사가 유통 서비스에서 농업 사회화 서비스 전반으로 확대할 수 있도록 추진한다. 둘째, 농산품 유통 서비스 수준을 향상시킨다. 공급판매합작사를 위한 농산물 유통 네트워크 구축을 강화하고, 유통 방법 혁신을 통해 다양한 형태의 생산과 마케팅의 연계를 촉진한다. 공급판매합작사의 농산물시장 조성을 전국 농산물시장 개발 계획에 통합한다. 집산지에 대형 농산물 도매시장과 현대 물류센터를 건설하고, 생산 지역에 농산물 수집 시장과 창고 시설을 만들고, 도시 커뮤니티에 신선 마켓과 같은 소매 루트를 만들어 생산 지역과 소비자를 연결하는 합리적인 농산물 시장 네트워크를 형성한다. 셋째, 도시 및 농촌 사회를 위한 포괄적인 서비스 플랫폼을 만든다. 새로운 도시화와 신농촌 건설의 요구에 부응하여 농촌 종합 서비스조합과 도시 및 농촌 지역 사회 서비스센터의 건설에 박차를 가하고, 도시-농촌 주민들에게 생활용품, 스포츠 및 엔터테인먼트, 노인 연금, 유치원 교육, 취업 교육 등 다양한 서비스를 제공한다. 도시-농촌 공급판매합작사의 자원을 포괄적으로 조정한다. 도시 무역센터 및 비즈니스 서비스 단지를 개발하고, 도시 공급판매합작사의 도농 간 소통과 '삼농' 발전을 위한 방사 능력을 향상시킨다. 넷째, 농업 협력 금융 서비스를 안정적으로 발전시킨다. 농촌 협력 금융 개발은 농민의 자금 조달 문제 해결을 위한 중요한 길이다. 합작사 경제조직의 서비스 기능을 강화하고, 현실적으로 능력을 향상시키는 것이 필요하다. 여건이 되는 공급판매합작사는 멤버십과 폐쇄 원칙에 따라 대외적 예금 유치와 대출을 하지 않고, 고정적 대가를 지불하지 않는 것을 전제로 농촌 자금 상호 협력을 발전시켜야 한다. 여건이 되는 공급판매합작사는 상호 보험 사업을 수행하기 위해 법에 따라 농촌 상호 지원 협동 보험기관을 설립할 수 있다.

제4장

국가 식량 안보 보장

인구 대국인 중국에 있어 식량 안보 보장은 국가 안보의 주요 전략 과제이다. 역대 당 지도자들은 식량 안보 보호를 매우 중요한 위치에 두었다. 18차 당대회 이후 시진핑 총서기는 국가 식량 안보에 대한 일련의 전략적 아이디어와 과학적 판단을 제시하고, 새로운 시기 국가 식량 안보를 위한 새로운 전략을 제안했다. 시진핑 총서기는 "국가 식량 안보 보장은 한 시도 느슨해질 수 없는 영원한 과제이다. 중국인은 스스로의 밥그릇을 손에 단단히 잡고 있어야 한다"고 지적하고, "밥그릇에는 주로 중국 식량으로 채워져야 한다. 식량 문제 해결을 남에게 의지할 수 없다. 사먹거나 동냥을 할 수는 없다"[1]고 강조했다. 19차 당대회 보고에서 "국가 식량 안보를 보장해야 한다. 중국의 밥그릇은 스스로가 단단히 잡고 있어야 한다"[2]고 재차 강조했다. 시진핑 총서기는 치국평천하의 실현을 바탕으로 국가 식량 안보 보장에 대한 극도의 중요성과 장기적인 어려움을 설명하고, 편안

1   중공중앙문헌연구실에서 편집한 『18차 당대회 이후 중요 문헌 선집(상)』에 실린 시진핑의 「전면적인 개혁 심화를 위한 몇 가지 주요 문제에 대한 중국공산당 중앙의 결정」, 중앙문헌출판사, 2014년판, 660-662면.

2   시진핑, 「전면적인 샤오캉사회를 실현하고 신시대 중국 특색 사회주의의 위대한 승리를 거두자-중국공산당 제19차 전국대표대회 보고」, 인민출판사, 2017년판, 32면.

할 때도 위기를 생각해 대비하려는 전략적인 사고를 보여주었다.

1. 새로운 식량안보관 형성의 배경과 중요 의의

(1) 세계 식량 안보 문제가 점점 두드러지고 있다

국제적으로부터 봤을 때 현재 세계 곡물 생산량의 증가는 점차 둔화되고 있는 반면 수요는 계속 늘어나고 있다. 통계에 따르면 최근 세계 곡물 생산량의 연평균 성장률은 0.4%에 불과한 반면, 소비 증가율은 연 1% 정도로 집계되어 식량 수급 관계가 갈수록 악화되는 상태를 보이고 있다. 금융 글로벌화 상황에서 식량은 이미 금융 파생상품이 되었고, 곡물을 포함한 세계 벌크 상품 시장은 글로벌 투자자들의 새로운 '전장'이 되어가고 있다. 이렇게 식량가격은 금융 투기의 영향을 받아 식량수급 관계를 벗어나고 있다. 식량의 상품화와 정치화는 시장과 전략을 통해 글로벌 농업 생산과 무역 체계의 불균형을 초래했다. 구미의 농업 강국들이 농업생명공학 분야에서 유리한 위치를 점유하고 있고, 4대 곡물 생산 글로벌 기업들이 세계 곡물 공급원, 물류, 무역, 가공 및 판매 등 전체 산업체인 구조를 강화해 이미 세계 곡물 무역의 80%와 오일시드 무역의 70%를 통제하고 있다. 유가 상승으로 식량의 일부는 바이오에너지 생산 원료로 전환되었지만 한편으로는 농업 생산 비용 상승에 직접적인 영향을 주게 되어 결국 가격 상승으로 이어졌다. 유엔 식량 농업 기구(FAO)는 세계가 식량 가격 쇼크에 직면해 곡물과 같은 농산물의 가격은 변동 속에서 계속 오를 것으로 보고, 국제 시장 가격이 국내 시장 안정에 큰 영향을 미칠 것이라고 경고했다.

(2) 중국 농산물의 수급 총량은 기본적 균형을 잡았으나 구조적으로 부족하다

개혁개방 이후 중국 식량 수급은 부족-균형-불충분-지속적인 증가의 4단계를 거쳤다. 제1단계(개혁 개방 이후 1984년까지)에서 식량 공급 문제를 기본적으로 해결했다. 제2단계(1985년-1998년)에는 농산물 부족 시대가 끝나고 식량 수급이 균형을 이루고 풍년이 나기 시작했다. 제3단계(1999년-2003년) 식량 생산이 그 해 소비를 만족시킬 수 없어 재고가 계속 떨어졌다. 제4단계(2004년-2015년)에서 식량 생산은 '12년 연속' 증가했다. 곡물 생산이 해마다 늘면서 농산물 수급 총량은 기본적으로 균형이 잡혔으나 구조적으로는 여전히 부족한 상태에 놓여있다. 경작지, 수자원과 같은 자원 요소가 갈수록 악화되고, 식량 생산 면적을 계속 늘릴 수 있는 공간이 제한적이기 때문에 안정적인 증산에 대한 압박이 점점 커졌다.

해마다 곡물 생산량이 증가하고, 식량을 기본적으로 자급자족할 수 있다고 해도 중국의 식량 안보는 여전히 심각한 제약과 도전에 직면하고 있음을 확실하게 알아야 한다. 중국의 인구 증가는 식량 수요의 급격한 상승으로 이어졌고, 육류, 계란, 우유에 대한 수요에 따른 사료 소비가 빠르게 증가했다. 또한 해마다 늘어나는 도시 인구와 식량 가공 산업 발전으로 인해 식량 소비 증가가 가속화될 것이다. 〈국가 식량 안보 중장기계획요강(2008-2020년)〉은 2020년까지 중국의 총 곡물 수요는 5725억kg에 달하게 되어, 식량 생산의 사회적 이익이 경제적 이익보다 훨씬 높을 것이라고 예측했다. 산업화와 도시화는 곡물 생산에 '구축효과[crowding out effect][3]'를 가

---

3 옮긴이 주: 정부가 총수요 확대를 위해 공급을 수반하지 않은 채 재정지출을 늘릴 경우 이

지게 되어 경작지 감소, 자원 환경에 대한 압박 가중, 인건비 상승 등의 요인이 곡물 생산과 공급에 영향을 주게 된다.

(3) 식량 안보문제는 국가 관리와 안정을 위한 최고의 전략적 배치이다

시진핑 총서기는 저서 『빈곤탈출』에서 과거 곡식을 가장 중요하게 생각했지만, 지금은 기본 중의 기본이라고 지적했다. 말 그대로 식량 생산의 특수한 위치를 강조하는 것 같지만, 사실 과거에는 곡식을 쌀, 밀, 옥수수와 같은 벼목 화본과 작물 등에 국한해 협의적인 의미로만 이해했었다. 현재 우리가 말하는 식량 즉, 음식에 대한 광의적인 개념은 과거 곡식만 중요하게 생각했던 낡은 개념을 대체한다.[4] 시진핑 총서기는 중국의 자원부존과 식량 공급 현황 특히 주민들의 소비 수요 상황에 입각해 식량 자원을 다양하게 개발하는 광의의 식량 개념을 제시했다. 광의의 식량 개념을 확고하게 세우고, 식량 생산의 안정적인 발전 추진을 기반으로 목화, 기름, 당류, 채소, 과일, 어류, 육류, 계란, 우유 등 중요한 농산물에 대한 생산을 전반적으로 계획해야 한다.

시진핑 총서기는 농업은 인류 사회의 생존과 발전을 위한 기초 산업이라고 지적했다. 중국은 국가 식량 안보를 항상 중요하게 생각해왔다. 농업 발전과 농촌 및 농민이 잘 살도록 만들고, 13억 인구의 먹거리 문제를 안정적으로 해결하는 것은 치국 안정을 위한 가장 중요한 일이다.[5] 농업의

자율 상승으로 민간 투자가 위축되어 그 효과가 상쇄되는 것임.

4 시진핑, 「빈곤 탈출」, 푸젠인민출판사, 2014년판, 178면.

5 「중미 상호 이익이 되는 농업 협력을 새로운 차원으로 끌어올린다」, 인민일보(해외판), 2012년 2월 18일, 4면.

기본적인 지위를 확고히 하고, 국가 식량 안보를 보장해야 한다. 농업은 국가와 인민경제 발전의 기초일 뿐 아니라, 민심을 안정시키고, 세상을 평안하게 하는 전략적 산업이기도 하다. 식량 안보 보장은 농업 현대화의 핵심 과제이다. 식량 안보 문제는 국가 발전과 정권 안정이 걸린 근본적인 문제이다. 13억여 인구를 가진 대국에게 있어서 식량 안보 보장은 국가의 근간이자 근본이다. 2013년 11월 시진핑 총서기는 산둥성 농업과학원 간담회에서 "식량 안보 보장은 중국에게 있어 영원한 과제이기 때문에 한시라도 긴장을 늦출 수 없다고 확실하게 밝혔다.[6] 우리는 큰 기근이 닥치면 돈도 소용이 없다는 것을 경험을 통해 잘 알고 있다. 13억 인구의 먹거리 문제는 중국 안에서 근간을 두고 해결해야 한다.

2. 새로운 식량 안보 전략의 기본적인 의미

중국의 새로운 식량 안보 전략은 '곡물의 기본적 자급자족과 식량의 절대적 안전성 확보'라는 전략적 마지노선을 세웠다. 다음과 같은 내용을 포함한다. 첫째, 곡물의 기본적인 자급자족과 식량 배분의 절대 안전이다. 둘째, 국내에 근간을 두고 적절하게 수입한다. 셋째, 두 가지 이니셔티브 열정을 동원한다. 넷째, 곡창지대를 보호하고, 농경지 자원을 합리적이고 과학적으로 활용한다. 다섯째, 사람들의 '혀끝 안전'을 보장한다.

---

6   「18기 3중 전회 정신을 성실하게 이행해 전면적인 개혁 심화를 위한 강력한 긍정 에너지를 모아야 한다」, 인민일보, 2013년 11월 29일, 1면.

(1) 식량 안보 전략의 근본적인 마지노선: 곡물의 기본적인 자급자족과 식량의 절대적인 안전

푸젠 닝더지구 정무를 보고있던 시절 시진핑 동지는 민둥지역에 있어 식량문제는 더 중요하고 특별한 의미를 가진다고 지적했다. 민둥 지역이 가난에서 벗어나 부자가 되기 위해서는 기본적으로 수중에 식량을 가지고 있는지, 가지고 있다면 얼마나 있는지가 중요하다. 18차 당대회 이후 시진핑 총서기는 식량 안보 보장은 국정운영의 최우선 과제이며 영원한 화두라고 당 전체에 경고했다. 중국인은 항상 자신의 밥그릇을 손에 꼭 쥐고 있어야 하며, 그 밥그릇에는 중국 식량으로 채워져야 한다고 강조했다. 이는 편안할 때도 위태로운 상황을 대비하는 주도면밀하고 원대한 전략적 이념을 충분히 반영한다.

중국의 식량 생산량은 8년 연속 5000억kg을 넘었고, 2년 연속 6000억kg을 넘어서는 등 1인당 식량 점유량이 확실하게 증가하면서 국가 식량 안보가 효과적으로 보장되기는 했지만, 지금은 물량 부족이 아닌 과도한 재고 압박으로 인한 문제들이 불거지고 있다. 국가에서 최저 수매가와 임시 수매 가격으로 대량 구매한 곡물이 쌓여있지만 좋은 가격에 판매하기 어려워지면서 국가 재정에 큰 부담이 되고 있다.[7]

13억 인구의 식량 문제 해결을 위해서는 기본적인 자급자족을 할 수 있는 장기적인 정책을 실시해야 한다. 향후 중국의 농산물 수급 상황과 자원 여건을 조합해 주요 품종의 균형을 전략적으로 맞추고, 주요 농산물 발

---

7 「Qstheory.cn의 인터뷰: 중국 특색 새로운 유형의 현대화 길을 가다」, 구시탐방[求是探訪], 2015년, 제34기.

전을 위한 목표와 우선순위를 합리적으로 확정함으로써 쌀, 밀, 옥수수와 같은 주요 식량의 자급율을 95% 이상으로 유지해야 한다. 그 중 쌀과 밀은 10%의 자급율을 유지해야 한다.[8] 이런 전략적 마지노선과 포지셔닝은 마르크스주의 이론이 중국에서 구체적으로 적용된 대표적인 사례로 시진핑 총서기가 중국의 곡물 생산 현황과 국내외 정치 경제 상황을 종합적으로 고려해 과학적으로 판단한 결과물이다. 이는 새로운 상황에서 중국의 식량 안보 보장에 대한 시야와 사고의 폭을 넓혔다. 가장 두드러진 것은 '보호'의 범위가 축소됐다는 점이다. 전통적인 곡물 통계에 따르면 2013년 중국의 곡물 자급률은 이미 88.7%로 떨어진 것으로 나타났지만, 이는 주로 콩 수입이 급증한 데 따른 것이다. 곡물, 콩, 감자를 포함해 곡물 자급률을 광범위하게 계산하는 것은 국제관행에 맞지 않으며, 중국의 실제 식량 안보 업무 상황과도 맞지 않는다. 곡물의 기본적인 자급자족의 일반적인 요구를 '곡물의 기본적인 자급자족 및 식량의 절대적 안전'으로 축소해 자원을 집중적으로 확보할 필요가 있다.[9] 이는 국가 식량 안보 보장의 우선순위를 분명히 한 것이다. 향후 중국 농산물의 수급 상황과 자원 조건을 종합적으로 고려해 곡물의 기본적인 자급자족과 배급의 절대적 안정성을 보장하는 것을 국가 식량 안보 보장의 책임을 경감시키고, 국내 식량 생산을 완화하는 것으로 오해해서는 안 된다. 국가 식량 안보를 보장하기 위한 전략적인 마지노선은 자원을 합리적으로 배분하고 가장 기본적이고 중요한 자원을 우선적으로 유지하는 데 집중하는 것이다. 과거 모든 농업 생산물을 전

---

8   「'삼농', 중국몽 실현의 기초」, 광명일보, 2013년 9월 13일, 10면.
9   「Qstheory.cn의 인터뷰: 중국 특색 새로운 유형의 현대화 길을 가다」, 구시 탐방[求是探訪], 2015년, 제34기.

부 보호하던 것에서 중점적 보호와 배급을 보호하는 방향으로 전환한다. 이는 시진핑 동지를 중심으로 당 중앙이 내놓은 과학적이고 전략적인 배치로써 농업 발전 방식을 전환하고 농업 산업 구조조정을 가속화하는 데 보다 완화된 정책 환경과 자원 공간을 제공한다.

(2) 식량 안보 전략의 최우선 원칙 : 국내에 근간을 둔 적절한 수입 병행

식량을 기본적으로 자급할 수 있는 국가가 식량 안보 주도권을 잡고, 더 나아가 사회 경제 발전이라는 큰 틀을 장악할 수 있다. 유엔 식량 농업 기구 등이 발표한 〈2018년 세계 식량 위기 보고서〉에 따르면 51개국의 약 1억 2400만 명이 2017년 극심한 식량 불안에 시달린 것으로 나타났다. 이는 지난해보다 1100만명이 늘어난 것이다. 10여억 명 이상의 중국인 스스로가 자신의 먹거리를 보장해야 하고, 식량 안보를 보장하는 역할을 국제 시장에게 맡기지 말아야 한다. 그러지 않으면 바람에 흔들리는 풀처럼 돈이 있어도 식량을 살 수 없는 수동적인 위치에 빠지게 된다. 물론 국내에 근간을 두지만 모든 식량과 농산물을 전적으로 자급하라는 것은 아니다. 국내외 자원과 시장을 충분히 활용해 농산물 수입을 적절하게 확대시켜야 한다. 규모와 흐름을 잘 파악해 국내 생산에 타격을 주거나 농민의 취업과 소득 증대에 영향을 주거나 국제시장에 큰 영향을 주지 않도록 해야 한다. 아울러 어려서부터 가정의 식탁에서 식량을 절약하는 습관을 길러 주어 사회 전반에 식량 절약의 바람이 불 수 있도록 신경을 써야 한다. '적절한 수입'은 식량 안보 전략의 중요한 구성 부분이다. 국내 생산 능력을 높이고, 국제 무역에 적극적으로 참여하면서 식량 수입의 루트를 넓혀야 한다. 이렇게 중국 식량 공급을 보다 신뢰할 수 있도록 만들고, 시장을 더 안정적으로 만들어야 한다.

최근 일각에서는 국제시장을 더욱 개방하고, 수입을 통해 중국의 농경지 자원 부족과 생활수준 향상에 따른 식량소비 증가로 인해 발생하는 문제들을 해결해야 한다고 주장하고 있는데 이는 현실에서는 도저히 통하지 않는다. 연간 2억여 톤 정도의 곡물이 거래되는 국제시장에서 연간 5억 톤이 넘는 중국의 곡물 소비량을 절대 만족시킬 수 없기 때문이다. 설령 국제시장에서 중국의 식량 수요량을 모두 충족시킬 수 있다 치더라도 중국의 먹거리를 지나치게 타인에게 의존하게 되면, 우리의 생명을 남에게 내주는 것과 같기 때문이다. 13억 명 이상의 중국 인구가 살아가는데 필요한 무수한 일 중에서 먹고 사는 문제가 가장 중요하다. 식량에 큰 문제가 없는 한 중국의 일은 안정될 것이다. 시진핑 총서기는 전략적 관점에서 밥 그릇 문제를 살펴보고, 영원한 과제인 식량 안보 보장에 대한 긴장을 한시도 늦춰서는 안 된다고 강조했다.[10]

(3) 식량 안보 전략의 내생 동력: 농민이 식량재배에서 수익을 얻고, 주요 생산지에서 곡물 재배에 대한 적극성을 가지도록 해야 한다

식량 공급의 보장은 정부의 기본 목표이지만 식량 안보는 농민의 목표가 아니다. 농민은 식량의 미시적인 공급 주체이고, 지방정부는 식량 공급 관리의 말단 주체이다. 생산과 관리에 대한 그들의 적극성을 충분히 동원할 수 없다면 식량 안보는 공중누각으로 변하게 된다. 사실 농민 개개인

---

10 「18기 3중 전회 정신을 성실하게 이행해 전면적인 개혁 심화를 위한 강력한 긍정 에너지를 모아야 한다」, 인민일보, 2013년 11월 29일, 1면.

의 가장 큰 관심사는 소득 확대일 것이다. 아무리 홍보를 잘 한다고 해도 농민 자신의 소득이 줄어드는 상황에서는 그 곡물을 재배하지는 않을 것이다. 특정 조건에서 농민이 농사를 지을 것인지 아니면 외지로 나가 일을 할 것인지, 곡물을 재배 할 것인지 다른 작물을 재배 할 것인지는 주로 농업의 비교 수익의 수준에 따라 결정된다. 말단 정부의 경우, 더 많은 식량 생산 보장을 정치적 과제로 삼고 있으나 경제적 열의는 부족하다. 대규모 곡물 생산 현들은 공업 부분이 취약하고, 재정이 빈약하며, 곡물 가격이 비교적 낮게 형성되어 있다. 식량 생산에 막대한 자금을 투입해야 하지만 조세 기여가 우선인 상황에서 GDP와 세수 증가를 견인하기 어려워 산업 프로젝트와 투자유치가 빨리 이뤄지지 않고 식량에 집중할수록 가난해지는 기현상이 일어났다. 현재 가지고 있는 성과 평가 체계에서 식량 생산에 대한 말단 정부의 열의는 심각한 영향을 받을 수밖에 없다.

식량 공급 문제를 해결하기 위해서는 중앙, 지방, 농민 3자간의 이익 관계를 잘 처리해야 한다. 2013년 중앙 농촌업무회의에서 시진핑 총서기는 "농민들이 곡물을 수익성 있게 키우고, 주요 생산 지역에서 곡물 생산에 대한 적극성을 가지는 '두 가지 열정'을 동원하고 보호해야 한다. 농업 보조금을 식량 생산과 연계하는 메커니즘을 모색해 더 많은 생산자들이 더 많은 보조금을 받을 수 있도록 하고, 한정된 자금이 효과적으로 이용될 수 있도록 해야 한다"고 지적했다. 식량 비축에 대한 조절을 잘 해야 한다. 식량 수확과 저장을 위한 시장 주체의 적극성을 동원하고, 사회의 창고 시설을 효과적으로 사용함으로써 식량을 비축하는 것이 필요하다. 중앙정부와 지방정부가 공동 책임을 져야 한다. 중앙정부가 일차적 책임을 지고, 각급 지방정부는 전반적인 상황에 대한 의식을 가지고, 식량 생산 투입을 늘려 스스로 국가 식량 안보 유지에 대한 책임을 져야한다. 아울러 시진핑 총서기는 농민의 권익 보호와 새로운 유형의 농민 육성에 큰 중요성을 부여하고, "농촌 경제 사회 발전은 어디까지나 사람에게 달려있다"고 강조하며, "농민을 부유하게 만들어 농민을 키우고, 농민 지원을 통해 농업 경영 수익을 창출하고, 농업을 유망 산업으로 만들어 농민을 어엿한 직업으로 만들어야 한다"고 지적했다.[11] 이러한 전략적 아이디어는 농업 공급측 구조 개혁에 대한 생각을 반영한 것으로 곡물 재배에 대한 농민들의 적극성을 자극하는데 도움이 되었다.

(4) 식량 안보 전략의 요소 보증: 농경지와 과학기술

식량 생산의 생명선인 경작지에 대한 레드라인을 목숨 걸고 사수해야 한다. 경작지 레드라인에는 질과 양을 모두 포함한다. 시진핑 총서기는 국가 식량 안보를 보장하는 근본은 경작지에 있고, 경작지는 식량 생산의 생명줄이기 때문에 18억 묘의 농경지 레드라인을 반드시 지키면서 기존 경작지 면적을 기본적으로 안정시켜야 한다고 누차 강조했다. 이는 경작지 레드라인의 의미를 확대하고 풍부하게 만들었으며 경작지 레드라인을 고수할 것인지에 대한 질문에 대한 답을 분명하게 한 것이다. 농경지 보호 책임제를 엄격하게 실행해야 한다. 문화재를 보호하듯이 심지어 판다를 보호하듯이 경작지를 보호해야 한다. 영구적인 기본 농지 획정을 추진하여 기존 경작지의 면적을 기본적으로 안정시켜 우리의 먹거리를 책임질

---

11   중공중앙문헌연구실에서 편집한 『18차 당대회 이후 중요 문헌 선집(상)』에 실린 시진핑의 「중앙 농촌업무회의 연설」, 중앙문헌출판사, 2014년판, 678면.

수 있는 경제적 기반을 지켜야 한다. 산업 발전과 도시 건설 과정에서 기본 농지를 점유하지 않거나 최대한 적게 점유하도록 만들어 높은 수준의 농지 건설과 경작지 토양 복원에 박차를 가함으로써 경작지의 질적 향상을 지속적으로 도모해야 한다. 농촌 토지제도 개혁 과정에서 18억 묘의 농경지 레드라인을 엄격하게 지키는 것은 농촌 토지제도 개혁의 마지노선이고 전제이기 때문에 이 선을 절대로 넘어서는 안 된다. 농촌 토지제도 개혁 과정에서 농민의 권리와 이익을 보호하고, 실현하며 발전시키는 것을 출발점과 최종 목표로 삼아 토지 공유제의 본질에 변화를 주지 않고, 경작지 레드라인을 넘지 않고, 농민의 이익 손실을 주지 않는 세 가지 마지노선을 지키면서 시범 사업을 바탕으로 차근차근 추진해야 한다. 토지 징수, 집단 경영 건설용지의 시장 진입, 택지 제도 개혁은 밀접한 관계가 있기 때문에 통일적인 요구와 배치를 할 수 있지만 시범 사업은 분리 실시해야 한다.

시범적인 농경지 윤작 휴경 제도 시행을 모색해 경작지 회복과 농업의 지속가능한 발전을 촉진해야 한다. 최근 중국의 곡물 생산량이 해마다 증가하면서 사회 경제 발전에 중요한 공헌을 했지만, 여전히 방만한 농업 발전 방식을 취하고 있다. 농업 자원의 과도한 개발, 농업 투입품의 과다 사용, 지하수 과잉 채수(groundwater overdraft) 그리고 농업 내생적 오염과 외부 오염으로 인한 문제들이 부각되어 농업의 지속가능한 발전에 심각한 도전이 되고 있다. 농업의 녹색 발전을 추진하기 위해 농업 발전 방식의 변화에 박차를 가해야 한다. 중국의 식량 생산은 선진국과 비교했을 때 화학 비료, 농약, 살충제, 제초제와 같은 화학 물질을 사용하고, 대량의 관개용수를 이용해 생산량을 높이는 조방형 생산 단계에 있다. 2015년 중국의 총 작물 재배 면적으로 계산한 비료 사용은 국제적으로 인정되는 안전한 비료 사용 상한선(225kg/ha)보다 훨씬 높은 362kg/ha였다. 화학 투입물을 장기간 과다 사용한 결과, 토양과 지하수 환경에 오염을 초래했고, 나아가 농산물의 품질안전에도 영향을 주었다. 현재 퇴화된 경작지가 경작지 총면적의 40% 이상을 차지한다. 동북의 부식층[12]은 얇아지고 남쪽의 토양이 산성화되고 화베이(華北)평원의 경작성[13]이 얕아져 경작지의 산출 능력에 심각한 영향을 미친다.

당 18기 5중 전회는 국내외 시장에서 곡물 공급이 충분한 현 상황에서 일부 지역 농경지에 대해 윤작 휴경을 실행할 경우, 경작지 회복 및 농업의 지속가능한 발전뿐 아니라 식량 수급 갈등의 균형, 농민 소득 안정, 재정 압박을 완화하는 데 도움이 된다고 지적했다. 2016년 '정부 업무 보고'와 중앙 1호 문건 모두 농경지 윤작 휴경 제도 시범 사업을 모색할 것을 명확하게 요구했다. 시진핑 총서기는 "농업의 종합적인 효율과 경쟁력을 향상시키기 위해서 함축적인 현대 농업 발전의 길로 나아가야 한다. 곡창지대를 보호하고, 합리적이고 과학적인 농경지 자원 활용을 실현해야 한다"고 분명하게 지적했다.[14] 그는 〈'인민경제 및 사회발전을 위한 13차 5개년 계획 수립에 대한 중국공산당 중앙위원회의 제안'에 관한 설명〉에서 "농경지 윤작 휴경 제도의 시행으로 국가는 재력과 식량수급 상황에 따라 지하수 수위강하추(cone of depression) 지역, 중금속 오염 지역, 심각한 생태계 파괴

---

12   옮긴이 주: [腐植層, humus layer, H layer] 낙엽, 잔가지 또는 초본 유체나 이들의 부후물로 구성되어 층을 이루고 있는 유기물 층의 맨 밑층으로 낙엽의 분해가 잘 진행되어 육안으로는 식물체의 조직을 판별할 수 없을 정도로 분해된 층.

13   옮긴이 주: 특정 식물 또는 일련의 식물 생장에 적합한 토양의 물리적 상태.

14   「시진핑, 리커창, 장더장, 위정성, 류윈산, 왕치산, 장가오리 전인대회의 일부 대표단 심의에 각각 참석」, 인민일보, 2016년 3월 9일, 1면.

지역에서 일정 면적의 경작지를 휴경지로 만들고 휴경 농민에게 필요한 식량과 현금을 보조해주는 시범 사업을 실시할 수 있다"[15]고 강조했다.

과학기술은 농업 현대화를 뒷받침하는 중요한 요소이다. 경작지가 안정된 상태에서 늘어나는 중국인민의 식량 수요를 충족시키고, 지속적이고 안정적인 식량 생산을 보장하기 위해서는 혁신적인 식량 증산 기술이 필요하다. 과학기술은 각종 자원 환경의 제약을 극복하면서 지속적이고 안정적인 발전을 실현할 수 있는 핵심 요소이다. 시진핑 총서기는 농업이 살 길은 현대화에 있고, 농업 현대화의 열쇠는 과학기술 진보에 있다고 지적하고, 그 어느 때보다 농업의 과학기술 진보에 의존해야 한다고 강조했다.[16] 농업에 과학기술의 날개를 달아 높은 생산, 고효율, 생태적이고 안전한 농업 발전의 요구를 충족시킬 수 있는 기술 체계를 구축하기 위해 속도를 내야 한다.[17] 2016년 3월 8일 그는 12기 전인대 4차 회의 후난대표단 심의에 참석해 "농업 공급측 구조 개혁 추진을 통해 농업의 종합적인 수익성과 경쟁력을 높이고, 과학기술을 바탕으로 함축적인 현대 농업 발전의 길을 향해 나아가면서 곡창지대를 보호하고 농경지 자원의 합리적이고 과학적인 활용을 실현해야 한다"[18]고 재차 강조했다.

15 시진핑, 「'인민경제 및 사회발전을 위한 13차 5개년 계획 수립에 대한 중국공산당 중앙위원회의 제안'에 관한 설명」, 인민일보, 2015년 11월 4일, 2면.

16 한장푸, 「농업 기반 안정화 및 식량 안보 보장-농업 문제에 관한 시진핑 동지의 중요 논술에 대한 심층 연구 및 실현」, 인민일보, 2013년 12월 29일, 5면.

17 중공중앙문헌연구실 편저, 「시진핑의 전면적인 샤오캉사회 실현에 관한 논술 엮음」, 중앙문헌출판사, 2016년판, 93면.

18 「기층 대표, 총서기의 우려에 대해 말하다」, 인민일보, 2016년 3월 9일, 4면.

(5) 식량 안보의 최종 목표: 사람들의 '건강 안전'을 보장한다

사람에게 가장 중요한 먹거리 안전이 우선되어야 한다. 농업 발전의 근본적인 목표는 인민의 건강을 보장하는 것이다. 사회 경제적 발전으로 중국의 음식 소비는 배불리 먹는 단계에서 완전히 벗어나 질적 소비가 주도하는 새로운 단계로 접어들었다. 2013년 중앙 농촌업무회의에서 시진핑 총서기는 인민들에게 식품 안전에 대한 만족스러운 설명을 할 수 있는지가 집권 능력에 대한 중대한 시험이 될 것이라고 강조했다. 식품 안전의 원천은 농산물에 있고, 기초는 농업에 있다. 근본부터 철저하게 고쳐야 한다. 먼저 농산물의 품질을 잡아야 한다. 농산물 품질 안전을 농업 발전 방식 전환과 현대 농업 건설 가속화의 중요한 부분으로 삼아 엄격한 기준을 가지고 확실하게 관리 감독을 하고, 문제가 있다면 엄중하게 책임을 묻고 처벌을 함으로써 많은 사람들의 '혀끝 안전'을 확보해야 한다. 2013년 11월 산둥 시찰 당시 그는 잘 먹고 안전하게 먹는 것을 가이드로 양질의 안전한 농산물을 개발하기 위해 노력해야 한다고 지적했다. 농산물 안전 문제는 인민 건강과 직결된다. 대중이 신뢰하고 믿을 수 있는 안전한 소비를 하고, '혀끝 안전'을 보장할 수 있도록 체계적인 식품 안전 기술 솔루션을 구축해야 한다.

2016년 1월 시진핑 총서기는 식품 안전 보장은 민생 프로젝트이자 민심 사업으로 모든 당 위원회와 정부의 책임이라는 점을 지적하면서 식품 안전 사업에 대한 중요한 지침을 내렸다. 최근 다양한 관련 부서에서 많은 노력을 기울인 결과 긍정적인 효과를 거두고 있다. 하지만 현재 중국의 식품 안전 상황은 여전히 심각하다. 사람들은 더 안심하고 더 건강하게 먹을 수 있는 먹거리를 간절히 바라고 있다. 2016년은 '13차 5개년 계획'이 시작되는 첫 해이다. 사람 중심의 발전 이념을 확고하게 세우고, 당과 정부가 함께 책임지고, 표면적이고 근본적인 것을 함께 관리함으로써 전반적인 조정을 강화하고, 통일되고 권위 있는 관리감독 체제와 제도를 완비하기 위해 박차를 가해야 한다. '4가지 엄격한' 요구 사항을 이행하며 사람들의 '혀끝 안전'을 확실하게 보장해야 한다.[19] 이는 농산물 품질 안전을 최우선으로 생각하고 게을리 하지 않는 시진핑 총서기의 태도와 각오를 충분히 보여 준다. '산출' 부분에 공을 들이고, '관리' 부분에서 시스템을 구축하고, 밭에서 식탁까지 전체 프로세스를 포괄하는 관리 감독 시스템을 마련하기 위해 노력해야 한다.

3. 국가 식량 안보를 보장하는 효과적인 방법

현재 중국 농업은 많은 모순과 어려움에 직면해 있다. 식량은 생산량, 수입량, 재고량이 모두 증가하는 현상이 나타나고 있다. 식량 생산은 '천정부지'의 곡물가격과 바닥을 치는 생산 비용과 같은 요소들의 제약을 받고 있다. 국내외 농업 자원의 배분이 심각하게 왜곡되어 있고, 국내 곡물은 생산 비용이 지나치게 높아 국제시장에서 경쟁 우위를 가지지 못하고 있다. 생산량이 늘어날수록 손실은 더 많이 발생한다. 최근 몇 년 동안 중국의 개별 곡물 품종의 과잉 생산과 공급으로 인해 곡물 가격이 떨어져 농

---

19 「사람 중심의 발전 이념을 확고하게 세우고, '4가지 엄격한' 요구 사항을 이행하며 사람들의 '혀끝 안전'을 확실하게 보장한다」, 인민일보, 2016년 1월 29일, 1면.

민들이 피해를 입고 있다. 어떤 농산물은 재고가 남아돌아 넘쳐나고, 어떤 농산물은 부족해서 수입에 크게 의존하는 공급측 구조 불균형이 두드러지고 있다. 고품질의 제품은 공급이 수요를 따르지 못하며, 일반 제품과 대중 소비품은 공급보다 수요가 많다. 전체적으로 다음과 같은 특징을 보이고 있다. 첫째, 효과적인 공급이 수요 변화에 부응하지 못하고 있다. 예를 들어 21세기에 들어서면서 대두 생산은 계속 줄어드는 반면 대두 수요가 빠르게 증가해 수급 격차가 벌어지는 현상을 보이면서 식량 생산 구조가 현저하게 바뀌었다. 둘째, 생산 원가가 지나치게 높다. 주요 벌크 농산물의 가격이 국제 가격보다 높아 시장 경쟁력이 떨어진다. 셋째, 옥수수, 밀 등 농산물 공급과잉으로 재고가 급격하게 늘어나면서 재고 처리에 대한 압박이 커졌다.

최근 중국 식량 생산에서 연이은 풍작을 거두면서 생산량은 2003년의 4307억kg에서 2016년의 6163억kg까지 증가했지만, 쌀과 옥수수는 주기적인 공급과잉의 특징을 보이고 있다. 양질의 밀 품종 공급은 불충분하고, 콩 생산과 수요 사이에 격차가 크게 나타나는 등 구조적인 문제가 두드러지고 있다. 식량의 주요 모순은 총량 부족에서 구조적 문제로 전환되었고, 주기적인 공급 과잉과 공급 부족이 병존해서 나타나고 있다. 대부분이 공급측 문제로 인해 발생한 경우이다. 곡물 재고가 오랫동안 높은 수준을 유지하고 있고, 곡물 생산 비용이 끊임없이 높아지고 있다. 벌크 농산물 가격은 국제시장보다 '재고, 수입, 비용 세 가지가 높은 3고(三高)현상'이 나타나면서 농업 발전의 질과 효율이 떨어졌다. 2017년 중앙 1호 문건은 농업 공급측 구조 개혁에 초점을 맞춰 심층적인 농업 공급측 구조 개혁 추진을 현재 농업 및 농촌 사업의 중심에 두어야 한다고 강조하고, 제품 산업 구조의 최적화, 녹색 생산 방식 추진, 새로운 산업과 새로운 형식 확대, 과학기술 혁신 추진력 강화, 농업과 농촌의 숏보드 보완, 농촌 개혁 강도 확대 등 6개 분야를 포함한 33개의 정책조치를 제시했다.

(1) 식량 제품의 효과적인 공급 추진 가속화

농업 공급측 구조 개혁은 농업 산업 구조를 조정하고 최적화하여 농업 공급 체계의 질과 효율성을 높이고, 농업의 종합적인 효과와 경쟁력을 향상시켜 합리적인 구조와 강력한 보장이 가능한 농산물의 효율적인 공급 실현에 역점을 두고 있다. 시진핑 총서기는 농업의 기본적인 지위를 강화하고 공고히 하고, 농업에 대한 지원을 확대해야 한다고 지적하고, 농업을 강화하고 농촌에 혜택을 주고, 농민의 풍요로운 삶을 보장하기 위한 정책을 강화하고 개선해 현대 농업 발전에 박차를 가하고 국가 식량과 중요한 농산물의 효과적인 공급을 확보해야 한다고 분명히 밝혔다.[20] 농업의 공급측 구조 개혁 추진을 통해 농촌 지역의 1차, 2차, 3차 산업의 융합을 촉진하고 농업 생산 구조를 최적화하며, 농업 생산 비용을 줄이고, 농산물 부가 가치를 높여 식량과 주요 농산물의 시장 경쟁력을 높임으로써 주요 농산물의 효율적인 공급을 확보할 수 있다.

2016년 3월 8일 시진핑 총서기는 제12기 전국인민대표대회 4차 회의 후난 대표단의 심의에 참석해 농촌 공급측 구조 개혁 추진을 통해 농업의 종합적인 효율과 경쟁력을 높여야 한다고 지적했다.[21] 농업 공급측 구조 개

---

20 『시진핑, 국정운영을 논하다』에 실린 시진핑의 「경제 성장은 반드시 과장 없는 실제적인 성장을 해야 한다」, 외문출판사, 2014년판, 112면.

21 「기층 대표, 총서기의 우려에 대해 말하다」, 인민일보, 2016년 3월 9일, 4면.

혁을 깊이 있게 추진하려면 농산물 공급의 유효성을 높이기 위한 농업 구조조정을 서둘러야 한다. 시장이 농업 자원 배치에서 결정적인 역할을 함으로써 농업 생산의 질적 향상과 효율을 높여 중국 농업 발전의 난국을 타개해야 한다. 시진핑 총서기는 식량 안보 보장을 위해 농업 발전 방식의 전환을 가속화하고, 농업 현대화를 추진함으로써 현재의 식량 생산 안정과 더불어 새로운 경쟁력을 형성해야 한다고 지적하고, 지속가능성에 초점을 맞추고, 정책의 정확성을 향상시켜야 한다고 덧붙였다. 식량 안보는 정치, 경제 뿐 아니라 생태를 함께 고려해야 하고, '시소 타기'를 해서는 안 된다. 과학적인 지역 배치, 탄력적인 생산 능력, 균형 잡힌 시장 수급과 합리적인 경제 효과를 계획함으로써 중국의 식량 안보 시스템을 구축해야 한다. 주요 농산물 품종의 균형을 맞추기 위한 전략적인 연구와 추산에 박차를 가하고, 국내 자원 보호를 중점으로 국내외 시장과 자원을 최대한 활용함으로써 국가 식량 안보 보장 수준을 향상시켜야 한다.

농업 공급측 구조 개혁의 출발점은 재고를 없애고, 전환을 촉진하고, 잉여 곡물의 소화를 앞당기는 것이다. 현재 곡물 저장량은 사상 최고치에 육박했고, 방대한 양의 식량이 국가 창고에서 쌓여있어 새로운 곡물을 저장하기 어렵고, 묵은 곡물을 내놓기도 힘들다. 2015년 11월 2일 제12기 전국인민대표대회 상무위원회 17차 회의에서 〈농업법〉 이행 상황에 대한 보고를 발표했다. 정책적 식량 재고가 심각하게 과잉 상태를 보이고 있으며, 약 10% 정도가 정해진 저장 기한이 임박했거나 초과했다고 밝혔다. 지나치게 많은 식량 재고로 인해 국가 재정에 대한 압박이 늘어나게 되어 식량 산업 체인에 비용 부담을 주게 된다. 업스트림의 농민들은 생산량을 늘려 수익을 확대하기 어렵게 되고, 다운스트림의 가공 기업의 비용이 높아지며, 중간 단계의 스토리지 부분은 오히려 부족해졌다. 동시에 곡물 창고에 쌓여있던 곡물의 손실도 가중된다. 2016년 중앙 1호 문건은 곡물과 같은 중요한 농산물의 가격 형성 메커니즘과 구매 및 보관 정책을 개선함으로써 농업 공급측 구조 개혁에 동력을 제공해야 한다고 지적했다. 재고를 없애기 위해 농산물 가공 산업의 발전을 가속화하고 농업 보조금 정책과 곡물 구매 및 보관 정책을 조정하고 개선해야 한다. 계획과 정책 지침을 통해 농산물 가공 산업의 변화와 업그레이드를 추진하고, 쌀과 밀에 대한 최저 수매가 보장 정책을 계속 이행하고 개선해야 한다.

(2) 식량 산업의 구조 최적화 조정 추진 가속화

19차 당대회 보고는 '공급측 구조 개혁 심화'에 초점을 맞추고 '재고 자원 배치의 최적화, 고품질의 증분 공급 확대, 수요와 공급의 동태적 균형 실현'을 강조했다.[22] 농업 공급측 구조와 방법을 조정하여 곡물 생산의 질과 효율성을 향상시켜야 한다. 구조조정은 농업 공급측 구조 개혁의 핵심으로 1차, 2차, 3차 산업의 통합과 상호작용을 촉진하고 농업 발전의 질과 효율을 향상시키는 것이 기본 골자다. 구조조정을 통해 국내외 시장의 상호 연계를 촉진하고, 국내 경작지와 수자원과 같은 자연 자원에 대한 압력을 줄이고, 경제 발전과 환경용량[23] 사이의 갈등을 해소한다. 양적 위주의 농업

---

22 시진핑, 「전면적인 샤오캉사회를 실현하고 신시대 중국 특색 사회주의의 위대한 승리를 거두자-중국공산당 제19차 전국대표대회 보고」, 인민출판사, 2017년판, 31면.

23 옮긴이 주: 자연환경이 스스로 정화할 수 있는 능력. 자연환경이 스스로 정화하여 생활 환경의 질적 수준을 일정하게 유지하고 자원을 재생산할 수 있는 능력을 양으로 환산한 것.[environmental volume, 環境容量]

생산을 양과 질을 모두 중시하는 방향으로의 전환을 촉진하고, 효율성과 시장 지향성에 더욱 관심을 기울여 소비자의 수요를 더 잘 충족시켜야 한다. 2016년의 중앙 1호 문건은 혁신 발전과 녹색 발전이라는 새로운 이념을 기반으로 농업 산업 구조와 지역 배치를 최적화할 것을 명확하게 제시했다. 특히 지나치게 넓은 중국의 옥수수 재배 면적과 과다한 국가 재고 문제를 겨냥해 비교 우위가 없는 지역에서의 옥수수 재배를 적절히 줄일 것을 요구했다. 농업 공급측 구조 개혁의 목적은 품질을 높이고, 방식을 전환하고, 효과를 증대하고, 식량 생산의 적극성을 북돋우는데 있다. 농촌 인프라를 완비하고, 새로운 경영 주체를 육성하며, 과학 기술 혁신과 보급에 박차를 가해야 한다. 토지제도 개혁 추진과 농업 사회화 서비스 개선을 통해 농업 생산 경영에 대한 농민들의 적극성을 더욱 북돋우고 농업의 적절한 규모 경영을 발전시켜 농업 생산 비용을 줄여야 한다. 19차 당대회 보고에서는 '다양한 형태의 적절한 규모 경영을 발전시키고, 새로운 유형의 농업 경영 주체를 육성하며, 농업 사회화 서비스 시스템을 개선하고, 소농가와 현대 농업 발전의 유기적인 연계를 실현해야 한다'고 특별히 강조했다.[24]

(3) 식량 품질 향상 가속화

농업 공급측 구조 개혁의 핵심 목표는 양질의 농산물 공급 문제를 해결하는 것이다. 주민들의 '주머니'가 점점 두둑해지면서 소비 구조도 빠르게 업그레이드되고 새로운 소비 수요가 생기고 있다. 새로운 상황에서 다

---

24   시진핑, 「전면적인 샤오캉사회를 실현하고 신시대 중국 특색 사회주의의 위대한 승리를 거두자-중국공산당 제19차 전국대표대회 보고」, 인민출판사, 2017년판, 32면.

음 7가지 측면에서 농산물의 품질을 종합적으로 개선하는 데 집중해야 한다. 첫째, 생산 과정에서 우량종 재배를 강화하고, 화학 비료 및 살충제 사용을 줄이며, 녹색, 안전, 양질의 농산물을 보급·확대해 농산물의 품질을 보장해야 한다. 둘째, 가공 과정에서 제품을 끊임없이 세분화하고, 표준에 대한 인식을 강화해 정밀하고 깊이 있게 발전시켜 전체 가공 등급을 높여야 한다. 셋째, 제품 판매에서 전자 상거래와 같은 새로운 판매 형식을 발전시켜 소비자 요구를 충족시켜야 한다. 넷째, 유통과 보관에서 제품의 신선도를 보장하기 위해 전 과정을 콜드체인(Cold Chain)[25]으로 발전시킨다. 다섯째, 브랜드를 육성하기 위해 브랜드에 대한 의식을 높이고, 브랜드 전략을 실시하며, 잘 알려진 브랜드를 적극적으로 육성함으로써 브랜드의 시장 점유율을 높인다. 여섯째, 제품 차별화 측면에서 농산물 등급의 표준체계를 확립해 완비하고, 제품 차별화에 대한 개선을 통해 우수한 품질과 좋은 가격을 실현함으로써 '악화가 양화를 몰아내는 현상'이 나타나지 않도록 방지해야 한다. 일곱째, 식량 안보 측면에서 식품 품질 및 안전 표준 시스템을 개선하고, 모니터링과 조기 경보를 강화하며, 기준치를 초과한 잔류 농약, 중금속 및 마이코톡신(mycotoxin, 곰팡이독)에 대한 통제를 강화해야 한다.

(4) 식량 산업 통합과 과학 기술 혁신 추진

곡물 생산 방식의 전환을 위해 노력해야 한다. 식량 생산을 양적 성

---

25 옮긴이 주: 농산물 등의 신선식품을 산지에서 수확한 후 최종 소비지까지 저장 및 운송되는 과정에서 저온으로 유지하여 신선도와 품질을 유지하는 시스템.

장에서 양적, 질적 성장 뿐 아니라 효율도 함께 고려하는 방향으로 발전시키고, 주로 요소 투입에 의존하던 방식을 과학 혁신과 노동자 자질 향상을 함께 병행하는 방향으로 전환하기 위해 노력해야 한다. 지역 특색과 '오위일체'를 갖춘 현대 식량 산업 기술 혁신체계 구축에 박차를 가해야 한다. 중점 선두 기업이 이끄는 식량 산업 클러스터를 구축하고, 학계(혹은 지도층)이 이끄는 식량 산업 과학기술 혁신 연합을 조직한다. 일부 식량 과학 연구 기구를 통합하여, 식량 종합 연구 개발 플랫폼을 구축한다. 여러 가지 핵심기술을 혁신하고, 중대한 전문 프로젝트와 공공복지 사업을 잘 모아 통합한다. 기술 또는 품질 표준을 정하고, 유명한 곡물 브랜드를 만든다.

　　19차 당대회 보고서는 '농업과 1차, 2차, 3차 산업의 융합 발전을 촉진하고, 농민의 취업과 창업을 지원하고 장려하여 소득 증대의 길을 넓힐 수 있도록 해야 한다'고 강조했다.[26] 곡물 산업의 수직적, 수평적 통합을 실현하고, 농업과 공업, 상업, 관광 등 다양한 산업과의 통합 발전 모델을 대대적으로 추진한다. 농산물 가공, 유통 및 농업 레저 관광과 식품 생산을 통합해 생산, 가공 및 전시 판매가 하나로 융합된 전체 산업체인 조성에 중점을 둔다. 곡물 재배 관련 레저 관광, 문화유산 및 생태 보호와 같은 다양한 기능을 최대한 활용하여 농민들이 2차와 3차 산업의 부가가치 혜택을 더 많이 공유할 수 있도록 한다. 곡물 가공 산업의 발전을 가속화하여 곡물 가공 전환율을 끊임없이 높인다. 농업 산업화 식량 선도 기업을 키우고, 생산 요소들이 우수 기업으로 집중될 수 있도록 촉진한다. 곡물 기업이 첨

26　시진핑, 「전면적인 샤오캉사회를 실현하고 신시대 중국 특색 사회주의의 위대한 승리를 거두자-중국공산당 제19차 전국대표대회 보고」, 인민출판사, 2017년판, 32면.

단 기술과 장비를 통해 기술 혁신과 업그레이드를 수행할 수 있도록 지원한다. 유명 식품 브랜드의 홍보와 추천을 늘리고, 기업이 '인터넷+'모델을 적극적으로 도입하도록 장려하여 온·오프라인의 통합 발전을 촉진함으로써 브랜드 마케팅 능력과 제품의 시장 경쟁력을 향상시킨다. 다양한 정책과 프로젝트 자금을 최대한 활용하여 곡물과 기름 가공 분야의 선도 기업이 전체 산업 체인을 만들어 규모화, 표준화된 생산을 실현하고, 친환경 유기농 프리미엄 식량 공급을 늘릴 수 있도록 지원한다.

중국 특색 사회주의 농촌 활성화의 길로 나아가다

제5장

중국 특색의 농업 현대화 실현

농업은 토지, 물 등 자연 부존자원과 매우 밀접한 관계를 가지는 산업으로 각국의 부존자원의 차이에 따라 각기 다른 농업 발전의 길을 가게 된다.[1] 중국은 어떤 농업 현대화의 길을 택해야 하는지에 대한 이론과 현실적 문제를 연구할 필요가 있다. 2007년 시진핑 동지는 "중국은 많은 농업 인구를 보유하고 있다. 경작지는 적고, 수자원이 부족하며, 산업화와 도시화 수준이 높지 않는 중국의 상황을 감안했을 때, 현대 농업 발전에서 미국, 캐나다와 같이 기계화된 대규모 경영 모델을 따를 수 없고, 일본, 한국과 같이 높은 보조금을 통한 소규모 농가의 고수익과 농산물 가격을 유지하는 방식을 쓸 수도 없다. 그렇기 때문에 중국 특색이 있는 현대 농업 발전의 길을 모색해야 한다"고 지적했다.[2]

시진핑 총서기는 마르크스주의 기본 이론과 중국의 실천을 유기적으로 결합하고, 새로운 시대 중국 농업 발전을 종합적으로 고려해 중국 특색을 갖춘 농업 현대화에 대해 설명하고, 중국 특색 농업 현대화 촉진을 위한

1　「Qstheory.cn의 인터뷰: 중국 특색 새로운 유형의 농업현대화 길을 가다」, 구시탐방, 2015년, 제34기.

2　시진핑, 「효율적인 생태를 위한 새로운 농업 현대화의 길을 걷다」, 인민일보, 2007년 3월 21일, 9면.

방향을 제시했다. 농업 현대화에 대한 시진핑 총서기의 중요한 논술은 시진핑 신시대 중국 특색 사회주의 사상의 유기적 부분이며, 마르크스주의 이론을 현대화하고 중국화 시킨 것이다.

1. 농업 현대화 실현의 중대한 의의

농업은 인민경제의 기반이고, 농촌은 중화민족의 향수를 담은 정신적인 고향이다. 농민은 중국에서 인구가 가장 많은 그룹이다. '삼농' 문제는 중국 현대화 과정의 근본적인 문제이고, 중국 공산당의 국정운영의 중요한 의제이기도 하다. 농업은 전면적인 샤오캉사회 실현과 현대화 실현을 위한 기반이고, 민심을 안정시키고 세상을 평안하게 하는 전략 산업이다. 농업 현대화 실현은 중국 농업 발전의 중요한 목표일 뿐 아니라 농촌 진흥을 위한 기본적인 과제이기도 하다.

(1) 농업 현대화는 사회주의 현대화 실현을 위한 중요한 기반이다

농업 현대화는 사회주의 현대화와 중화민족의 위대한 부흥을 실현하기 위한 중요한 내용이며, 현재 전면적인 샤오캉사회 실현을 위한 절실한 요구이다.

2014년 시진핑 총서기는 장쑤 조사연구에서 농업 현대화, 농촌의 번영, 편안하게 생업에 종사하는 농민이 없다면 국가의 현대화는 불완전하고 불안정하며, 견고하지 못할 것이라고 강조했다.[3] 그는 전면적인 샤오캉 사회 실현에서 가장 어렵고 힘든 임무가 농촌에 있다고 강조했다. 전면적인 샤오캉사회 실현을 위해 '삼농'에 초점을 맞추고, '삼농'에 중점을 두어야 한다, 좋은 효과를 거두는 열쇠는 '삼농'에 있다. 현대 농업 발전의 새로운 길을 열고, 아름다운 농촌 건설을 위해 새로운 발걸음을 내딛어야 한다. 아울러 농업 소득 증대를 추진함에 있어 새로운 성과를 거둘 수 있도록 노력해 농촌 기반을 다지고, 조화와 안정을 이루어 농민들이 편안하게 생업에 종사할 수 있는 환경을 만들어야 한다.

농업 현대화 실현은 '4화동보'의 내재적인 요구이다. 새로운 발전 이념의 견지는 시진핑 신시대 중국 특색 사회주의 사상의 14개 기본 전략 중 하나이다. 이 전략은 개발이 중국의 모든 문제를 해결하기 위한 기초이자 핵심으로 새로운 산업화, 정보화, 도시화, 농업 현대화의 동반 발전을 추진해야 한다는 점을 확실하게 강조하고 있다. 농업 현대화는 농업 및 농촌 현대화의 유기적인 구성 부분으로 농촌 활성화 전략에 대한 중요한 뒷받침이 된다. 도농 통합 발전은 농업 현대화에 더 높은 요구를 하고 있다. 실제로 현재 중국의 농업 현대화 과정은 도시화와 정보화보다 훨씬 뒤쳐져 있어 농업은 '4화동보'에서 취약한 부분이 되었다. 시진핑 총서기는 "산업화, 도시화, 정보화, 농업 현대화가 서로 돕고 보완하면서 함께 추진하고, 농업 현대화와 신농촌 건설이 절대로 대열에서 낙오되지 않도록 해야 한다. 4가지 현대화의 관계를 제대로 조율하지 못한 일부 국가에서는 농업 현대화

---

3   「경제 발전 뉴노멀을 능동적으로 파악하고 적응하면서 개혁개방과 현대화 건설을 새로운 차원으로 끌어 올리자」, 인민일보, 2014년 12월 15일, 1면.

를 소홀히 한 결과, 농업이 위축되고 농촌이 피폐해져 농민이 빈곤 상태에 빠지는 상황이 발생하게 되고, 사회 불안과 경기침체로 인해 현대화 과정이 발목을 잡힌 경우가 있다. 우리는 이 부분을 경계해야 한다. 때문에 중국 경제와 사회의 장기적인 안정을 근본적으로 보장하기 위해서는 '삼농'의 최우선 순위를 강조하고, 농업 현대화 가속화가 '4화동보' 발전을 위한 중요한 기반이자 필연적인 요구사항임을 명확히 해야 한다. 아울러 취약한 부분인 농업을 보완하기 위해 백방으로 노력해야 한다"고 강조했다.[4]

농업 현대화 실현은 국가 식량 안보 보장을 위한 기본적인 조치이다. 시진핑 총서기는 인구에 비해 땅이 부족한 중국에서 13억 명이 넘는 인구의 먹거리 문제를 해결하는 것이 국가 안정을 위한 가장 중요한 최우선 과제라고 지적했다. 현실적으로 중국의 식량 생산량은 매년 증산되고 있지만, 경작지 등 자원이 갈수록 부족해지고, 생산 비용이 높아지는 상황에서 중국의 식량 자급률은 해마다 줄어들게 되면서 식량 수급은 오랫동안 빠듯한 균형 상태를 보일 것이다. 식량 안보 보장은 항상 긴장을 늦춰서는 안되는 영원한 과제이다.

농업 현대화 실현은 뉴노멀 상황에서의 경제 발전을 위한 버팀목이 될 것이다. 시진핑 총서기는 농업 발전을 위해 먼저 '대농업' 사상을 수립해야 한다고 지적했다. '농업보다 상업이 더 중요하다'는 생각은 사라져야 한다. 많은 사람들은 농업을 발전시키는 것이 경제성이 없다고 생각하지만, 사실 경제적 이익의 수준은 우리가 얼마나 발굴해 내는지에 달려있다.

---

4 쉬서우성(徐守盛), 「현대 농업 건설에서 새로운 돌파구 모색-현대 농업 발전에 관한 시진핑 총서기의 중요 담화 정신을 배우자」, 구시, 2014년, 제14기.

무공해 농업을 발전시키거나 농업 관광에 종사하거나 농산물의 심층가공을 하는 사람들은 모두 좋은 경제적 수익을 얻고 있다. 실질적으로 농업은 다른 부가 산업의 발전을 촉진할 수 있다.[5] 이론적으로 뉴노멀에서 경제의 중고속 성장을 유지하려면 농촌의 소비 잠재력 발굴을 포함한 소비가 기본적인 역할을 계속 발휘해 나가도록 하는 것이 필요하다. 농업 현대화 추진은 농촌 주민의 소비 잠재력을 깨우는 데 도움이 될 뿐 아니라 뉴노멀 상황에서 인민 소비 지출의 증가 속도를 폭을 비교적 높은 수준으로 유지할 수 있다. 뉴노멀에서 경제의 중고속 성장을 유지하려면 농촌의 투자 잠재력 발굴을 포함한 투자가 계속 중요한 역할을 발휘해야 한다. 현대 농업 발전을 통해 농경지, 수리, 농산물 창고 등 농업 인프라와 농촌 도로, 식수, 환경 보호 등과 같은 공공시설, 주택과 마을 주거 환경 분야에 대한 투자를 적극적으로 추진하고, 이를 바탕으로 농촌의 투자 잠재력을 일깨울 수 있다면 뉴노멀에서 전국의 투자 증가 속도를 비교적 높은 수준으로 유지할 수 있다.[6]

(2) 농업 현대화는 큰 도전에 직면해 있다

'13차 5개년 계획' 시기 농업 현대화의 내부 및 외부 환경은 더 복잡하게 뒤얽혀 있다. 새로운 시대 중국 사회에서 가장 두드러지는 갈등은 날로 커지는 더 나은 삶에 대한 사람들의 요구와 불균형하고 불충분한 발전 사이의 갈등이다. 중국 사회 경제의 발전에 따라 도시와 농촌 주민들의 소

---

5   시진핑, 「빈곤 탈출」, 푸젠인민출판사, 2014년판, 132, 136-140면.

6   「Qstheory.cn의 인터뷰: 중국 특색 새로운 유형의 농업현대화 길을 가다」, 구시탐방, 2015년, 제34기.

비구조가 계속 업그레이드되고 있다. 농산물의 영양 및 건강관리 기능, 고품질·특화에 대한 요구가 생기면서 다양하고 개별화된 수요가 급증하고 있다. 이로 인해 농산물 공급의 불균형과 부족 문제가 갈수록 두드러지고 있다. 하지만 고품질에 전문 특화된 다양한 농산물의 개발은 상대적으로 뒤쳐져 있다. 콩 수급 부족 상황은 더욱 확대되었고, 옥수수의 생산이 수요를 초과했다. 일부 농산물은 재고가 너무 많아 전체 수급 균형을 유지하기가 더 어렵게 되었다. 자원 환경의 제약이 점점 더 심각해지는 상황에서 조방한 농업 발전 방식으로 인한 문제도 날이 갈수록 두드러지고 있다. 공업 생산 과정에서 생기는 폐수, 폐기 가스, 폐기물과 도시의 생활쓰레기 오염이 농업과 농촌으로 확산되면서 농경지가 줄어들고 토양의 질을 떨어뜨렸다. 지하수의 과잉 채수(groundwater overdraft), 과도한 화학 물질 사용 및 농업 비점오염원과 같은 문제들이 가중되고 있다. 농산물 품질 안전에 대한 위험이 증가하는 상황에서 친환경적인 농업 발전과 오랫동안 자연자원을 지속적으로 이용할 수 있도록 만드는 것이 시급하다. 국내외 농산물 시장이 긴밀하게 통합되는 상황에서 농산물 품질과 비용 문제로 인한 농업 경쟁력 약화가 점점 두드러지고 있다. 노동력 및 토지와 같은 생산 비용이 치솟는 반면 주요 농사물의 국내외 시장 가격은 반대로 떨어지게 되면서 일부 농산물 수입이 매년 증가하고 있고, 전통적으로 우세했던 농산물의 수출이 어려워졌다. 크지만 강하지는 않고, 수적으로 많지만 우수하지는 않고, 우수하나 특별함이 없는 중국 농업의 문제가 더욱 드러나게 되었다. 경제 발전이 둔화되고 원동력이 전환되는 상황에서 지속적으로 농민 소득을 증대시키기가 점점 어려워지고 있다. 농산물 가격 상승의 공간이 제한적이고, 노동력 이전 취업을 통한 농민 소득증대를 촉진할 수 있는 여지가 줄어들면서 가계소득과 임금소득의 증가 속도가 둔화되고 있다. 이런 요소들로 인해 도농 주민의 소득격차를 줄이고, 농촌의 전면적인 샤오캉사회를 예정대로 실현하는 전략적 임무에 어려움이 더해지고 있다.[7] 현재 주요 농산물 가격은 오를 대로 '천장'까지 올랐고, 농업 생산 비용은 강한 상승세를 보이고 있다. 농업 생산보조금과 가격 보조금은 제한선인 '황색선'에 근접하고 있고, 자원 환경에는 '적색등'이 켜지기 시작했다. 이런 상황에서 유일한 탈출구는 변함없이 농업 발전 모드의 변혁을 가속화하는 것이다. 국가 식량 안보를 보장하고, 농업 발전 방식을 전환하는 종합적인 계획을 세워야 한다. 농업이 질적·양적 발전과 효율적인 발전을 똑같이 중시하고, 농업 기술 혁신에 주목하며 지속가능한 집약적인 발전에 관심을 기울일 수 있도록 해야 한다.[8]

(3) 농업 현대화는 버팀목 여건을 갖추고 있다

다년간의 노력을 통해 중국의 농업 현대화 건설은 큰 성과를 거두었다. 2015년 농업 과학 기술 발전의 기여율은 56%이고, 주요 작물의 우량 품종들이 기본적으로 재배되고 있으며, 재배와 수확에 대한 기계화율은 63%, 농지의 실효 관개 면적 비율은 52%에 이르고, 농자재 장비의 기술 수준이 크게 개선되었다.[9] '12차 5개년 계획'기간 동안, 중국 농업은 '공급 유지와 소득 증대'라는 양대 목표를 실현했고, 식량 생산은 '12년 연속 증

---

7   「전국 농업 현대화 규획(2016년-2020년)」(국발[2016]58호).

8   쟝차오량(蔣超良), 「중국 농업 현대화의 길을 잘 걷자-현대 농업 건설을 가속화 할 데 관한 시진핑 총서기의 중요 논술에 대한 학습 및 실현」, 구시, 2015년, 제8기.

9   「전국 농업 현대화 규획(2016년-2020년)」(국발[2016]58호).

가'라는 역사적인 성과를 달성했으며, 농민 소득 증가폭이 6년 연속 GDP 와 도시 주민 소득 증가폭을 웃돌았다. 이렇게 좋은 상황을 보이면서 농업 은 전반적인 경제 및 사회 발전에 강력한 지원군이 되었다.[10]

'13차 5개년 계획'기간 동안, 농업 현대화 추진을 위한 좋은 조건들이 끊임없이 축적되었다. 첫째, 발전에 대한 공감대가 더욱 응집되었다. 당 중앙과 국무원에서 '삼농'문제의 원활한 해결을 전체 당 사업의 최우선 과제로 삼고, 농업 현대화를 위해 취약한 부분에 대한 보완에 박차를 가해야 한다는 데 의견이 모아지면서 '삼농' 업무의 새로운 국면을 열기 위한 강한 추진력을 선보였다. 둘째, 외부의 당김이 더 강해졌다. 새로운 산업화, 정보화, 도시화가 급속히 추진되고, 도농 통합 발전이라는 새로운 구도가 빠르게 구축되면서 '4화동보' 발전의 추진을 위한 강한 추진력이 마련되었다. 시진핑 총서기는 2015년 중앙정치국 제22차 단체 학습에서 "현재 중국의 경제력과 종합적인 국력이 크게 강화되어 도시와 농촌의 통합 발전을 지원할 수 있는 물질적·기술적 여건이 갖춰졌고, 공업이 농업에 보답을 하고, 도시가 농촌을 지원하는 발전단계에 이르렀다"고 강조했다. 셋째, 전환의 토대가 더 튼실해졌다. 농업 인프라의 빠른 개선, 풍부한 농산물 공급 및 규모 있는 사업 발전을 위한 농민들의 경영 이니셔티브가 강화되어 농업 현대화를 위한 원동력이 되고 있다. 넷째, 시장이 더 커졌다. 인구의 지속적인 증가로 인해 다양하고 특화된 양질의 농산물과 다양한 농업 기능에 대한 수요 잠재력이 커지면서 농업과 농촌의 발전 공간을 확대하는 큰 원동력이

---

10 한장푸, 「3가지 주요 체계 구축과 농업 현대화 추진을 위해 시진핑 총서기의 안후이 샤오 강촌에서의 중요 연설을 배우자」, 인민일보, 2016년 5월 18일, 15면.

중국 특색 사회주의 농촌 활성화의 길로 나아가다

되었다. 다섯째, 혁신 추진력이 더 강해졌다. 지속적으로 농촌 개혁이 추진 되고 있고, 새로운 과학기술 혁명과 산업혁명은 이미 도약할 준비를 마쳤 다. 새로운 주체, 신기술, 신제품, 새로운 형태의 사업들이 계속 생겨나면서 농업 변혁과 업그레이드를 위한 강한 추진력을 불어넣고 있다.

2. 농업 현대화의 목표, 포지셔닝 및 근본적인 방법

(1) 발전 목표

목표는 행동을 이끄는 가이드이다. 18차 당대회 이후, 시진핑 총서기 는 '삼농' 사업을 잘하기 위해 철저한 이해와 선견지명을 바탕으로 심오하 고 지도적 의미가 강한 일련의 중요한 연설들을 발표했다. 시진핑 총서기 는 "농업에 과학기술의 날개를 달아 생산과 효율 증대를 함께 중시하고, 좋은 품종과 방법을 매칭하며, 농기계와 영농기술 결합하고, 생산과 생태 의 조화를 추구하는 원칙에 입각해 농업기술의 직접화, 노동 프로세스의 기계화, 생산과 운영의 정보화, 안전과 환경보호의 합법화를 추진함으로써 높은 생산, 고효율, 생태적이고 안전한 농업 발전에 대한 요구를 충족시키 는 기술 체계 구축에 박차를 가해야 한다"고 강조했다.[11] 농업 발전 모드의 전환을 확고부동하게 가속화시키고, '효율적인 생산, 제품 안전, 자원 질 약, 환경 친화적'인 현대 농업 발전의 길을 가야 한다. 이는 중앙 정부가 경

11　「18기 3중 전회 정신을 성실하게 이행해 전면적인 개혁 심화를 위한 강력한 긍정 에너지 를 모아야 한다」, 인민일보, 2013년 11월 29일, 1면.

제 뉴노멀의 변화에 입각해 농업 현대화 법칙을 이해하고, 농업 외부 환경의 심오한 영향을 고려한 후 제시한 전략적 요구이다. 아울러 '삼농' 사업의 성공을 위해 반드시 따라야 하는 사항이며, 농업 현대화 추진을 위한 목표이다.

2007년 시진핑 동지는 저장의 부존자원, 경제 사회 발전 수준과 농업 발전의 새로운 상황에 대한 종합적인 분석을 바탕으로 고효율 생태 농업을 대대적으로 발전시키는 전략적 결정을 내리고, 고효율 생태 농업을 저장의 현대 농업 발전을 위한 목표 모델로 삼고, 저장의 현대 농업 발전을 위한 구체적인 실천 형식으로 삼았다. 요약하자면, 과학 발전을 가이드로 경제 효율과 제품 안전, 자원절약, 환경 친화적, 기술 집약적, 인적 자원의 우위를 부각시킬 수 있는 새로운 형태의 농업 현대화의 길을 선택해야 한다.[12]

(2) 발전 포지셔닝: 대농업 발전의 길을 가다

시진핑 동지가 1990년에 분명하게 제시한 '대농업 발전의 길'은 중국 농업 현대화 추진을 위한 기본적인 발전 포지셔닝이 되었다. 대농업 발전에 대한 아이디어는 푸젠 민둥의 농업 발전 실천 탐구에 대한 시진핑 총서기 이론의 업그레이드 버전으로 현대 농업 발전에 대한 지도적 의미가 강하다. 2014년 중앙 1호 문건이 제시한 '입체적이고 복합적인 현대 농업 관리 시스템'은 대농업 발전 사상을 구체적으로 표현한 것이다.

시진핑 총서기는 '대농업이 다기능을 가진, 개방적이고 종합적인 발

---

12   시진핑, 「효율적인 생태를 위한 새로운 유형의 농업 현대화 길을 걷다」, 인민일보, 2007년 3월 21일, 9면.

전을 추구하는 입체적인 농업'이라고 지적했다. 경작지 관리에 주로 집중되어 있었던 단편적이던 전통적인 소농업과는 다르다. 소농업은 자급자족을 충족시키는 자연 경제인 반면, 대농업은 시장 지향적이고 계획적인 상품 경제이다. 시진핑 총서기의 대농업관은 과학적 의미를 풍부하게 담고있다. 첫째, 대농업은 광의의 식량 개념을 강조한다. 소농업은 쌀, 밀, 옥수수와 같은 벼목 화본과 작물을 기본으로 한다. 대농업에서 식량은 기본 중의 기본이며, 광의의 식량 개념에서 식량과 식품의 중요성을 강조한다. 대농업관에서는 식량 문제가 국가 경제 발전을 위한 전략적 문제로써 식량생산이 농촌 산업 전체의 구조조정을 이끌 수 있고, 임업, 목축업, 부업 및 어업의 발전도 식량 공급에 달려 있다고 본다. 둘째, 대농업은 농업, 임업, 목축업, 부업 및 어업의 포괄적이고 통합적인 발전을 강조한다. 과거에 언급했던 농업, 임업, 목축업, 부업 및 어업의 포괄적인 발전은 단지 각각의 경제적 이익만을 추구하고 상호 연계와 활성화에는 관심을 기울이지 않았다. 대농업은 이들 산업의 융화와 입체적인 발전을 강조하고 있다. 셋째, 대농업은 생태적·사회적·경제적 효과의 통일을 강조한다. 단순히 경제 효과만 지향했던 전통적인 농업 개발로 인해 전체 생태계에 악영향을 초래한 경우가 종종 있었다. 반면 대농업은 농업을 하나의 시스템 사업으로 간주해 생태적 효과와 경제적 효과, 사회적 효과가 통일될 수 있는 총체적인 효과를 강조한다.[13] 넷째, 대농업은 시장 지향에 초점을 맞춘다. 과거 소농업은 자급자족에 만족했지만, 대농업은 시장을 지향하고, 농업 생산의 상품화를 추구해야 한다. 농업의 상업화 개념이 소농업 경제의 자급자족 개

---

13   시진핑, 「빈곤탈출」, 푸젠인민출판사, 2014년판, 132면.

념을 대체했다. 다섯째, 대농업은 농가 생산 도급 책임제의 통합과 분산의 특징을 적극적으로 인식할 필요성을 강조한다. 여기에서 '통합'과 '분산'의 관계를 정리할 필요가 있다. '분산'은 가정 위주의 생산 경영 단위로 농업 생산에서 노동자 개개인의 적극성을 충분히 발휘하는 것을 가리키며, '통합'은 말단 농촌조직을 바탕으로 농민 개개인이 해결할 수 없는 문제를 해결하도록 돕는 것이다. 때문에 '통합'과 '분산'은 본질적으로 상호 배척하는 것이 아니라 상호 연결되는 것이다. '분산'이라고 해서 모든 '통합'을 배척할 수 있는 게 아니고, '통합'이라고 해서 이유 불문하고 '분산'을 부정할 수는 없다. 이렇게 '통합'과 '분산'을 조합해 농촌 지역에 중국 특색 사회주의 경영 체제의 기본 형태를 구축했다. 한마디로 '통합'이든 '분산'이든 상관없이 이는 생산력을 다시 속박하기 위해서가 아니라 농촌의 생산력을 더욱 자유롭게 만들기 위한 것이고, 농민의 자주권을 몰수하는 것이 아니라 농민이 효과적으로 자주권을 행사 할 수 있도록 하는 것이다. 여섯째, 대농업은 농업의 종합개발에 중점을 두고 심층적이고 다양한 발전을 강조한다. 기본적으로 농업의 종합적인 개발은 첫째, 대농업의 넓은 활동의 장을 모색해 다차원적인 농업 개발을 할 수 있도록 한다. 둘째 대농업의 경제적 이익을 추구하면서 농업 개발을 위해 심층적으로 깊게 파고 들어야 한다. 농업의 다차원적 개발을 위해 '우리는 더 멀리 보고, 더 폭넓은 사고를 가져야 한다. 즉, 인구증가와 사회 경제 발전의 요구를 충족시키기 위해 농업, 임업, 어업에 적합한 새로운 자원을 개발하고 활용해야 한다'[14]. 농업의 심층적인 개발은 단위당 생산량이 낮은 논밭을 개조해 토지의 생산 능력

---

14   시진핑, 「빈곤 탈출」, 푸젠인민출판사, 2014년판, 136면.

을 향상시키고, 농산물 생산량을 늘리며, 농지 수리 시설 건설을 개선하고 강화함으로써 농업이 안정적이고 높은 수확량을 유지할 수 있도록 보장하는 것이다. 비농업 산업의 농경지에 대한 점용을 보충하기 위해 여건이 허락된다면 황무지 자원을 개발할 수 있다. 농지 토양 및 수자원 보호를 강화해 토지 생산성을 향상시킨다.[15] 최종적으로 농업의 3가지 변화를 실현해야 한다. 첫째, 자원 개발 위주에서 기술 및 제품 개발의 함축적 생산으로 전환한다. 둘째, 생산 지향적 생산에서 품질 지향적, 수출 지향적, 외환 지향적 생산으로 전환한다. 셋째, 소규모 상품의 생산·유통 위주에서 대규모 생산과 광역적 유통으로 전환한다.[16]

(3) 근본적인 방법 : 농업 발전 방식 전환 가속화

시진핑 신시대 중국 특색 사회주의 사상은 중국 특색 사회주의 사업의 총체적 배치가 '오위일체'임을 명확히 하고, '새로운 발전 이념의 고수'를 요구하면서 혁신·조화·녹색·개방·공유의 발전 이념을 확고하게 지키고, '자연과의 조화로운 공생'을 강조했다. 생태문명 건설은 중화민족의 영속적인 발전을 위한 천년 대계이다. 청산녹수는 금은보화보다 귀중하다는 생각을 가지고 실질적인 노력을 통해 친환경적 발전과 생활 방식을 형성해야 한다. 농업 현대화는 중국 현대화의 유기적인 부분으로써 앞에서 언급한 기본 사상과 요구를 따라야 하고, 생태문명 건설의 관점에서 농업 발전 방식의 변혁을 촉진해야 한다.

15   시진핑, 「빈곤 탈출」, 푸젠인민출판사, 2014년판, 137면.
16   상동.

최근 중국의 식량 생산이 해마다 늘어나고 농민 소득이 빠르게 증가하고 있는 가운데 농업 현대화가 착실하게 추진되면서 농업에 대한 과학 기술 진보의 기여율이 56%에 이르렀다. 주로 자원 투입 증가에 의존했던 농업 생산이 과학 기술 진보에 의존하는 중대한 변혁을 실현하고 있다. 전체적으로 중국 농업은 현대화의 목표를 향해 꾸준히 안정적으로 발전하고 있다. 농업 발전의 커다란 성과는 사회 경제의 지속적이고 건강한 발전을 위한 강력한 뒷받침이 되었다. 하지만 중국의 농업 발전을 제약하는 오래된 모순이 여전히 많이 있고, 다양한 새로운 위험들이 누적되고 있음을 알아야 한다.[17] 상술한 현실적인 문제에 대해, 시진핑 총서기는 2015년 중앙의 경제업무회의에서 중국 경제 발전은 뉴노멀 상황으로 진입했으며, 이는 중국 경제 발전의 단계적 특징에서 볼 때 피할 수 없는 부분이 반영된 것으로써 인간의 의지로 바꿀 수 있는 것이 아니라고 지적했다. 뉴노멀이 농업분야에 반영되어 농업 발전의 속도 변화, 구조의 최적화 그리고 전력 변화로 나타나고 있다. 이를 위해 궁극적으로 농업 발전 방식의 전환을 가속화해야 한다. 2013년 시진핑 총서기는 산둥성 시찰 당시 농업 현대화에 관한 '3가지 가이드'를 제시하며, "재배 방법을 잘 해결해 새로운 유형의 농업 경영 체계 구축에 박차를 가하고, 토지와 수자원이 부족한 자원 환경의 제약을 잘 해결해 농업 발전 방식의 전환을 더욱 추진하며, 안전한 먹거리를 위해 품질과 안전성이 높은 농산물을 개발하도록 노력해야 한다"고 강조했다.[18] 현재 주요 농산물 가격이 오를 대로 올라 '천장'까지 올랐

17   한장푸, 「확고부동하게 농업 발전 방식 전환을 가속화하자-중앙 경제업무회의 시진핑 총서기의 중요 담화 정신에 대한 연구 및 실현」, 구시, 2015년, 제2기.

18   「18기 3중 전회 정신을 성실하게 이행해 전면적인 개혁 심화를 위한 강력한 긍정 에너지

고, 농업 생산 비용은 강한 상승세를 보이고 있다. 농업 생산 보조금과 가격 보조금이 제한선인 '황색선'에 거의 육박했고, 자원 환경에 '적색등'이 켜졌다. 농업 발전 모드 전환에 확고부동하게 박차를 가하는 것이 유일한 탈출구가 될 수 있다. 국가 식량 안보를 보장하고 농업 발전 방식을 전환하기 위한 전반적인 계획을 세워 질적·양적·효율적인 부분을 함께 고려하고, 농업 기술 혁신과 지속 가능한 집약적 발전에 초점을 맞춘 농업 발전을 이끌어야 한다.[19]

시진핑 총서기가 강조하는 '농업 발전 방식의 전환 가속화'가 현재와 미래의 농업 현대화에 속도를 낼 수 있는 근본적인 방법이라고 이해할 수 있다. 농업 생산 원가의 지속적인 상승으로 인해 농산물의 국제 경쟁력이 떨어지면서 농업 발전 방식에 대한 전환이 절실하게 필요한 시점이다. 최근 농업 생산 비용은 '상승 가도'를 달리고 있다. 노동 및 농기계 작업 비용이 계속 오르고, 종자, 화학비료, 농약과 같은 투입물의 가격이 끊임없이 높아지면서 농업 생산 비용이 계속 오르고 있다. 최저 수매가를 실시하는 쌀과 밀의 경우, 2007년 1kg당 최저 수매가를 보면, 밀은 138-144위안, 인디카 쌀은 수확 시기에 따라 1.40위안과 1.44위안으로 나뉘었고, 자포니카 쌀은 1.50위안 이었으나 2014년에는 각각 2.36위안, 2.70위안과 2.76위안, 3.10위안으로 올라 7년 사이 밀은 64%-71%, 인디카 쌀은 92.9%와 91.7%, 자포니카 쌀은 106.7%의 가격 상승폭을 보였다.[20] 농업 생산 비용의 상승

를 모아야 한다」, 인민일보, 2013년 11월 29일, 1면.

19 쟝차오량(蔣超良), 「중국 농업 현대화의 길을 잘 걷자-현대 농업 건설에 관한 시진핑 총서기의 중요 논술에 대한 연구 및 실현」, 구시, 2015년, 제8기.

20 천시원(陳錫文), 「경제 발전 뉴노멀에 적응하여 농업 발전 방식의 전환을 가속화하자-중앙

에 따라 농산물 수매 가격을 인상하지 않으면, 비용에 대한 보상이 이루어지지 않아 생산이 유지되기 어렵다. 그리고 국내 농산물 수매 가격을 계속 높여 임계값에 이르게 되면 국내 농산물 가격이 국제 시장 가격보다 높아져 중국 농산물은 국제 경쟁력을 잃게 될 수 있다. 이 두 가지 딜레마를 타파하기 위해 농업 발전 방식의 전환이 절실하다. 아울러 국제 벌크 농산물의 CIF가격이 이미 국내 동종 제품 가격보다 낮아졌고, 밀과 옥수수 등 주요 품종에 대한 국가의 지원도 WTO 가입 당시 약속했던 상한선에 근접하게 되었고, '감축대상농업보조[Amber Box][21]'지원 확대 역시 한계에 이르렀다. 이러한 압박으로 인해 농업 경쟁력이 심각하게 약화되고, 농업의 비교 수익이 현저하게 떨어진 상황에서 누가 농사를 어떻게 지을 것인지의 문제가 부각되고 있다. 여기에서 탈출구는 농업 발전 방식을 전환해 농업의 질과 효율을 향상시키고, 비용과 소모를 줄이는 것이다. 2015년 2월 10일 시진핑 총서기는 중앙의 재정경제지도 그룹 제9차 회의에서 "식량 안보를 보장하기 위해 농업 발전 방식 전환에 박차를 가하고, 농업 현대화를 촉진함으로써 현재의 식량 곡물 생산량을 안정화시키고, 새로운 경쟁력을 형성해야 한다"고 지적하고, 지속가능한 농업 발전을 이루기 위한 방식의 전환이 필요하다고 강조했다. 최근 중국 농업 발전이 눈에 띄는 성과를 거두었지만 큰 대가를 치르기도 했다. 오랜 시간 자원 투입에 의한 방만한 성장

경제업무회의에서 한 시진핑 총서기의 중요 담화 정신을 배우고 이행하자」, 구시, 2015년, 제6기.

21 옮긴이 주: WTO 농업협정상의 농업보조금 분류방식, 허용보조금(Green Box)을 제외한 모든 보조금을 총칭하는 것으로, WTO 농업협정 이행 기간 내에 일정 목표수준을 감축하도록 되어 있다.

과 농업 자원의 과도한 이용으로 생태환경이 몸살을 앓고 있다. 예를 들어 전국적으로 농업용 플라스틱 필름은 매년 250만 톤 정도가 사용되지만 회수되는 양은 150만 톤도 안 된다. 매년 180여만 톤의 농약이 사용되고 있는데 실제로 1/3 미만정도만 농작물에 작용하고, 나머지는 그대로 흘러나가 수질, 토양, 대기 오염이 발생하고 있다. 농업 발전 방식 전환을 가속화하지 않는다면 지속가능한 농업 현대화의 목표를 이루기 어려울 것이다.[22]

2015년 12월24~25일에 개최된 중앙 농촌업무회의는 중국 농업 발전에서 나타나는 갈등과 도전을 해결하기 위한 '처방'으로 농업 공급측 구조 개혁을 제시했다. 회의는 농업의 공급측 구조 개혁을 강화하고, 농업 공급 체계의 질과 효율을 향상시켜 농산물 공급을 충족시키고, 소비자의 요구를 만족시킬 수 있는 품종과 품질을 만들어 강력하게 보장할 수 농산물 공급 구조를 구축하기 위해 노력해야 한다고 강조했다. 이제는 재고를 없애고, 비용을 줄이고, 단점을 보완하기 위해 집중해야 할 때이다. 과도한 농산물 재고량을 소화하고 식량 가공 전환에 박차를 가해야 한다. 규모 경영을 적절하게 발전시키고, 부적절한 화학 비료의 사용을 줄이며, 사회화 서비스 실시를 통해 생산 비용을 줄이고, 농업 효율과 경쟁력을 향상시켜야 한다. 농업 인프라 등 농업 공급의 취약한 부분을 강화하고, 시장에서 부족한 농산물의 생산을 늘린다. 대농업과 대규모 식량의 개념을 수립하고, 곡물, 경제, 사료의 통합 개발, 농업, 임업, 목축, 어업의 결합, 재배, 사육, 가공의 일

---

22 천시원(陳錫文),「경제 발전 뉴노멀에 적응하여 농업 발전 방식의 전환을 가속화하자-중앙 경제업무회의에서 한 시진핑 총서기의 중요 담화 정신을 배우고 이행하자」, 구시, 2015년, 제6기.

체화를 추진하고, 1차, 2차, 3차 산업의 융화 발전을 추진해야 한다.[23]

(4) 농업 현대화의 출발점과 귀착점

시진핑 신시대 중국 특색 사회주의 사상은 인민 중심의 발전 사상을 강조하고, 발전 중에서 민생을 보장하고 개선하고, 인민 전체가 발전을 함께 이루고 함께 누리는 가운데 더 많은 만족감을 누릴 수 있도록 보장함으로써 인민 모두의 발전과 공동번영을 도모할 것을 명확히 제기하였다. 이를 통해 농업 현대화의 출발점과 귀착점은 '고향'의 '샤오캉'임을 알 수 있다. 많은 농민들이 참여하고 성과를 함께 누릴 수 있는 농업 현대화를 이루어야 한다. 당 18기 3중 전회는 공업으로 농업을 촉진하고, 도시가 농촌을 이끌며 공업과 농업이 서로에게 혜택을 주고, 도시와 농촌이 하나가 되는 새로운 유형의 도시-농촌 및 농공 관계를 이루어 많은 농민들이 현대화 과정에 평등하게 참여하고 현대화의 성과를 함께 공유할 수 있도록 체제 메커니즘을 완비해야 한다고 밝혔다. 2015년 4월 30일 중국공산당 중앙정치국 제22차 공동 학습에서 시진핑 총서기는 전면적인 샤오캉사회 실현에서 가장 어렵고 복잡하면서도 막중한 과제는 농촌 지역 특히 농촌 빈곤지역에 있다고 강조했다. 전반적인 도농 관계에서 중요한 돌파구를 마련하기 위해 사업을 강화하고 투자를 늘리며 열심히 노력해야 한다. 특히 도시와 농촌의 이원적 구조를 해결하고, 도농간 요소의 평등한 교환과 공공자원의 균등한 분배에 있어 중대한 돌파구를 마련해야 한다. 농촌 발전에 새로운 동력을 불어 넣어 대다수 농민들이 개혁 발전 과정에 평등하게 참여

---

23 「중앙 농촌업무회의 베이징에서 개최」, 인민일보, 2015년 12월 26일, 1면.

하고, 개혁 발전의 성과를 함께 공유할 수 있도록 해야 한다.

농업 현대화는 농민의 이익과 복지를 출발점과 최종 목표로 삼아야 한다. 2014년 중앙 1호 문건은 농민의 주체적 지위를 고수하고 농민 복지 증진을 농촌 사업의 출발점과 최종 목표로 삼고, 새로운 이념으로 '삼농'이라는 새로운 난제를 풀어 나가면서 농업과 농촌의 발전 우위를 강화하고, 혁신 동력을 확대함으로써 농업의 공급측 구조 개혁을 추진해야 한다고 강조했다. 농업 발전 방식의 전환을 가속화하고, 안정적인 농업 발전과 지속적인 농민 소득 증가를 유지하기 위해 고효율 생산, 제품 안전, 자원 절약 및 환경 친화적인 농업 현대화의 길을 추구하면서 새로운 도시화와 신농촌 건설이라는 이륜 바퀴를 함께 움직이고 상호 발전을 촉진함으로써 많은 농민들이 현대화 과정에 동등하게 참여하고 현대화 결과를 공유할 수 있도록 해야 한다.

3. 농업 현대화의 중점 과제

19차 당대회는 농업 활성화 전략 이행을 제안하며, 농촌 발전을 우선순위로 두고, 산업 번영, 생태적 보금자리, 농촌 문명, 효과적인 거버넌스 및 풍요로운 삶의 일반적인 요구 사항에 따라 완전한 도농 통합 발전 체제 메커니즘을 구축함으로써 농업 및 농촌 현대화 추진에 박차를 가할 것을 요구했다. 보다 구체적으로 현대 농업 산업 체계, 생산 체계, 경영 체계를 구축하여 농업 현대화의 중점 임무를 위한 방향을 제시했다.

2015년 '양회' 기간 지린대표단 심의에 참석한 시진핑 총서기는 "농업 현대화를 추진하려면 현대 농업 산업 체계, 현대 농업 생산 체계, 현대 농업 경영 체계의 세 가지 중점을 잘 살려 건설해야 한다"고 지적했다. 2016년 4월 25일 시진핑 총서기는 안휘 샤오강촌 농촌 개혁 간담회에서 현대 농업 산업 체계, 생산체계, 경영체계를 구축함으로써 농업 현대화를 가속화해야 한다고 강조했다. 시진핑 총서기는 현대 농업 '3대 체계' 구축 가속화에 관한 중요한 담화에서 농업 현대화의 이행 과제를 명확히 하고, 새로운 시기 중국 농업 현대화를 위한 방향을 제시했다. '3대 체계'는 각자 치중하는 부분이 있으면서도 서로 보완을 이룬다. 생태체계는 농업 생산성 향상에 중점을 두고 경영체계는 농업 생산 관계 개선에 중점을 두고 있다. 이 둘이 산업 체계를 함께 뒷받침해 생산성과 생산관계의 상호작용과 유기적인 통합을 구현했다.[24]

(1) 현대 농업 산업 체계 구축

현대 농업 산업 체계는 산업의 횡적 확대와 종적 확장의 유기적 통합으로 농업 자원 요소의 배치와 농산물 공급의 효율성 문제를 해결하는 데 중점을 두고 있으며, 현대 농업의 전반적인 자질과 경쟁력을 보여주는 중요한 신호이다. 현대 농업 산업 체계를 구축하기 위해서 농업 구조를 최적화하고 조정하며, 각지의 자원적인 비교 우위를 충분히 활용해야 한다. 곡물, 경제 작물, 사료의 통합 개발, 농업, 임업, 목축, 어업의 결합, 재배, 사육, 가공의 일체화를 추진하고, 1차, 2차, 3차 산업의 융화 발전을 촉진함

---

24 한장푸, 「3가지 주요 체계 구축과 농업 현대화 추진을 위해 시진핑 총서기의 안후이 샤오강촌에서의 중요 연설을 배우자」, 인민일보, 2016년 5월 18일, 15면.

으로써 산업 체인을 확장하고, 가치 사슬을 강화하고, 농업의 경제적, 생태적, 사회적 혜택을 개선하며, 농업 산업의 변화와 업그레이드를 촉진해야 한다.

1) 농업 선도 산업을 키우고 강화시킨다

2007년 시진핑 동지는 "경제 효율성 향상을 위해 비교우위를 가진 농업 선도 산업을 강화하고 확대함으로써 농업에 대한 집중 관리 수준을 향상시키고, 농업의 다양한 기능을 개척해야 하고, 농업 산업체인 확대와 농산물 부가가치 증대를 위해 노력함으로써 농업을 농민의 부를 이끄는 고효율 산업으로 만들어야 한다"고 강조했다. 그는 "고부가가치 농업 선도 산업을 키우고 강화하기 위해서는 부존자원, 산업 인프라 및 시장 수요에 따라 핵심 제품을 선정해야 한다. 지역화 배치에 따른 농업 대규모 경제와 무역, 공업과 농업이 통합된 용형경제(龍型經濟)[25]의 요구에 따라 표준화되고 산업화된 특화 산업 기지와 특색 있는 농산품 가공 기능 지역의 건설을 대대적으로 추진해 비교 우위가 확실한 주도산업을 적극적으로 육성해야 한다"고 지적했다. 고효율의 생태 농업 발전 계획을 실시하기 위해서 지역의 유명 브랜드, 상당한 시장 인지도와 시장 점유율을 가지고 현지 농업 산업에서 비교적 큰 비중을 차지하고 있는 마을의 기지들이 서로 연결되어 있는 특성화된 농업 현을 조성하는데 주력해야 한다. 농업의 다양한 기능을 적극적으로 확대하고, 건강한 양식업과 농가 체험 관광, 농산품의 심층

---

25 옮긴이 주: 1994년부터 사용하기 시작한 경제 신조어. 시장 지향적이고 지배적인 회사가 용머리 역할을, 전문화된 생산기지와 분산되어 있는 농가들이 각각 용의 몸통과 꼬리 역할을 하여 삼위일체가 되는 체계적인 경제 시스템.

가공 산업을 대대적으로 발전시켜야 한다.[26] 식량 생산의 안정적 증산을 전제로 현대 시장 개념을 확립해야 한다. 전국은 물론 세계적으로 유명한 농산품 브랜드를 만들고, 농산물의 부가가치와 경쟁력을 끊임없이 향상시켜 농민들이 가능한 빨리 부유해질 수 있도록 해야 한다. 주도산업을 잘 선택하여 꾸준하게 지속해 나가야 하며, 너무 많이 만들어서도 안 되고, 무계획적으로 해서도 안 된다.[27]

2) 특성화 산업을 혁신하고 발전시킨다

시진핑 총서기는 생태 취약지구를 시찰하면서 특색 있는 산업을 발전시켜야 한다고 특별히 강조했다. 저개발 지역의 주요 문제는 빈곤과 낙후이며, 발전 가속화는 저개발 지역의 근본적인 과제이다. 생태 취약지구는 특화된 농축산물을 중점적으로 개발해야 한다. 예를 들어 양질의 과일, 말린 과일 및 곡물 위주의 특색 있는 농업, 고품질의 소, 양과 작은 동물 위주의 목축업, 티베트 약, 몽골 약, 묘족 약, 열대 약물로 대표되는 민족 의약을 중점적으로 발전시키고, 경관을 덜 파괴하면서 오염을 만들지 않는 범위에서 민속 관광을 개발해야 한다. 특수 농축산물 가공 및 생물자원 이용 산업의 발전에 초점을 맞추고 동부에서 서부로의 산업 이전에 주력해야 한다. 특색 있는 산업 클러스터 개발에 주의를 기울이고, 산업의 단지 집

---

26 시진핑, 「효율적인 생태를 위한 새로운 농업 현대화의 길을 걷다」, 인민일보, 2007년 3월 21일, 9면.

27 창웨이(强衛), 「농촌 개혁을 심화하여 농촌 현대화를 추진하자~원활한 '삼농' 사업을 위해 시진핑 동지의 중요 연설의 정신을 깊이 연구하고 이행하자」, 인민일보, 2014년 7월 15일, 7면.

중국 특색 사회주의 농촌 활성화의 길로 나아가다

중, 인구의 도시 집중에 박차를 가함으로써 조직화 수준을 향상시키고, 물 절약과 같은 보호적인 농업 기술의 진흥을 가속화해야 한다.[28] 양질의 곡물 생산을 중시하고 우량종 쌀, 기능성 쌀, 씨곡, 유채 등 특색 있는 산업을 발전시켜야 한다.

3) 현대 도시형 농업 발전에 박차를 가한다

당 중앙과 국무원은 도시 현대 농업 발전을 매우 중시해 왔다. 18차 당대회 이후 시진핑 동지를 핵심으로 하는 당 중앙은 도시 현대 농업을 더 중요한 위치에 두었고, '13차 5개년 계획' 요강에서도 도시 현대 농업 발전을 가속화해야 한다고 지적했다. 시진핑 동지가 저장성 당서기 시절 저술한 글을 보면, 저장은 이미 공업으로 농업을 촉진하고, 도시가 농촌을 이끄는 새로운 단계로 완전히 들어섰고, 여건상 공업이 농업에 보답을 하고 도시가 농촌을 지원하는 방침을 실행할 필요가 있다고 밝혔다. 톈진(天津) 시찰에서 대도시 특유의 우위를 발휘해 현대 도시 농업의 발전을 가속화해야 한다고 제안했다. 3차 산업을 유기적으로 통합하는 현대 도시형 농업은 도농 통합 발전, 도시화의 질적 향상, 내수 확대, 민생 개선을 위한 중요한 출발점이다.[29]

농업 공급측 구조 개혁을 추진하고, 공급체계의 질과 효율성을 개선하기 위해 도시 현대 농업 개발을 가속화해야 할 필요가 있다. 농업 공급측 구조 개혁을 진전시키기 위해서는 농업이 시장 수요의 변화에 적응할 수

---

28 장정허(張正河), 「중국 농업 현대화에 대하여 어떠한 새로운 판단이 있는가?」, 인민논단(人民論壇), 2015년 10월 하.

29 상동.

있도록 해야 한다. 농산물에 대한 도시의 다양하고 많은 수요가 빠르게 성장하고 있는 가운데 품질 안전에 대한 요구도 함께 높아지면서 농산물 시장 수요의 변화를 주도하고 있다. 시장 수요와 긴밀하게 연계되는 도시 농업은 구조조정에서도 선도적인 역할을 한다. 일반적인 수자원 및 토양자원이 우수하고, 생산시설이 비교적 완벽하며, 현대 생산 요소의 장점이 돋보이는 도시 농업은 중국 현대 농업 발전의 고지로 농업 전환과 업그레이드 추진에서 한 발 더 앞서나가고, 농업 공급측 구조 개혁에서 더 큰 역할을 발휘해야 할 책임과 조건을 가지고 있다.

도시 현대 농업 발전에 박차를 가하는 것은 사람 중심의 발전 사상을 구현하고 새로운 도시화 수준을 개선하기 위한 객관적인 요구이다. 시진핑 총서기는 중앙 도시업무회의에서 "도시 사업은 사람들이 살기 편한 환경 조성을 중심 목표로 삼아야 한다. 생산, 생활 및 생태 공간의 내재적 관계를 파악해 집약적이면서도 효율적인 생산을 위한 공간, 살기 편한 생활 공간, 아름다운 자연 생태 공간을 구현해야 한다. 도시의 수계(水系)[30]와 녹지가 도시 외곽의 강과 호수, 삼림, 농경지와 함께 완전한 생태 네트워크를 형성하도록 해야 한다"고 강조했다. 도시 현대 농업을 발전시키면 날로 늘어나는 농산물에 대한 도농 주민들의 수요를 더욱 잘 충족시킬 수 있을 뿐 아니라 도시의 생산, 생활 및 생태의 3가지 구도를 최적화하여 도시 발전의 생활 편의를 향상시키고 현대 도시의 '후원'을 건설하는데 도움이 될 것이다. 생산을 촉진하는 차원에서 특색 있는 농업을 더 튼튼하고 우수하게 발전시켜 품질과 품종, 브랜드의 장점을 충분히 살림으로써 도시 경

---

30   옮긴이 주: 지구 표면에 물이 차지하는 부분. [같은 말] 수권(水圈).

제 발전을 위한 녹색 저탄소 산업을 더 많이 육성할 수 있다. 생활 개선 측면에서는 농업 관광, 레저, 체험 등의 서비스를 통해 시민들이 자연으로 돌아가 휴식을 취하고 전통문화를 경험할 수 있는 더 많은 장소를 제공할 수 있다. 생태 개선 측면을 봤을 때, 농업 녹지, 습지와 같은 생태 자원을 증가시킴으로써 공기, 물, 토양 오염을 줄일 수 있고, 도시는 맑고 푸른 산수와 하늘을 유지할 수 있다.

도시 현대 농업 발전의 가속화는 도농 통합 발전을 촉진하고 농촌 개발 수준을 향상시키기 위한 필연적인 선택이다. 도시 농업은 도시 발전의 영향을 근거리에서 받고, 농촌의 토지, 노동력 등 자원이 도시 발전에 이바지할 수 있다. 이렇게 도시 농업은 도농 간 요소의 자유로운 이동과 균형 있는 배치를 촉진할 수 있는 타고난 장점을 가지고 있다. 도시 현대 농업 발전을 가속화하면 도시의 자본, 기술, 인재 등이 농업에 투자되고 농촌으로 흘러들어가 농민들에게 혜택을 줄 수 있을 뿐 아니라 농업 잉여 노동력의 전환을 가속화함으로써 농업 산업의 변화를 촉진하고 기능을 확장하며 효율성을 향상시킬 수 있다. 농업에서 선진적인 생산 요소가 가장 많이 모이고, 가장 강력한 혁신 활력을 가진 분야로써 도시 농업은 농촌 산업의 통합 및 발전을 위한 '비옥한 땅'이고, 농촌의 기업가 정신과 혁신을 촉진하는 '인큐베이터'이다. 농촌 전자상거래, 농산물 커스터마이징, 농가 체험 등 새로운 형식과 모델은 대부분 대도시의 교외에서 먼저 실행되어 가능성이 확인되면 다시 다른 농촌 지역으로 홍보가 된다. 도시 현대 농업 발전의 가속화는 새로운 기술과 비즈니스 모델이 농업과 맞물려 변환을 촉진함으로써 농업을 활성화하고, 농촌을 부유하게 만들기 위한 더 많은 새로

운 비즈니스 형태와 산업을 촉진시키는 데 도움이 된다.[31]

(2) 현대 농업 생산 체계 구축

현대 농업 생산 체계는 첨단 생산 수단과 기술을 유기적으로 결합한 형태로 농업의 발전 동력과 생산 효율 문제 해결을 중점적으로 다루고 있으며, 현대 농업 생산성의 발전 수준을 보여주는 중요한 신호다. 현대 농업 생산 체계 구축을 위해 현대식 농업 장비로 무장하고, 현대 과학기술로 농업에 봉사하며, 현대적인 생산방식을 통해 농업을 전환해야 한다. 농업의 요소 투입 방식을 전환해야 한다. 농업 발전을 추진하기 위해서 자원과 소비에 방향을 맞추었던 과거의 방법에서 과학기술 혁신과 노동자의 자질을 향상하는 방향으로 전환해야 한다. 이를 통해 농업 자원 이용률과 토지 및 노동 생산율을 높이고, 농업의 종합적인 생산 능력과 위험 방지 능력을 강화함으로써 사람과 가축에 의존하고 먹거리를 하늘에 맡겼던 농업 발전 상황을 근본적으로 전환해야 한다.

1) 인프라 구축 가속화

농업과 농촌 인프라는 농업 현대화를 실현하는 물질적인 기초이다. 인프라 부채가 많고 재해에 취약한 부분은 곡물 생산 안정과 확대에 불리하게 작용될 수 있는 요소이다. 2007년 초 시진핑 동지는 높은 수준의 농업 인프라 및 생태 환경 건설을 강화하고, 산업 발전을 주도하기에 적합한 높은 표준의 농지 및 수자원 인프라 건설을 가속화하고 표준 농지 건설을

---

31 「도시 현대 농업 발전을 가속화하자」, 농민일보(農民日報), 2016년 5월 12일, 1면.

촉진할 것을 제안했다.[32]

2015년 4월 30일 중국공산당 중앙정치국 제22차 단체 학습에서 시
진핑 총서기는 "농촌 인프라 건설의 메커니즘을 개선하고, 도농 간 인프라
의 상호 연결, 공동 건설 및 공유를 촉진하고, 농촌 인프라 및 공공 서비스
시설에 대한 결정, 투자, 건설, 운영 및 관리 메커니즘을 혁신하며, 사회 자
본이 농촌의 공공 복지인프라 건설에 참여하도록 적극적으로 유도해야 한
다"고 지적했다.[33] 2016년 중앙 1호 문건은 농촌 지역에서 국가 재정이 지
원하는 인프라 구축에 초점을 맞추고, 도농 간 격차를 확실하게 줄이기 위
해 농촌 인프라를 구축해 잘 관리하고 보호, 운영해야 한다고 지적했다.
2016년 10월 〈전국 농업현대화 계획(2016-2020년)〉은 곡물 등 중요한 농산물
안전 보장을 위한 역량을 강화하기 위해 영구적인 기본 농지의 획정을 완
벽하게 끝내고, 높은 표준의 농지 건설을 대대적으로 추진해야 하다고 분
명히 밝혔다.

2) 농지 관리와 보호 강화

식량 생산의 생명선인 경작지의 레드라인은 목숨을 걸고 사수해야
한다. 경작지 레드라인에는 질과 양을 모두 포함한다. 특히 수확량이 많고
좋은 토지를 보호하기 위해 가장 엄격한 경작지 보호 제도를 실행한다. 토
지의 산출량을 늘리고 단위 면적당 생산량이 상대적으로 낮고 불안정한

---

32   시진핑, 「효율적인 생태를 위한 새로운 농업 현대화의 길을 걷다」, 인민일보, 2007년 3월
      21일, 9면.
33   「도농 통합 발전 체제 메커니즘을 완비하여 많은 농민들이 개혁 발전의 성과를 누리도록
      하자」, 인민일보, 2015년 5월 2일, 1면.

경작지 개조를 가속화하는데 중점을 두어야 한다.[34] 산업화와 도시화의 추진에 따라 경작지 보호에 대한 부담이 커지고 있다. 경작지와 기본 농지의 레드라인을 지키고, 임의로 점령하고 조정하는 것을 막기 위해 엄격한 경작지 보호와 용지 절약 제도를 실행해야 한다. 경작지의 질을 향상시키고, 높은 수준의 농지를 마련하기 위해 노력해야 한다.[35] 2015년 5월, 시진핑 총서기는 경작지 보호에 대한 중요한 지침을 내놓았다. 경작지는 중국의 가장 귀중한 자원이다. 땅보다 사람이 더 많은 중국의 실정에서 13억 명 이상의 먹고사는 일과 밀접한 관계가 있는 경작지를 잘 보존해야 하며, 절대로 실수가 있어서는 안 된다. 엄격한 농경지 보호 제도를 시행하고, 경작지에 대한 점용과 보상의 균형을 법으로 잘 조절해야 한다. 농촌 토지 이전을 질서 있게 추진하여 판다를 보호하듯이 경작지를 보호해야 한다. 시진핑 총서기는 "경작지 점용과 보상 정책은 산업화와 도시화 과정에서 경작지 점용의 증가에 따른 구제책이다. 국가의 법과 정책에 따라 허용되지만, 농지 보호를 위한 강한 의지를 가지고 법에 의해 엄격하게 실시되어야 한다" 고 지적했다. 경작지 점용과 보상의 균형에 대한 관리 감독을 강화해야 한다. 양적 및 질적 보상이 충분히 제대로 이루어지지 않고, 점용에 비해 적게 보상하고, 좋은 것을 취하고 떨어지는 것으로 보상하며, 논을 점용하고 메마른 땅으로 보상하는 현상을 막기 위해 강력한 조치를 취해야 한다. 농촌 토지제도 개혁 시범 사업에서 일부 사람들이 개혁이라는 이름으로 경

---

34   장정허(張正河), 「중국 농업 현대화에 대하여 어떠한 새로운 판단이 있는가?」, 인민논단(人民論壇), 2015년 10월 하.

35   장차오량(蔣超良), 「중국 농업 현대화의 길을 잘 걷자-현대 농업 건설을 가속화 할 데 관한 시진핑 총서기의 중요 논술에 대한 학습 및 실현」, 구시, 2015년, 제8기.

작지를 차지하지 못하도록 관리 조치를 마련해야 한다. 경작지에 대한 점령과 보상의 균형 및 경작지 보호 과정에서 발생하는 새로운 상황과 문제에 대해서 조사와 연구를 강화하고 효과적인 대책을 제시할 필요가 있다.[36] 시진핑 총서기는 토지 사용권 양도와 여러 형태의 규모화 경영은 현대 농업 발전을 위해 필요한 길이며, 농촌 개혁의 기본 방향이라고 강조했다. 토지 이전을 수행함에 있어 각 지역은 당 중앙위원회가 정한 지침과 정책을 그대로 이행해야 하고, 정책 지원 강화를 통해 농업 경영 체제 메커니즘의 혁신을 장려해야 한다. 지역 상황에 맞게 차근차근 실시하고, '대약진'을 하지 않고, 강압적으로 명령하거나 터무니없는 행정 지시를 해서는 안 된다. 특히 비농업 건설을 하는 일부 상공업자본이 토지를 양도 받은 후 농경지 보호와 식량생산 등에 지장을 주는 일이 없도록 해야 한다.

(3) 현대 농업 경영 체계 구축

현대 농업 경영 체계는 현대 농업 경영 주체, 조직 방법 및 서비스 모델을 유기적으로 결합한 것으로 '토지 경작자'와 비즈니스 효율성 문제 해결에 중점을 두고 있으며, 현대 농업 조직화의 정도를 나타내는 중요한 지표이다. 현대 농업 경영 체계를 구축하기 위해 제도 메커니즘의 혁신을 강화해야 한다. 대규모 사업체와 서비스 실체를 육성하고, 전문 직업 농민 양성에 속도를 높이며, 자질이 뛰어난 농산물 생산 관리팀을 구성해야 한다. 아울러 다양한 주체 간의 연합과 협력을 촉진하고, 다양한 형태의 적절한

---

36 「법규에 따른 경작지 점유와 보상의 균형을 잘 맞추고, 농촌 토지 이전을 규범에 맞게 질 서정연하게 추진하자」, 인민일보, 2015년 5월 27일, 1면.

규모 경영을 발전시키고, 소규모 농가와 현대 농업 발전의 유기적인 연계를 실현함으로써 집약적이고 조직적이며 규모를 갖추고 사회화 및 산업화를 이룬 농업 관리 수준을 향상시켜야 한다.

1) 적절한 규모 경영

최근 10년 동안 농업 생산에는 새로운 변화와 함께 새로운 문제들이 생겨났다. 토지 경영 모델에서 농촌 토지 이전에 따른 운영의 규모화가 이루어졌고, 가족 농장과 같은 새로운 유형의 경영 주체가 지속적으로 등장했다. 경작지 이용 부분에 있어서 오랜 조방경영과 비료·농약 남용으로 인한 토양 악화로 경작지의 질이 떨어져 식량 증산을 안정적으로 확보하기 어려워졌다. 노동력 측면을 보면, 농촌의 노동력 구조에 현저한 변화가 일고 있다. 1차 산업에 종사하는 노동력은 해마다 감소하고 있으며, 농업 겸업화, 노동력 노령화, 농촌 공동화가 나타나면서 '누가 농사를 지을까' 라는 문제가 부각되고 있다. 농촌 개혁 심화를 위한 많은 과제 중에서 농업 경영 체계 혁신 가속화를 위한 방법과 누가 농사를 짓고 적절한 규모 경영의 발전 문제를 어떻게 해결할 지와 같은 주요 문제에 사회적 관심이 집중되고 있다.[37]

현대 농업 경영 체계 구축의 속도를 높이려면 다양한 형태의 적절한 규모의 농업 경영이 선도적 역할을 발휘해야 하고, 현대 농업 생산 요소의 혁신과 사용에 도움이 되는 체제 메커니즘을 구축해야 한다. 선진 과학기술 성과의 응용, 금융 서비스의 제공, 농산물의 품질 향상, 생산 효율의 증

---

37   천시원(陳錫文),「경제 발전 뉴노멀에 적응하여 농업 발전 방식의 전환을 가속화하자-중앙 경제업무회의에서 한 시진핑 총서기의 중요 담화 정신을 배우고 이행하자」, 구시, 2015년, 제6기.

가, 시장 경쟁력의 향상은 일정한 경영 규모를 전제로 한다.[38] 2014년 9월 29일 시진핑 총서기는 중앙의 전면적인 개혁 심화 지도팀 제5차 회의에서 "현 단계에서 농촌 토지제도 개혁 심화를 위해 중국 농업 현대화 추진 문제를 더 많이 고려하고, 농업 및 농민 문제도 잘 해결하여 중국 특색 농업 현대화의 길을 걸어야 한다"고 지적했다. 농업의 규모화 경영 발전은 도시화 과정과 농촌 노동력 이전 규모, 농업 과학기술 발전과 생산 수단의 개선 정도, 농업 사회화 서비스 수준의 향상과 서로 맞아야 한다. 농민의 권리와 이익을 해치지 않고, 토지 용도를 바꾸지 않으며, 농업 종합 생산 능력을 훼손하지 않도록 지도를 강화해야 한다. 농민의 뜻을 존중하고, 법에 따라 자발적으로 유상으로 토지 경영권을 이전하는 원칙을 지켜야 한다. 강제 명령을 내리거나 터무니없는 행정 지시를 내리지 않도록 한다. 적당한 규모를 고수하고 식량 규모화 발전을 지원하는 데 주력해야 한다. 농민을 토지의 적절한 규모 경영의 적극적인 참여자와 진정한 수혜자로 만들어야 한다. 각지의 기반과 여건에 맞게 합리적인 경작지 경영 규모를 정하도록 유도해야 하고, 단순히 빠르고 큰 것만을 추구해서는 안 된다. 도급 경작지를 운영하는 일반 농가가 여전히 대다수를 차지하고 있는 기본적인 농촌 상황을 간과해서는 안 된다. 상공기업의 농가 도급지 임대에 대해서는 엄격한 문턱을 두어야 한다. 자격 심사, 사업 검토, 위험 보증 기금 제도 수립을 통해 진출 허가 및 관리감독에 대해 명확하게 규정해야 한다. 토지 제도 개혁을 동력으로 농업 경영 체계의 혁신을 가속화해야 한다. 개혁은 중국의 농업 발전을 위한 끝없는 원동력이다.

---

38 「현대 농업의 발전을 이끄는 '3대 체계' 구축」, 안후이일보, 2016년 4월 9일, 1면.

2) 가족 경영, 통일과 분리 결부

가족 도급 경영을 기반으로 통합과 분산이 결합된 이원적 경영 체제를 〈중화인민공화국 헌법〉제8조에 명시함으로써 중앙은 농촌 기본 경영 제도를 수립했다. 시진핑 총서기는 가족 도급 경영은 당의 농촌 정책의 초석이고 농촌의 기본 경제 제도이기 때문에 절대로 흔들려서는 안 된다고 지적한 바 있다. 18차 당대회 이후, 시진핑 총서기는 농업에서의 가족 도급 경영의 기본 지위를 계속 강조해왔으며 집단 소유권, 농가 도급권, 토지 경영권을 서로 분리하는 '삼권분리'를 통해 가족 경영 자체의 재산권 구조 문제에 대한 답을 제시했다. 이는 중요한 경험을 종합하고, 이론을 계승하고 혁신한 끝에 얻은 결론이다. 이론적으로 가족 경영의 두드러지는 역할은 농업 산업의 특성에 의해 결정된다. 농업은 생산 공간이 흩어져 있고, 자연환경의 미세한 변화에 즉각 대응해야 하는 필요성이 있기 때문에 농업 생산 감독에 대한 비용이 높아진다. 농가 가족 구성원은 이익에 대한 목표가 같기 때문에 노동량 측정 혹은 과정에 대한 감독을 거의 하지 않아도 원활하게 농업 생산을 이끌 수 있다. 그렇기 때문에 농업 생산 감독비용을 최소화 할 수 있다. 가정을 농업 생산의 기본단위로 삼아야만 생산자가 노동의 전체 과정을 책임질 수 있고, 다양한 변화에 따라 빠르게 대처할 수 있도록 보장할 수 있다.[39]

가족 경영의 규모와 조직상의 한계는 통일 및 분리 결부 문제와 연관된다. 시진핑 총서기는 저서 『빈곤탈출』에서 '통일'과 '분리'의 관계를 정

---

39 한쥔(韓俊), 「농업 개혁은 반드시 가족 경영을 기반으로 해야 한다」, 경제일보, 2014년 8월 7일, 14면.

립하고, 한편으로는 농촌 협동 경제 조직의 이원적 관리 시스템의 지속적인 안정화와 개선 그리고 발전을 시킬 수 있는 방법에 대해 논술했다. 시진핑 총서기는 그의 박사학위 논문에서 "일부에서는 농촌 시장화를 일방적으로 강조하며 농민의 조직화를 외면하고, 또 다른 일부에서는 농민의 조직화만을 강조하며 농촌 시장화에 의문을 품고 심지어는 '조직화된 농촌 시장화의 길을 걸어야 한다'고 주장하는 경우도 있다"고 지적했다.[40] 시장 정보의 비대칭성 때문에 농민들이 시장에서 거래할 때 불이익을 받는 경우가 많다. 아울러 농민들이 고도로 분산되어 있기 때문에 맹목적으로 시장화를 촉진하고 조직을 무시하면 농민들의 이익이 훼손될 뿐만 아니라 전체 농촌시장의 구조가 공정 경쟁의 궤도에서 벗어나게 되어 독점의 출현으로 이어질 것이다. 농민을 조직화하고, 조직화된 농촌 시장의 길을 가야만 시장에서 더 이상 '가격 수용자'가 아닌 협상자로서의 농민의 지위를 향상시키고, 흩어진 농민들이 유기적인 전체를 이루어 효과적인 시장 경쟁력을 형성할 수 있게 된다. 아울러 농민들을 최대한 빠르게 국내외 시장에 안전하고 원활하게 진출할 수 있도록 만들어 시장 진입 비용을 효과적으로 줄이고 농산물의 시장 경쟁력과 시장 점유율을 높일 수 있다. 중국이 많은 농민들을 모아 조직하고, '지원'을 통해 그들을 국내외 시장으로 안전하고 순조롭게 진출하도록 유도하지 못한다면 농업 시장화 추진과 농업 현대화 실현의 가속화가 모두 불가능할 것이다.

시진핑 총서기가 저장성 당 서기 당시 발표한 지방법규인 〈저장성 농민전문합작사조례〉는 2006년 〈중화인민공화국 농민전문합작사법〉제정

---

40   천린(陳林), 「시진핑 '삼농' 사상의 발전 맥락」 참조, 인민논단, 2015년 10월 하.

에 큰 영향을 주었다. 2006년 시진핑 총서기는 농민들의 전문 협력, 공급 및 마케팅 협력, 신용 협력의 '삼위일체'를 더욱 주창하고, 저장 루이안에 서 가장 먼저 테스트하기 위해 직접 성 전체 현장 회의를 열어 전체 경험 을 총결산하고 보급했다. 이론적으로는 '세 가지 협력 기능 및 협력 조직의 일체화, 세 단계 협력 체계의 통합'으로 확대 해석할 수 있다. 이는 일종의 대규모 종합 농촌 협력 조직이다. 이 시점에서 '삼위일체' 협력 이론은 이 미 기본적으로 확립되었고, 실천 과정에서 실제로도 중요한 지도적인 역 할을 수행했다.[41]

3) 집단 경제 조직 재편

집단 경제 조직의 강점 발휘를 중요하게 생각해 온 시진핑 총서기는 집단 경제의 힘을 강화하는 목적은 집단 경제조직의 '통합' 기능을 발휘하 기 위한 것이라고 지적했다. 첫째, 농지 기본 건설을 통일적으로 계획하고 농기계, 수리 등 기술 장비와 시설의 사용 및 관리를 강화한다. 둘째, 국가 계획과 현지 조건에 따라 생산 배치와 식물 재배를 합리적으로 계획한다. 셋째, 생산의 모든 과정과 생산 후의 사회 서비스 시스템(생산, 과학기술, 농 업 생산 자재 공급 및 농산물 판매 등 포함)을 확립해야 한다. 넷째, 농촌 경제와 사회의 안정적이고 조화로운 발전을 도모하기 위해 농촌 개혁과 농촌 발 전을 관리해야 한다.[42]

---

41 천린, 「시진핑 '삼농'사상의 발전 맥락」참조, 인민논단, 2015년 10월 하.

42 시진핑, 「빈곤 탈출」, 푸젠인민출판사, 2014년판, 136면.

4. 농업 현대화의 열쇠는 과학기술의 진보에 있다

과학기술은 현대 농업을 위한 중요한 뒷받침이고, 농업 현대화의 열쇠는 과학기술 진보에 있다. 시진핑 총서기는 중국의 농업 발전을 위해서는 과학기술을 통한 농업 활성화를 기본 정책으로 삼아 과학기술 발전에 의존하여 플랜테이션과 양식업의 단위 면적당 생산량을 높임으로써 높은 생산, 저소비, 양질의 고효율적인 농업 생산 체계를 형성해야 한다고 지적했다. 시진핑 총서기는 "1968년 산시(陝西)성 북부 옌촨(延川)현, 량자허(梁家河) 마을에 있었을 때 바이오매스화 기술과 관련된 일만 했지만 과학 기술 발전을 추진하는 단맛을 보았다."[43]고 회상했다. 푸젠성 성장 역임 당시 그는 농촌에 특별 지원 인력을 파견한 '난핑(南平)경험'을 발견하고 보급했고, 이 경험을 저장과 다른 성으로까지 성공적으로 도입시켰다. 시진핑 총서기는 농업에 과학기술의 날개를 달아 생산량과 효율 증대시키는 것에 주목했다. 좋은 품종과 좋은 재배 방식을 매칭하고, 농기계와 영농기술의 결합하며, 생태와 조화를 이루는 생산 원칙에 따라 농업기술의 집약화, 노동과정의 기계화, 생산관리의 정보화, 안전 및 환경보호의 합법화를 촉진해야 한다고 지적하고, 높은 생산량과 고효율, 우수한 품질의 생태 및 안전한 농업 개발 요건을 충족하는 기술 체계를 구축해야 한다고 강조했다.[44]

현재 중국 농업의 발전은 과학기술을 통해 자원과 환경의 제약을 극복하고 지속적이고 안정적인 발전을 실현해야 하는 새로운 단계에 도달했

---

43 시진핑, 「빈곤 탈출」, 푸젠인민출판사, 2014년판, 138-139면.

44 「18기 3중 전회 정신을 성실하게 이행해 전면적인 개혁 심화를 위한 강력한 긍정 에너지를 모아야 한다」, 인민일보, 2013년 11월 29일, 1면.

다. 시진핑 총서기가 2016년 '양회' 기간 중 후난대표단의 심의에 참석해 과학적인 농경지 활용이 중요하다고 지적했다. 우리는 토지에서 양식을 얻어야 할 뿐 아니라 과학기술을 통해서도 식량을 얻을 수 있어야 한다. 과학기술 진보에 의해 단위면적당 생산을 향상시키는 함축적인 발전의 길을 가야 한다. 연구 개발을 통해 식량 생산 기술을 촉진하고, 과학기술을 이용해 식량의 수급 균형을 유지한다. 식량 시장의 균형 상태에 따라 적시에 그에 상응하는 기술을 적용함으로써 식량 생산을 위해 과학기술이 항상 뒷받침을 할 수 있도록 유지한다. 토양 보존과 우량 품종의 보급, 표준화된 다수확 고효율 녹색 기술 모델을 채택하여 식량 생산 효율과 수준을 향상시킨다. 이렇게 해야만 농업에 날개를 달아줄 수 있다.[45]

1990년 시진핑 총서기가 '대농업 발전의 길'을 언급한 이후, 과학기술을 통한 농업 강화 문제에 대해 밝힌 그의 견해는 뛰어났다. 그는 "중국 농업 발전은 과학기술을 통한 발전을 기본 정책으로 삼아 과학기술 진보에 의지하고, 재배업과 양식업의 단위면적당 생산량을 높임으로써 높은 생산성과 저소비, 양질의 효율적인 농업 생산 체계를 형성해야 한다"고 지적했다[46]. 시진핑 총서기는 과학기술의 힘으로 도저히 이용할 수 없었던 자원을 개발해 사용할 수 있게 되고, 과학기술의 진보에 의해 요소의 투입을 절약하고, 농부산품의 판매시장을 확대할 수 있으며, 농민의 생산 수준을 개선할 수 있다고 강조했다. 시진핑 총서기는 농업 현대화에서 과학기술 인재의 역할을 매우 중요하게 생각했다. 2013년 중앙 농촌업무회의에서

---

45 궈쥔쿠이(郭俊奎), 「시진핑의 '곡창지대 보호와 합리적이고 과학적인 농경지 자원 활용'이 전하는 새로운 개념은?」, 인민망(人民網), 2016년 3월 9일.
46 시진핑, 「빈곤 탈출」, 푸젠인민출판사, 2014년판, 138면.

농민의 자질을 향상시키고, 새로운 유형의 농민을 육성하고, 청년 농민 육성을 국가 실용 인재 양성 계획에 포함시켜 농업의 뒤를 이을 인재를 확보해야 한다고 강조했다. 새로운 유형의 농업 경영주체 육성 가속화를 중요한 전략으로 삼아 젊은 층의 영농 참여와 직업 농부 육성에 역점을 둔 특별 정책 메커니즘을 마련하고, 직업 농부 대열을 구축함으로써 농업 현대화 건설과 농업의 지속적이고 건강한 발전을 위한 튼실한 인적 기반과 보장을 할 수 있도록 해야 한다. 2013년 11월 초, 시진핑 총서기는 후난(湖南) 시찰 당시 위안룽핑(袁隆平)과 같은 과학 인재들이 장점을 최대한 활용하고 농업 과학 기술 혁신과 표준화된 농업 생산을 촉진하며 농업의 종합 생산 능력과 전반적인 자질을 향상시킬 것을 특별히 당부했다.[47] 같은 해 11월 27일 산둥성 농업과학원 심포지엄에서 그는 농업에 과학기술의 날개를 달아 농업기술의 집적화, 노동 프로세스의 기계화, 생산과 운영의 정보화, 안전과 환경보호의 합법화를 추진함으로써 높은 생산, 고효율, 생태적이고 안전한 농업 발전 요구를 충족시키는 기술 체계 구축에 박차를 가해야 한다고 지적했다.[48]

---

47   쉬서우성(徐守盛), 「현대 농업 건설에서 새로운 돌파구 모색-현대 농업 발전에 관한 시진핑 총서기의 중요 담화 정신을 배우자」, 구시, 2014년, 제14기.

48   「18기 3중 전회 정신을 성실하게 이행해 전면적인 개혁 심화를 위한 강력한 긍정 에너지를 모아야 한다」, 인민일보, 2013년 11월 29일, 1면.

제6장

도농 통합 발전 추진

시진핑 총서기의 도농 지역 통합 발전에 관한 중요한 논술은 중국의 도농 경제와 사회가 뉴노멀 상태로 들어서면서 직면할 수 있는 문제에 대한 과학적인 분석을 바탕으로 풍부한 함축적인 의미와 함께 예리하고 깊이 있는 관찰력, 풍부한 민족성과 시대적 배경이 포함된 사상을 이루었다. 이는 중국 특색 사회주의 도농 통합 발전에 대한 인식을 새로운 차원으로 끌어 올릴 것이며, 시진핑 신시대 중국 특색 사회주의 사상의 중요한 구성 부분으로 되었다.

1. 도농 통합 발전 추진의 중대한 의의

개혁개방 이후 농촌 지역의 개혁 추진에 앞장서 왔으며 농촌 지역의 면모도 큰 변화를 보이고 있다. 하지만 도농 간 오래된 이원적인 구조와 발전 격차가 벌어지는 상황이 근본적으로 바뀌지는 않았다. 최근 몇 년 동안 당 중앙은 '삼농' 문제의 원활한 해결을 전체 당 업무의 최우선으로 삼았다. 농업의 기초적인 지위가 강화되었고, 농촌의 사회사업이 크게 개선되어 전반적인 도농 발전과 도농 관계 조정에서 상당한 진전을 거두었다. 그러나 과도한 부채와 인프라 부족, 부조화와 불균형으로 인해 중국의 도농 갈등은 여전히 두드러져 도농 통합 발전 가속화에 대한 중요성과 요구가 더욱 부각되고 높아지고 있다. 16차 당대회에서 처음으로 '도농 경제 사회 발전 통합' 전략을 명확하게 밝혔고, 17차 당대회는 도시와 농촌 경제 사회 발전의 새로운 통합 패턴을 이루기 위해 공업으로 농업을 촉진하고, 도시가 농촌을 이끄는 장기적인 메커니즘을 구축할 것을 제안했다. 18차 당대회는 도농 통합 발전이 '삼농' 문제를 해결하는 근본적인 방법이라고 더욱 명확하게 밝혔고, 19차 당대회는 건전한 도농 융합 발전 체제 메커니즘과 정책 체계 구축을 제안했다.

시진핑 총서기는 도농 통합 발전 촉진은 산업화·도시화·농업 현대화가 특정 단계로 발전하는 필연적인 요구이며 현대화의 중요한 상징이라고 지적했다.[1] 그러나 13억 명 이상의 인구를 가진 중국에게 있어서 도농 통합과 조화로운 발전의 실현은 장기적이고도 막중한 임무로 떠올랐고, 실현된다면 인류 발전 역사의 위대한 쾌거가 될 것이다. 시진핑 총서기는 〈중앙의 전면적인 개혁 심화에 관한 몇 가지 주요 문제의 결정'에 대한 설명〉에서 "도농 발전의 불균형과 부조화는 중국 사회 경제 발전이 안고 있는 두드러진 모순으로 전면적인 샤오캉사회 실현과 사회주의 현대화 가속화를 위해 반드시 해결해야 할 중대한 문제이다"라고 지적했다.[2] 그는 현재 중국의 경제력과 전반적인 국력이 크게 향상되었으며 도농 통합 개발

---

1   「도시-농촌 발전의 통합 체제 메커니즘을 개선하여 더 많은 농민들이 개혁과 발전의 결실을 공유하도록 하자」, 인민일보, 2015년 5월 2일, 1면.

2   시진핑, 「'전면적인 개혁 심화와 관련한 몇 가지 주요 문제에 관한 중앙의 결정'에 대한 설명」, 인민일보, 2013년 11월 16일, 1면.

중국 특색 사회주의 농촌 활성화의 길로 나아가다

을 지원할 수 있는 물질적·기술적 여건이 갖춰져 있어 공업이 농업을 육성하고, 도시가 농촌을 지원하는 발전 단계에 도달했다고 강조했다.

2. 도농 통합 발전 추진을 위한 전략적 방법

시진핑 총서기는 "도농 통합 발전 추진을 위해서 중국 국정, 도농 발전 불균형과 이원적 구조를 가진 현실 상황, 자연 부존자원, 역사, 문화, 전통 그리고 제도 체제를 바탕으로 보편적인 법칙을 따라야 하고, 기존의 규범을 묵수해서는 안 되며 국제적 선진 경험을 거울로 삼아야 하지만 그대로 답습해서는 안 된다"고 지적했다.

(1) 도농 통합 발전을 추진하려면 향토문화를 근간으로 해야 한다

수천 년의 농경 문명에서 생겨난 중국의 향토문화는 중화민족이 번영하고 발전하며 이어질 수 있는 근간이었다. 도시는 시골 마을에서 진화했기 때문에 향토문화는 도농 통합 발전을 촉진하는 정신문화 기반이라 할 수 있다. 2013년 12월 중앙 도시화업무회의에서 시진핑 총서기는 노스탤지어를 담은 새로운 유형의 도시화를 처음 제시했다. 사실 노스탤지어는 그가 오랫동안 도농관계에 대해 인식해 온 두드러진 특징 중 하나이다. 도농 통합 발전에 대한 이해에 있어서도 경제 사회 관계 측면을 뛰어넘어 인문주의적 관심의 정점을 찍었다. 1969년 젊은 시절 시진핑 동지는 깡촌이었던 산시 북부의 옌촨현 문안역공사 량자허에서 일을 하면서 고향에 대한 향수가 '싹트기' 시작했고, 노스탤지어를 담은 도농 통합의 감성에는 항상 광대한 농촌과 최하위층의 군중을 가슴에 두고 있다. 2007년 6월, 상하이 진산(金山)구 신농촌 건설 조사 연구에서 그는 농촌의 귀중한 역사적 맥락을 소중히 여기고, 농촌 문화와 자연에 대한 보호를 강화해야 한다고 제안했다.[3] 2013년 7월, 그는 후베이 어저우시 장강진(長港鎭) 퉁산(峒山)촌 조사 연구에서 도농 통합 실현과 아름다운 농촌 건설을 위해 대대적인 철거나 건설을 해서는 안 된다고 지적하고, 특히 유서 깊은 마을을 잘 보호해야 한다고 강조했다. 그에게 있어 도농 통합의 향수를 느낄 수 있는 요건 중 하나는 항상 푸른 산과 맑은 물이 흐르게 하는 것이다. 시진핑 총서기는 "농촌 문명은 중화민족 문명 역사의 주체이고, 촌락은 이러한 문명의 매개체이며, 경독(耕讀)문명은 중국의 소프트파워이다. 도농 통합 발전은 마을의 원래 모습을 완전히 유지할 수 있도록 나무를 신중하게 자르고, 호수를 메우지 않고, 집을 적게 허물어 최대한 기존의 형태를 보존하면서 주민들의 생활 조건을 개선할 수 있도록 해야 한다"[4]고 지적하고, 농촌은 중국 전통문명의 발상지로 향토문화의 뿌리가 끊어져서는 안 된다고 다시 한 번 강조했다.[5]

(2) 도농 통합 발전을 추진하려면 계획이 선행되어야 한다

도시와 농촌에 대한 계획은 도농 통합 발전을 추진하는 기본 수단이

---

3 「상하이 신농촌 건설의 새로운 국면을 열다」, 해방일보(解放日報), 2007년 6월 14일, 1면.
4 중공중앙문헌연구실에서 편집한 『18차 당대회 이후 중요 문헌 선집(상)』에 실린 시진핑의 「중앙 도시화업무 회의에서의 연설」, 중앙문헌출판사, 2014년판, 605-606면.
5 「장시(江西) 농촌 진흥의 새로운 길을 열기 위해 노력하자」, 강서일보(江西日報), 2017년 12월 4일, B03면.

다. 적절한 도농 계획은 도시와 농촌의 공공자원을 효율적으로 배치하고, 도시와 농촌 사회 경제를 조화롭게 발전시키는 데 매우 중요한 의미를 갖는다. 시진핑 총서기는 도농 통합 발전을 추진하는 과정에서 계획의 주도적인 역할을 매우 중요하게 생각해왔다. 1985년 그는 〈정딩(正定)현 경제, 기술, 사회 발전 종합 계획〉의 제정과 안배를 직접 주도하며 정딩 경제의 '3단계 발전 목표'와 '대외개방과 대내 활성화, 도시 의존, 지력(智力) 개발, 경제 발전 및 인민을 부유하게 만들기 위한 발전 방침'을 내놓았다. 2004년 그는 전국 최초의 성급 도농 통합 발전 요강인 〈저장성 도시-농촌 개발 및 도농 통합 추진 계획 요강〉제정을 주재했다. 2007년 그는 상하이 쏭장(松江)구 조사 연구에서 종합적인 도농 발전을 위해 계획이 지도 역할을 충분히 발휘하여 산업, 인프라, 인구, 사회사업 발전 등 모든 분야에서 도농 통합 발전을 촉진해야 한다고 강조했다.[6] 2013년 12월, 중앙 도시화 업무회의는 실사구시를 통해 도시의 위치를 정하고, 과학적으로 계획하고, 실질적인 행동을 취해 도시 건설에서의 시행착오를 피해야 한다고 지적했다. 2015년 4월, 그는 중국공산당 중앙정치국 제22차 공동 학습에서 "규획 체계를 완비하고, 도농 발전 계획 편성에 대한 전반적인 고려와 함께 와 여러 가지 규정을 통합해야 한다. 계획을 통해 도시와 농촌의 괴리와 농촌보다 도시를 더 중요하게 보는 시각을 확실하게 해결해야 한다"[7]고 지적했다. 이에 대해 〈생태문명 건설의 가속화 추진에 관한 중국 공산당 중앙 국

---

6 「포괄적인 도농 발전의 강도를 높이고, 사회주의 신농촌 건설에 박차를 가하자」, 해방일보, 2007년 8월 24일, 1면.

7 「도농 통합 발전 체제 메커니즘을 완비하여 많은 농민들이 개혁 발전의 성과를 누리도록 하자」, 인민일보, 2015년 5월 2일, 1면.

무원의 의견〉은 현 지역의 마을에 대한 계획을 개선하고, 계획의 과학성과 구속력을 강화함으로써 도시와 농촌 계획아 권위를 지키고, 대규모 철거와 건설에 대한 심각성을 깨닫고 종지부를 찍을 수 있도록 만들어야 한다고 지적했다.

(3) 도농 통합 발전을 추진하려면 '이륜구동(雙輪驅動)'을 견지해야 한다

시진핑 총서기는 도시 건설과 신농촌 건설은 도농 통합 발전 추진에서 똑같이 중요한 부분으로 그 어느 하나라도 소홀히 해서는 안 된다고 지적했다. 2011년 9월 그는 텐진에서 "도시화 전략 및 관련 정책을 더욱 보완하여 도시 배치와 구조를 최적화하고, 도시의 산업 집중 능력, 인구 수용력 및 지역 발전 복사 추진력을 강화함으로써 새로운 도시화와 신농촌 건설이 상호 발전을 촉진하고 함께 향상시킬 수 있도록 해야 한다"고 강조했다. 2013년 7월, 시진핑 총서기는 후베이를 시찰하면서 "도시화가 70%정도 이루어진다고 해도 여전히 4억~5억 명이 농촌에서 살고 있다"며, 농촌을 절대로 황폐한 농촌, 남겨진 농촌, 추억 속의 고향으로 만들어서는 안 된다고 강조했다. 고향은 영원히 고향일 것이고, 시골을 없애는 것이 도시화는 아니다. 도농 통합은 농촌을 도시와 동질화된 일부분으로 만드는 게 아니라 도시와 농촌, 공업과 농업이 차별화되지만 조화로운 발전을 실현하는 데 있다. 그는 중국공산당 중앙정치국 22차 공동 학습에서 신농촌 건설을 계속 추진하면서 새로운 도시화와 함께 조화롭게 발전하고 상호 혜택을 통한 통합을 이루는 이륜구동을 형성해야 한다고 지적했다. 도시화는 중국 현대화가 반드시 가야하는 길이고, 지속되어야 하는 전략이다. 시진핑 총서기는 농촌 문화와 생태 보호에 주의를 기울이고, 후세에도 명성을 남길 수 있는 높은 수준의 농촌 마을을 많이 건설해야 한다고 강조했다.[8] 19차 당대회 보고에서 시진핑 총서기는 '농촌 활성화 전략 추진'을 언급하며, 농업 및 농촌 발전을 우선순위로 두고, 산업 번영, 생태적 보금자리, 농촌 문명, 효과적인 거버넌스 및 풍요로운 삶의 요구에 따라 도농 통합 발전 체제 메커니즘과 정책 시스템을 마련하고 개선함으로써 농촌 현대화 추진을 가속화해야 한다고 강조했다.[9]

3. 새로운 유형의 공업과 농업 관계 및 도시와 농촌 관계 형성

오랫동안 비합리적이었던 공업과 농업 관계, 도시와 농촌 관계는 중국 경제 사회의 건전하고 조화로운 발전을 제약해 온 원인이었다. 공업과 농업 관계, 도시와 농촌 관계를 정확하게 파악하고 처리하는 것은 국가 개혁·발전·안정 등 전반적인 상황과 관련이 있기 때문에 항상 중국 현대화 과정에서 전반적이고 전략적 의미를 갖는 중요한 과제이다. 시진핑 총서기는 새로운 유형의 공업과 농업 관계 및 도시와 농촌 관계를 추진하는 과정에서 오랫동안 실천을 모색하고 이론적인 사고를 해왔다.

---

8   「천 개 마을 시범, 만 개 마을 정비-저장성의 과학적 발전관 실시와 도농 통합 발전에 관한 기록」, 인민일보, 2004년 8월 10일, 6면.

9   시진핑, 「전면적인 샤오캉사회를 실현하고 신시대 중국 특색 사회주의의 위대한 승리를 거두자-중국공산당 제19차 전국대표대회 보고」, 인민출판사, 2017년판, 32면.

(1) 상품을 뉴대로 도농 통합 추진

이러한 도농 통합 관계는 시진핑 총서기가 정딩에서 근무하는 동안 도시와 농촌 간 적절한 공급과 수요를 가진 상품경제 시스템을 구축한 데서 비롯됐다.

농공 관계와 도농 관계에 대한 시진핑 총서기의 연구와 성찰은 정딩현에서 시작되었다. 1983년 11월 1일 그는 '상품 경제 발전 강화' 연설에서 "당 11기 3중 전회 이후 자급자족하는 자연 경제는 이미 무너졌다. 상품 생산의 대대적인 발전은 농촌 경제 발전의 필연적인 추세가 되었기 때문에 가능한 빨리 '자연 경제' 개념에서 벗어나 상품 생산 법칙을 깊이 이해하고 파악하며, 적극적이고 의식적으로 발전을 추진해야 한다"고 지적했다. 같은 해 12월 22일 그는 '상품 경제 발전을 위한 6가지 관계에 대한 올바른 처리'를 주제로 한 연설에서 농업을 잡지 못하면 안정될 수 없고, 공업을 잡지 못하면 부유해질 수 없고, 상업을 잡지 못하면 살 수 없다는 지도이념을 확립했다. 상품 경제 발전의 시각에서 전반적인 상황을 종합함으로써 농업·공업·상업의 포괄적인 관리를 통해 전면적으로 발전시키고, 농촌 업무의 새로운 국면을 열어야 한다고 지적했다. 현 전체의 경제 업무 중심을 상품 경제 발전으로 전환한 후 그는 도시에 의탁하고, 도시에 봉사하며, 스자좡으로 들어가고 베이징과 텐진에 파고 들어 산시(山西)와 네이멍구(內蒙古)를 꽉 잡아 전국으로 향한다는 '반교외형[半城郊型]' 경제 발전 전략을 수립했다. 1984년 2월 8일, 그는 〈정딩이 '반교외형' 경제 발전의 길을 가는 게 적절하다〉라는 제목의 연설에서 '반교외형' 경제란 말 그대로 도시에 의존하고, 상품 생산이 비교적 발달되어 있고, 도시와 농촌, 공업과 농업이 밀접하게 연계되어 있는 '교외형' 경제의 특징과 일반 농촌 경제의

중국 특색 사회주의 농촌 활성화의 길로 나아가다

특징을 가지는 두가지 유형의 경제가 결합된 중간적인 경제라고 밝혔다. 이를 위해 그는 <사업의 중점을 신속하게 차근차근 농업, 공업, 다양한 경영으로 전환하는 것에 관한 결정>을 내놓았다. 만족할 수 있는 곳에 투자하고, 필요한 것을 공급하며, 장점은 취하고, 단점은 보완하면서 상황에 따라 변할 수 있는 방침을 내놓고, 전체 현의 생각을 통일해 다각화된 관리와 특수 재배를 적극적으로 개발하도록 함으로써 도시가 필요로 하는 것을 심고, 도시가 필요로 하는 것은 무엇이든 가공할 수 있도록 만들어야 한다고 강조했다. 이와 관련하여 그는 "농촌 공업을 적극적으로 발전시켜 도시의 대공업을 보완하고, 위탁가공과 도시 생활 서비스를 위한 가공 업무를 적극적으로 전개해야 한다. 아울러 2차 산업을 발전시켜 농업 부가가치 상품에 대한 수준 높은 가공처리를 통해 여러 부가가치를 실현할 수 있도록 해야 한다"고 더욱 강조했다. 1984년 6월 17일 인민일보는 「정딩의 탈바꿈」이란 제목의 문장에서 새로운 농공 관계와 도농관계를 둘러싼 정딩의 과감한 시도를 긍정적으로 평가하고, 정딩의 경제가 막다른 골목에서 벗어나 부를 쌓을 수 있게 되면서 도시를 위해 서비스를 제공할 수 있었을 뿐 아니라 도시의 주머니를 열게 만들어 남을 돕는 와중에 스스로를 발전시킬 수 있었다고 칭찬했다.

(2) "공업으로 농업을 촉진하고, 도시가 농촌을 이끄"는 데 대한 포괄적인 실천과 사고

2002년 이후 16차 당대회 개최를 기점으로 중국의 도농관계는 새로운 역사적 단계로 접어들었고, 발전을 위해 과거 공업과 도시만을 중시하고, 농업과 농촌을 경시하던 경향이 점점 바뀌면서 도시와 농촌을 전체적으로 함께 발전시키는 단계로 들어서게 되었다. 2004년 12월에 열린 중앙 경제업무회의에서 처음으로 '중국은 이미 공업으로 농업을 촉진하고, 도시가 농촌을 이끌어가는 발전 단계로 접어들었다'는 중요한 논지를 명확하게 제시했다. 이는 공업과 농업, 도시와 농촌의 조화로운 발전을 위한 새로운 시기의 과학적 판단이었다. 저장에서 근무했던 2002년-2007년은 시진핑 동지가 '공업으로 농업을 촉진하고, 도시가 농촌을 이끄는 문제'에 대해 전반적으로 탐구하고 생각했던 시기였다. 2002년 12월, 시진핑 총서기는 "도시화에 박차를 가하고, 생산 요소를 모으고 통합하기 위해 도시가 충분한 역할을 수행하여 도농간 이원적 관리 체제 개혁을 더욱 심화함으로써 도시와 농촌 지역의 통합 개발을 적극적으로 촉진해야 한다"고 지적했다. 2003년 1월, 시진핑 동지는 도농 통합 계획이 새로운 시대에 '삼농' 문제를 해결하는 '골든 키'라고 지적했다. 같은 해 6월 '천 개 마을 시범, 만 개 마을 정비[千村示范, 萬村整治]'를 시행했다. 이는 도농 발전을 총괄하고 전면적인 샤오캉사회 구축을 위한 중요하고도 실질적인 조치이며, 지역 간, 도농 간, 경제와 사회, 인간과 자연 사이의 조화로운 발전을 촉진하는 중요한 조치라고 강조했다. 2004년 시진핑 동지는 전국 최초로 성급 차원의 도농 통합 발전 요강을 시행했다. 도시와 농촌 산업의 내재적 연결을 더욱 강화하고, 공업화 개념을 통한 농업 산업화를 촉진할 필요가 있다고 확실하게 밝혔다. 그는 "도시와 농촌의 사회 경제 발전을 종합적으로 계획하여 도시와 농촌의 이원적 구조를 점차적으로 없애고, 도시와 농촌 주민 생활의 질과 수준을 지속적으로 향상시켜 도시가 농촌을 이끌고 공업으로 농업을 촉진하며 도시와 농촌이 함께 발전하는 구조를 이루기 위해 노력해야 한다"고 강조했다.[10] 2005년 시진핑 동지는 새로운 시기 '삼농' 업무를 위한 '반드시 해야 하는 5가지[五個務必][11]' 요구를 제시했다. 그는 〈대대적이고 종합적인 도농 발전 전략의 실시를 통해 저장의 전면적인 샤오캉사회 실현에 박차를 가하자〉는 글에서 저장성의 도농 발전 총괄 및 도농 통합 추진을 위한 '8가지 분야' 업무를 총결산했다. 2006년 1월 그는 〈'삼화(三化)'[12]로 '삼농'을 이끌어 도시와 농촌의 공동 번영을 이루자〉는 글에서 '공업과 농업의 관계, 도시와 농촌 관계는 항상 현대화 건설 과정에서 반드시 처리되어야 하는 문제이며, 편차가 발생하기 쉽지만 전반적인 의미를 가지는 문제 중 하나'라고 지적했다. 같은 해 8월 그는 저장성 도시업무회의에서 "자원을 절약하고, 친환경적이며, 경제 고효율과 사회 조화를 추구하고, 크고 작은 도시와 소도시가 조화롭게 발전하며, 도시와 농촌이 상호 발전을 촉진하는 새로운 도시화의 길을 확고하게 걸어야 한다"고 강조했다.

(3) 새로운 공업과 농업 관계, 도시와 농촌 관계 구축

중앙에서 근무 후 시진핑 총서기는 국가 차원에서 새로운 공업과 농업 관계, 도시와 농촌 관계의 형성에 대한 포괄적이고 체계적인 사고를 하기 시작했다. 18차 당대회 보고서는 "공업으로 농업을 촉진하고, 도시가 농촌을 이끌며, 공업과 농업이 서로에게 혜택을 주고, 도시와 농촌이 하나

---

10   시진핑, 「'3개 대표론' 중요 사상으로 실천을 지도하자」, 인민일보, 2003년 8월25일, 9면.

11   옮긴이 주: 반드시 집권당은 인민을 위해 '삼농'을 중요하게 생각하고, 인본 중심의 '삼농'을 모색하고, 도농 통합 계획을 통해 '삼농'을 일으켜야 하며, 개혁개방을 통해 '삼농'을 촉진하고, 실무적으로 '삼농'을 파악해야 한다. [务必执政为民重"三农", 务必以人为本谋"三农", 务必统筹城乡兴"三农", 务必改革开放促"三农", 务必求真务实抓"三农"].

12   옮긴이 주: 도시화, 공업화, 정보화.

가 되는 새로운 유형의 도농 관계를 확립해야 한다[13]'고 지적했다. 이로써 도농 통합 발전을 위한 더욱 명확한 방향과 목표를 제시했다. 2013년 3월, 그는 제12기 전국인민대표대회 1차 회의 장쑤대표단 간담회에 참석해 도시화를 향해 혼자서는 돌진할 수는 없다고 지적하고, 공업화와 도시화가 서로에게 좋은 작용을 하고, 도시화와 농업 현대화가 서로 조화를 이룰 수 있도록 함께 작전을 짜고 협조해야 한다고 강조했다. 2013년 11월 당 18기 3중 전회의 전면적인 개혁 심화에 관한 결정은 '도시와 농촌의 이원적 구조가 도농 통합 발전을 제약하는 주요 장애물'이라고 판단하고, 체제 메커니즘을 완비해야 한다고 지적했다. 공업으로 농업을 촉진하고, 도시가 농촌을 이끌며 공업과 농업이 서로에게 혜택을 주고, 도시와 농촌이 하나가 되는 새로운 유형의 도농 관계를 확립함으로써 많은 농민들이 현대화 과정에 동등하게 참여하고 현대화 결과를 공유할 수 있도록 해야 한다[14]고 덧붙였다. 2015년 4월 30일 시진핑 총서기는 중국공산당 중앙정치국 제22차 공동 학습에서 공업과 농업, 도시와 농촌을 하나로 보고 종합적인 계획을 세워야 한다고 지적하고, 계획과 포석, 요소 배분, 산업 발전, 공공 서비스, 생태보호 분야에서 도시와 농촌의 상호 통합과 공동 발전을 촉진해야 한다고 강조했다. 도농 융합 체제 메커니즘 구축을 통해 도농 주민의 기본권 평등, 도농 공공 서비스의 평준화, 도농 주민 소득의 균등화, 도농 요소

---

13 후진타오, 「확고부동하게 중국 특색 사회주의의 길을 따라 앞으로 나아가고, 전면적인 샤오캉사회 실현을 위해 노력하자-중국공산당 18차 전국대표대회 보고」, 인민출판사, 2012년판, 24면.

14 중공중앙문헌연구실에서 편집한 『18차 당대회 이후 중요 문헌 선집(상)』에 실린 시진핑의 「전면적인 개혁 심화를 위한 몇 가지 주요 문제에 대한 중국공산당 중앙의 결정」, 중앙문헌출판사, 2014년판, 523면.

의 합리적인 배분, 도농 간 산업 발전 통합을 점진적으로 실현하는 데 주안점을 두고 있다. 19차 당대회 보고에서 시진핑 총서기는 '도농 융합 발전 메커니즘 및 정책 체계 구축과 완비' 및 '농촌의 1차, 2차, 3차 산업의 융합 촉진'이라는 두 가지 융합 발전 개념을 제시했다. 이는 도시의 인재, 기술, 자금과 같은 발전을 위한 요소들이 농촌으로 더 잘 내려갈 수 있도록 유도해 농업이 공업을 촉진하고, 농업과 공업이 상호 유익한 발전을 보다 잘 실현할 수 있는데 도움이 된다.

4. 도농 통합 발전 체제 메커니즘 완비

18차 당대회 이후, 시진핑 총서기는 새로운 전략적 관점에서 종합적이고 체계적으로 도농 통합 발전을 위한 제도 메커니즘을 수립하고 완비해야 한다고 밝혔다. 2008년 3월 그는 제11차 전국인민대표대회 1차 회의 산시 대표단 심의에 참석해 "개혁 및 혁신 정신으로 종합적인 도농 발전을 위해 공업이 농업을 촉진하고 농촌 발전을 도모하는 장기적인 메커니즘을 구축함으로써 도농 통합 발전 구도를 이루어야 한다"고 강조했다. 2008년 5월, 시진핑 동지는 산둥 시찰 당시 경제와 사회 및 각종 사회사업 간의 조화로운 발전을 촉진하기 위한 통일된 계획을 견지해야 한다고 강조했다. 2011년 8월 쓰촨 조사 연구에서 "도농 통합 발전에 대한 요구 사항을 계속 준수하고, 도시와 농촌 지역의 이원적 구조의 제도적 장벽을 제거하기 위해 노력해야 한다. 농촌 공공사업을 대대적으로 발전시켜 도농 간, 다양한 집단 간의 공공서비스 평준화를 점차적으로 실현하고, 도시와 농촌이 상호 촉진하고 협력 발전할 수 있도록 추진해야 한다"고 강조했다. 2013년 10월 그는 전국 농촌 거주환경개선 업무회의에서 "각 지역의 신농촌 건설은 지역 여건에 따라 분류해 지도하고, 사전 계획을 세우고, 메커니즘을 개선하고, 우선순위를 강조해야 한다. 종합적으로 계획하고 조정함으로써 장기적인 노력을 통해 농촌의 생산 및 생활 조건을 종합적으로 개선해야 한다"고 지적했다. 2015년 4월 30일 시진핑 총서기는 중국공산당 중앙정치국 제22차 공동 학습에서 "도농 통합 발전을 위한 체제 메커니즘 개선은 전체적이고 장기적인 중요한 과제다. 모든 지역과 부처에서는 이 임무의 중요성과 시급성을 충분히 인식하고, 정층설계, 체제 계획과 혁신 메커니즘을 강화해야 한다. 또한 맞춤형 정책 조치를 취하여 끊임없이 획기적인 진전을 이루어 높은 수준의 도농 통합 발전을 점차적으로 실현할 수 있도록 노력해야 한다"고 지적했다.

도농 통합 발전 체제 메커니즘 개선과 관련, 당 18기 3중 전회는 새로운 농업 경영 체제를 구축하고, 농민에게 더 많은 재산권을 부여하며, 도농 간 요소의 평등한 교환과 공공자원의 균등한 분배 등을 포함하는 개혁조치를 제시했다.

(1) 농촌 개혁의 강도를 높이고 도농 통합 발전 체제와 메커니즘 구축을 추진해야 한다

2016년 4월 25일 시진핑 총서기는 농촌 개혁 간담회에서 새로운 상황에서 농촌 개혁 추진의 강도를 높여 농업 기반을 안정시키고, 농민들이 편안하게 생활하고 사업에 종사할 수 있도록 추진해야 한다고 강조했다. 샤오강촌은 농촌 개혁의 주요 발상지이다. 샤오강촌의 전면적인 도급 등 농업 생산 책임 제도를 근거로 가계 도급 경영이 이루어졌고, 이를 기반으로 통합 및 분산 관리가 결합된 이원적 경영 체제는 중국공산당 농촌 정책의 중요한 초석이다. 개혁개방 이후 위대한 농촌 개혁의 실천은 중국의 농업 생산, 농민생활, 농촌 면모에 엄청난 변화를 일으켰고, 아울러 중국의 개혁개방과 사회주의 현대화 건설에도 큰 공헌을 했다. 이러한 큰 변화로 인해 수많은 농민들이 잘 살 수 있다는 밝은 미래를 보게 되면서 중국공산당을 따라 중국 특색 사회주의의 길로 가는 것에 대한 믿음이 단단해졌다. 농촌 개혁의 성공적인 실천과 경험을 오랫동안 꾸준하게 유지하며 끊임없이 완비해야 한다. 농촌 기본 경영 제도를 개선하기 위해 토지 도급권을 보류하고, 토지 경영권을 양도하는 농민들의 뜻을 따라 농민의 토지 도급 경영권을 도급권과 경영권으로 분리해 실시함으로써 도급권과 경영권의 분리와 병행을 실현해야 한다. 시진핑 총서기는 농촌 개혁을 심화시키기 위해서는 여러 요소들의 상호작용이 필요하다고 지적했다. 농촌 기본 경영 제도를 유지하고 개선하면서 농촌 집단 자산 소유권과 주식협력제 개혁을 추진해야 한다. 새로운 유형의 농업 경영체계 구축에 박차를 가하고, 공급판매합작사의 종합 개혁을 추진하며, 농업 지원 및 보호 시스템을 개선하고, 농업 이전 인구의 시민화를 실현하고, 도농 통합 체제 메커니즘을 완비하기 위해 노력해야 한다.

(2) 농촌 개혁을 안정적으로 추진하고, 농민에게 더 많은 재산권을 부여해야 한다

안정적인 농촌 개혁 추진 과정에서 농민의 토지 도급 경영권을 법으로 보호하고, 집단 경제 조직 구성원으로써의 농민의 권리와 농가의 토지에 대한 용익물권을 보장하면서 농민 주택 재산권의 담보 대출, 보증 및 이전에 관한 시범 프로젝트를 신중하고 적절하게 추진해야 한다. 농민의 재산권에 지대한 관심을 가져왔던 시진핑 총서기는 2013년 7월 22일 우한 농업 종합 재산권 거래소를 시찰했을 때 "농촌 토지 소유권, 도급권, 경영권 사이의 관계를 잘 연구하고, 토지 이전에서 농민의 뜻을 존중하고, 기본 농지와 식량 안보를 보장함으로써 농민 소득 증대에 도움이 되도록 해야 한다"고 강조했다.[15] 2013년 11월, 시진핑 총서기는 산둥 시찰 당시 "농촌 개혁을 안정적으로 꾸준하게 추진하고, 농부들에게 더 많은 재산권을 부여하는 여건을 만들어야 한다"고 지적했다. 2014년 9월 29일 시진핑 총서기는 중앙의 포괄적 개혁 심화 지도팀 제5차 회의에서 "농민이 토지의 적절한 규모 경영에서 적극적인 참여자이자 진정한 수혜자가 되도록 해야 한다. 아울러 농민의 주식 보유를 통한 협력을 적극적으로 발전시켜야 한다. 집단 자산의 지분권을 강화하는 시범 개혁의 목표는 농민의 재산권 발굴하고, 소유권을 명확하게 하여 각종 권한과 역할을 완비함으로써 모든 농촌 생산 요소들의 잠재력을 활성화되고, 시장 경제의 요구를 충족시키는 새로운 농촌 집단 경제 운영 메커니즘을 구축하는 것이다"라고 지적했다.[16]

---

15 「전면적인 개혁개방 심화를 확고히 하고, 착실하게 경제와 사회 발전을 추진하자」, 인민일보, 2013년 7월24일, 1면.

16 「개혁 방안의 질을 엄격히 감독하여 개혁의 진전과 성과를 확보하자」, 인민일보, 2014년 9월 30일, 1면.

(3) 개혁을 심화하고, 도농 간 평등한 요소 교환과 공공자원의 균등한 분배를 추진해야 한다

개혁을 심화하고 도시와 농촌 간 요소의 동등한 교환과 균형 잡힌 공공 자원의 배분을 촉진한다. 농민공(農民工)이 같은 노동에 대해 동등한 임금을 받고, 농민이 토지 부가가치 소득을 공평하게 누릴 수 있도록 보장해야 한다. 농업 보험 제도를 완비해야 한다. 기업과 사회단체가 농촌 지역에서 다양한 사업을 운영하도록 허용해 사회 자본의 농촌 건설 투자 참여를 장려한다. 도시와 농촌의 의무교육 자원을 균형적으로 배분할 수 있도록 계획하고, 도농 주민의 기본적인 양로보험 및 의료보험 제도를 통합하고, 도농 최저생활보장 제도의 통합 발전을 추진한다. 도시의 상주인구 전체를 커버할 수 있도록 기본적인 공공서비스를 안정적으로 추진하고, 도시에 정착한 농민들이 도시 주택과 사회보장시스템에 완전히 포함될 수 있도록 한다. 2015년 4월 30일 시진핑 총서기는 중국공산당 중앙정치국 제22차 공동 학습에서 "우리는 전반적인 도농 관계에서 중요한 돌파구를 마련하기 위해 일을 강화하고 투자를 늘리며 열심히 노력해야 한다. 특히 도농의 이원적 구조를 해결하고 도농 간 요소가 평등하게 교환되며 공공자원의 균등한 분배에서 중대한 돌파구를 마련함으로써 농촌 발전에 새로운 동력을 불어 넣어 대다수 농민들이 개혁 발전 과정에 평등하게 참여하고, 개혁 발전의 성과를 함께 공유할 수 있도록 해야 한다"고 지적했다.

5. 개혁과 발전의 결실을 더 많은 농민들이 함께 누리게 해야 한다

더 많은 농민들이 개혁과 발전의 결실을 공유하도록 하는 것은 도농 통합 발전을 추진하는 지도 사상이다.

(1) 도시와 농촌의 통합 발전을 추진하는 출발점과 귀착점은 더 많은 농민들이 개혁 발전의 결실과 혜택을 함께 누리게 하는 것이다

시진핑 총서기는 도농 통합은 도시를 농촌지역으로 무제한 확장하는 것이 아니라, '삼농'의 현실을 기반으로 도시 및 도시 주민과 동등한 각종 공공서비스를 구축해 농민들이 현대화 발전의 성과를 공유할 수 있도록 하는 것이라고 지적했다. 2006년 3월 저장성 성 위원회 서기 시절 시진핑 동지는 중국중앙방송(CCTV) 기자에게 저장 신농촌 건설을 소개하면서 공공자원의 투입을 도시 위주에서 농촌으로 더 많이 돌리도록 전환하고, 농촌에 대한 지원을 확대하기 위해서는 농민의 부담을 늘리기보다는 공공 재정이 농촌 인프라 건설, 사회사업 발전, 식량안보와 사회 보장에 대한 책임을 져야 한다고 지적했다.[17] 같은 해 8월 그는 간담회에서 종합적인 도농 발전의 근본적인 출발점과 목표는 일반 사람들에게 혜택을 주고, 많은 농민들이 개혁 발전의 성과를 공유할 수 있도록 하는 것이라고 지적했다.[18]

---

17 루신(汝信), 푸충란(付崇蘭), 「중국 도농 통합 발전 보고서(2013)」, 사회과학문헌출판사, 2013년판, 13면 참조.

18 「포괄적인 도농 발전의 강도를 높이고, 사회주의 신농촌 건설에 박차를 가하자」, 해방일보, 2007년 8월 24일, 1면.

2011년 8월 당시 국가 부주석이었던 시진핑 동지는 쓰촨성 솽류(雙流)현 산 싱(三星)진 난신(南新)촌을 시찰하면서 "도농 발전 일체화 요구에 따라 도농 간 이원적 구조의 제도 장벽을 허물고 농촌 공공사업을 발전시켜 도시와 농촌 뿐 아니라 다양한 그룹에 대한 공공 서비스의 평준화를 점진적으로 실현해 도시와 농촌의 상호 진흥과 조화로운 발전을 더욱 촉진할 수 있도록 노력해야 한다"고 강조했다.

2013년 산둥 시찰 당시 도시화와 신농촌 건설을 잘 잡아야 한다고 지적했다. 미래에 70%의 도시화를 이룬다고 해도 30%는 여전히 농촌에서 생활하게 된다. 기본적인 공공서비스의 평준화를 통해 현대 농업을 발전시키고, 신농촌 건설을 적극적으로 추진하여 농촌을 농민들의 행복한 삶의 터전으로 만들어야 한다. 당 18기 3중 전회에서 시진핑 총서기는 농민에게 더 많은 재산권의 공유 발전 목표와 임무를 부여해 농민들이 현대화의 건설자이자 현대화 성과의 수혜자가 될 수 있도록 해야 한다고 처음으로 밝혔다. 19차 당대회 보고에서 시진핑 총서기는 "기본적인 공공 서비스의 평준화를 추진하기 위해 박차를 가하고, 소득 분배 격차를 줄이기 위해 정부가 재분배와 조절 기능을 잘 이행해야 한다"고 지적했다.[19]

(2) 많은 농민이 개혁 발전의 결실을 함께 누리게 하려면 '인본주의적' 도농 통합의 가치를 지향해야 한다

2013년 12월 시진핑 총서기는 중앙 도시화업무회의에서 중국처럼

---

19   시진핑, 「전면적인 샤오캉사회를 실현하고 신시대 중국 특색 사회주의의 위대한 승리를 거두자-중국공산당 제19차 전국대표대회 보고」, 인민출판사, 2017년판, 47면.

13억 이상의 인구를 가진 개도국에서 도시화를 실현한 경우는 인류 발전 역사에 전례가 없었던 일이라고 지적하고, "대규모로 확장하고, 부채를 지고, 환경을 파괴하는 불균형한 발전의 길을 다시 가서는 안 되며, 가려고 해도 더 이상 통하지 않을 것이다. 이렇게 중요한 교차점에서는 새로운 유형의 도시화를 위한 정확한 방향을 확실하게 파악해 나아가야 한다"고 강조했다.[20] 아울러 새로운 도시화는 '인본주의'의 길은 가야한다고 지적하고, "사람 중심의 도시화를 추진하고, 도시 인구의 자질과 주민 생활의 질을 향상해야 한다. 도시에서 안정적으로 취업을 하고 생활할 수 있는 상주 인구의 시민화 추진을 최우선 과제로 삼아야 한다"[21]고 강조했다. 이후 사람들이 더 많은 혜택을 받아야 한다는 생각은 '인본주의'를 고수하는 기본 원칙으로 더욱 높아졌다. 사람 중심의 도시화는 시진핑 총서기가 도농 관계를 과학적으로 파악한 후 제시한 것으로 도농 통합 발전을 추진하는 기본적인 가치 지향점으로 많은 연설에서 거듭 강조되어 왔다. 시진핑 총서기는 "지속적인 새로운 도시화는 수억 명의 중국인들이 농촌에서 도시로 더 높은 수준의 삶으로 나아가는 새로운 공간을 만들어 줄 것이다"[22]고 지적했다. 새로운 도시화는 인클로저로 도시를 이루는 토지의 도시화가 아니라 인구의 도시화이며, 새로운 도시화는 도시에서 사는 것 뿐 아니라 도시에서 행복해 지는 것을 말한다. 그 본질은 경제와 사회의 현대화이고, 근

---

20   중공중앙문헌연구실에서 편집한 『18차 당대회 이후 중요 문헌 선집(상)』에 실린 시진핑의 「중앙 도시화업무 회의에서의 연설」, 중앙문헌출판사, 2014년판, 590면.

21   중공중앙문헌연구실에서 편집한 『18차 당대회 이후 중요 문헌 선집(상)』에 실린 시진핑의 「중앙 도시화업무 회의에서의 연설」, 중앙문헌출판사, 2014년판, 592면.

22   『시진핑, 국정운영을 논하다』에 실린 시진핑의 「개혁개방을 심화하고 아름다운 아시아태평양을 함께 창조하자」, 외문출판사, 2014년판, 345면.

본적인 목적은 더 많은 주민들이 도시와 마을에 정착하여 현대 물질문명과 정신문명을 누릴 수 있도록 하는 것이다. '인구 도시화와 도시에서의 행복한 삶'을 위해 다양한 여건을 조성하고 보완해 도시 주민의 물질적·정신적인 현대화 요구를 만족시키며, 도시 인구의 자질과 주민 생활의 질을 향상시켜 사람의 전반적인 발전을 촉진해야 한다. 농촌 이전 인구의 순차적인 시민화 추진을 최우선 과제로 삼아 호적제도 개혁에 박차를 가하고, 도시 산업 지원 체계를 구축하기 위해 노력해야 한다. 농민공의 직업 훈련을 강화하고, 도시로 이주한 농민의 호적, 취업 및 지불 능력 문제를 잘 해결해 농촌 이전 인구의 시민화와 도시화를 함께 발전시키고, 이들이 진정으로 공평하게 현대화 발전의 성과를 누릴 수 있도록 해야 한다. 도시의 기본 공공 서비스가 상주인구를 커버할 수 있고, 도시 이주 농민과 자녀의 기본적인 공공 권리를 보장하며, 농업 이전 인구가 진정으로 도시 생활에 스며들 수 있도록 촉진해야 한다. 새로운 단계에서는 중앙 정부의 구체적인 시정 목표와 과제를 통해 인본주의적인 새로운 도시화가 추진되고 최종적으로 시행될 것이다. 2014년 중앙 농촌업무회의는 기존의 '세 개의 1억 인구[三個1億人]'[23] 문제를 잘 해결하기 위해 집중적으로 노력해야 한다고 지적했다. 인본주의적 도시화를 부각시키기 위해 '13차 5개년 계획'의 도시화율도 과거 단순한 상주인구 도시화율에서 상주인구 도시화율과 호적인구 도시화율로 조성되었다.

---

23   옮긴이 주: 1억 명 농민공에 도시 호적 제공, 약 1억 명이 거주하는 도시의 판자촌과 도시 마을 개선, 약 1억 명의 인구가 있는 중서부 지역 근처의 도시화 추진.

제7장

사회주의 신농촌 건설

농업이 풍성하면 기초가 강인하고, 농민이 부유하면 나라가 번영하며, 농촌이 안정되면 사회가 평안해진다. 농촌의 안정적인 번영은 국가의 안정적인 번영과 현대화 건설의 성패와도 직결된다. 오랫동안 당 중앙과 국무원은 농촌의 발전과 진보, 조화와 안정을 중시해 왔다. 현재, 사회주의 신농촌 건설은 여전히 당 전체 사업의 최우선 과제이다. 18차 당대회 보고에서는 '농촌 지역에서 국가의 인프라 건설과 사회사업 개발에 중점을 두고 신농촌 건설을 더욱 추진해야 한다'고 밝혔다.[1] 19차 당대회 보고에서는 '농촌 활성화 전략 실시'와 '농업과 농촌 우선 발전'의 뜻을 명확히 했다.[2] 시진핑 총서기는 항상 농촌을 염두하고, 다양한 장소에서 '농민들을 위한 행복한 집과 아름다운 마을을 건설하는 사회주의 신농촌 건설을 계속 추진해야 한다'[3], '신농촌 건설은 농촌의 실제 상황에 맞는 길을 따라야

---

1 후진타오, 「확고부동하게 중국 특색 사회주의의 길을 따라 앞으로 나아가고, 전면적인 샤오캉사회 실현을 위해 노력하자–중국공산당 18차 전국대표대회 보고」, 인민출판사, 2012년판, 23면.

2 시진핑, 「전면적인 샤오캉사회를 실현하고 신시대 중국 특색 사회주의의 위대한 승리를 거두자–중국공산당 제19차 전국대표대회 보고」, 인민출판사, 2017년판, 32면.

3 중공중앙문헌연구실에서 편집한 『18차 당대회 이후 중요 문헌 선집(상)』에 실린 시진핑의 「중앙 농촌업무 회의에서의 연설」, 중앙문헌출판사, 2014년판, 682면.

한다'⁴, '농촌의 안정은 농민들의 최대 관심사이다'⁵, '농촌 발전을 가속화하기 위해 현대 농업 발전, 농민 수익 증가, 사회주의 신농촌 건설이라는 3대 임무를 꽉 잡아야한다'⁶, '농업의 강건함, 농촌의 아름다움, 농민의 부유한 정도가 전면적인 샤오캉사회의 순도와 사회주의 현대화의 질을 결정한다'⁷와 같은 일련의 중요한 새로운 이념과 사상을 밝힌 바 있다. 이러한 새로운 이념과 사상은 새로운 시대 신농촌 건설과 발전의 중요한 이론과 현실 문제를 깊이 있게 설명하고, 새로운 시대 사회주의 신농촌 건설의 추진, 중국 특색 사회주의 농촌 진흥 발전의 길 모색, 농촌 사회의 조화와 안정 및 농촌진흥 실현에 대한 근본적인 지도 역할을 한다.

1. 농촌의 실제 상황에 맞는 길로 나아가야 한다

이미 1950년대 농업협력화 시기부터 당과 국가는 '사회주의 신농촌 건설'을 외치며 나름대로 실천을 모색해 왔다. 하지만 실질적으로 사회주의 신농촌 건설을 잡은 시기는 16차 당대회 이후였다. 2005년 10월 당 16기 5중 전회 전체회의에서 사회주의 신농촌(이하 신농촌) 건설을 중국 현대화 과

---

4 「확실한 빈곤구제개발로 민족 지역의 사회와 경제 발전에 박차를 가하자」, 인민일보, 2015년 1월 22일, 1면.

5 「새로운 상황에서 농촌 개혁을 더욱 강력히 추진하여 농업기초를 튼튼히 하고 농민들이 편안하게 생활하고 즐겁게 일할 수 있도록 촉진하자」, 인민일보, 2016년 4월 29일, 1면.

6 상동.

7 「농촌 진흥을 위한 시책을 잘 세우자」, 광명일보(光明日報), 2018년 3월 9일, 1면.

정 가운데 중대한 역사적 임무라고 처음으로 언급하고, 전면적으로 실시하겠다고 밝혔다. 이는 중국의 농촌 건설이 새로운 역사적인 발전 단계로 들어갔음을 보여준다. 2017년 10월, 시진핑 총서기는 19차 당대회 보고에서 농촌 활성화 전략 실시를 명시했다. 농촌 활성화 전략을 통해 '어떤 농촌을 건설해야 하나?'에 대한 질문을 던졌다. 어떻게 보면 '산업 번영, 생태 보금자리, 농촌 문명, 효과적인 거버넌스와 풍요로운 삶'이라는 새로운 요구에 따른 새로운 시대의 신농촌 건설에 대한 필요에 의해 나타난 것이라고 볼 수 있다. 같은 해 연말에 열린 중앙 농촌업무회의에서 중국 특색 사회주의 농촌 활성화의 길을 처음으로 제시하고, 중국 특색 사회주의 농촌 활성화의 길이 무엇이며, 그 길을 잘 갈 수 있는 방법에 대해 깊이 있는 설명을 했다. 향후 30여 년간의 중국 농촌 발전을 위한 청사진을 제시하고, 농촌 발전을 위한 당의 전략과 사상이 시대와 발맞춰 나가고 있음을 보여주고 있다.

　　신농촌 건설이라는 위대한 역사적 임무를 제시하고 실시한 이후, 중앙과 각급 지방 정부는 정책 및 자금 등 각 부분에서 농촌에 대한 우대와 지원 역량을 지속적으로 확대하면서 신농촌 건설은 큰 성과를 거두었다. 현지 실정에 맞춰 모두가 만족할 수 있는 경험을 쌓아 성공적으로 방법을 모색한 지역도 있지만, 신농촌 건설 과정에서 객관적인 현실에서 벗어나 농촌 발전의 내재적 규율을 위배하고, 많은 농민의 이익을 해친 지방들도 있다. 체계적인 신농촌 건설을 단순하게 마을의 모습을 단일하게 정돈하는 것으로 이해하는 경우가 두드러졌다. 건설 과정에서 이익 추구와 성과 거두기에만 급급하여 맹목적인 비교에만 초점을 맞춰 민의를 저버린 경우가 많다. 이렇게 신농촌 건설은 보여 주기식의 프로젝트, 정치적 성과를 위한 프로젝트가 되었고, 심지어는 부채도 불사하는 프로젝트로 전락하게 되면서 신농촌 건설의 사명과 원래 의도와 멀어졌고, 일부 농촌 지역은 자신만의 특색이 퇴색되기까지 했다. 이는 신농촌 건설이 전국적으로 전면 실시되는 시점에 당 중앙이 강조한 신농촌 건설에서 실사구시(實事求是)의 원칙을 견지하고 과학발전관[8]의 정신과 요구를 전면적으로 실천해야 하는 것과 어긋날 뿐 아니라, 중국공산당이 일관되게 견지해 온 실사구시의 사상과 원칙을 벗어난 것이다.

신농촌 건설은 규모가 방대하고 복잡한 시스템의 프로젝트이자, 오랜 시간이 걸리고 임무가 막중한 역사적 과제이다. 사회, 경제, 정치, 문화, 당 건설과 생태 등 광범위한 분야에 걸쳐있어 이익관계가 복잡하게 얽혀 있기 때문에 사회주의 현대화 건설과 마찬가지로 장기적인 과정이 필요하다. 신농촌 건설은 반드시 농촌 발전에 내포된 법칙을 따르고 실사구시의 사고를 바탕으로 농촌 현실에 맞는 길을 따라야 한다. 이렇게 해야 중앙의 여러 가지 정신을 구현하고 신농촌을 잘 건설할 수 있다.

시진핑 동지는 지방 재임 기간 동안이나 당과 국가 지도자가 된 이후에도 실사구시와 현실에 입각한다는 기본 업무 방식을 고수해야 한다고 항상 강조해왔다. 2015년 1월 20일 시진핑 총서기는 윈난 시찰 당시 "고향의 향수와 시골의 모습을 간직하고, 농촌의 특징을 충분히 보여주면서 청산녹수를 보존하고 노스탤지어를 기억할 수 있도록 농촌의 실제 상황에 맞은 길을 따라 농촌의 발전 법칙을 준수하면서 신농촌 건설을 추진해야

---

8   2005년 이후, 당 중앙은 사회주의 신농촌 건설에 관한 일련의 사상을 연이어 내놓았다. 아울러 사회주의 신농촌 건설은 장기적인 역사 임무이고, 사회주의 신농촌 건설을 근본적으로 보장할 수 있는 것은 당의 지도이며, 전체 정당과 사회의 공동 노력이 필요하다며, 실사구시 원칙에 따라 과학적 발전관을 전면적으로 실천해야 한다고 강조했다.

한다"고 강조했다.[9] 이는 우리들에게 신농촌 건설 추진을 위한 이론적인 방향을 제시하고, 사상적인 지향점을 제공했을 뿐만 아니라, 신농촌의 모습과 문화에 대한 구체적인 그림을 그려주었다.[10]

(1) 신농촌 건설은 농촌의 특징을 충분히 구현해야 한다

현재 신농촌 건설 추진에 잘못된 부분이 있다. 바로 도시의 아이디어와 방식에 따라 설계하고, 계획하고 건설해 많은 농촌 마을들이 철거되었고, 대신 고층빌딩이 즐비한 신농촌이 생기고 있다는 것이다. 농민의 거주환경은 개선했지만 농촌 고유의 특징과 모습이 파괴되었고, 심지어 지역적 특색과 문화재 가치가 있는 유형문화유산을 훼손했을 뿐 아니라 농민들에게 큰 불편을 주는 경우도 있었다. 농촌은 도시와는 다른 자연적 특징, 공간 형태, 생산 방식과 전통문화를 가지고 있다. 때문에 신농촌 건설에서 단순하게 도시의 방식을 따라 맹목적으로 대규모로 외국의 것만 추구하면서 겉만 꾸며서는 안 된다. '자연과 어우러져 향수를 느낄 수 있는 농촌의 특징'을 최대한 잘 살려 고향의 모습을 보존하고, 농가의 숨결을 간직한 농촌 모습을 부각시켜, 농민들이 편안하게 생업에 종사하면 살 수 있는 좋은 보금자리를 만들어야 한다.[11] 신농촌 건설은 더 아름답고 더 발전된 농촌을 완성하는 것이다. 무조건 도시의 생각과 방법을 사용하여 농촌을 건설

---

9   「확실한 빈곤 구제개발로 민족 지역의 사회 경제 발전에 박차를 가하자」, 인민일보, 2015년 1월22일, 1면.

10   한시핑(韓喜平), 「신농촌 건설은 농촌 현실에 맞는 길을 가야 한다」, 랴오닝일보(遼寧日報), 2015년 3월 17일, 7면.

11   「아름다운 농촌은 '마을의 정취'를 가져야 한다」, 충칭일보(重慶日報), 2015년 4월 14일, 1면.

하고 변화시키고, 도시 건설의 방법에 따라 농촌 문제를 해결하려 한다면 앞으로 더 많은 문제가 발생할 수 있다. 2013년 12월 시진핑 총서기는 중앙 농촌업무회의에서 "신농촌 건설에서 생태환경 보호에 신경을 쓰고, 지역 정취와 농촌의 특성을 살리며, 농촌의 면모를 유지하면서 신농촌 건설을 추진해야지 도시 건설을 그대로 모방해 도시는 도시 같지 않고, 시골은 시골 같지 않는 상황을 만들어서는 안 된다"고 지적했다. [12]

(2) 신농촌 건설은 농촌의 발전 법칙에 부합해야 한다

현재 중국은 급격한 사회 변화의 시기에 처해 있고, 농촌의 대내외 환경과 조건에도 큰 변화가 생겼다. 신농촌 건설은 사회 발전의 일반적인 규칙을 준수하고, 중국 농촌의 실제 상황을 충분히 고려해야 할 뿐 아니라 뉴노멀에서 농촌 사회 경제 발전 과정 중 나타날 수 있는 새로운 특징을 정확하게 인지하고 파악하는 것이 더욱 필요하다. 근본적으로 오랜 시간이 필요한 신농촌 건설의 어려움과 복잡함을 충분히 인식하는 한편, 농촌 발전의 내재된 법칙을 따라 농촌의 생태 환경을 잘 보호하고, 농촌 윤리를 지키며, 농촌 문명을 전승해야 한다. 동시에 마르크스주의의 기본 원칙과 방법을 가지고 농촌의 존재 가치와 기능에 대한 올바른 이해를 바탕으로 역사와 발전에 대한 포괄적인 관점에서 중국의 사회 경제적 변화, 도시 및 농촌 인구 이동, 농촌 인구의 구조적 변화와 같은 현실적인 문제를 충분히 고려해야 한다. 아울러 미래 농촌 발전 규율과 도시화 변천의 법칙을 결

12　중공중앙문헌연구실에서 편집한 『18차 당대회 이후 중요 문헌 선집(상)』에 실린 시진핑의 「중앙 농촌업무 회의에서의 연설」, 중앙문헌출판사, 2014년판, 683면.

합함으로써 도시와 농촌의 조화로운 발전을 추진하고, 유서 깊은 마을에 대한 보호개발 및 경제와 환경보호를 함께 고려한 발전을 촉진하며, 농업의 2차 및 3차 산업의 통합 발전을 추진해야 한다. 신농촌 건설을 통해 농촌 경제, 사회, 정치, 문화, 생태문명 건설 및 당 건설의 전면적인 발전을 도모해야 한다. 농촌의 생산 및 생활 여건을 효과적으로 개선하고, 농촌 지역의 생태 환경을 최적화하며, 풍요로운 문화생활을 즐길 수 있는 여건을 마련해 농민이 생산, 생활 및 문화의 혜택을 누릴 수 있도록 해야 한다.

(3) 신농촌 건설은 농민의 뜻을 존중하고, 농민의 이익을 보호해야 한다

농민은 신농촌 건설의 주체이자 신농촌 건설의 성과를 누려야 하는 수혜자이다. 신농촌 건설은 농민들의 폭넓은 참여 없이는 불가능하고, 많은 농민들이 참여하지 않은 신농촌은 진정한 의미의 신농촌 건설이라고 할 수 없다. 농민들은 어떠한 신농촌을 건설해야 하는지에 대해 말하고 선택할 권리를 가장 많이 가지고 있다. 따라서 신농촌 건설을 추진하는 과정에서 인본주의 원칙에 따라 농민의 뜻을 존중하고, 농민의 이익을 보호해야 하고, 농민의 복지 증진을 위한 관련 정책을 구체화해야 한다. 이렇게 해야만 농민의 근본적 이익을 진정으로 보호할 수 있다. 대중 노선을 가는 것은 모든 농촌 업무의 시작과 목표이다. 최근 신농촌 건설 과정에서 일부 지방에서는 간부들이 지나치게 열정적이거나, 농민들의 냉대와 불만이 드러나거나, 간부들이 좋은 평판을 받지 못하는 현상들이 나타나고 있다. 이런 현상이 생기는 중요한 이유 중 하나는 신농촌 건설 추진 과정에서 정책 결정자들이 농촌의 실제 상황과 농부의 실질적인 요구를 충분히 고려하지 않고, 농민들의 생각과 뜻, 자주 결정권을 등한시하고 무시했기 때문이다. 따라서 농촌 건설에서 항상 농민의 뜻을 존중하고 농민의 권리와 이익을 보호하며 농민에게 선택권을 주어야만 농민이 주체적 역할을 하고, 진정한 열정을 쏟을 수 있게 된다. 이렇게 해야만 신농촌 건설에 대한 다양한 결정이 보다 현실적이고 과학적이고 효과적일 수 있을 뿐 아니라 신농촌 건설이 진정으로 인민을 행복하게 하는 민생사업이 될 수 있다.

(4) 도시와 농촌은 조화롭게 발전해야 한다

역사적, 체계적, 통합 발전의 관점에서 봤을 때 도시와 농촌은 같은 뿌리를 가지고 지역적으로 연결된 유기적인 전체이기 때문에 분리해서 생각할 수는 없다. 개혁개방 이후 다양한 농촌 개혁이 심화되면서 농촌 경제가 발전하고, 사회 모습에 큰 변화가 생겼고, 농업 생산 수준과 농민의 삶의 질이 크게 향상되었다. 그러나 중국은 발전 과정에서 경제 건설에 역점을 두고, 농촌보다는 도시에 집중된 개발이 오랫동안 이어지면서 발전에 있어 도시와 농촌 사이의 불협화음이 부각되고 있고, 고용·교육·의료·주택·연금과 같은 부분에서 여전히 많은 문제들이 존재하고 있다. 농업은 여전히 '4화동보'와 전면적인 샤오캉사회 실현에서 취약한 부분이다.

농업과 농촌이라는 숏보드 보완에 박차를 가하기 위해 신농촌 건설을 깊이 있게 추진해야 한다. 신농촌 건설을 통해 농촌의 발전 수준을 높이고, 도시와 농촌 사이의 이원적 격차를 줄이고, 조화로운 도농 발전을 추진한다. 공업이 농업을 육성하고, 도시가 농촌을 지원하는 새로운 발전 단계에 들어선 지금, 새로운 유형의 도농관계 구축 차원에서 신농촌 건설을 추진함으로써 도농 간 조화로운 발전과 통합 관리의 실현이 절실하게 필요하다. 18차 당대회 보고는 '공업으로 농업을 촉진하고, 도시가 농촌을 이끌며 공업과 농업이 서로에게 혜택을 주고, 도시와 농촌이 하나가 되는 새로운 유형의 도농 관계를 확립해야 한다[13]고 지적했다. 2013년 11월 당 18기 3중 전회는 중국 특성을 가진 새로운 도시화의 길을 따르고 도시화와 신농촌 건설의 조화로운 추진을 촉진해야 한다고 밝혔다.[14] 2015년 중앙 1호 문건은 도농 통합 발전을 둘러싸고 심층적인 신농촌 건설 추진이 중요한 과제임을 분명히 하고, 농촌 번영을 위해서는 신농촌 건설을 끊임없이 추진해야 한다고 강조했다. 2017년 말에 열린 중앙 농촌업무회의에서는 중국 특색 사회주의 농촌 활성화를 위해 반드시 도농 관계를 재정비하고, 도농 통합 발전의 길을 가야하며, 공업과 농업이 상호 촉진하고, 도시와 농촌이 상호 보완하면서 포괄적으로 융합하고, 공동 번영할 수 있는 새로운 유형의 공업과 농업 관계 및 도농관계 구축에 박차를 가해야 한다고 명확하게 밝혔다.[15]

시진핑 총서기는 "농촌이 황폐해져 추억 속에만 남아있는 고향이 되어서는 안 된다"[16]고 지적하고, 도시화가 발전하려면 농업 현대화와 신농촌 건설도 함께 발전해야 상부상조하며 능력을 발휘할 수 있다.[17] 도농간

---

13   후진타오, 「확고부동하게 중국 특색 사회주의의 길을 따라 앞으로 나아가고, 전면적인 샤오캉사회 실현을 위해 노력하자-중국공산당 18차 전국대표대회 보고」, 인민출판사 2012년판, 24면.

14   중공중앙문헌연구실에서 편집한 『18차 당대회 이후 중요 문헌 선집(상)』에 실린 시진핑의 「전면적인 개혁 심화를 위한 몇 가지 주요 문제에 대한 중국공산당 중앙의 결정」, 중앙문헌출판사, 2014년판, 524면.

15   「중앙 농촌업무회의 베이징에서 개최」, 인민일보, 2017년 12월 30일, 1면.

16   중공중앙문헌연구실에서 편집한 『18차 당대회 이후 중요 문헌 선집(상)』에 실린 시진핑의 「중앙 농촌업무회의에서의 연설」, 중앙문헌출판사, 2014년판, 682면.

17   「샤오캉의 꿈을 이루기 위한 탄탄대로를 잘 구축해야」, 인민일보, 2014년 4월 29일, 1면.

이원적 구조를 깨고 도농 통합 발전을 추진함으로써 농민들이 행복한 삶을 살 수 있도록 광대한 농촌 지역을 아름다운 보금자리로 만들어야 한다"[18]고 강조했다. 그는 또한 "발전의 승패는 정확한 길을 찾아 특색을 살리는 데 달려 있다. 저개발지역을 발전시키기 위해서는 부존자원과 산업 기반을 바탕으로 특색을 잘 살려야 하고, 차별화된 경쟁과 강점을 부각시켜 기존과는 다른 성장 방식을 실현해야 한다. 빈곤구제와 발전을 잡기 위해서는 핵심 과제인 농민 소득 증대 체계와 기본적인 보장인 농촌의 기본 공공 서비스 체계를 완비하고, 근본책인 농촌 의무 교육 수준을 향상시켜야 한다. 요점에 집중해서 상부와 하부를 연결하고, 종합 시책을 강구하며, 중국 특색을 가진 현대화 농업의 길을 따라야 한다.[19] 농업 현대화와 신농촌 건설 그 어느 하나도 뒤쳐지지 않도록 해야 한다. 그렇지 않으면 전면적인 샤오캉사회를 지탱하기 어렵기 때문이다[20]"라고 밝혔다.

시진핑 총서기의 이 같은 논술은 도시화와 농업 현대화, 신농촌 건설을 올바르게 보고 처리하는 변증적 관계에 대해 깊이 있는 설명을 했다. 아울러 새로운 유형의 도시화를 추진하면서 농촌 발전을 무시해서는 안 되고, 신농촌 건설을 가속화할 것을 요구하고 있다. 도농 통합의 큰 틀에서 신농촌 건설을 추진하고, 도시화와 신농촌 건설의 이륜바퀴를 함께 움직이면서 좋은 상호작용을 할 수 있도록 해야 한다.

---

18   중공중앙문헌연구실 편저, 「시진핑의 '4개전면'전략 배치 조율과 추진에 관한 논술 엮음」, 중앙문헌출판사, 2015년판, 32면.

19   「18기 3중 전회 정신을 성실하게 이행해 전면적인 개혁 심화를 위한 강력한 긍정 에너지를 모아야 한다」, 인민일보, 2013년 11월 29일, 1면.

20   「자오위루(焦裕祿)의 정신을 배우고 널리 알리자」, 인민일보, 2014년 3월 19일, 4면.

중국 특색 사회주의는 새로운 시대로 들어섰다. 신농촌 건설은 도농 경제관계 변화의 내재적인 법칙을 준수하고, 조화로운 발전관을 고수하며 19차 당대회 보고에서 제시한 농촌 활성화 전략을 확고하게 이행해야 한다. 신농촌 건설과 새로운 도시화에 대한 종합적인 고려 및 농업과 농촌을 우선적으로 발전시키고 '산업 번영, 생태적 보금자리, 농촌 문명, 효과적인 거버넌스 및 풍요로운 삶'에 대한 일반적 요구에 따라 건전한 도농 통합 발전 체제 메커니즘과 정책 시스템을 구축하고 완비해야 한다. 중점 임무를 효율적으로 정착시키고, 도시와 농촌 공공자원의 균형적인 배치와 도농 간 요소의 평등한 교환을 추진해야 한다. 도시와 농촌의 기본적인 공공 서비스 평준화 수준을 꾸준히 높여 궁극적으로 함께 발전하고 번영하면서 모두가 함께 잘 살 수 있도록 해야 한다. 정부의 공공 재정을 이용한 기본적인 공공 서비스 제공이라는 관점에서 봤을 때, 도시와 농촌의 조화로운 발전을 이루기 위해 농촌에 대한 인프라 건설을 확대해야 한다. 기본적인 모든 공공 서비스가 농촌 전체를 완전히 커버하고, 더 많은 문화 사업이 농촌에서 이루어질 수 있도록 만들어 더 많은 농민들이 개혁의 혜택을 누릴 수 있도록 해야 한다.

2. 신농촌 건설은 지역 실정에 맞게 적절하게 대책을 세워야 한다

광대한 지역을 가진 중국에 현재 2800개 이상의 현(시, 구), 약 4만 개의 향진, 58만여 개의 행정촌(行政村), 300만 개 이상의 자연촌(自然村)이 있다. 농촌 지역은 저마다의 사회 경제 발전 여건을 가지고 있고, 자연 조건과 부존자원의 차이와 고유의 민족 문화 특성을 가지고 있기 때문에 마을 유형에 따라 발전과정과 출발점도 제각각이다. 그렇기 때문에 신농촌 건설 수준의 차이로 인해 마주하게 되는 문제와 과제들도 다를 수밖에 없다. 각지는 신농촌 추진 과정에서 현지 실정에 맞는 원칙을 고수해야 한다. '급행군'을 하거나 '일률적'으로 해서는 안 되고, 하나의 모델과 방법 혹은 기준을 가지고 끝까지 밀어붙일 수 없다. 현재 신농촌 건설 과정에서 새로 지은 집은 있으나 새로운 마을은 없고, 보기에는 번듯하나 살면 마음이 쓰리고, 겉만 번듯하고 실속 없고, 시의적절하지 않는 상황들이 여러 지역에서 나타나고 있다. 특히 일부에서는 대대적인 철거와 건축, 싹 밀고 건축하는 방식으로 '똑같은 모양'의 집을 짓는가 하면, 외벽에 페인트칠만 하는 등 생색내기식의 공사에 그쳐 농민의 현실적인 수요와는 동떨어진 경우가 있다. 이는 지역 여건에 따라 처리해야 하는 원칙과 본질적으로 위배된 것이다. 이로 인해 정부의 재정 부담이 가중되었을 뿐 아니라 농민들의 신농촌 건설 참여 의욕마저도 크게 꺾이게 되었다. 이런 건설 방식은 신농촌 건설의 올바른 궤도에서 확실히 벗어난 것이다. 신농촌 건설 추진은 현지 자연 부존자원 및 객관적인 현실에 중점을 두고, 지역과 민족, 역사와 문화적 특징을 강조해야 할 뿐만 아니라 현대 라이프 스타일에 대한 주민들의 요구 사항을 충족시키며, 농부의 생활 습관 및 농업 생산 요건에 맞게 이루어져야 한다.

시진핑 총서기는 항상 현실에서 출발하여 지역 조건에 따라 문제를 해결해야한다고 지적하고, 신농촌 건설은 과학 발전 이념을 반영하고, 지역 상황에 따라 계획을 세우고 분류해 이행하는 원칙을 준수하며, 계획의 지도적 역할에 중요성을 부여해야 한다고 거듭 강조해왔다. 신농촌 건설을 위해서 계획을 먼저 세우고, 농촌 자체의 발전 법칙에 따라 농촌의 단점을 보완하고 장점을 살리며, 지역 정취와 시골의 모습을 간직하고 기억할 수 있도록 지역의 실제 상황에 따라 농촌의 생활환경을 종합적으로 정돈함으로써 깨끗한 농촌 생활환경을 만들어야 한다.[21] 2006년 시진핑 동지는 "사회주의 신농촌 건설은 지역 여건에 따라 분류하고 지도해야 한다. 점에서 면으로 전형적인 본보기를 만들고, 민주적인 정책 결정과 표준화 운영을 실행해야 한다[22], 과학적인 계획은 사회주의 신농촌 건설의 기반이다……신농촌 건설의 구체적인 계획은 도농 통합 발전의 아이디어를 따라야 한다……농촌 커뮤니티의 지역적 특성, 문화적 특징을 잘 나타내고, 특색을 이루고 품위를 중시하며 매력을 부각시켜야 한다……특색을 살리고, 맹목적인 비교는 근절해야 하며, 무조건 크게 하고, 외국 것만 추구하지 말아야 한다. 무조건 모방하는 것을 방지하고, 천편일률적인 모습을 피해……각자의 특색을 가진 정비된 아름다운 마을, 주민이 부유하게 사는 강한 농촌의 길을 걸어야 한다"[23]고 지적했다.

농촌 마을의 발전을 위해 신농촌 건설은 장기적인 안목을 바탕으로 발전적 시각에 입각해 체계적이고 과학적이면서 포괄적인 전략과 계획 세워야 한다. 과거의 천편일률적인 '단정한 마을 가꾸기'에서 '지방의 다양한 모습과 향토의 본질을 존중하는 방향'으로 전환해야 한다. 특히, 시진핑

---

21 「새로운 상황에서 농촌 개혁을 더욱 강력히 추진하여 농업기초를 튼튼히 하고 농민들이 편안하게 생활하고 즐겁게 일할 수 있도록 촉진하자」, 인민일보, 2016년 4월 29일, 1면.

22 시진핑, 『지강신어(之江新語)』에 실린 「지역 상황에 따른 신농촌 건설 원칙을 구현해야 한다」, 저장인민출판사, 2007년판, 220면.

23 시진핑, 『지강신어』에 실린 「계획 초기부터 특성을 강화해야 한다」, 저장인민출판사, 2007년판, 221면.

총서기가 강조한대로 지역 실정에 따라 할 수 있는 일들을 수행하고, 미리 계획을 세워야 한다. 마을이 가지고 있는 부존자원과 지역적 특성, 농민의 뜻, 지방 문화 등 다양한 요소들을 종합적으로 고려해 발전 전략을 마련함으로써 기존의 생태 모습을 유지하고, 농촌의 모습을 간직하면서 산수를 보고 고향의 향수를 기억할 수 있는 신농촌 건설을 추진해야 한다. 이를 위해서는 다음 세 가지를 해야 한다.

(1) 실제와 결합하여 계획을 잘 세워야 한다

계획은 신농촌 건설에서 가장 중요한 문제이다. 신농촌 건설은 농촌의 전반적인 발전을 다루는 체계적인 프로젝트일 뿐 아니라 전국의 모든 농촌 마을을 안정적이고 지속적으로 건강하게 발전시켜야 하는 장기적인 프로젝트이다. 최근 몇 년간 농촌의 급속한 발전과 함께 마을의 기존 가옥을 허물어 버리거나 따로 건물을 지어 마을의 본래 모습을 훼손하고 신농촌 건설에 도움이 되지 않는 상황이 나타나고 있는데 이는 기획 부재로 인해 발생하는 문제들이다. 따라서 신농촌 건설을 위해 과학적이고 합리적이며 체계적인 계획을 세워야만 안정적인 신농촌 건설의 추진을 보장할 수 있다. 2015년 7월 시진핑 총서기는 지린 조사연구에서 신농촌 건설은 계획이 선행되어야 한다고 재차 강조했다.[24] 계획은 높은 출발점에서 포지셔닝을 하고 높은 기준으로 설계되고 수립되어야 한다. 농촌의 생산, 생활, 생태, 사회, 문화 기능들과 완벽하게 결합하여 지역의 장기적인 발전을 충

---

24 「전략적 정력을 유지하여 발전 자신감을 높이고, 변화 속에서 새롭고, 진보적이며, 혁신적인 것을 추구하자」, 인민일보, 2015년 7월 19일, 1면.

분히 고려하고, 농촌 현대화 건설의 수요에 부응하기 위해 일정 기간 뒤처지지 않도록 해야만 농민들이 실질적인 혜택을 받을 수 있다.

(2) 실제에 입각해 분류 실시해야 한다

분류 시행은 신농촌 건설을 추진하는 주요 원칙 중 하나이다. 중국의 광대한 농촌 지역은 대체적으로 자연 지형에 따라 평원, 구릉, 분지와 산지로 나눌 수 있다. 지역 분류에 따라 동부, 중부, 서부 지역으로 나눌 수 있고, 경제 발전 수준에 따라 발달 지역, 중간 발달 지역과 낙후 지역으로 나눌 수 있으며, 마을 유형에 따라 전통형태, 전통형태 기본 유지형, 전통과 현대 공존 유형, 현대 커뮤니티 유형으로 나눌 수 있다. 신농촌 건설 과정에서 지역별, 경제 발전 수준, 유형에 따라 마을을 분류해 자신에게 적합한 발전 모델을 채택하고, 각 마을의 경제발전 수준, 지형, 구조, 민족, 문화, 전통과 같은 요소를 결합하여 특색 있는 신농촌을 만들어야 한다. 그러나 신농촌 건설 과정에서 일률적으로 급행군하는 방법을 채택한 지방들이 많아 '천편일률적인 모습'을 보이는 마을들이 늘어나는 심각한 지경에 이르렀다. 2013년 10월 시진핑 총서기는 "각 지역의 신농촌 건설은 지역 여건에 따라 분류해 지도하고, 사전 계획을 세워야 한다. 메커니즘을 개선하고, 우선순위를 강조하고, 종합적으로 계획하고 조정함으로써 장기적인 노력을 통해 농촌의 생산 및 생활 조건을 종합적으로 개선해야 한다"고 지적했다.[25]

---

25 「농촌 생산 및 생활 여건을 종합적으로 개선하자」, 인민일보(해외판), 2013년 10월 10일, 1면.

(3) 현지 상황에 맞춰 대책을 세우고 중점을 부각시켜야 한다

신농촌 건설은 지역 여건에 따라 상황에 맞게 유도하고, 우선순위를 강조하며, 마을 발전과 관련된 중대한 문제를 중점적으로 처리하고, 민생과 연관된 현실적인 문제를 해결하기 위해 노력해야 한다. 산업 발전 부분에서 마을의 자연 조건과 산업 기반에 입각해 지역 여건에 맞게 농촌 산업 구조를 조정하고 현지 발전에 가장 적합한 경로를 찾아야 하며, 마을들이 같은 산업 발전 모델에 빠지지 않도록 해야 한다. 생활환경 개선에 있어서는 대대적으로 철거하거나 짓고, 천편일률적으로 만들어서는 안 된다. 자연 조건, 교통과 위치적 요소를 충분히 고려해야 하며, 역사적·예술적 가치가 있는 마을의 전통 건축물을 보존하고 보호해야 한다. 아울러 화장실 생태 변화, 생활 쓰레기와 하수처리 문제를 잘 처리해야 한다. 문화 건설 과정에서는 문화적 배경에 입각해 민족 문화를 계승하고, 민족의 풍습을 보존하며, 마을 주민들의 공공오락과 문화생활을 풍요롭게 하고, 농촌 주민의 문화적 소질 향상을 위해 노력해야 한다. 당 건설에서는 농촌 주민의 민주정치에 대한 권리를 개선하고, 사회 관리를 강화해야 한다. 종합적으로 현지 상황에 초점을 맞추고, 중점을 부각하면서 신농촌 건설을 추진해야 한다.

3. 아름다운 농촌 건설을 추진해야 한다

개혁개방 이후 중국공산당은 '삼농'을 당 전체 업무의 '최우선 과제'로 두고, 농민들의 열정을 보호하고 동원하는 데 주의를 기울였다. 개혁과 혁신을 근본적인 원동력으로 삼아 농업 발전을 촉진하기 위한 실질적인 조치를 취했다. 농업 발전 촉진을 위한 실질적인 발걸음을 내디뎠고, 농민의 복지 증진에서 획기적인 진전을 이루었으며, 농촌 면모의 변화에 있어서 역사적인 성과를 거두었다. 하지만 농업과 농촌 경제 발전을 포함한 중국 경제 발전은 자원 투입, 고소비, 고오염, 저효율에 의존한 성장방식으로 인해 농업과 농촌 발전 과정에서 유례없는 생태 압박과 환경 제약을 초래했음을 분명히 할 필요가 있다. 국가 현대화 과정에서 농촌은 도시화의 시대적 조류에 휩싸이면서 전통적인 농업 문명은 현대 문명으로부터 충격을 받았다. 중국의 농촌은 전에 없던 변화를 보이며 급속한 발전을 이루었지만, 마을의 공동화가 발생하고, 우수한 전통문화와 농촌 문명이 사라지는 현상이 나타나고 있다.

2013년 중앙 1호 문건은 아름다운 마을 만들기에 주력하기 위한 목표를 제시하고 구체적인 전략 배치를 내놓았다. 이는 새로운 역사적 출발점에서 중국공산당이 처음으로 전반적인 도농 발전이라는 전략적인 관점을 가지고, 9억 여 명 농촌 인구의 발전과 관련된 문제 즉, '어떤 아름다운 마을을 어떻게 건설할 것인가'에 대해 생각하고 배치하기 시작한 것이다.[26]

"중국이 아름다우려면 농촌을 아름답게 해야 한다"[27]는 시진핑 총서기의 발언은 아름다운 농촌과 아름다운 중국의 변증적 관계를 명확히 했고, 아름다운 농촌 건설에 대한 중앙 정부의 높은 관심을 보여주었을 뿐 아

26　2013년, 중국 상주인구 도시화율은 53.7%, 호적인구 도시화율은 36.0%였다. 이렇게 계산했을 때 중국의 농촌 상주인구는 6억 3천 만 명이고, 호적인구는 8억 7100만 명이다.

27　중공중앙문헌연구실에서 편집한 『18차 당대회 이후 중요 문헌 선집(상)』에 실린 시진핑의 「중앙 농촌업무회의에서의 연설」, 중앙문헌출판사, 2014년판, 658면.

니라 아름다운 중국 건설에 있어서 아름다운 시골의 입지를 확고히 했다. 아름다운 농촌 건설은 아름다운 중국 건설의 중요한 부분이다. 신농촌 건설을 지속하고 업그레이드 하는 것은 '아름다운 중국'과 '생태 문명'의 중요한 실천 형태이자 도농 발전을 위한 전반적인 계획이자 중대한 혁신이다. 아름다운 농촌 건설은 농업 및 농촌의 지속가능한 발전, 농촌 주민 생활의 행복 지수 향상, 우수한 향토문화의 전승 및 보호와 번영, 도농 간 조화로운 발전과 상호주의에 더 중점을 두고 있다.

아름다운 마을 건설의 근본적인 출발점과 최종 목표는 생태환경과 주거환경, 정신적 삶에 대한 많은 농민들의 기대에 부응하는 것이다. 시진핑 총서기는 도시와 농촌의 이원적 구조를 깨고 도농 통합 발전을 추진해 농촌을 농민들이 행복하게 살 수 있는 좋은 보금자리로 만들어야 한다고 지적했다.[28] 이는 아름다운 마을 건설의 방향이자 목표이다. 새로운 역사적 시기에는 신농촌 건설 능력을 향상시키고, 도농 통합을 계속 추진함으로써 농업을 유망 산업으로 만들어야 한다. 농촌을 농민들의 아름다운 보금자리로 만들고, 농민들이 크게 성장할 수 있는 광활한 무대로 만들어야 한다.

(1) 아름다운 농촌 건설은 신농촌 건설의 심화와 업그레이드이다

2005년 10월 11일 당 16기 5중 전회에서 통과된 〈인민경제와 사회발전을 위한 제11차 5개년 계획 수립에 관한 중국공산당 중앙의 제안〉에서 신농촌 건설의 중요한 역사적 임무를 분명히 제시하고, '생산과 개발, 여

---

28 「전면적인 개혁개방 심화를 확고히 하고, 착실하게 경제와 사회 발전을 추진하자」, 인민일보, 2013년 7월 24일, 1면.

유 있는 삶, 문명화된 농촌, 마을 정돈과 민주적 관리'에 대한 총체적인 요구를 했다. 이를 통해 중앙이 농촌 발전과 현대화 추진에 대한 생각에 중대한 변화가 있음을 알 수 있다. 즉, 중앙정부가 신농촌 건설에 대한 생각을 제시한 것으로 현대화 과정에서 농촌문제가 자연스럽게 해결되게 하자는 과거의 발상과는 완전히 다른 것이다. 농촌을 문제와 짐으로 여기고 단순하게 농민을 이동시키는 것을 대신해 신농촌을 건설하고 도시와 농촌의 공동 번영을 실현함으로써 농촌에 사는 이들도 행복한 삶을 살고, 중국 현대화의 혜택을 공유할 수 있도록 만드는 것이다. 2013년 중앙 1호 문건은 '사회주의 신농촌 건설의 심층적 추진'을 추가로 제시하고, 농촌 생태문명 건설 분야에서 '아름다운 농촌 만들기'에 주력할 것을 강조했다. 이는 중앙 문건에서 처음으로 '아름다운 농촌' 건설을 목표로 제시한 것이다. 신농촌 건설 제안에서부터 아름다운 농촌 건설의 구현에 이르기까지 농촌 발전 문제 해결을 위해 중앙이 생태 문명의 개념을 바탕으로 보다 높은 수준의 신농촌 건설에 더 많은 주의를 기울이면서 신농촌을 새로운 차원과 수준으로 끌어올렸음을 보여준다.

　더 깊은 관점에서 살펴보자면 아름다운 마을 건설은 생태 문명 이념의 지도 아래 이루어진 포괄적인 농촌 개혁이고, 신농촌 건설의 업그레이드 버전으로써 신농촌 건설보다 더 깊고 풍부한 의미를 내포하고 있다. 신농촌 건설의 '생산과 개발, 여유 있는 삶, 문명화된 농촌, 마을 정돈과 민주적 관리'라는 원칙을 계승·발전시킬 뿐 아니라, 자연의 법칙, 시장경제 및 사회발전의 객관적 법칙을 이해하고 따르며 깊이를 더함으로써 생산(生産), 생활(生活), 생태(生態)라는 '삼생(三生)'의 조화로운 발전을 중시하고 추구해야 한다. 어떤 의미에서 아름다운 농촌 건설에는 '삼농'발전의 새로운 출발점과 새로운 차원, 새로운 플랫폼에 대한 새로운 기대를 담았고, '혁신, 조화, 녹색, 개방, 공유'의 5대 발전이념을 철저하게 이행함으로써 농촌에서 전면적인 샤오캉사회를 이룰 수 있는 구체적인 표현을 담고 있다. 나아가 아름다운 농촌 건설은 농업 발전 방식의 변화, 농업 기능의 다양한 발전, 생태환경 보호와 활용, 전통 농업 문명의 전승 및 발전에 더욱 초점을 맞추어 자연과 사회의 조화로운 공존을 실현하고, 농촌의 포괄적인 지속 가능한 발전을 이루어 국가 현대화 과정에 융합되는 것이다.

(2) 아름다운 농촌 건설은 중국 전통 생태 문화에 대한 전승과 발전이다

《관자·목민(管子·牧民)》에 '양식 창고가 가득하면 예절을 알게 되고, 입고 먹을 것이 풍족하면 명예와 수치를 알게 된다(倉廩實而知禮節, 衣食足而知榮辱)'는 말이 있다. 한 국가의 발전 수준을 측정하기 위해서는 물질문명 뿐 아니라 정신문명과 생태문명까지 봐야 한다. 중국은 예로부터 도법자연(道法自然)[29], 천인합일(天人合一)[30]와 같은 생태 사상을 가지고 있었다. 생태문명 건설은 중화민족의 영속적인 발전을 위한 천년 대계이다. 중화문명이 끊이지 않고 이어질 수 있었던 가장 중요한 이유는 자연을 숭상하는 문화 전통과 인간과 자연의 조화, 대상과 자아를 일치시키는 사상과 지혜를 가지고 있었기 때문이다. 이런 지혜는 지금까지도 여전히 사회 문명 발전에 영감을 주는 사상의 빛을 발하고 있다.

19차 당대회 보고서는 '생태문명 건설의 성과가 뚜렷하다는 점'을 충

---

29   옮긴이 주: 도는 자연의 법칙을 본받는다.
30   옮긴이 주: 유교에서 하늘과 사람이 하나라는 말.

분히 인정하면서도 '생태환경 보호는 갈 길이 멀다'고 지적했다. '어떻게 보호할 것인가'와 관련, 19차 당대회 보고서와 2018년 중앙 농촌업무회의는 인간과 자연이 조화롭게 공존해야 한다고 확실하게 밝혔다. 생태문명 건설의 새로운 시대에 들어선 지금 아름다운 중국이라는 구상을 바탕으로 아름다운 농촌을 조성해야 한다. 생태환경을 잘 보호하는 것이 바로 첫 번째 목표이다. 이 목표를 실현하는 과정에서 인간과 자연의 조화로운 공존을 추구하고, '청산녹수가 금은보화보다 더 귀중하다'는 개념을 확립하고[31], 생명을 대하듯 생태환경을 대해야 한다.[32] 일반적으로 생태문명 가치를 가이드로 삼아 농촌 사회주의의 물질문명, 정신문명, 정치문명, 사회건설 모두 생태문명 구축의 내재적인 요구에 부합되는 생태적 전환을 이루어야 한다. 수려한 산수를 뽐내는 자연의 아름다움, 살기 좋은 환경의 아름다움 뿐 아니라 인문적인 소양을 가진 마음의 아름다움도 있어야 한다. 그래야만 녹색 발전 방식과 라이프 스타일을 형성해 농촌이 진정으로 생산 개발, 풍요로운 삶, 좋은 생태문명 발전의 길로 나아갈 수 있다.

아름다운 농촌 건설의 중요한 과제는 보다 많은 생태문화 요소와 향토 문화 요소를 현대적 요소에 융화시키는 것이다. 전통적 생태문화의 계승과 발전을 통해 사람과 자연이 조화롭게 공존하고, 물질과 문화가 서로 어우러지고, 생산과 삶이 상호 발전을 촉진하고, 전통과 현대의 교류가 어우러진 행복한 집을 만들기 위해 노력해야 한다. 구체적으로 다음과 같다.

---

31   시진핑, 「전면적인 샤오캉사회를 실현하고 신시대 중국 특색 사회주의의 위대한 승리를 거두자-중국공산당 제19차 전국대표대회 보고」, 인민출판사, 2017년판, 23면.

32   상동, 24면.

1) 아름다운 마을 건설은 녹색 발전 이념을 실천하고, 녹색 농업, 순환 농업 및 생태 농업을 대대적으로 추진해야 한다

시진핑 총서기는 생태환경에 새로운 빚을 지지 않고, 묵은 빚을 천천히 갚아 나가면서 농업의 비점오염원을 잘 관리하면서 농업을 발전시켜야 한다고 지적했다.[33] 새로운 발전 상황에 직면하여 자원과 환경의 제약을 명확하게 인식하고 농업 녹색 생태의 지속 가능한 발전을 추진해야 하는데 최우선 과제는 '한 가지 통제, 두 가지 감축, 세 가지 기본[一控兩減三基本]'[34]의 목표를 가지고 농업의 비점오염원 예방과 관리를 잘 해야 한다. 2013년 11월 27일 시진핑 총서기는 산둥 시찰 당시 "지금은 농사를 어떻게 지을 것인가를 중심으로 새로운 농업 경영 시스템 구축을 가속화하고, 땅과 물이 부족한 자원 환경의 제약을 해결하는 방향으로 농업 발전 방식의 전환을 추진해야 한다"고 지적했다.[35] 2018년 중앙 1호 문건은 농촌의 녹색 발전을 추진하고 사람과 자연의 조화로운 공생과 발전을 위한 새로운 패턴을 만들기 위해 특별히 제안했다.

---

33 천시원(陳錫文), 「경제 발전 뉴노멀에 적응하여 농업 발전 방식의 전환을 가속화하자-중앙 경제업무회의에서 한 시진핑 총서기의 중요 담화 정신을 배우고 이행하자」, 구시, 2015년, 제6기.

34 농업용수 총량과 농업수의 환경오염을 통제하고, 화학비료와 농약 사용을 줄이며, 가축 분뇨, 농막, 농작물줄기를 기본적으로 자원화하고, 종합적으로 재활용하며 무공해처리를 하는 것을 가리킴.

35 「18기 3중 전회 정신을 성실하게 이행해 전면적인 개혁 심화를 위한 강력한 긍정 에너지를 모아야 한다」, 인민일보, 2013년 11월 29일, 1면.

2) 아름다운 농촌 건설은 농촌 주거환경 개선에 큰 중요성을 부여하고 주거환경에 대한 종합적인 정비를 강화해야 한다

2013년 12월, 시진핑 총서기는 중앙 농촌업무회의에서 농촌 주민의 주거환경 정비하고, 사회주의 신농촌 건설을 지속적으로 추진함으로써 농민이 행복한 삶을 누릴 수 있는 아름다운 마을을 만들어야 한다고 지적했다.[36] 2013년 시진핑 총서기는 허베이 조사 연구에서 농촌 화장실 개조에 더 신경을 쓰고 '렌마오췐(連茅圈)[37] 문제를 잘 해결해야 한다고 강조했다. 2014년 시진핑 총서기는 장쑤 시찰 당시 화장실 문제 해결은 신농촌 건설에서 상징적인 의미를 지닌다고 지적했다.[38] 2017년 11월 시진핑 총서기는 여행 시스템의 '화장실 혁명' 추진 성과에 대한 중요한 지침에서 "화장실은 사소한 문제가 아니라 도시와 농촌 문명 건설에서 중요한 부분이다. 관광지역뿐 아니라 도시와 농촌에서도 관리를 잘해야 한다. 화장실 환경 개선을 농촌 활성화 전략의 구체적인 사업으로 삼아 인민 생활의 질에 영향을 줄 수 있는 단점을 보완하기 위해 노력해야 한다"고 지적했다.[39] 다시 말해 농촌의 '화장실 혁명'을 통해 농민들의 삶의 질을 향상시키자는 의미가 내포되어 있다.

---

36 중공중앙문헌연구실에서 편집한 『18차 당대회 이후 중요 문헌 선집(상)』에 실린 시진핑의 「중앙 농촌업무회의에서의 연설」, 중앙문헌출판사, 2014년판, 682면.

37 옮긴이 주: 화장실이 돼지우리와 연결되어 바로 흘러가는 구조, 돼지 키우는 것과 상관없이 이러한 형태의 화장실을 일컫는 말.

38 「경제 발전 뉴노멀을 능동적으로 파악하고 적응하면서 개혁개방과 현대화 건설을 새로운 차원으로 끌어 올리자」, 인민일보, 2014년 12월 15일, 1면.

39 「'화장실 혁명'을 꾸준히 추진하고, 대중 생활의 질에 영향을 미치는 단점 보완을 위해 노력하자」, 인민일보, 2017년 11월 28일, 1면.

(3) 아름다운 마을 건설은 우수한 향토문화를 수호하고 계속 이어나 가야 한다

중국 전통문명의 발상지인 농촌 향토문화의 뿌리가 끊어져서는 안 되고, 황폐해져 추억 속에만 남아있는 고향이 되어서는 안 된다. 현재 중국은 대변혁, 대발전, 대융합의 시대로 들어섰다. 도시 현대화 과정이 가속화됨에 따라 도시의 현대 문명이 시골로 계속 확장되었고, 이로 인해 농촌의 우수한 향토문화의 개성이 점점 약화되고 있다. 아름다운 마을 건설의 가장 중요한 목표는 문화 전통의 뿌리를 지키고 소속감을 찾는 것이다. 이를 위해 아름다운 마을 건설 과정에서 진정으로 향토문화를 수호하고 향수를 기억해야 한다. 2017년 연말에 열린 중앙 농촌업무회의는 농경 문명을 계승해 발전시키고 농촌 문화 번영의 길을 따라야 한다고 분명히 밝혔다.[40]

향토문화는 수천 년의 중국 농경문명의 결정체로 우수한 전통문화를 계승하고, 농민의 정신생활을 함양하고, 농촌의 좋은 사회 풍습을 선도하는 데 중요한 역할을 한다. 아름다운 마을 건설을 추진함에 있어 우수한 향토문화를 보호하고 발양하기 위해 노력해야 한다. 아울러 옛 촌락, 고건축, 고대 문물 등과 같은 유형문화에 대한 정비와 보호를 확대하며, 역사 문물을 훼손하는 일체 행위를 근절해야 한다. 민족 공연 예술, 전통연극과 설창문예, 전통 수공예품, 전통 의학, 민족 전통 의상, 민속 활동, 농업 문화, 언어 등과 같은 농촌의 무형문화를 발굴하고, 좋은 민속 풍습과 풍속 등 마을의 '문화 뿌리'를 보호하고 이어나가도록 노력해야 한다. 아울러 전통 문화의 정수와 현대 문명의 요소를 결합시킨 향토문화를 지키고, 향수를 기억하여

---

40   「중앙 농촌업무회의 베이징에서 개최」, 인민일보, 2017년 12월 30일, 1면.

촌락 문화가 진정으로 새로운 생기를 내뿜을 수 있도록 노력해야 한다.

2013년 7월 22일 시진핑 총서기는 후베이 어저우시 시찰에서 "도농 통합 실현과 아름다운 마을 건설은 마을 주민들의 이익을 위한 것이다. 불필요한 일에 돈을 쓰지 말고, 대규모 철거와 건설을 해서는 안 되며, 특히 옛 촌락을 잘 보호해야 한다"고 지적했다.[41] 이는 사실상 전통문화를 잘 보존해달라는 주문이다. 2013년 12월 시진핑 총서기는 중앙 도시화업무회의에서 "자연을 존중하고 자연에 순응하며, 천인합일의 개념을 구현하기 위해 자연 풍광을 바탕으로 도시를 자연과 융화시켜 주민들이 산수를 볼 수 있고, 고향의 향수를 기억할 수 있도록 해야 한다"고 강조했다.[42] 회의는 도농 통합 발전 추진 과정에서 마을의 원형을 보존하고, 나무를 신중하게 자르고, 호수를 메우지 않고, 집을 적게 허물어 마을의 모습을 최대한 유지하면서 주민들의 생활 여건을 개선할 것을 요구했다.

2015년1월 시진핑 총서기는 윈난 시찰 당시 "신농촌 건설은 반드시 농촌의 현실에 맞는 길을 따라야 하고……청산녹수를 보존하고 고향의 향수를 기억할 수 있도록 해야 한다"[43]고 강조했다. 더 많은 문명을 보존할 수 있도록 중국 지역 문화유산을 잘 통합하는 것이 아름다운 농촌 건설의 방향과 업무 중점 중 하나임을 알 수 있다. 2016년 4월 시진핑 총서기는 안후이 샤오강촌의 농촌개혁 간담회에서 신농촌 건설은 계획이 선행되어야

---

41 「시진핑 후베이 시찰에서 아름다운 농촌 건설은 분을 바르고 치장하는 것이 아니고, 도시화가 농촌을 황폐하게 해서는 안 된다고 지적했다」, 도시규획통신, 2013년, 제15기.

42 중공중앙문헌연구실에서 편집한 『18차 당대회 이후 중요 문헌 선집(상)』에 실린 시진핑의 「중앙 도시화 업무회의에서의 연설」, 중앙문헌출판사, 2014년판, 603면.

43 「시진핑 '삼농'사상의 새로운 관점, 새로운 견해, 새로운 요구」, 인민논단, 2015년 10월 하.

하고, 농촌 자체의 발전 법칙에 따라 농촌의 단점을 보완하고 장점을 살리면서 고향의 정취와 시골의 모습을 간직해야 한다고 강조하고, 현지 실정에 따라 농촌의 주거환경을 종합적으로 정비하고, 깨끗한 농촌 생활환경을 조성해야 한다고 덧붙였다.[44]

시진핑 총서기는 "고향의 정취를 살리고[45], 향수를 기억하며[46], 유서 깊은 마을을 잘 보호해야 한다"[47]고 재차 강조하며, 중국의 전통 미덕과 문화를 소중히 여기고 추구할 것을 요구했다. 이를 통해 사람들이 고향에 대한 마음속 깊은 그리움과 고마움을 깨우치게 되고, 우수한 전통 향토 문화에 대한 정체성을 확인하고 자각할 수 있도록 만들어야 한다는 말이다.

4. 농민의 자질을 전반적으로 향상시켜야 한다

신농촌 건설은 중국 현대화 과정에서 중요한 역사적 과제이며, 사회 각계의 공동 노력이 필요한 어렵고도 복잡한 프로젝트이다. 신농촌 건설의 주체이자 수혜자인 농민 자체의 자질이 신농촌 건설의 성과와 직결된

---

44 「새로운 상황에서 농촌 개혁을 더욱 강력히 추진하여 농업 기초를 튼튼히 하고 농민들이 편안하게 생활하고 즐겁게 일할 수 있도록 촉진하자」, 인민일보, 2016년 4월 29일, 1면.

45 「확실한 빈곤 구제개발로 민족 지역의 사회 경제 발전에 박차를 가하자」, 인민일보, 2015년 1월 22일, 1면.

46 상동.

47 「시진핑 후베이 시찰에서 아름다운 농촌 건설은 분을 바르고 치장하는 것이 아니고, 도시화가 농촌을 황폐하게 해서는 안 된다고 지적했다」, 도시규획통신, 2013년, 제15기.

다. 농민의 자질을 종합적으로 끌어올리는 것은 신농촌 건설을 위한 가장 시급한 요구이자 신농촌 건설의 가장 본질적이고 핵심적인 내용 중 하나이다. 신농촌 건설 과정에서 농민의 소양을 실질적으로 높이고, 사람들을 전반적인 발전시키는 것을 근본적인 출발점과 최종목표로 삼아 농민들의 자아 계발 능력을 끊임없이 키워야 한다.

2013년 12월 시진핑 총서기는 중앙 농촌업무회의에서 "농촌 사회 경제의 발전은 말 그대로 사람에게 달려있다. 사람이 없으면, 노동력도 없고, 식량 안보는 더 말할 수도 없으며, 현대 농업은 말할 것도 없고 신농촌 건설도 없을 것이고, 전통 농경문화 보호와 전승에도 영향을 줄 수 있다"[48]고 강조했다. 아울러 "'누가 농사를 지을 것인가'의 문제는 결국 농사를 원하는지, 할 수 있는지, 누가 할 것인지, 어떻게 할 것인지의 문제이다. 사람 문제를 잘 해결하는 것이 핵심이다. 농민을 부유하게 만들고, 농민의 자질을 향상시키고, 농민을 지원함으로써 농업 경영의 수익성을 높이고, 농업을 유망산업으로 만들고, 농민을 어엿한 직업으로 만들며, 농촌을 평화롭게 살고 일하는 아름다운 보금자리로 만들 수 있다"[49]고 강조했다. 이를 위해 2014년 중앙 농촌업무회의는 신농촌 건설을 적극적이고 꾸준히 추진하고, 거주환경 개선을 가속화하며, 농민의 자질을 향상시키는 '신농촌의 물적·인적 건설'을 함께 진행해야 한다고 분명하게 밝혔다.[50]

---

48   중공중앙문헌연구실에서 편집한 『18차 당대회 이후 중요 문헌 선집(상)』에 실린 시진핑의 「중앙 농촌업무회의에서의 연설」, 중앙문헌출판사, 2014년판, 678면.

49   상동.

50   「물적, 인적 신농촌' 건설을 함께 추진하자」, 인민일보(해외판), 2014년 12월 24일, 1면

(1) 새로운 농민 대열을 만들고 육성해야 한다

'마을'과 '농민'에 중점을 두고 있는 신농촌 건설의 열쇠는 새로운 생각과 인식, 높은 소양과 지식 및 기술을 갖추고 경영을 할 수 있는 새로운 직업 농민 육성에 달려있다. 당 중앙과 국무원은 새로운 직업 농민 육성 사업을 매우 중시하고 있다. 시진핑 총서기는 2006년에 이미 "농촌을 건설하고 농업을 발전시키면서 현대 문명과 선진적인 이념을 통해 농민을 새로운 이념과 생각, 새로운 지식과 문화, 새로운 정신과 기술 및 새로운 자질과 능력을 가진 새로운 농민으로 거듭나도록 노력해야만 신농촌 건설이 더 깊은 의미를 가지고, 더 오래갈 수 있는 활력을 띠게 되어 진정한 성과를 거둘 수 있다"[51]고 지적했다. 2013년 11월 그는 산둥성 농업과학원 시찰에서 "농업 기술의 진척을 적시에 조정하고, 더 많은 농업 과학기술 인재를 양성해 전문 농업인을 육성할 필요가 있다"고 지적했다.[52] 2013년 12월 시진핑 총서기는 중앙 농촌업무회의에서 "2005년 당 16기 5중 전회에서 이미 언급했던 지식과 기술 및 경영 능력을 갖춘 새로운 유형의 농민 육성 사업을 계속해나가면서 효과를 거둘 수 있도록 관련 부서는 면밀한 검토를 통해 특별 계획과 실행 가능한 구체적인 정책 마련을 서둘러야 한다. 농업 직업 교육과 기술 훈련을 강화하고, 청년 농민 육성을 국가 실용 인재 양성 계획에 포함시켜 영농 후계자를 확보해야 한다[53]"고 강조했다. 농업

51 시진핑, 『지강신어(之江新語)』에 실린 「농촌 문명 활성화를 논하다」, 저장인민출판사, 2007년판, 198면.

52 장세신(蔣協新), 「과학적 사고 방법 육성 및 '삼농' 업무 능력 강화-18차 당대회 이후 '삼농'문제에 대한 시진핑 총서기의 중요 논술을 깊이 배우자」, 농민일보, 2014년 6월 7일, 3면.

53 중공중앙문헌연구실에서 편집한 『18차 당대회 이후 중요 문헌 선집(상)』에 실린 시진핑의 「중앙 농촌업무회의에서의 연설」, 중앙문헌출판사, 2014년판, 679면.

은 대학 및 전문대 졸업생들이 취업하고 창업하는 중요한 분야가 되어야 한다. 대학 및 전문대 졸업생 특히 농업대학 졸업생들이 농촌에 가서 농업 경영을 할 수 있는 정책 조치를 마련함으로써 그들이 현대 농업 건설에 뛰어들도록 장려하고, 유치하고, 지원해야 한다.[54] 새로운 유형의 농업 경영 주체 육성을 주요 전략으로 삼아 젊은이들이 농업 분야에서 일하도록 유치하고, 전문 농업인을 양성하는데 주력해야 한다. 특별 정책 메커니즘과 전문 농업인을 양성하고, 높은 자질을 가진 농업 생산 경영자들을 육성함으로써 농업 현대화 건설과 농업의 지속가능하고 건강한 발전을 위해 탄탄한 인적 기반을 제공하고 보장할 수 있도록 한다.[55] 선진국의 농업 현대화 과정을 종합해 보면 사회제도, 부존자원과 발전 경로의 차이에 관계없이 모두 전문 농업인 육성을 현대 농업 발전의 핵심 역량으로 삼고, 표준화된 국가 제도 체계 구축을 통해 농업 생산 경영을 책임지는 전문 농업인을 안정적으로 양성해왔다.[56] 시진핑 총서기의 논술은 새로운 전문 농업인 육성을 위한 방향을 제시했다. 이제는 새로운 전문 농업인 구축을 강화해야 한다. 2017년 연말에 열린 중앙 농촌업무회의는 직업 농민 제도 구축의 필요성을 구체적으로 제시했다.[57]

---

54   중공중앙문헌연구실에서 편집한 『18차 당대회 이후 중요 문헌선집(상)』에 실린 시진핑의 「중앙 농촌업무회의에서의 연설」, 중앙문헌출판사, 2014년판, 680면.

55   상동.

56   농업부과학기술교육사, 「새로운 직업 농민 정책 지원 체계 구축을 가속화하자」, 농민일보, 2014년 10월 18일, 3면.

57   「중앙 농촌업무회의 베이징에서 개최」, 인민일보, 2017년 12월 30일, 1면.

(2) 농촌 의무교육을 효과적으로 잘 실시해야 한다

교육은 민족 진흥의 초석이자 중화민족 부흥의 열쇠이다. 18차 당대회와 19차 당대회에서 제시한 목표를 실현하고, 전면적인 샤오캉사회를 이루고, 국가 현대화를 순조롭게 실현하며, 중화민족의 부흥을 실현하기 위해서는 교육이 기반이 되어야 하고, 농촌에 중점을 두어야 한다. 어떤 의미에서 농촌 교육은 국가 부흥의 밑거름이 되고, 인민에게 혜택을 주는 열쇠가 되기 때문에 사회 경제 발전의 전반적인 상황과 사회의 공정성 및 정의와 관계가 있다. 지금 중국은 9년제 의무교육을 전면 실시하고 있지만 도농 간 격차는 여전히 크고, 도시와 빈곤 지역, 오지, 민족 지역과의 차이는 더욱 크다. 의무교육 발전의 다음 단계는 도시와 농촌의 균형적인 발전을 실현하는 것이다. 이를 통해 농촌, 특히 빈곤지역 농촌의 다음 세대들이 교육을 받을 수 있고, 더 잘 배울 수 있도록 해야 한다. 수억 명의 농촌 아동에게 양질의 의무교육을 공평하게 제공해야만 도농 간 격차를 좁히고 사회적 평등을 이룰 수 있고, 공업화·정보화·도시화·농업 현대화의 동반 발전을 위한 인재를 지원할 수 있으며, 신농촌 건설을 위한 근본적인 뒷받침이 될 수 있다. 시진핑 총서기는 허베이 푸핑 시찰에서 "다음 세대들이 잘 살기 위해서는 먼저 문화 소양을 길러야 한다. 아이들이 좋은 교육을 받을 수 있도록 의무교육을 잘 수행해야 한다"[58]고 지적했다. 2013년 11월 시진핑 총서기는 상시(湘西) 조사 연구에서 차세대 농촌 인구들이 더 많은 지식과 기술을 습득할 수 있도록 농촌 의무 교육을 효과적으로 시행해야 한

---

58 『쟈오위루와 같은 현 위원회 서기가 되자』에 실린 시진핑의 「허베이성 푸핑현 빈곤 구제 개발 업무 시찰에서의 담화」, 중앙문헌출판사, 2015년판, 24면.

다고 지적했다.[59] 이를 위해 각급 정부가 높은 책임감과 사명을 가지고, 교육적으로 뒤쳐져 있는 빈곤지역과 민족지역에 대한 의무교육을 발전시키기 위해 더 많은 에너지를 투입하고, 더 많은 재정 자원을 투자하여 교육 발전의 결점을 보완해야 한다. 마을의 초등학교와 교원을 효과적으로 운영하고, 지역 여건에 맞는 학교 표준화를 추진하여 농촌 의무교육의 질을 향상시키고, 영양 개선 계획을 시행해야 한다.

(3) 농촌 직업 교육을 강화해야 한다

직업 교육은 농부와 농업의 현대화를 촉진하는 데 도움이 된다. 중국의 농촌 직업교육 발전은 상대적으로 더디다. 농민에 대한 직업기능 교육과 육성을 위한 장기적인 메커니즘이 아직 형성되지 못했고, 농업 산업체인 확대를 위한 추진과 뒷받침이 부족했다. 이는 농업 산업화의 진전에 어느 정도는 영향을 미쳤고, 농촌 노동자들의 비농업 분야 고용과 수익에도 영향을 주었다. 과학 기술 보급의 경우, 현재 농업 과학 기술 보급은 주로 정부의 농업 기술 보급 부서에 의존하고 있다. 농촌 노동력의 고령화로 인해 과학 기술에 대한 이해와 시장에 대한 인식이 상대적으로 떨어지기 때문에 새로운 기술을 수용하고 응용하는 데 어느 정도는 영향을 미치고 있다. 선진 농업 기술과 새로운 농산물을 농촌에서 홍보하기가 어려워 농업 생산을 개선하는데 불리하게 작용했다.[60] 직업교육 발전 가속화와 관련, 시

59　「개혁개방을 심화하고 혁신에 의한 발전을 추진하고, 연간 경제 사회 발전 목표를 실현하자」, 인민일보, 2013년 11월 6일, 1면.

60　뤄젠화(羅箭華), 왕옌(王彦), 「신농촌 건설 과정에서의 농민들의 자질 향상에 대한 어려움 및 그 전략 분석」, 농촌경제, 2011년, 제1기.

진핑 총서기는 "올바른 인재상을 수립하고, 사회주의 핵심 가치관을 육성하고 실천하며, 인재 교육의 질적 향상에 주력해야 한다. 노동은 자랑스럽고, 기능은 귀중하며 창조는 위대하다는 시대 분위기를 만들어 누구나 재능을 발휘하고 보여줄 수 있는 좋은 환경을 조성하고, 높은 자질을 갖춘 노동력과 기술 기능 인재를 육성하기 위해 노력해야 한다"고 지적했다. 시진핑 총서기는 '두개 ' 목표와 중화민족의 위대한 부흥인 중국몽의 실현을 위한 인재를 보장하기 위해 각급 당 위원회와 정부에 현대 직업교육 발전에 더욱 박차를 가하고, 직업교육 발전에 대한 지원과 도움을 확대할 것을 요구했다.[61] 농촌 직업 교육을 어떻게 강화할 수 있을까? 첫째, 농촌 지역의 직업 교육에 대한 투자를 늘리고 농촌 지역의 직업 교육 수준과 질을 종합적으로 개선함으로써 농촌 직업 교육을 새로운 유형의 농민과 사회인재를 양성하는 요람으로 만들어야 한다. 둘째, 인재 육성의 개념과 모델을 혁신하고, 사회가 참여하도록 장려함으로써 '생각과 개념' 및 '종합적 자질' 등 모든 측면에 대한 농촌 인구의 자질을 향상시켜야 한다.

(4) 농민의 사상 교육을 강화해야 한다

끊임없이 진행되고 있는 농촌 개혁과 발전에서 농민의 사상 교육 강화는 여전히 중요한 문제이다. 신농촌 건설을 위해 농촌 사회의 전면적인 발전과 진보를 실현해야 한다. 의무교육 및 직업교육과 같은 기술 훈련 강화를 통해 농민의 문화적 자질을 향상시켜야 한다. 그 외에도 새로운 농촌

---

61 「직업교육 발전 지원을 통해 '두 개' 목표의 실현을 위한 인재를 보장하자」, 인민일보, 2014년 6월 24일, 1면.

문명의 풍습을 키워 건전하고 문명적인 생활을 추구할 수 있도록 해야 한다. 이러한 것들은 농민의 사상적·도덕적 소양 향상에 달려있다. 따라서 농민의 지갑을 두둑하게 하고 생각을 스마트하게 만드는 양자 관계를 올바르게 처리해야 한다. 농민의 '스마트함'을 키우기 위해 기본적으로 사상 교육을 강화해야 한다. 농촌 사회의 변화 과정에서 다양한 가치 지향적인 문제와 사회적 문제가 발생할 수 있기 때문에 신농촌 건설을 농민의 구체적 행동으로 내실화하고, 농민의 생산과 생활에 접목시켜 농민이 신농촌을 조각할 수 있도록 만들어야 한다. 사실 정부를 포함한 그 어떤 사회단체도 농민을 대신해 신농촌 건설을 추진하는 주체가 될 수 없다. 농민들이 주인의식을 가지고 열정적으로 그 역할을 다 해야만 신농촌 건설이 농촌 활성화 전략에서 제시한 '산업 번영, 생태 보금자리, 농촌 문명, 효과적인 거버넌스 및 풍요로운 삶'에 대한 요구와 효과적으로 맞물려 농촌의 생기와 활력을 되살리고, 번영을 이룰 수 있다.

제8장

정확한 빈곤구제개발 계획 실시

중국의 빈곤구제개발은 어렵고도 먼 길을 걸어왔다. 중국의 발전사와 중국 공산당원의 성장 역사는 인민들을 가난에서 벗어나 부자로 이끌기 위한 투쟁의 역사이다. 개혁개방 이후, 중국의 빈곤구제개발 사업은 괄목할 만한 성과를 거두었다. 7억 명이 넘는 빈곤인구가 빈곤에서 벗어났고, 농촌 빈곤인구 발생률은 1990년의 73.5%에서 4%이하로 떨어져 전 세계 빈곤 감소에 대한 기여율이 70%를 넘었다.[1] 물론 빈곤 퇴치개발의 성취를 충분히 인정하면서 개혁개방 이후부터 18차 당대회 이전까지 형성되어 지속되고 있는 빈곤구제개발 전략을 객관적이고 냉철하게 인식해야 한다. 중국의 빈곤구제개발은 경제 사회가 지속적인 변화를 거듭함에 따라 새로운 시대의 중국 특색 사회주의 발전 수요를 충족시킬 수 없게 되었다. 바로 이런 배경 속에서 시진핑 총서기는 '정확한 빈곤 구제와 빈곤 탈출'이라는 빈곤구제 전략을 제안하고, '13차 5개년 계획'기간 동안 빈곤 퇴치를 최우선 과제로 삼아 민생의 마지노선을 지키고, 빈곤 탈출을 위한 막바지 전쟁에서 승리를 거두어야 한다고 밝혔다. 이는 시진핑 신시대 중국 특색 사회주의 사상에 대한 중요한 표현이고, 신시대 중국 특색 사회주의라는 위대

---

[1] 장티에(張鐵), 「빈곤 탈출의 '중국 경험' 공유」, 인민일보, 2015년 11월 25일, 5면.

한 사업의 중요한 구성 부분이자 실천을 위한 기본 계획이다.

빈곤구제개발에 관한 시진핑 총서기의 중요한 논술은 수십 년간 중국의 빈곤구제개발에 관한 이론과 실천들이 모여 만들어진 결정체가 단련을 거쳐 이루어진 것으로써 중국의 빈곤구제개발 사업에 대한 깊은 깨달음과 반성 후에 얻은 변증적 지양과 이성적 변혁을 대표한다. 이는 산시 북부 농촌에서 허베이 현(시)를 거쳐 다시 푸젠, 저장, 상해 지역까지 가장 가난한 서부 시골에서 개방되고 발전한 동부 도시를 거친 시진핑 총서기의 성장 여정을 관통하고, 생산대대 마을 지부 서기에서 국가 지도자까지 국정운영에 대한 그의 생애를 총망라한 것이다. 40년 가까이 중국의 빈곤구제개발 사업에 대한 생각과 행동, 관심, 보살핌과 분투, 40년 동안의 깊은 사색과 힘겹게 일군 연구들이 모여 빈곤구제개발에 관한 시진핑 총서기의 중요한 논술로 집대성되었다. 중요한 논술은 이렇게 두터운 배경과 섬세한 담금질을 통해 강철 공예로 탄생하게 된다.

1. 빈곤구제개발의 중요한 의의

시진핑 동지를 중심으로 당 중앙은 초심을 잃지 않고, 지난 사업을 계승하고 발전시키며 시대와 함께 발맞추어 나가면서 빈곤구제개발에 큰 중요성을 부여하고 이를 위해 전력을 다함으로써 마침내 빈곤구제개발에 대한 완전히 새로운 국면을 열었다. 18차 당대회 이후 시진핑 총서기는 빈곤구제개발에 관한 중요한 논술을 제시했다. 이로써 빈곤구제개발 전략의 이론적 체계가 점차 형성되어 지속적으로 내실을 다지고 완비되었다. 특히 정확한 빈곤구제 및 빈곤탈출에 관한 이론, 실천 방법과 전략적 제안, 효과적인 이행을 통해 중국의 빈곤구제개발 사상과 이념, 실천을 위한 중대한 돌파와 혁신을 이루게 되면서 중국의 빈곤구제개발 사업을 위한 과학적인 지침을 제공했다.

(1) 사회주의의 본질적 요구

빈곤구제개발에 관한 시진핑 총서기의 중요한 논술은 시진핑 신시대 중국 특색 사회주의 사상의 중요한 구현이고, 마르크스주의 중국화의 최신 성과이다. 새로운 시대 사회주의의 본질적인 특징은 무엇이고 당 사업의 중심과 중국공산당의 역사적 사명은 무엇이며, 전면적인 샤오캉사회와 중화민족의 위대한 부흥인 중국몽을 어떻게 실현할 수 있는지, 경제 뉴노멀 상황에서 '어떻게 단점을 보완하는 지'에 대한 이미지화를 통해 생생하게 풀어냈다. 사회주의의 본질은 생산력을 해방하고 발전시키고, 착취와 양극화를 없애 궁극적으로 공동 번영을 이룩하는 것이다. 여기에는 빈곤 퇴치와 발전을 촉진하기 위한 이론적인 정수가 담겨 있다. 중국이 직면한 발전 단계에서 빈곤구제개발에 큰 중요성을 부여하는 것은 그 무엇보다도 중요하다. 이는 사회주의가 마땅히 가져야 하는 의미이자, 본질적인 속성이다. 시진핑 총서기는 "신중국이 성립되기 전, 우리 당은 많은 농민들의 해방을 위해 농민들을 이끌고 토호를 타도하고, 토지를 분배했다. 이제 많은 농민들이 빈곤에서 벗어나 샤오캉을 실현해 행복한 삶을 영유할 수 있도록 이끌어야 할 때다"[2]라고 지적했다. 시진핑 총서기는 19차 당대회 보

---

2   중공중앙문헌연구실 편저, 「시진핑의 전면적인 샤오캉사회 실현에 관한 논술 엮음」, 중앙

고에서 "중국공산당은 빈곤인구와 빈곤지역을 포함해 전국을 전면적인 샤오캉사회로 진입시킬 것을 엄숙하게 다짐한다"[3]고 강조했다. 중화인민공화국 성립 이후 당과 국가 지도자는 빈곤감소 문제를 항상 중요하게 생각해왔다. 1949년 이후 사회주의 건설 발전사는 본질적으로 빈곤해소, 민생개선, 공동 번영을 실현하는 창조의 역사이다. 1978년 이전의 빈곤 퇴치를 위한 모색이건 1980년대 중반부터 실시된 빈곤구제개발 전략에 이르기까지 당과 국가는 빈곤구제개발을 항상 중요한 역사적 사명으로 간주하고 있었음을 충분히 입증했다. 중화인민공화국 건국 초기의 시작 단계에서 개혁개방의 추진에 이르기까지 중국의 빈곤구제개발 사업은 세계가 괄목할만한 성과를 거두었다. 중국은 세계 최초로 유엔 밀레니엄 개발 목표를 이루고, 빈곤인구를 절반으로 줄인 국가가 되었다. 현재 중국 특색 사회주의는 새로운 시대로 들어섰다. 사회주의 현대화와 중화민족의 위대한 부흥 실현이 새로운 시대의 임무인 만큼 빈곤구제개발에 박차를 가하고 빈곤 탈출을 위한 공략을 강화해야 한다. 그렇기 때문에 시진핑 총서기는 18차 당대회 이후 주요 담화와 19차 당대회 보고에서 빈곤과의 싸움에서 승리하기 위해서는 '정확한 빈곤구제와 빈곤탈출' 전략이 필요하다고 강조했다.

(2) 당 전체 사업의 최우선 과제와 중국공산당의 역사적 사명

당 전체 사업의 최우선 과제인 빈곤구제개발에 지대한 관심을 기울

문헌출판사, 2016년판, 155면.

3 시진핑, 「전면적인 샤오캉사회를 실현하고 새로운 시대 중국 특색 사회주의의 위대한 승리를 거두자-중국공산당 제19차 전국대표대회 보고」, 인민출판사, 2017년판, 47면.

여야 한다. 역대로 당과 국가의 중요한 회의와 중앙이 발표한 중요한 문건에서는 '삼농'을 전체 당 사업의 최우선 과제로 보고, 빈곤구제개발을 '삼농' 업무에서 가장 중요하게 생각해왔다. 특히 18차 당대회 이후 중국공산당은 당 사업에서 빈곤구제개발을 매우 중요한 위치에 두고, 역사적 및 전략적인 중요성을 부여했다. 시진핑 총서기는 "'삼농' 업무가 가장 중요하다. 오래된 혁명 지역, 민족지역, 국경지역 및 빈곤지역은 '삼농' 업무에서 빈곤구제개발을 최우선으로 삼아 중점을 두어야 한다"[4]고 지적했다. 빈곤구제개발의 중요성에 대한 인식을 높이고, 빈곤구제개발을 잘해야 한다는 책임감과 사명감을 키워야 한다. 2020년까지 기존 빈곤인구를 빈곤에서 벗어나도록 실현하는 일은 당 전체에게 있어 큰 도전임이 분명하다. 하지만 이는 중국공산당이 인민에게 한 엄숙한 다짐이다. 전면적인 샤오캉사회 실현과 첫 번째 목표의 실현과 관계가 있을 뿐 아니라 이 여세를 몰아 전면적인 사회주의 현대화 건설을 위한 새로운 여정을 시작함으로써 두 번째의 목표를 향해 나아갈 수 있을지 여부와도 결부된다. 때문에 시진핑 총서기는 "현 단계 중국의 빈곤구제개발 사업은 이미 맡은 바 임무를 완수하기 위해 공략하고 쟁취하기 위해 스퍼트를 올려야 하는 시기로 들어섰다"며 "현재의 급박한 상황이 우리를 기다려주지 않는다"[5]고 지적했다.

중국공산당의 역사적 소명인 빈곤구제개발은 당 전체에 대한 시험대이면서 전체 당 동지들이 국정운영 능력 향상을 위한 경험치를 쌓을 수 있

---

4   『쟈오위루와 같은 현 위원회 서기가 되자』에 실린 시진핑의 「허베이성 푸핑현 빈곤 구제 개발 업무 시찰에서의 연설」, 중앙문헌출판사, 2015년판, 23-24면.

5   중공중앙문헌연구실 편저, 「시진핑의 '4개전면'전략 배치 조율과 추진에 관한 논술 엮음」, 중앙문헌출판사, 2015년판, 47-48면.

는 기회가 될 수 있다. 빈곤구제개발은 인민의 이익을 도모하는 중국공산당의 정치적 입장을 보여주는 것으로 국정운영에 대한 정치적 지혜의 깊이를 반영하고 있다. 빈곤구제개발을 중시하고, 전 인민을 이끌고 빈곤에서 벗어나 함께 샤오캉을 향해 나아가야 한다. 마르크스주의 정당으로써 노동자를 주체로 가장 많은 인민 대중의 근본적인 이익을 실현해야 한다. 이는 다수의 근본적 이익을 실현하는 마르크스주의의 입장에 대한 깊이 있는 해석에서 비롯된 것이다. 중국공산당은 탄생 초기부터 인민을 빈곤에서 벗어나도록 이끌어야 하는 역사적 사명을 짊어져왔다. 개혁개방 이후 중국은 엄청난 변화를 겪었지만 인민을 빈곤에서 벗어나도록 이끌어야 하는 중국공산당의 역사적 사명은 여전히 계속되고 있다. 특히 18차 당대회 이후 시진핑 총서기는 새로운 중앙 지도부의 책임을 '민족에 대한 책임, 인민에 대한 책임, 당에 대한 책임'이라고 명확하게 요약하고,[6] "인민의 기본 이익을 최우선으로 생각하는 것은 민족, 인민, 당에 대한 책임으로 빈곤구제개발을 적극적으로 추진해야 한다. 빈곤한 오지 및 소수민족 지역을 전국과 함께 전면적인 샤오캉사회로 들어가도록 이끌며, 다른 지역과의 발전 수준차이를 점차 줄이기 위해 노력해야 한다. 원바오(溫飽)[7]가 아직 해결되지 않았다. 빈곤에서 벗어나지 못한 사람들이 개혁개방과 발전의 성과를 함께 누릴 수 있고, 인민 전체가 발전을 함께 건설하고 누리는 가운데 더 많은 것을 얻는 느낌을 가질 수 있도록 전인적 발전과 공동 번영을 지

---

6   중공중앙문헌연구실에서 편집한 『18차 당대회 이후 중요 문헌 선집(상)』에 실린 시진핑의 「아름다운 생활에 대한 인민의 동경이 바로 우리의 분투 목표이다」, 중앙문헌출판사, 2014년판, 69-70면.

7   옮긴이 주: 기본적인 의식주를 해결한 상태.

속적으로 촉진해야 한다"고 덧붙였다.

(3) 전면적인 샤오캉사회 실현과 중화민족의 위대한 부흥인 중국몽 실현을 위한 필연적인 요구

빈곤구제개발은 전면적인 샤오캉사회를 이루기 위한 필연적인 요구이다. 전면적인 샤오캉사회 실현이라는 목표의 달성은 빈곤탈출 목표의 실현 여부에 따라 결정된다. 모든 인민을 위한 샤오캉 실현이야말로 진정한 의미의 전면적인 샤오캉사회 실현이라 할 수 있다. 시진핑 총서기는 당 18기 5중 전회와 19차 당대회 보고에서 2020년까지 중국의 현행 기준 이하의 농촌 빈곤인구의 빈곤 탈출을 실현해 모든 빈곤 현이 지역적인 빈곤을 해결하고, 진짜 가난에서 벗어나 진정한 빈곤탈출에 성공하도록 만들어 빈곤한 현이라는 오명에서 벗어날 수 있도록 해야 한다고 강조했다. 18차 당대회 5중 전회는 빈곤구제 공략전을 빈곤탈출 공략전으로 바꾸고, 2020년까지 반드시 빈곤탈출의 약속을 실현해야 한다고 강조했다.[8] 그는 "농촌의 샤오캉, 특히 빈곤지역의 샤오캉 없이는 전면적인 샤오캉사회를 이룰 수 없다"[9]고 여러 차례 강조한 바 있다. 또한 "전면적인 샤오캉사회 실현과 첫 번째 의 분투 목표 실현에서 농촌 빈곤인구 전체를 빈곤에서 벗어나게 하는 것은 획기적인 지표이다. 이 문제를 항상 생각하고 늘 강조하는 이유는 마음속에 묵직한 무언가가 남아있기 때문이다. 샤오캉 실현의 열쇠는 고향이 쥐고 있기 때문에 가난한 고향이 빈곤에서 벗어날 수 있는

---

8 시진핑, 「당 18기 5중 전회 제2차 전체회의 연설(발췌)」, 구시, 2016년, 제1기.
9 『샤오위루와 같은 현 위원회 서기가 되자』에 실린 시진핑의 「허베이성 푸핑현 빈곤 구제 개발 업무 시찰에서의 연설」, 중앙문헌출판사, 2015년판, 16면.

지를 봐야 한다"[10]고 밝힌 바 있다. 현재 전면적인 샤오캉사회 실현의 '숏보드'가 '삼농' 문제에서 두드러지고 있고, 그 중에서 빈곤과 낙후가 가장 큰 취약부분으로 작용하고 있다. 자연 부존자원과 인구 상황, 낡은 체제 메커니즘으로 인한 제약뿐 아니라 역사적 부채와 오랜 도농 간 이원적 구조로 인한 인프라·교육·의료·위생 분야의 취약함과 불평등 문제가 있기 때문이다. '강국이 되고자 하면 먼저 부국이 되어야 하고, 부국이 되고자 하면 먼저 인민이 잘 살게 해야 한다'[11]는 말이 있다. 시진핑 총서기의 말처럼 더 큰 정치적 용기와 지혜로 개혁을 심화하기 위해서는[12] 반드시 빈곤문제를 먼저 해결해야 한다. 빈곤에서 완전히 탈출해야 인민들을 사회주의 현대화 건설에 참여하도록 장려할 수 있고, 오랫동안 깊이 있게 개혁을 효과적으로 추진할 수 있다. 전면적인 샤오캉사회 실현의 첫 걸음은 빈곤구제개발을 위한 노력을 강화해 결점을 보완하는 것이다. 강력한 정책 및 자금 지원을 통해 빈곤구제개발을 대대적으로 시행한다. 빈곤지역, 오지 산간지역, 오래된 혁명지역에 대한 정책, 자금 및 1:1 지원에 더욱 집중함으로써 도농 격차를 점차적으로 줄인다. 인프라, 교육, 의료 및 보건의 빈틈을 메우고, 도시 및 농촌의 기본 공공 서비스 평준화를 실현하여 경제와 사회의 조화롭고 균형 잡힌 발전을 이룬다.

빈곤구제개발은 사회주의 현대화와 중화민족의 위대한 부흥인 중국

10 　중공중앙문헌연구실 편저, 「시진핑의 전면적인 샤오캉사회 실현에 관한 논술 엮음」, 중앙문헌출판사, 2016년판, 154면.

11 　(淸) 정관응(鄭觀應), 『정관응집(鄭觀應集)하편』에 실린 「도우 양륜경(梁綸卿)에게 보내는 글」, 네이멍구인민출판사, 1996년판, 35면.

12 　「더 큰 정치적 용기와 지혜로 개혁을 심화하고, 18차 당대회가 이끄는 개혁개방의 방향으로 나아가자」, 인민일보, 2013년 1월 2일, 1면.

　　　　　　중국 특색 사회주의 농촌 활성화의 길로 나아가다

몽의 실현과 관련이 있다. 19차 당대회는 신시대 중국 특색 사회주의의 위대한 실현에 관한 종합적인 임무를 확립했다. 신시대 중국 특색 사회주의의 위대한 실천에서 전면적인 샤오캉은 '핵심 단계'이고, 절대빈곤 해소는 핵심 단계에 잘 이르기 위한 '중요한 도약'이다. 이를 위해 시진핑 총서기는 당 전체에 2020년까지 모든 빈곤 지역과 빈곤인구가 함께 샤오캉사회로 진입할 수 있도록 빈곤 퇴치를 위해 총력을 기울일 것을 촉구했다.[13] 전면적인 샤오캉사회 실현은 첫 번째 목표의 달성으로 인민의 행복을 실현을 가리킨다. 전면적인 샤오캉과 중화민족의 위대한 부흥인 중국몽은 서로에게 영감을 주면서 사회 전체의 최대 공약수를 응집했다. 전면적인 샤오캉 건설이건 위대한 부흥인 중국몽의 실현이건 모두 '낙오자가 생겨서는 안 된다'[14]는 시진핑 총서기의 말처럼 인민들이 함께 공유하고 누리는 것을 전제로 해야 한다.

2. 중국 특색 빈곤구제개발의 길 고수

중국은 세계 최대의 개발도상국이다. 빈곤구제개발 임무는 힘들고 오랜 시간이 필요하다. 지금부터 2020년까지는 전면적인 샤오캉사회 실현을 확정지어야 하는 시기이다. 19차 당대회에서 당 20대까지는 '두개 100년' 목표 실현의 역사가 교차하는 시기이다. 시진핑 총서기는 "빈곤 구제

---

13 「전면적인 샤오캉으로 중국몽을 고무시키자」, 인민일보, 2015년 2월 26일, 1면.

14 「시진핑, 2015 빈곤 감소와 발전 고위급 포럼 참석 기조연설」, 인민일보, 2015년 10월 17일, 1면.

실현을 위해 세심한 주의를 기울이고 정확한 빈곤구제를 추진함으로써 일정을 앞당겨야 한다. 세부적인 부분을 잘 따져서 소수 민족 혹은 어느 지역 하나라도 뒤처지는 일이 없도록 해야 한다"[15], "구 지역, 특히 구 중앙 소비에트 지역의 발전을 가속화하기 위해 노력해야 한다. 이들 지역이 전면적인 샤오캉사회 실현 과정에서 뒤처져서는 안 된다. 우직함을 가지고 끝까지 밀고 나가 옛 혁명지구의 민중들이 전면적인 샤오캉사회의 성과를 함께 누릴 수 있도록 해야 한다. 이것이 우리 당의 역사적 책임이다"[16]라고 지적했다. 전면적인 샤오캉사회 실현 및 첫 번째 100년 목표 실현과 관련해 시진핑 총서기는 중요 논술에서 빈곤구제개발을 확고하게 추진하는 것을 핵심 임무로 삼아 빈곤 퇴치의 공방전에서 승리를 거두고, 모든 빈곤지역과 빈곤인구가 2020년까지 빈곤에서 완전히 벗어나 전면적인 샤오캉사회로 함께 나아갈 수 있도록 빈곤구제개발 추진에 관한 전략적 임무를 명확히 했다.

중국의 빈곤구제개발 사업은 세계가 괄목할만한 성과를 거두었지만 현재 빈곤구제개발의 전략적 임무, 빈곤구제개발이 맞이한 새로운 상황과 문제들로 인해 중국의 빈곤구제개발 사업은 여전히 복잡하고도 힘든 문제들이 많이 있다. 빈곤에서 벗어나야할 지역이 여전히 많이 있고, 빈곤 퇴치가 시급한 인구들이 적지 않은 가운데 아직 빈곤 탈출을 하지 못한 대부분 지역과 인구는 빈곤구제개발 과정에서 가장 힘들고 어려운 부분에 속하기 때문이다. 시진핑 총서기는 "빈곤구제개발 사업은 이미 맡은 바 임무를 완

---

15   인민일보사 논설부 편집, 「'4개 전면' 학습서」, 인민출판사, 2015년판, 59면 참조.
16   상동, 58-59면 참조.

수하기 위해 공략하고 승리를 쟁취해야 하는 스퍼트를 올려야 하는 시기로 들어섰다"[17]고 지적했다. 특별한 시기인 만큼 특별한 지혜가 필요하다. 중국의 빈곤구제개발 사업은 중국의 실질적인 발전에 맞는 자주적인 길을 모색해야 한다. 따라서 현재 빈곤구제개발의 중요한 시기에 중국 특색의 빈곤구제개발 전략에 의지해 중국 특색 빈곤구제개발의 길을 가는 것은 빈곤구제개발의 막바지 스퍼트 기간에서 주도권을 잡고, 이 과정에서 힘든 부분을 효과적으로 극복하기 위한 필연적인 선택이다. 중국 특색 빈곤구제개발의 길은 개혁개방 40년 동안 빈곤구제개발의 실천을 종합하고 모색해 온 중국인들의 경험과 지혜에서 비롯된 것으로 중국의 국가 상황을 바탕으로 중국의 개혁 발전의 실천 속에서 태어났다. 18차 당대회 이후 시진핑 총서기는 중국 특색의 빈곤구제개발의 길을 계승하고 혁신했다. 특히 정확한 빈곤구제와 빈곤탈출 전략을 제안함으로써 중국 특색 빈곤구제개발의 길에 새로운 의미를 불어 넣고, 강력한 새로운 동력을 더했다.

(1) 사상 해방이라는 빈곤구제개발이념 고수

빈곤구제개발을 대대적으로 이행하기 위해서는 먼저 사상을 해방시켜야 한다. 시진핑 총서기는 사상 해방을 적극적으로 제창하고, 생각이 '먼저 트이고', 사상이 선행되어야 하는 중요성을 강조했다. "빈곤 지역에서는 생각이 빈곤해서는 안 된다. 때문에 당원, 간부, 대중들이 사상을 해방하고 관념을 쇄신하는 것이 급선무다"[18], "빈곤을 구제하려면 먼저 포부를

---

17 「시진핑, 빈곤구제 사업을 논하다-18차 당대회 이후 중요 논술 엮음」, 당 건설, 2015년, 제12기.
18 시진핑, 「빈곤 탈출」, 푸젠인민출판사, 2014년판, 1면.

세우고, 사상적 '빈곤'을 희석시켜야 한다"[19], "……우선 머릿속 가난을 제거해야만 책임지고 있는 지역의 빈곤탈출이 가능해진다. 이렇게 국가와 민족 전체의 '빈곤탈출'을 실현해야 부유함과 번영의 길로 나아갈 수 있다"[20]고 덧붙였다.

빈곤구제개발을 효과적으로 실시하고 추진하기 위해서 반드시 사상을 해방시키고, 개념을 업그레이드하고 의식의 속박에서 벗어나 '사상의 스위치'를 켜고, 전통적 사고의 패턴에서 벗어나야 한다. 개혁개방 이후 수십 년 동안 실시해 온 빈곤구제개발 사업은 세계가 주목할 만한 성과를 거두었다. 그러나 현대화 건설의 속도와 전면적인 샤오캉사회 실현에 대한 인민들의 요구를 충족시키기는 여전히 미흡하다. 특히 18차 당대회 이전의 허술했던 빈곤구제개발 방식은 틀에 박힌 빈곤구제개발의 사고와 방식에 의존하게 되어 빈곤구제개발 과정을 심각하게 방해했다. 빈곤구제개발이 어려움을 극복해야 하는 중요한 시기에도 일부 지방과 당원 간부 동지들은 여전히 '프로젝트, 자금 및 계획을 위한 경쟁'에 머물러 있고, 빈곤구제개발이 문서나 지도자의 연설에만 남아는 경우가 있다는 것은 부인할 수 없다. 또한 제한된 재원과 물질적 자원, 모든 에너지를 상급기관의 감사에 대처하고, 지도자들의 눈에만 잘 보이기 위한 보여주기식 사업에 투자한 경우도 있는데 이러한 행동을 가지고는 빈곤 탈출의 목표를 이룰 수 없다.

시진핑 총서기는 푸젠성 닝더 지구 당 서기 시절 이런 구시대적 현상을 겨냥해 매우 창의적인 전략적 설명과 함께 실천을 위한 맞춤형 관점을

19   시진핑, 「빈곤 탈출」, 푸젠인민출판사, 2014년판, 6면.
20   상동, 160면.

제시한 바 있다. 그는 "실천이 인식보다 차원이 높은 이유는 행동을 이행하기 때문이다. 지금은 무슨 말을 잘못했는지를 걱정할 게 아니라, 개혁 개방에 대한 좀 더 과감한 새로운 구상이 없는 가운데 의식이 떨어지는 것을 걱정해야 한다. 무엇을 잘못했는지는 걱정할 게 아니라 더 강력한 개혁개방 조치를 하지 못하는 '사고의 빈곤'을 우려해야 한다"[21]고 지적했다. 시진핑 총서기는 과학적 논단을 통해 중국의 빈곤구제개발 문제를 정확하게 파악했다. 닝더 지역의 빈곤 현실에 대한 생각에서부터 개혁개방 40년 동안의 실천적 검증에 이르기까지 이러한 과학적인 주장은 실천의 검증을 거치면서 심오하고 깊은 현실적 의의와 이론적 의미를 가지게 되었다. 현재 당 전체와 전국은 빈곤구제개발을 위한 공방전에 총력을 기울이고 있다. 사상 해방을 열쇠로 초점을 맞추어 지도의 중요성과 미래 예측성을 보여주었고, 목표한 바가 무엇인지를 잘 나타내고 있다.

사상 해방의 중요한 위치와 역할을 부각시키기 위해 모든 당원과 간부들이 빈곤구제개발 사상에 대한 자기혁명을 실현할 것을 요구하고 있다. '자력갱생을 하지 않고 국가로부터의 원조를 기다리고, 의지하고, 요구하는 생각'을 몰아내고, 기존의 의존적 사고 패턴을 바꾸고 여기에서 벗어나 방식과 방법에 대한 혁신을 추진해야 한다. 사상 해방의 결정적 지위와 역할을 부각시켜 전체 당원과 간부들이 빈곤인구를 이끌고 함께 행동하고 상호작용하며 빈곤에서 벗어나기 위해 협력할 것을 주문했다. 빈곤인구들이 사고의 빈곤에서 벗어나도록 도와야 한다. '머릿속 가난' 탈출을 중요한 위치에 두고, 빈곤인구들이 '머릿속을 채워야 주머니를 채울 수 있다'는 생

---

21   시진핑, 「빈곤 탈출」, 푸젠인민출판사, 2014년판, 160면.

각을 가질 수 있도록 도와야 한다.

(2) 실사구시라는 빈곤구제개발 방법 실시

역사적 경험과 교훈, 현실적인 실천의 수요는 실사구시가 시진핑 총서기의 빈곤구제개발에 관한 중요한 설명의 정수일 뿐 아니라 빈곤구제개발에 관한 중요한 논술의 구체적인 실천 방법의 진수임을 보여준다. 시진핑 총서기는 실사구시를 당의 중요한 사상 노선으로 삼아 중시하고 있다. 2012년 5월 중앙당교 봄학기 2차 신입생 입학식에서 시진핑 총서기는 "실사구시는……항상 마르크스주의 중국화 이론 성과의 정수이자 영혼이다……중국 공산당이 세계를 이해하고 변화시키는 데 필요한 기본 요건이며, 당의 기본적인 사고방식이자 업무 및 지도 방식이다. 당이 인민들을 이끌고 중국의 혁명과 건설, 개혁을 추진해 끊임없이 승리를 거둘 수 있었던 중요한 법보이다"[22]라고 밝혔다. 2013년 11월 시진핑 총서기는 후난 상시(湘西)를 시찰하면서 "빈곤구제는 실사구시와 지역 상황에 맞게 정확하게 실시해야 하며, 슬로건에 그치거나 지나치게 야심찬 목표를 정해서는 안 된다"고 지적했다.[23] 이후 빈곤구제에 관한 중요한 담화에서 실사구시의 중요성에 대해 더욱 심도 있게 설명했다.

현재 빈곤구제개발의 문제점을 살펴보면 현실과 동떨어져 있는 것들이 있어 실사구시의 원칙에 위배된다. 정부 주도로 추진되는 빈곤구제개발 프로젝트가 현실과 동떨어져 '농촌으로 들어간 후' 농민들의 호응을 얻지

---

22 시진핑, 「실사구시의 사상 노선을 견지하다」, 학습시보(學習時報), 2012년 5월 28일, 1면.

23 「빈곤 탈출을 위한 공방전의 집결 나팔을 울리다」, 인민일보(해외판), 2016년 3월 10일, 1면.

놋하고 오히려 극렬한 반대에 부딪혔다. 빈곤구제개발 정책은 순조롭게 진행되었으나 현실과의 괴리로 인해 결국 자리 잡지 못하고 기대한 효과를 발휘하지 못했다. 빈곤구제 산업을 위한 대출은 실질적인 운용 수단이 부족하고, 농민들의 손에 들어간다고 해도 결국 차를 사거나 자녀의 주택 담보 대출 상환 혹은 묵은 빚을 갚는 돈 등등으로 바뀌었다. 이러한 문제들을 되돌아보면 농부의 선천적인 자질이 그다지 높지 않아 문제의 싹을 키웠기 때문이다. 거기에 정부가 일방적으로 기꺼이 떠맡은 것도 이유가 될 수 있었지만, 결론적으로는 실제와 맞지 않고, 실사구시의 원칙에 위배되었기 때문이다. 실사구시는 빈곤인구가 스스로에게 맞는 옷을 입고, 자신의 장점을 충분히 발휘해 더 잘, 더 빨리, 더 멀리 갈 수 있도록 만든다.

실사구시를 통해 현재의 빈곤구제개발에서 여전히 존재하고 있는 많은 문제들을 객관적으로 봐야 한다. 현재 중국의 빈곤구제개발은 승기(勝機)를 잡아야할 결정적인 시기로 들어섰다. 문제를 객관적으로 보고, 정확하게 찾고 판단해 효과적으로 해결하는 것은 빈곤구제개발의 순조로운 추진을 보장하는 기본전제이다. 시진핑 총서기는 "정확한 빈곤구제 체제 메커니즘은 여전히 불완전하다. 빈곤구제 정책의 실질적인 가치가 끊임없이 높아지고 있지만, 빈곤 농가로 파일링되지 않은 농가들은 상응하는 정책의 혜택을 받지 못해 실질적인 생활수준이 빈곤가정보다 오히려 낮은 실정이다. 원래 사이가 좋았던 이웃끼리 파일링으로 인해 간극이 생기게 되면서 갈등이 일어나고, 심지어는 민원이 생기기까지 한다. 빈곤구제개발의 책임이 아직 완전히 이행되지 않고 있다. 각 지역 및 각 부서의 빈곤구제 업무 강도와 프로세스는 비교적 큰 차이를 보이고 있다. 농촌 발전보다 현의 도시화를 더 중시하고, 빈곤층을 가난에서 벗어나게 하는 것보다 지역 개발을 더 중요하게 생각하며, 실효성보다 '겉치레 행정'에만 신경을 쓰는 현상을 보편적으로 보이고 있다. 빈곤 구제 자금 투입이 수요를 충족시키지 못하고 있다"고 지적했다. 빈곤구제를 위해 중앙 정부가 투입하는 자금이 계속 늘어나고 있고, 수가 적지 않음에도 불구하고 빈곤 퇴치를 위한 수요에 비하면 여전히 턱없이 부족하다. 빈곤지역과 빈곤인구의 주관적인 능동성이 향상되어야 한다. 그러나 대중의 적극성, 능동성 및 창조성을 동원하는데 초점을 맞추지 않고, 의지하면서 기다리고 요구하는 생각을 조장하는 곳도 있다. 지역 여건에 따라 분류하고 지도하는 정책이 더욱 강화되어야 한다. 일부 빈곤구제 프로젝트들을 보면, 프로젝트가 만들어졌으나 비효율적이고, 시설은 갖추어졌지만 방치되어 있는 경우가 많다. 겉만 번지르르한 프로젝트 교부 현상이 일부 빈곤 지역에는 아직도 많이 나타나고 있다.[24]

실질적이고 현실적으로 문제를 보고 해결해야 한다. 시진핑 총서기는 정확한 빈곤구제를 위해 반드시 실질적이고 현실적인 방법을 통해 '누구를 지원할 것인가'의 문제를 잘 해결해야 한다고 지적했다. 구체적인 상황을 구분하지 않고, 모든 빈곤구제 조치를 모든 빈곤 가정에 단순하게 적용하는 일이 없도록 '누가 지원책임을 질 것인가'의 문제를 잘 처리해야 한다. 중앙에서 총괄하고, 성에서 총 책임을 지며, 시와 현에서 이행하는 빈곤구제개발 업무 메커니즘 형성에 박차를 가해야 한다. 당과 정부 지도자의 책임 시스템을 강화하고, 분업과 책임 소재를 분명하게 해야 한다. 적

---

24 중공중앙문헌연구실에서 편집한 『18차 당대회 이후 중요 문헌 선집(하)』에 실린 시진핑의 「중앙 빈곤구제개발 업무회의에서의 연설」, 중앙문헌출판사, 2018년판, 35-38면.

절한 업무와 평가를 위해 각자 맡은 바 책임을 다하고, 조화롭게 운영할 수 있도록 힘을 합쳐 '어떻게 도울 것인가'의 문제를 잘 해결해야 한다. 빈곤구제의 큰 틀에서 신념과 지혜의 결합에 초점을 맞춰 빈곤지역과 빈곤인구의 구체적인 상황에 따라 '5개의 단계' 프로젝트를 실시해야 한다.[25] 실사구시 원칙을 고수하면서 빈곤지역의 간부 평가 방법, 평가 체제 메커니즘, 정부와 시장 그리고 사회가 협력하는 빈곤구제 메커니즘, 내생 동력과 외부동력이 결합된 메커니즘을 구축함에 있어서 획기적인 혁신을 이룰 수 있도록 노력해야 한다. 실사구시의 경우 반드시 비용에 집중하고 종합적인 효율과 이익을 고려해야 한다. 빈곤구제개발은 중대한 국가 발전 전략이다. 이를 통한 사회적 이익은 경제적 이익보다 훨씬 크다. 그러나 빈곤구제개발도 투입과 생산이 있는 사회 경제 활동이기 때문에 투입과 생산 효율에 대해 실사구시를 따져 빈곤구제개발의 사회적·경제적·생태적 효과를 극대화해야 한다. 여전히 발전하고 있는 중국의 경우, 국가 재정 자원을 끊임없이 확대하고 있음에도 불구하고, 인구가 많고 기반이 약한 현실에 비하면 여전히 제한적이다. 빈곤구제개발이 효과적으로 실시되기 위해서는 정부의 충분한 투자가 필요한데 이는 중앙과 지방 정부에 엄청난 압박으로 다가오고 있다. 투자에만 집중하고 효율을 따지지 않는다면 빈곤구제개발 전략이 지속적으로 이루어지기는 어렵다. 지금 일부 지방에서 나타나고 있는 '빈부를 따지지 않은 평등한 지원', '빈곤인구가 아닌 부자 지원', '금상첨화를 더 살찌우기', '겉치레 행정, 보여주기 식 프로젝트'와 같

---

25 「빈곤 탈출을 위한 돌격 나팔은 이미 울렸고, 당과 국가 전체가 목표를 향한 각오를 다져야 한다」, 인민일보, 2015년 11월 29일, 1면.

은 현상은 실사구시의 원칙에 위배된다. 이런 '가짜 빈곤구제와 가짜 빈곤층을 지원하는 행위'는 한정된 국가 자원을 낭비하고, 빈곤구제의 효율과 효과를 심각하게 감소시켰을 뿐 아니라 빈곤구제개발 전략의 실시에 악영향을 주고 있다. 시진핑 총서기는 "빈곤이라는 모자를 벗을 수 있는 일반적인 방법은 발전을 통하는 것이다. 빈곤지역들이 현실을 바탕으로 지역 상황에 맞추어 무엇을 심고 키울 것인지, 어디에서 소득을 늘려야 할지를 고민하고, 마을 주민들이 빈곤에서 벗어나 부유해질 수 있는 방법을 찾을 수 있도록 도와야 한다"고 지적했다.[26] 이는 빈곤구제개발에 중점을 둔 투자와 산출에 대해 깊이 있는 설명을 한 것이다.

(3) 빈곤구제개발을 위한 내생 동력과 외부 보조 동력 발휘

빈곤구제개발의 동력원과 동력 묶음은 내생적 발전 동력과 외부의 보조적 동력에서 비롯된다. 내생 발전 동력이 기본이고 외부 동력이 보조가 된다. 내생 발전 동력을 바탕으로 외부 유입 동력이 보완한다. 중국 특색의 빈곤구제개발의 길을 가기 위해서는 이 두 가지 동력을 고도로 응집하고, 충분히 활용해야 한다. 내생 발전 동력이 근본적인 역할을 잘 할 수 있도록 만들고, 이를 우선순위로 두어야 하며, 외부 동력의 보조적 역할을 충분히 잘 활용해야 한다. 주요 동력과 보조 동력을 효과적으로 연결하고, 기초 전력과 보조 전력의 결합을 실현하여 궁극적으로 동력의 조합과 힘의 집중을 실현해야 한다.

---

26 「개혁개방을 심화하고 혁신에 의한 발전을 추진하고, 연간 경제 사회 발전 목표를 실현하자」, 인민일보, 2013년 11월 6일, 1면.

중국 특색 사회주의 농촌 활성화의 길로 나아가다

첫째, 내생 발전 동력을 자극해야 한다. 빈곤구제에서 '수혈'이 중요하지만, '조혈'은 더 중요하다. 시진핑 총서기는 "내생 동력에 의해 빈곤지역을 발전시켜야 한다. 마을을 구제하기 위해 단순히 겉만 바꾼다면, 내재적 활력이 부족하고, 노동력이 돌아오지 않아 지속 가능한 경제 자원이 없는 경우가 발생할 수 있다. 이럴 때 다음 단계로 발전하는 과정에 문제가 생길 수 있다"[27]고 지적했다. 시진핑 총서기는 19차 당대회 보고에서 빈곤구제를 신념과 지혜와 결합시켜야 한다고 강조했다. 시진핑 총서기는 내생 발전 동력의 근본적인 중요성을 강조했을 뿐만 아니라 빈곤구제개발 과정에서 빈곤 퇴치를 위한 지속 가능하고 효과적인 전략을 찾기 위해 내생 발전을 추진하는데 집중해야 한다는 점을 분명히 지적했다. 즉, 스스로의 내생 동력에 의해 성장해야 한다는 뜻이다. 이는 중국 개혁개방 40년의 실천적 경험으로 현재의 빈곤구제개발에도 동일하게 적용된다. 궁극적으로 빈곤을 없애고 부를 얻는 것은 빈곤인구 스스로의 노력에 달려 있다. 빈곤인구가 빈곤구제 프로젝트의 결정과 실행 및 감독에 참여하도록 해야 한다. 스스로의 조직 능력과 자기 계발 능력을 향상시키고 조혈 기능을 강화함으로써 내생 동력과 성장 활력을 높여야 한다. 빈곤지역에서 빈곤 탈출의 열망과 내생 동력을 북돋아 주고, 고양된 정신과 성실한 업무 태도를 가지고 자력갱생하고 고군분투하며, 빈곤 탈출을 위한 싸움에서 강한 힘을 모을 수 있도록 해야 한다. 빈곤구제 대상 주체의 지위를 존중하고, 모든 빈곤구제 프로젝트와 활동은 빈곤층의 요구에 초점을 맞춰 진행되어야

---

27 『쟈오위루와 같은 현 위원회 서기가 되자』에 실린 시진핑의 「허베이성 푸핑현 빈곤 구제 개발 업무 시찰에서의 연설」, 중앙문헌출판사, 2015년판, 17-18면.

한다. 빈곤층이 빈곤구제 방식과 방법의 혁신을 모색할 수 있도록 지원해야 한다.

둘째, 외부 유입 동력을 최대한 잘 활용하고, 내생 동력과 외부 유입 동력의 결합을 효과적으로 추진해야 한다. 시진핑 총서기는 빈곤에서 벗어나 부를 얻는 것은 단지 빈곤 지역만의 일이 아니라 사회 전체의 문제이기 때문에 각 분야의 역량을 폭넓게 효과적으로 동원하고 응집하는 것이 필요하다고 강조했다. 시진핑 총서기는 19차 당대회 보고에서 빈곤구제를 위한 동부지역과 서부지역의 깊은 협력을 강조했다. 동·서부의 빈곤구제 협력과 맞춤형 지원을 강화하려면 동부지역은 돈과 물자뿐 아니라 산업 차원의 협력을 추진하고, 동부지역의 인재, 자금, 기술이 빈곤 지역으로 이동해 상생을 이룰 수 있도록 추진해야 한다. 현과 현의 정확한 도킹을 추진하고, 향진과 행정촌 간의 페어링 지원을 모색하기 위해 노력해야 한다. 경제 발전을 바탕으로 교육, 문화, 보건, 과학기술 분야의 협력을 확대해야 한다. 빈곤구제를 촉진하기 위한 산업의 역할을 확대하고, 빈곤지역의 자기 개발 능력을 높이는 데 주력해야 한다. 동부지역의 산업을 점진적으로 서부로 이전하고, 동·서부지역의 산업협력과 상호보완을 공급측 구조 개혁의 새로운 과제로 삼아 새로운 길을 과감하게 모색해야 한다.

시진핑 총서기는 "동·서부지역의 빈곤구제 협력과 1:1 지원은 지역의 조화로운 발전과 협력 및 공동 발전을 위한 주요 전략이고, 지역협력을 강화하고 산업배치를 최적화하여 대외개방의 새로운 공간을 넓히는 큰 포석이라 할 수 있다. 또한 먼저 부자가 된 곳에서 뒤쳐진 곳을 도와 최종적으로 공동의 부를 창조하는 목표를 실현하기 위해 필요한 중요한 조치이다[28]"라고 강조했다.

동시에 빈곤구제개발 분야에서 개발도상국 및 국제기구와의 교류와 협력을 강화해야 한다. 시진핑 총서기는 협력과 상생을 핵심으로 하는 새로운 빈곤 감소 국제 교류와 협력 관계 구축을 추진하는 것은 빈곤 퇴치를 위한 중요한 보장[29]이라고 지적하고, "중국은 어려울 때에도 허리띠를 졸라매고 개발도상국을 지원했고, 그러한 노력을 통해 오늘날의 소중한 자원을 축적할 수 있었다. 빈곤 퇴치에 관해서는 결코 사소한 계산을 해서는 안 된다. 국제 빈곤감소 분야를 위해 적극적으로 행동하고, 책임 있는 대국으로서의 이미지를 구축할 수 있는 대국적인 부분을 생각해야 한다. 많은 간부들과 인민들이 이 일을 정확하게 인식하고 볼 수 있도록 이끌어야 한다"[30]고 덧붙였다.

3. 정확한 빈곤구제와 빈곤탈출 전략 실시

이론은 실천에서 비롯되고 이론의 최종적 가치는 실천을 하는 것에 있다. 정확한 빈곤구제는 빈곤구제개발을 사상에서 현실로, 이론에서 실천으로의 전환했고, 빈곤구제개발에 관한 시진핑 총서기의 중요 논술이 사

---

28 「상황과 초점을 정확하게 파악해 빈곤구제의 실효성을 확보하며, 새로운 상황에서 동·서부의 빈곤구제 협력사업을 착실히 완수하자」, 인민일보, 2016년 7월 22일, 1면.

29 중공중앙문헌연구실에서 편집한 『18차 당대회 이후 중요 문헌 선집(중)』에 실린 시진핑의 「빈곤 해소 협력을 통한 공동 발전 촉진」, 중앙문헌출판사, 2016년판, 722면.

30 중공중앙문헌연구실에서 편집한 『18차 당대회 이후 중요 문헌 선집(하)』에 실린 시진핑의 「중앙 빈곤구제개발 업무회의에서의 연설」, 중앙문헌출판사, 2018년판, 51면.

상 이론체계에서 전략 실천 체계로 격상되는 것을 가능하게 했다. 빈곤구제개발에 관한 시진핑 총서기의 중요 논술의 깊은 뜻을 정확하게 파악하고, 빈곤구제개발 사상이 왜 생겼고, 어떠한 것인지를 확실하게 이해하고, 정확한 빈곤구제 전략에 따라 어떻게 해야만 효과적으로 충분히 실천할 수 있는지를 알아야 한다. 이는 시진핑 총서기의 빈곤구제개발에 관한 중요한 논술을 전면적으로 관철시키는데 가장 중요한 부분이다.

(1) 정확한 빈곤구제는 빈곤구제개발에 관한 시진핑 총서기의 중요 논술의 정수이다

정확한 빈곤구제의 변화와 전환이건, 정확한 빈곤 구제의 중점적인 심화이건 이 모두는 빈곤구제개발에 관한 시진핑 총서기의 중요한 논술을 수집하고 다듬는 과정에서 탄생한 것이다. 2012년 12월 시진핑 총서기는 허베이 푸핑 옛 혁명지역 빈곤구제 업무 시찰 당시 "보려면 진짜 빈곤한 부분을 보고, 빈곤지역의 실제 상황에 대한 일반적인 이해를 통해 일부를 보고 전체를 볼 수 있어야 올바른 의사 결정을 내리는데 도움이 된다"[31]고 지적하고, "가난한 이웃들이 빈곤에서 벗어나 잘 살도록 가가호호의 상황과 장단점을 잘 파악한 맞춤형 도움을 주어야 한다"[32]고 덧붙였다. '수류탄으로 벼룩을 잡을 수 없다'고 비유적으로 표현한 시진핑 총서기의 말에는 빈곤구제의 정확성을 높여야 한다는 의미가 포함되어 있다. 2015년 6월 18일 시진핑 총서기는 구이저우에서 열린 성·구·시의 당 위원회 주요

---

31 『쟈오위루와 같은 현 위원회 서기가 되자』에 실린 시진핑의 「허베이성 푸핑현 빈곤구제개발 업무 시찰에서의 연설」, 중앙문헌출판사, 2015년판, 13면.

32 상동, 21면.

책임자 좌담회에서 '정확한 빈곤구제'에 대해 포괄적이고 체계적으로 깊이 있게 설명하고, "빈곤구제개발의 성공 여부는 정확성에 달려있기 때문에 정확성과 정교함에 중점을 두어야 한다"고 강조했다. 10월 16일 시진핑 총서기는 '2015 빈곤 감소 및 발전 고위급 포럼' 기조연설에서 '6가지 정확성[六個精準], 5개 그룹'이라는 빈곤구제 전략 이론을 재확인하고, "중국은 빈곤 퇴치를 위해 '빈곤의 뿌리'를 찾아 정확하게 처방을 내리고, 표적 치료를 할 수 있도록 정확한 빈곤구제 계획을 취하고 있다[33]"고 국제사회에 분명히 했다. 2015년 11월 27일 시진핑 총서기는 중앙 빈곤구제개발 업무 회의에서 빈곤 퇴치와 난관 극복의 중요한 의미와 지도 사상, 목표 과제와 중대한 조치에 대해 깊이 있게 설명하고, 향후 5년간 빈곤구제와 발전 업무 추진에 대해 명확한 요구 사항을 제시했다. 이로써 시진핑 총서기는 정확한 빈곤구제에 관한 중요한 이론체계를 갖추게 된다. 정확한 빈곤구제는 당과 국가의 정치 방향, 기본 제도와 발전 경로, '오위일체'의 포괄적인 포석, '4개 전면'의 전략적 포석 및 사회주의 현대화와 중화민족의 위대한 부흥 임무와 연관된 빈곤구제개발 전략의 중요한 실천 경로이자 계획이 되었다.

(2) 정확한 빈곤구제의 실천 방법 관철

정확한 빈곤구제를 위한 구체적인 실천 계획은 '하나의 중심선[一條主線], 4가지 확실함과 차원[四個切實與緯度], 5개 그룹과 6가지 정확함'을

33　중공중앙문헌연구실에서 편집한 『18차 당대회 이후 중요 문헌 선집(중)』에 실린 시진핑의 「빈곤 해소 협력을 통한 공동 발전 촉진」, 중앙문헌출판사, 2016년판, 720면.

포함한다. 빈곤구제와 발전 전략의 효과적인 추진을 위해서는 정확한 빈곤구제의 실천 경로를 밟아야 하고, 빈곤구제에 대한 정교한 실천 계획을 관철해야 한다.

'하나의 중심선'은 정확한 빈곤구제 실천 전략의 지표이자 목표다. 정확한 빈곤구제의 실천 경로와 전략을 고수하고, 정확한 빈곤구제 실천 전략을 가이드로 삼아 빈곤 퇴치에 대비한 총력전을 펼치기 위해 당과 국가 및 사회 전반의 역량을 동원하여 2020년까지 모든 빈곤지역과 빈곤인구가 전면적인 샤오캉사회로 진입할 수 있도록 한다. 정확한 빈곤구제를 위한 실천은 중점을 둘러싸고 모두가 거국적으로 힘을 모아 협력해야 하고, 절대로 방향을 이탈하거나 목표한 '과녁'에서 벗어나서는 안 된다. 그렇지 않으면 빈곤구제개발을 위한 실천이 효과적으로 실시되지 못하고, 정확한 계획 추진에 차질이 생기게 될 것이다.

빈곤구제 실천 전략의 핵심 주체인 정부·시장·사회가 '삼위일체'가 되어 그 역할을 충분히 발휘할 수 있도록 만든다. 특별 빈곤구제, 산업 빈곤구제, 사회 빈곤구제 등 다양한 역량과 조치들이 서로 유기적으로 결합되고 서로 뒷받침이 되어 정부·시장·사회로 이루어진 '삼위일체'의 빈곤구제 구도를 구축한다. 빈곤구제와 발전은 당과 사회 전체의 공동 책임으로 모두가 함께 힘을 모아 참여하도록 해야 한다. 부에 대한 지도와 시장 메커니즘의 역할을 십분 발휘해 관련 정책을 연구하고 완비한다. 이를 통해 사회 빈곤구제 서비스 플랫폼을 구축하고, 기업, 사회단체 및 개인 등 다양한 사회 역량이 빈곤구제개발에 적극적으로 참여하도록 장려하고 유도해야 한다. 정부는 빈곤구제개발에 대한 투자를 늘리는 한편 행정을 간소화하고 권력을 하부 기관으로 이양하며, 직능을 전환하고, 빈곤구제개

중국 특색 사회주의 농촌 활성화의 길로 나아가다

발을 위한 정층설계를 잘 해야 한다. 아울러 시장 주체를 위해 좋은 환경을 조성하고, 다양한 자원 요소들이 빈곤지역에 배치되도록 하고, 각종 시장 주체들이 빈곤지역에서 투자하고 사업을 하도록 유도해야 한다. 중국 특색 사회주의 건설을 위한 3대 주체인 정부, 시장, 사회의 공동 조치 없이는 빈곤구제개발을 효과적으로 이행할 수 없다. 빈곤구제개발에서 정부가 핵심적인 역할을 발휘하고, 시장과 사회는 중요한 참여 주체로써 보완적인 역할을 한다. 정부, 시장, 사회의 '삼위일체'는 정부가 빈곤구제개발에서 정부가 핵심 주체와 중심으로써의 역할을 수행하고, 시장과 사회가 빈곤구제개발에 참여하도록 유도하고 격려하기 위해 내외 환경의 편의를 충분히 보장할 것을 요구한다.

'4가지 확실함과 차원'은 정확한 빈곤구제 실천 전략의 기본 원칙이자 정확한 지침이다. '4가지 확실함'은 첫째, 확실한 리더십의 책임을 이행하는 것이다. 당의 리더십을 유지하면서 중요한 일에 힘을 집중할 수 있는 사회주의 제도의 이점을 십분 활용한다. 둘째, 정확한 빈곤구제를 확실히 실행하는 것이다. 빈곤구제개발의 성공 여부는 정확성에 달려있기 때문에 정확성과 정교함에 중점을 둔다. 셋째, 사회 협력 강화를 확실하게 한다. 빈곤구제개발은 당과 사회 전체의 공동 책임으로 사회 전체 역량을 총동원하고 통합해 폭넓게 참여할 수 있도록 해야 한다. 넷째, 기층 조직을 확실하게 강화한다. 빈곤구제개발 업무를 잘 처리하기 위한 기본은 기층 조직이다. 마지막으로 '4개의 차원'을 정확하게 처리해야 한다. 즉, 빈곤구제 목표, 정책 실시, 이행 효과 및 외부 투입 차원에서 정확성을 구현해야 한다. 정확한 빈곤구제 실천은 원칙적인 지침과 보다 정확한 유도가 필요하다. '4가지 확실함과 차원'은 빈곤구제 실천을 위한 정확성과 효율성 향상에 도움이 될 것이며 빈곤구제 실천의 정확성과 편의성을 보장할 것이다.

'5개 단계'은 정확한 빈곤구제 실천 전략의 효율적인 행동 집합체이다. 즉, 빈곤층의 '조혈' 능력을 키울 수 있도록 생산과 취업 지원을 통해 발전하는 그룹, 가난의 둥지에서 벗어나 그 뿌리를 제거할 수 있도록 지역 이전을 통해 재배치되는 그룹, 빈곤 지역에 생태보상을 주어 빈곤에서 벗어나는 그룹, 직업 교육과 기술 훈련을 통해 취업 능력을 향상시켜 빈곤에서 벗어나는 그룹, 어려운 단체가 남지 않도록 보장하기 위해 최저생계보장을 통해 빈곤에서 벗어나는 그룹으로 나뉜다. '5개 그룹'의 핵심은 사람과 지역, 빈곤의 원인과 유형에 따라 정책을 분류하고 실시하는 데 있다. 이는 신시대 중국 특색 사회주의 빈곤구제에 대한 혁신적인 생각이며, 빈곤구제개발이라는 막중한 임무가 나아가야하는 근본적인 길이다. '5개 그룹'은 정확한 빈곤구제의 실천 전략에 대한 행동을 모은 것일 뿐 아니라 핵심 내용임에는 의심의 여지가 없다. '5개 그룹'의 설정으로 빈곤구제개발 실천을 위한 효과적인 행동 규정이 마련되었다. 이로써 빈곤구제개발에 대한 정확하고 효율적인 실천이 이루어질 수 있게 되었다. 이는 기층 차원의 빈곤구제개발 실천을 위한 중요한 참고가 되었을 뿐 아니라 말단 차원의 빈곤구제개발 행동을 객관적으로 표준화하여 비합리적인 행동을 효과적으로 피할 수 있게 만들었다.

'6가지 정확성'은 정확한 빈곤구제 실천 전략의 구체적인 방법이자 지침으로 지원 대상, 프로젝트 준비, 자금 사용, 가계에 대한 조치, 마을 상황에 맞는 인력 파견, 빈곤 탈출 효과에 대한 정확성을 요구한다. 시진핑 총서기는 "전국의 빈곤인구에 대한 파일링 업무를 완료해 빈곤 '가정의 속내'를 분명하게 파악해야 한다. 증상을 정확하게 구별해 약을 처방하고 주

입할 수 있도록 표적 치료를 해야 한다……[34]"고 지적했다. '6가지 정확함'
을 통해 빈곤구제 실천 전략의 구체적인 방법과 지침을 제안함으로써 정
확한 빈곤구제 이론을 보다 실용적이고 운용가능하게 만들고, 더 구체적
이고 이해하기 쉽게 만들었다.

종합적으로 보면 정확한 빈곤구제를 위한 구체적인 실천 경로의 모
든 부분들이 서로 영향을 주고 의존하면서 전체를 구성하기 때문에 하나
라도 부족해서는 안 되고, 분리될 수 없다. 반드시 효과적으로 맞물리고 유
기적으로 결합해야 한다. 정확한 빈곤구제 실천 경로가 효과적인지는 '다
원적인 통합'을 할 수 있는지와 지속할 수 있는지에 따라 결정된다.

4. 빈곤구제개발 체제 메커니즘 혁신

빈곤구제개발 전략의 효과적인 이행, 특히 정확한 빈곤구제 실천 경
로의 구현 및 이행을 위해서 기존의 체제 메커니즘이 가지고 있는 장애를
극복하고, 동시에 체제 메커니즘의 혁신을 추구해야 한다. 신시대 중국 특
색 사회주의 빈곤구제개발의 현실에 맞는 제도 메커니즘을 구축하고 개선
해야 한다. 아울러 빈곤구제개발에 걸림돌이 되지 않는 효과적인 제도 메
커니즘을 마련하도록 노력해야 한다.

---

34 「전 인민을 전면적인 샤오캉으로-시진핑 총서기와 당 중앙이 주목한 빈곤구제 사업에 대
　한 기록」, 인민일보, 2015년 11월 27일, 3면.

(1) 지방 평가 체제 메커니즘에 대한 획기적인 혁신 추진

지역 평가 시스템과 메커니즘은 오랫동안 경제 발전에 치중해 경제 성장의 중요성을 지나치게 부각시켜왔다. 경제지표가 최우선이었고, 큰 비중을 차지하고 있다. 이로 인해 지방 정부와 공무원들은 경제 발전을 우선순위로 생각하게 되었다. 지역 평가에서 빈곤구제개발이 큰 비중을 차지하지 않고 있었기 때문에 지방 정부의 관심을 끌기 어려웠다. 평가에서 경제지표가 지나치게 큰 비중을 차지하고 있기 때문에 지방 정부는 빈곤구제개발을 위해 많은 여력을 투입하지 않았다. 빈곤구제개발 체제 메커니즘을 혁신하려면 먼저 빈곤지역의 평가 체제 시스템에 대한 획기적인 혁신이 필요하다. 시진핑 총서기는 "빈곤구제개발 체제 메커니즘, 특히 평가 메커니즘을 개혁하고 혁신하기 위해서는 빈곤지역에서 빈곤구제 대상의 생활수준 향상을 정치 실적의 주요 고과 지표에 포함시켜야 한다.[35] 지역 정치 실적 평가에서 빈곤구제개발에 대한 실적을 부각시키고, 기존의 경제 평가 지표를 적절하게 약화시키고 빈곤구제개발 및 빈곤인구의 탈 빈곤 및 부의 축적과 관련된 평가 지표를 강화해야 한다. 빈곤지역의 지역정부가 과중한 경제지표의 고과에서 벗어나 빈곤구제와 발전에 더 많은 노력을 기울이도록 하는 한편 빈곤구제개발 지표 비중을 강화함으로써 빈곤지역 정부의 빈곤 퇴치 개발에 대한 관심과 역량을 강화할 수 있도록 해야 한다"고 지적했다.

---

35 「전면적인 샤오캉사회 실현을 위한 빈곤구제 공방전에서 승리를 거두자-빈곤구제개발에 관한 시진핑 동지의 중요한 연설 정신을 깊이 배우자」, 인민일보, 2014년 4월 9일, 7면.

(2) 간부의 마을 주재 지원 체제 메커니즘에 대한 획기적인 혁신

간부의 마을 주재 지원 체제 메커니즘은 빈곤구제개발 업무 메커니즘의 중요한 일환으로 외부 유입 동력의 효과적인 이용을 보장할 수 있다. 18차 당대회 이전에 실시한 빈곤구제개발 업무에서도 간부들이 마을에 주재하며 지원하는 시스템이 있었다. 하지만 대부분 '겉치레와 주마산간식'의 마을 주재 지원이었고, 대다수는 명목상 마을 주재 간부로 주재 지원 행위도 형식적이었을 뿐 지원 효과에 신경을 쓰지 않았다. 이제는 정확한 빈곤구제와 정확한 빈곤 탈출 전략의 이행을 통해 과거 간부의 마을 주재 지원 체제 메커니즘을 돌파하고 혁신해야 한다. 시진핑 총서기는 19차 당대회 보고에서 "중앙이 전반적으로 계획하고, 성에서 총 책임을 지며, 시와 현에서 이행하는 업무 메커니즘을 유지하면서 당과 정부의 최고 책임 시스템을 강화함으로써 빈곤구제를 위한 큰 구도를 유지해야 한다[36]. 마을 주재 간부를 위한 지원 메커니즘을 혁신하고, '가계에 대한 빈곤 완화와 사람에 대한 책임'의 요구에 따라 성·시·현·향 단위에서 마을에 주재하며 돕는 간부들의 역할을 강조해야 한다"고 지적하고, "파일링, 계획 수립, 자원 도입, 자금 조달, 프로젝트 실시, 관리감독, 팀 구성 등 지원 조치를 바탕으로 지속가능한 지원에 초점을 맞추고, 마을 주재 간부의 산업 빈곤구제 메커니즘을 구축함으로써 산업 지원에 대한 역할을 부각시켜야 한다. 아울러 주재 간부들이 실행할 수 있도록 보장을 강화하고, 그에 상응하는 인센티브 및 처벌 시스템을 만들고 개선하여 장기적이고 제도화된 평가를 강

---

36 시진핑, 「전면적인 샤오캉사회를 실현하고 신시대 중국 특색 사회주의의 위대한 승리를 거두자-중국공산당 제19차 전국대표대회 보고」, 인민출판사, 2017년판, 48면.

화해야 한다"고 덧붙였다.

(3) 빈곤구제 투입 체제 메커니즘에 대한 획기적인 혁신

빈곤구제개발은 투자 체제 메커니즘에서 획기적인 혁신을 추구하고, 빈곤구제개발의 합력을 형성하기 위해 다양한 투자 체제 메커니즘을 구축해야 한다. 시진핑 총서기는 "빈곤구제개발은 당과 사회 전체의 공동 책임이며 사회 전체 역량을 총동원하고 통합해 폭넓게 참여할 수 있도록 해야 한다. 특별 빈곤구제, 업종 빈곤구제, 사회 빈곤구제 등 다양한 역량과 여러 조치들을 유기적으로 결합하고 상호 지원하며, '삼위일체'의 빈곤구제 구도를 서로 지탱할 수 있도록 해야 한다[37]"고 지적했다. 이를 위해 첫째, 중앙과 성급 정부는 빈곤구제에 대한 재정 자금 투입을 늘리고, 지방정부의 재정 예산 배정에서 빈곤구제개발에 대한 투입 비율을 적절하게 높이며, 빈곤구제개발에 대한 정부 재정자금의 주체적 역할과 주도적 역할을 견지해야 한다. 둘째, 빈곤구제에 대한 정부 재정을 점진적으로 확대한다. 이를 바탕으로 시장과 사회의 빈곤구제개발에 대한 투자 체제 메커니즘을 구축해 완비하고, 여러 가지 조치를 병행해 실시해야 한다. 빈곤구제개발에 대한 금융 자금과 사회 자본의 투자를 확대한다. 정책지도, 여론 홍보, 세금 혜택과 같은 인센티브 메커니즘을 구축하고 개선하며, '천 개의 기업이 천 개의 농촌 돕기'를 통해 시장주체가 빈곤구제개발 사업에 적극적으로 참여하도록 동원하고 유도한다. 아울러 사회 주체의 빈곤구제 사업 참여를 효과적으로 조절하고 적절한 협력을 추진하면서 관리 감독 메커니즘

---

37   「시진핑, 빈곤구제를 논하다」, 인민일보(해외판), 2016년 9월 1일, 7면.

을 점차적으로 구축하고, 사회 주체가 빈곤구제개발 사업에 폭넓게 참여할 수 있도록 유도하고 장려한다. 사회 빈곤구제 돌봄 정보 플랫폼과 같은 체제 메커니즘을 혁신함으로써 사회 주체의 기부와 빈곤 가정의 빈곤 탈출 수요를 효과적으로 매칭시킨다.

(4) 빈곤구제 자금 감독 및 평가 체제 메커니즘에 대한 획기적인 혁신

빈곤구제개발은 빈곤구제개발 자금 투자 관리 감독, 빈곤에 대한 동적 모니터링 및 종합적인 성과 평가 메커니즘을 더욱 보완해야 한다. 사전 계획을 수립하고 우수한 프로젝트를 선택해야 한다. 프로젝트 신청, 승인, 심사 비준 및 평가 제도를 표준화하고, 빈곤구제 기금에 대한 관리 감독을 강화한다. 빈곤구제 기금에 대한 특별 재무 회계 관리제도, 국고로 운영되는 프로젝트에 대한 집중 관리제도, 결산보고 관리제도, 빈곤구제 자금 운용실태 중간 평가 및 연말 실적 평가제도를 엄격하게 이행해야 한다. 성급 빈곤구제 시스템을 위한 전자 정무 플랫폼을 개발해 구축하고, 빈곤구제 정보 수집, 정리, 피드백과 교류를 강화하기 위해 피드백 소통 메커니즘을 구축하고, 다시 빈곤에 빠지게 되는 것에 대한 조기 경고 메커니즘을 수립하고 개선해야 한다. 부처와 산업의 빈곤구제 책임에 대한 평가 메커니즘을 수립하고 개선하며, 평가 방식을 개혁해야 한다. '제3자'의 평가를 위주로 하고, 자체조사로 보완하는 포괄적인 성과 평가 방법을 추진한다. 빈곤구제개발 정보화 건설에 박차를 가하고, 빈곤 지역을 총망라한 통일되고 개방된 빈곤구제개발 종합 정보 관리시스템을 완비해야 한다. 이를 통해 빈곤 가구 및 빈곤 인구에 대한 정보, 빈곤구제 프로젝트, 자금, 빈곤구제를 위해 마을에 주재하고 있는 간부에 관한 정보를 실시간으로 동태적 관리를 할 수 있도록 해야 한다. 빈곤구제개발 업무에 대한 정보화 관리를 실현하고, 정보 시스템를 통한 빈곤구제개발 업무의 모든 단계에 대한 실시간 모니터링과 경보를 실현해야 한다.

제9장

농촌 생태문명 건설 가속화

시진핑 총서기는 19차 당대회 보고에서 "생태문명 체제 개혁에 박차를 가해 아름다운 중국을 건설해야 한다"[1]고 지적했다. 19차 당대회는 21세기 중반까지 중국을 부강하고 민주적이며 문명화된 조화롭고 아름다운 사회주의 현대화 강국으로 만드는 목표를 밝혔다. 13기 전인대 1차 회의에서 통과된 헌법 개정안은 이 목표를 국가 기본법에 포함시켰으며, 아름다운 중국 건설의 실질적인 중요성과 심오한 역사적 의의를 더욱 부각시키고, 사회주의 건설 규율에 대한 중국공산당의 인식을 더욱 심화시켰다. 이를 통해 아름다운 중국을 건설하고 중화민족의 영속적인 발전을 위해 준수하고 보장해야 하는 사항들을 제시했다. 18차 당대회 보고에서도 "생태문명 건설을 중요한 위치에 두고 경제 건설, 정치 건설, 문화 건설, 사회 건설의 모든 측면과 전 과정을 융합하여 아름다운 중국을 건설하고, 중화민족의 영속적인 발전을 이루기 위해 노력해야 한다[2]"고 분명하게 밝혔다.

1   시진핑, 「전면적인 샤오캉사회를 실현하고 신시대 중국 특색 사회주의의 위대한 승리를
      거두자-중국공산당 제19차 전국대표대회 보고」, 인민출판사, 2017년판, 50면.
2   후진타오, 「확고부동하게 중국 특색 사회주의의 길을 따라 앞으로 나아가고, 전면적인
      샤오캉사회 실현을 위해 노력하자-중국공산당 18차 전국대표대회 보고」, 인민출판사,
      2012년판, 39면.

시진핑 총서기는 생태문명과 관련, '오위일체'의 전반적인 배치를 기본으로 해야 한다. 생태가 살아야 문명이 살고, 생태가 쇠퇴하면 문명도 쇠퇴하게 된다. 생태문명 건설은 중화민족의 영원한 발전과 두개 100년 목표의 실현과 관련이 있다. 생태환경 보호는 생산력의 보호이며, 생태환경 개선은 생산력을 발전시키는 것과 같다[3]"는 새로운 생각과 관점을 제시하고, 농촌 생태문명 건설을 위한 방향을 보여주었다. 19차 당대회 보고는 또 '농촌 활성화 전략의 실시'는 농촌 생태문명 건설을 보다 전면적으로 추진할 수 있는 역사적인 기회를 제공하는 것이라고 지적했다.

1. 농촌 생태환경 보호 강화

시진핑 총서기는 생태문명 건설은 인민 복지와 민족의 미래가 걸린 천년 대계로 중화민족의 위대한 부흥을 실현하는 중요한 전략적 과제라고 지적했다.[4] 2015년, 중국공산당 중앙정치국은 생태문명 체제 개혁을 추진하기 위해서는 6가지 원칙을 고수해야 하는데 그 중 하나는 도시와 농촌의 환경 관리 시스템을 통일시키는 것이라고 강조하면서 〈생태문명 체제 개혁에 대한 전반적인 계획〉을 심의하고 승인했다. 19차 당대회 보고서는 '도농 통합 발전 체제 메커니즘과 정책 체계를 구축하고 완비해 농업과

---

3   중공중앙선전부 편저, 「시진핑 총서기의 중요 연설 시리즈」, 학습출판사, 인민출판사, 2016년판, 231, 233-234면.
4   중공중앙선전부 편저, 「시진핑 신시대 중국 특색 사회주의 사상에 대한 30강」, 학습출판사, 2018년판, 242면.

농촌 현대화 추진에 박차를 가해야 한다'고 지적했다.[5] 이러한 논술과 방안 및 정책은 농촌 생태 문명 건설 가속화에 중요한 의미를 가진다.

(1) 전면적인 샤오캉 실현의 열쇠는 생태환경의 품질에 달려있다

개혁개방 이후, 중국 농촌의 사회 경제 발전은 큰 성과를 거두었지만 동시에 심각한 생태환경 문제가 발생하게 되었다. 생태환경 문제는 농촌 생태문명 건설에서 반드시 해결해야 하는 중요한 문제로 떠올랐다. 따라서 농촌 생태환경의 실질적인 상황을 근거로 〈생태 문명 체제 개혁에 대한 전반적인 계획〉의 요구에 따라 농촌 생태환경에 대한 보호 강화, 포괄적인 생태환경의 질적 향상, 농촌 주민의 생산 및 생활환경의 질적 개선, 도농 생태문명 건설의 조화로운 발전을 위해 노력해야 한다.

18차 당대회는 '아름다운 중국 건설'이라는 전략 목표를 내놓았다. 2013년부터 시행된 '아름다운 마을'이 아름다운 중국 실현을 위한 중요한 콘텐츠이자, 농촌 생태문명 건설의 견인차로써 농촌 주민의 사회 복지 향상을 구현했음에는 의심의 여지가 없다.

인민 소득 수준의 지속적인 개선에 따라 소비를 바라보는 주민들의 생각에도 큰 변화가 있었다. 초기에는 물질적 수요에 주목했으나 현재는 생태적 필요성에 대한 관심으로 바뀌었다. 깨끗한 물과 신선한 공기, 안전한 식품, 아름다운 환경에 대한 요구가 점점 높아졌다. 인민생활 행복지수에서 생태환경의 위상이 갈수록 눈에 띄게 높아지고 있고, 환경 문제는 점

---

5   시진핑, 「전면적인 샤오캉사회를 실현하고 신시대 중국 특색 사회주의의 위대한 승리를 거두자-중국공산당 제19차 전국대표대회 보고」, 인민출판사, 2017년판, 32면.

점 중요한 민생 문제가 되고 있다. 시진핑 총서기가 2013년 4월 8일-10일 하이난 시찰에서 언급한 것처럼 좋은 생태환경은 가장 공평한 공공재이자 가장 보편적인 민생 복지이다.[6] 19차 당대회 보고서는 "중국 특색 사회주의가 새로운 시대로 접어들면서 사회의 주요 갈등이 갈수록 높아지는 아름다운 삶에 대한 인민들의 요구와 불균형하고 불충분한 발전 사이의 갈등으로 바뀌었다"고 지적했다.[7] 아름다운 생활은 풍부한 생태적 내용을 포함해야 한다. 특히 전면적인 샤오캉사회 실현 과정에서 생태환경이 중요한 내용이 되고 있으며, 샤오캉사회를 가늠하는 중요한 지표가 되고 있다. 이에 시진핑 총서기는 '전면적인 샤오캉사회 실현의 열쇠는 생태환경의 품질에 달려있다'고 요약했다.[8]

(2) 생태환경 보호의 공은 당대에 있지만 혜택은 미래에 있다

시진핑 총서기는 농촌 생태환경 보호에 큰 중요성을 두고, 농촌 생태환경 보호의 중요성과 필요성 및 장기적인 성격에 관한 중요한 논술을 발표했다. 그는 "인류와 자연은 생명 공동체로 인류는 자연을 존중하고, 자연에 순응하며, 자연을 보호해야 한다[9]. 생태환경 보호의 공은 당대에 있지만 혜택은 미래가 누리게 된다. 생태환경 보호와 환경오염 관리에 대한 시급

---

6   「좋은 생태환경은 가장 보편적인 민생복지이다-생태문명건설을 논한다」, 광명일보(光明日報), 2014년 11월 7일, 1면.

7   시진핑, 「전면적인 샤오캉사회를 실현하고 신시대 중국 특색 사회주의의 위대한 승리를 거두자-중국공산당 제19차 전국대표대회 보고」, 인민출판사, 2017년판, 11면.

8   「환경문제가 전면적인 샤오캉 실현의 병목이 되다」, 중국환경보, 2015년 3월 12일, 1면.

9   중공중앙선전부 편저, 「시진핑 신시대 중국 특색 사회주의 사상에 대한 30강」, 학습출판사, 2018년판, 243면.

함과 고충, 생태문명 건설 강화의 중요성과 필요성을 냉철하게 인식하고, 전면적인 생태문명 건설을 추진하기 위해 인민과 후세에 대한 책임감 있는 태도로 어려움을 극복하기 위한 노력을 강화함으로써 인민들이 좋은 생태 환경에서 생활하고 생산에 임할 수 있도록 한다[10]"고 강조했다. 시진핑 총서기의 이러한 설명은 지속가능한 발전이라는 전략적 차원에서 세대 간의 공평한 발전에 대해 심오한 과학적 해석을 한 것이다. 2015년 1월, 시진핑 총서기는 윈난 시찰에서 "경제를 발전시켜야 하지만 생태환경을 파괴하는 희생을 감수해서는 안 된다. 생태환경 보호는 장기적인 임무로 오랫동안 공을 들여야 한다. 생태보호는 반드시 전반적인 것을 고려하는 비전을 가지고 종합적으로 판단해야 하며, 소탐대실하거나 한쪽에 치우치거나 미리 당겨쓴다거나, 눈앞의 이익에만 급급해서는 안 된다"[11]고 지적했다.

신농촌 건설과 아름다운 마을 건설 과정에서 일부 지방은 현대화 및 도시화의 요소를 지나치게 도입시켜 농촌 현실과 괴리되고, 지역 정취를 살리지 못한 경우가 있다. 2015년 1월 20일, 시진핑 총서기는 운난 시찰에서 "신농촌 건설은 지역의 정취와 시골의 모습을 간직하고, 청산녹수를 보존하고 고향의 향수를 기억할 수 있도록 농촌 현실에 맞는 길을 따라 농촌의 발전 법칙을 준수해야 한다. 창산(蒼山)의 푸르름과 얼하이(洱海)의 아름다운 모습이 영원히 세상에 남아있을 수 있도록 잘 보호해야 한다"[12]고 지

---

10 중공중앙선전부 편저, 「시진핑 총서기의 중요 연설 시리즈」, 학습출판사 및 인민출판사, 2016년판, 233면.

11 「확실한 빈곤 구제개발로 민족 지역의 사회 경제 발전에 박차를 가하자」, 인민일보, 2015년 1월 22일, 1면.

12 상동.

적했다. 그는 또 "환경은 민생이고, 청산은 아름다움이며, 푸른 하늘은 행복이다. 눈을 보호하듯이 생태환경을 보호해야 하며, 생명을 대하듯 생태환경을 대하고, 생태환경을 해치지 않는 것을 발전의 마지노선으로 삼아야 한다"[13]고 강조했다. 2015년 5월 25일 시진핑 총서기는 저장 저우산 관광농원(農家樂)[14]를 답사했을 때 "이곳이 천연 산소바이며 청산녹수를 지키는 것이 금은보화를 가지는 것과 같다는 아름다운 경제 발전의 도리를 입증했다[15]"고 말했다.

(3) 청산녹수는 금은보화이다

농촌 생태환경 보호 강화 개념에 대해, 시진핑 총서기는 "청산녹수뿐 아니라 금은보화도 필요하지만 금은보화보다는 청산녹수를 가지는 것이 낫다. 청산녹수가 바로 금은보화를 품은 산이기 때문이다"[16]라고 지적했다. 이는 중국의 생태문명 건설과 아름다운 중국 건설을 위해 기본적으로 준수해야 하는 지침을 제공한 것이다. 2013년 5월 24일 시진핑 총서기는 중국공산당 중앙정치국 제6차 공동 학습에서 "경제발전과 생태환경 보호와의 관계를 올바르게 처리해야 한다. 생태환경 보호가 바로 생산력을 보호하고, 생태환경 개선이 곧 생산력 발전이라는 개념을 확고하게 세워야

---

13   중공중앙선전부 편저, 「시진핑 총서기의 중요 연설 시리즈」, 학습출판사 및 인민출판사, 2016년판, 233면.

14   옮긴이 주: 농촌을 휴양과 레저의 공간으로 활용한 체험프로그램.

15   「영원히 실전에 임하는 자세로 남보다 앞서 새로운 장을 모색해야 한다」, 인민일보, 2015년 5월 28일, 1면.

16   중공중앙선전부 편저, 「시진핑 총서기의 중요 연설 시리즈」, 학습출판사 및 인민출판사, 2016년판, 230면.

한다. 녹색발전, 순환발전, 저탄소발전을 의식적으로 추진하고, 일시적인 경제성장을 추구하기 위해 환경을 희생시켜서는 안 된다"[17]고 강조했다. 그는 2013년 구이양 생태문명포럼 연례회의에 보낸 축하 메시지에서 "생태문명의 신시대로 나아가고, 아름다운 중국을 건설하는 것이 중화민족의 부흥을 이루는 중국몽의 중요한 내용이다. 중국은 자연을 존중하고 자연에 순응하며 자연을 보호하는 이념에 따라 자원 절약과 환경 보호를 위한 기본 국가 정책을 구현해야 한다. 보다 의식적으로 녹색 발전, 순환 발전 및 저탄소 발전을 촉진함으로써 생태문명 건설을 경제건설, 정치건설 및 문화건설, 사회건설의 모든 부분과 과정에 융화시켜야 한다. 이를 통해 자원을 절약하고 환경을 보호하는 공간 구도, 산업구조, 생산 방법 및 생활양식을 형성하여 미래 세대를 위해 파란 하늘, 푸르른 땅, 깨끗한 물을 가진 생산 및 생활환경을 남겨주어야 한다"[18]고 지적했다. 2015년 5월 27일 시진핑 총서기는 저장에서 열린 화둥의 7개 성·시 당 위원회 주요 책임자 좌담회에서 "조화로운 발전과 녹색 발전은 이념이자 조치이기 때문에 반드시 정책을 잘 세우고 이행해야 한다. 생산과 생활 및 생태 공간을 합리적으로 배치해 생태환경 보호를 착실하게 추진해야 한다. 좋은 생태환경을 인민 삶의 질적 성장 포인트로 삼고, 좋은 국가 이미지를 보여주는 원동력으로 삼아야 한다"고 지적했다. 이러한 논단은 농촌경제 발전, 농촌 생태환경 보호 강화 및 농촌 생태문명 건설을 위해 방향을 제시했다.

---

17 『시진핑, 국정운영을 논하다』에 실린 시진핑의 「사회주의 생태 문명의 새로운 시대를 향해 적극 나아가자」, 외문출판사, 2014년판, 209면.

18 『시진핑, 국정운영을 논하다』에 실린 시진핑의 「미래 세대를 위해 파란 하늘, 푸르른 땅, 깨끗한 물을 가진 생산 및 생활 환경을 남기자」, 외문출판사, 2014년판, 211-212면.

중국은 인간과 자연의 조화, 사회 경제의 조화를 추구하고, 흔히 말하는 '두 개의 산'을 지향해야 한다. 즉, 경제발전을 이루는 동시에 환경도 보호해야 한다. 이 둘은 모순적인 것이지만 변증적으로 통일을 시킬 수 있다. 중국 사회 경제 발전 과정에서 이 두 가지의 관계에 대한 인식은 세 단계를 거쳤다. 첫 번째는 청산녹수를 금산은산으로 교환한 단계이다. GDP를 기준으로 환경의 적재 능력을 거의 고려하지 않으면서 맹목적으로 자원 확보에 나서 생태자원을 심각하게 파괴했고, 생태계를 심각하게 오염시켰다. 두 번째는 금산은산이 필요하지만 청산녹수를 보호해야 하는 단계이다. 첫 번째 단계를 거치면서 경제 발전과 자원 부족 및 환경 악화 사이의 갈등이 두드러지기 시작하면서 사람들은 환경이 생존과 발전의 근간임을 깨닫게 되고, '푸른 산이 있어야만 땔감 걱정을 하지 않을 수 있다'는 사실을 인식하게 되었다. 세 번째 단계에서는 청산녹수가 금산은산을 끊임없이 끌어올 수 있음을 인식했다. 청산녹수가 바로 금산은산 자체이고, 우리가 말하는 상록수가 바로 금전수이다. 생태적 우위가 경제적 우위로 바뀌어 혼연일체를 이루고, 조화롭게 통일된 관계를 형성하는 높은 경지의 단계를 이룬다. 금산은산과 청산녹수와의 관계는 결국 경제발전과 생태환경 보호의 관계를 올바르게 처리하는 것이다. 이는 지속가능한 발전을 위한 내재적 요구이며, 녹색 발전을 견지하고 생태문명 건설을 추진함에 있어 우선적으로 해결해야 할 중대한 문제이다.[19] 시진핑 총서기가 언급한 '두 개의 산 이론'은 청산녹수와 금산은산의 관계를 잘 요약했고, 중국

---

19 중공중앙선전부 편저, 「시진핑 신시대 중국 특색 사회주의 사상에 대한 30강」, 학습출판사, 2018년판, 244-245면.

사회 경제 발전과 생태환경 보호 실천을 위한 방향을 제시했다.

(4) 통일적으로 보호하여 국가 생태 안전을 확보해야 한다

농촌의 생태환경 보호 측면에서 생태 레드라인에 대한 개념을 확고하게 수립해야 한다. 생태 레드라인은 국가 생태 안보의 마지노선이자 생명선으로 절대 뚫려서는 안 된다. 일단 무너지게 되면 국가의 생태 안전과 인민의 생산과 삶, 국가의 지속 가능한 개발은 위험에 빠지게 된다. 40년간의 개혁개방으로 인해 중국의 생태 환경 문제는 매우 심각해졌다. 엄격한 관리와 조치를 취하지 않는다면 지속가능한 개발의 기반이 심각하게 위협받을 것이다. 특히 최근 몇 년 사이 생태 환경의 제약이 점점 더 뚜렷해지고 있다. 시진핑 총서기는 "생태보호 문제에서 한계를 넘어서는 안 되고, 넘어선 경우 처벌을 받아야 한다"고 강조했다.[20]

국토는 생태문명 건설의 공간적 매개체이다. 균형 잡힌 인구, 자원, 환경, 통일된 경제, 사회, 생태 이익의 원칙에 따라 인구 분포와 경제적 포석, 국토 이용, 생태환경 보호에 대한 종합적인 계획을 마련해야 한다. 생산과 생활 및 생태 공간에 대한 과학적인 배치를 통해 자연이 스스로 회복될 수 있는 공간을 더 많이 마련해주어야 한다. 양질의 토지를 더 많이 공급할 수 있도록 노력해야 하며, 후손들에게 푸른 하늘과 녹지, 깨끗한 물을 가진 아름다운 보금자리를 남겨주어야 한다. 푸른 산을 보고, 맑은 물이 흐르고, 신선한 공기를 마실 수 있는 좋은 생태 환경을 만들어 사람들이 그

---

20 중공중앙선전부 편저, 「시진핑 총서기의 중요 연설 시리즈」, 학습출판사 및 인민출판사, 2016년판, 237면.

속에서 삶을 살면서 생산에 종사할 수 있도록 해야 한다.

국가의 생태 안전 보호를 위해 중요한 생태적 가치를 지닌 지역에 대한 보호를 중시해야 한다. 2016년 8월 25일, 시진핑 총서기는 칭하이(青海) 시찰에서 "생태 공학, 에너지 절약 및 배출 감소, 환경 개선, 아름다운 도시와 농촌 건설을 추진하기 위한 전반적인 계획을 세워야 한다. 자연 보호 구역 건설을 강화하고, 삼강원(三江源)[21]국가공원 시스템 시범사업을 잘 수행하여 칭하이 호수 지역의 생태 보호를 강화해야 한다. 사막화 방지와 관리, 고산초원 건설, 방목지를 초원으로 되돌리고, 경작지를 삼림과 초원으로 만들며, 삼북방호림(三北防護林)[22] 조성을 강화해야 한다. 에너지 절약 및 배출 감소와 종합적인 환경 관리를 강화함으로써 깨끗한 강물이 동쪽으로 흘러갈 수 있도록 보장해야 한다"고 지적했다. 시진핑 총서기는 19차 당대회 보고에서 "생태계 보호와 회복을 위한 주요 프로젝트를 실시하고, 생태계 안전 장벽 시스템을 최적화하며, 생태 통로와 생물 다양성 보호를 위한 네트워크를 구축하고, 생태 시스템의 질과 안정성을 향상시켜야 한다"[23]고 지적했다.

사회 경제 발전 과정에서 발생하는 대부분의 생태 자원 문제와 환경 문제는 부적절한 생산 방법으로 인해 발생하며, 이는 생태 자원의 과도한 개발 및 광범위한 사용으로 이어지며 환경오염 문제를 야기한다. 따라서

---

21 옮긴이 주: 창장(長江), 황허(黃河), 란찬장(瀾滄江).

22 옮긴이 주: 중국의 북쪽 지역(서북, 화북, 동북)에 위치한 사막과 모래지역의 확장을 막기 위해 조성하는 숲.

23 시진핑, 「전면적인 샤오캉사회를 실현하고 신시대 중국 특색 사회주의의 위대한 승리를 거두자-중국공산당 제19차 전국대표대회 보고」, 인민출판사, 2017년판, 51-52면.

중국 특색 사회주의 농촌 활성화의 길로 나아가다

생태문명 건설을 촉진하기 위해 자원 절약과 자원 이용 효율의 제고를 근본 대책으로 삼아 원천적인 부분에서부터 착수해야 한다. 자원 절약 및 집약적인 재활용에 대한 개념을 확립해야 한다. 자원 활용 방식을 근본적으로 전환할 수 있도록 추진해야 한다. 전 과정에 대한 절약과 관리를 강화하고, 에너지와 수자원 소비, 건설 용지 등의 총량과 강도에 대한 이중 제어를 통해 자원 이용의 종합적인 효율을 크게 향상시킨다.[24] 시진핑 총서기는 19차 당대회 보고에서 "절약과 보호를 우선시하고, 자연 복원 위주의 방침을 고수해 자원을 절약하고 환경을 보호하는 공간 구도, 산업구조, 생산 및 생활 방식을 형성해야 한다. 자연 그대로의 고요함과 조화로움 그리고 아름다움을 간직할 수 있도록 부각되고 있는 환경문제 해결을 위해 노력해야 한다"[25]고 강조했다. 2013년 5월 24일 중국공산당 중앙정치국의 대대적인 생태문명 건설에 대한 제6차 공동 학습에서 시진핑 총서기는 "주요 생태복원 사업을 실시하고 생태 제품의 생산 능력을 높여야 한다. 좋은 생태환경은 인간과 사회의 지속가능한 발전을 위한 근본적인 기반이다. 환경 문제에 세심한 주의를 기울여야 한다. 환경보호와 관리는 대중의 건강을 해치는 환경문제 해결에 중점을 두고, 예방 위주의 종합적인 관리를 유지하면서 수질, 대기, 토양에 대한 오염 방지를 강화해야 한다. 중점 유역과 지역의 수질 오염 방지와 중점 산업과 중점 지역의 대기 오염 방지에 중점을 두고 추진해야 한다. 이러한 중점 지역 및 중점 분야의 생태 환경 보호

24　중공중앙선전부 편저, 「시진핑 총서기의 중요 연설 시리즈」, 학습출판사 및 인민출판사, 2016년판, 238면.

25　시진핑, 「전면적인 샤오캉사회를 실현하고 신시대 중국 특색 사회주의의 위대한 승리를 거두자-중국공산당 제19차 전국대표대회 보고」, 인민출판사, 2017년판, 50, 51면.

를 강화함으로써 농촌 생태 문명 건설을 강력하게 추진할 수 있다"고 지적했다.

2. 농업의 녹색 발전 촉진

(1) 농업 녹색 발전은 속도, 품질, 효익의 통일에 주의를 기울여야 한다

중국 농촌 개혁 40년 동안 농업발전은 세계가 주목할 만한 성취를 이루었지만 그와 함께 엄청난 생태적 대가를 치렀다. 특히 급속한 산업화와 도시화로 농업 생산 생태 기반이 심각하게 오염되면서 농산물의 품질 안전에 영향을 주어 국내 소비자 건강에 위협이 되고 있다. "경제는 발전해야 하지만 생태환경 파괴를 대가로 해서는 안 된다"[26], "좋은 생태환경은 인류 생존과 건강의 기반이다……식품 안전법을 시행하고 식품안전체계를 개선해야 한다. 식품안전에 대한 감독 강화를 통해 농지에서 식탁까지 모든 방어선을 엄격히 통제해야 한다"[27], "……가장 엄격한 표준과 관리 감독, 엄중한 처벌과 문책을 통해 대중의 '혀 끝 안전'을 확보해야 한다"[28]. 시진핑 총서기의 이러한 중요한 논단은 중국 농업 발전에 대한 보다 높은 요구와 함께 발전 방향도 제시했다.

---

26 「확실한 빈곤 구제개발로 민족 지역의 사회 경제 발전에 박차를 가하자」, 인민일보, 2015년 1월 22일, 1면.

27 『시진핑, 국정 운영을 논하다』(제2권)에 실린 시진핑의 「건전한 중국 건설을 추진하자」, 외문출판사, 2017년판, 372면.

28 중공중앙문헌연구실에서 편집한 『18차 당대회 이후 중요 문헌 선집(상)』에 실린 시진핑의 「중앙 농촌업무회의에서의 연설」, 중앙문헌출판사, 2014년판, 673면.

친환경적인 농업 발전의 실현은 농업 분야에서 지속가능한 발전 전략을 위한 구체적인 행동이다. 시진핑 총서기는 "생태환경은 경제 사회 발전의 기반이다. 발전은 경제 사회 전반에 거친 전면적인 발전이어야 하고, 공간적으로 조화롭게 발전하고, 시간적 지속성을 가지는 발전을 해야 한다[29]"고 지적하고. "경제 발전과 GDP 수치의 증가는 우리가 추구하는 전부가 아니다. 사회 발전과 문명의 번영 지표, 특히 인문 지표, 자원 지표, 환경 지표에 주의를 기울여야 한다. 오늘의 발전을 위해 노력하고 내일의 발전을 책임져야 하며, 미래의 발전을 위해 좋은 토대와 지속 가능한 자원과 환경을 제공해야 한다[30]"고 강조했다. 농업 생산에 있어서 좋은 생태자원과 환경은 농산물의 품질과 안전을 보장하는 열쇠이다.

녹색 농업 발전은 농산물 품질 안전을 실현하는 기본적인 방법이다. 시진핑 총서기는 "우리는 이미 새로운 발전 단계에 들어갔으며, 현재의 발전은 단지 먹고사는 문제를 해결하기 위해서만이 아니라, 전면적인 샤오캉사회 실현을 가속화하고 기본적인 현대화 실현을 앞당기기 위한 것이다. 속도만 추구해서는 안 되며, 속도, 품질, 효율의 통일을 추구해야 한다. 맹목적인 개발로 환경을 오염시켜 후대에 무거운 짐을 지게 해서는 안 된다. 사람과 자연의 조화로운 발전을 전반적으로 계획하는 요구에 따라 인구, 자원, 환경 업무를 잘 처리해야 한다[31]"고 지적했다. 생산량은 더 이상

29   시진핑, 「생태 번영이 곧 문명의 번영이다-생태 건설을 추진하고 '녹색 저장'을 만들자」, 구시, 2003년, 제13기.

30   「청산녹수는 금은보화다-저장 시절 시진핑 동지의 중요 논술 엮음」, 저장일보, 2015년 4월 17일, 3면.

31   『지강신어』에 실린 시진핑의 「GDP뿐 아니라 녹색GDP도 필요하다」, 저장인민출판사, 2007년판, 37면.

농업 생산에서 유일하게 추구하는 목표가 아니다. 농산물 품질 안전이 농업 발전의 주요 목표가 되고 있는 상황에서 양과 품질의 이중 안전을 보장할 수 있어야 한다.

(2) 녹색 농업 발전은 토지와 수자원에 대한 전반적인 보호를 중시하여야 한다

녹색 농업 발전의 핵심은 토지와 수자원을 보호하는 것이다. 자연은 상호 의존하고 영향을 미치는 시스템을 가지고 있다. 시진핑 총서기는 "산과 물, 밭과 숲, 호수는 생명공동체다. 밭은 사람의 생명줄이다. 밭의 생명은 물에 달려있고, 물의 운명은 산에 달려있으며, 산의 명맥은 땅에 있고, 땅의 생명은 나무에 있다. 식수(植樹)는 식수만 관리하고, 물 관리는 수자원만 관리하며, 밭을 보호하는 곳에서 단순하게 밭만 보호하게 되면 한쪽에 집중한 나머지 다른 쪽에서 쉽게 문제가 생길 수 있고, 결국 생태계의 파괴를 야기할 수 있게 된다"고 지적했다. 생태계의 무결성, 체계성과 고유 법칙에 따라 산 정상에서 산 아래까지, 지반과 지하, 육지, 해양, 하천의 상·하류 지역 등 자연 생태계의 모든 요소를 종합적으로 고려해야 한다. 이 모든 요소들을 전반적으로 보호하고, 체계적으로 복원시키며, 종합적으로 관리할 수 있도록 해야 한다.[32] 특히 급속한 공업화와 도시화가 이루어지는 상황에서 양질의 수자원과 농경지 자원이 공업생산 및 도시건설에 점점 더 많이 할당되고 있고, 농업 생산에서의 수자원 및 토양 오염이 점점 더

---

32   중공중앙선전부 편저, 「시진핑 신시대 중국 특색 사회주의 사상에 대한 30강」, 학습출판사, 2018판, 248면.

심각해지고 있다. 〈2016년 중국 환경상황 공보〉에 따르면 2016년 중국은 주요 하천 본류(本流)[33]와 중요 1, 2급 지류와 중점호수, 저수지를 커버하는 2767개의 국가 모니터링 섹션(부위)를 설정했는데 그 중에 1940개는 국가 지표수 평가 섹션으로 정해졌다. 지표수 수질 모니터링 결과 Ⅰ급 수질 섹션은 47개로 2.4%를 차지하고, Ⅱ급 수질 섹션은 37.5%인 728개, Ⅲ급 수질 섹션은 27.9%인 541개, Ⅳ급 수질 섹션은 16.8%인 325개, Ⅴ급 수질 섹션은 6.9%인 133개, 열Ⅴ급 수질 섹션은 8.6%인 166개로 나타났다. 지하수 수질 모니터링 결과 수질이 비교적 나쁜 모니터링 지점의 비율은 45.4%, 수질이 아주 나쁜 모니터링 지점의 비율은 14.7%로 나타났다. 경작지 중에서 중급 토지와 저급 토지는 각각 45.1%와 27.8%를 차지하는 것으로 나타났다. 2016년 3월 7일 시진핑 총서기는 12기 전인대 4차 회의 헤룽장 대표 심의에 참석했을 때 생태문명 건설을 강화하고, 지속가능한 발전을 위한 공간을 마련하여 후손들에게 푸른 하늘과 땅, 깨끗한 물을 가진 아름다운 보금자리를 남겨주어야 한다고 지적했다.[34] 그는 또한 "우리가 환경을 잘 대하면 환경은 우호적일 것이고, 환경을 오염시키면 언젠가는 완전히 돌변해 무자비하게 보복을 할 것이다. 이는 객관적인 자연계의 법칙으로 사람의 의지로 바뀌지 않는다"[35]고 강조했다. 19차 당대회 보고는 "인간과 자연은 생명공동체로써 인간은 자연을 존중하고 자연에 순응하며 자연

---

33 옮긴이 주: 강이나 내의 원줄기.

34 중공중앙문헌연구실 편저, 「시진핑의 전면적인 샤오캉사회 실현에 관한 논술 엮음」, 중앙문헌출판사, 2016년판, 68면.

35 「지강신어」에 실린 시진핑의 「환경 친화적인 사회를 건설하기 위해 노력해야 한다」, 저장인민출판사, 2007년판, 141면.

을 보호해야 한다. 오직 자연의 법칙을 준수해야만 인류가 자연을 개발하고 이용하는 데 있어서 시행착오를 격지 않도록 효과적으로 방지할 수 있다. 인류가 자연에 해악을 끼치면 스스로가 그 해를 입게 되는 것은 거부할 수 없는 법칙이다"[36]고 재차 강조했다.

토지와 수자원의 생태 복원은 농업의 녹색 발전에 새로운 잠재력을 제공했다. 시진핑 총서기는 〈'중앙의 전면적인 개혁 심화에 관한 몇 가지 주요 문제의 결정'에 대한 설명〉에서 "산과 강, 삼림과 농지, 호수를 일괄적으로 보호하고 복구하기 위해 지역 내 모든 토지 공간의 용도에 대한 규제를 책임지고 담당하는 부서가 필요하다"[37]고 밝혔다. 시진핑 총서기의 이 같은 논술은 변증법과 인문학적 배려로 가득 차 있다. 당 18기 5중 전회는 주요 기능 구역 건설을 가속화하고, 국토 개발 및 보호를 위한 기본체계로써의 주요 기능 구역이 역할을 발휘할 수 있도록 해야 한다고 지적했다. 중국의 녹색 기회가 확대되고 있다. 우리는 자원 절약 및 친환경 중심의 생산 및 생활 방식을 이룰 수 있는 녹색 발전의 길을 택해야 한다. 환경의 질적 개선을 핵심으로 환경에 대한 관리의 강도를 높이고, 엄격한 환경 보호 제도를 시행해야 한다. 대기, 수질, 토양 오염을 예방하고 통제하기 위한 행동 계획을 심층적으로 실시해야 한다. 성급 이하의 환경 보호 기구에 대한 모니터링과 감독, 법 집행을 위한 수직 관리 제도를 시행해야 한다. 19차 당대회 보고는 수질 오염 방지와 통제에 박차를 가하고, 유역 환경과 연

36 시진핑, 「전면적인 샤오캉사회를 실현하고 신시대 중국 특색 사회주의의 위대한 승리를 거두자-중국공산당 제19차 전국대표대회 보고」, 인민출판사, 2017년판, 50면.
37 시진핑, 「중앙의 전면적인 개혁 심화와 관련한 몇 가지 주요 문제에 관한 결정'에 대한 설명」, 인민일보, 2013년 11월 16일, 1면.

안수(沿岸水)[38]에 대한 종합적인 관리를 실시해야 하며, 토양 오염에 대한 관리와 통제 및 회복을 강화시키고, 농업 비점오염원에 대한 예방과 관리를 강화하고, 농촌 주민의 환경을 정비하기 위한 행동을 취해야 한다고 지적했다.

3. 임업 개혁과 발전 가속화

임업 발전은 전면적인 샤오캉사회 실현의 중요한 부분이자 생태문명 건설의 중요한 조치이다. 시진핑 총서기는 생태계에서 임업은 국토 안전을 수호하고, 산, 강, 숲, 들, 호수의 전반적인 관리를 유지하는 데 근본적인 역할을 한다고 지적하고, 임업은 사회 경제의 지속가능한 발전과 관련된 근본적인 문제이며, 삼림은 자연생태계의 최상위에 있는 숲을 구하는 것이 지구를 구하는 첫걸음이라고 강조했다.[39] 산림은 육지 생태의 주체이자 중요한 자원이며, 인류의 생존과 발전을 보장할 수 있는 중요한 생태 요소이다.

(1) 산림은 생태문명 건설에서 전략적 위치를 가진다

산림 생태계가 국가 생태안전을 보장한다는 관점에서 삼림은 큰 역할을 하고 있다. 2014년 시진핑 총서기는 "산림은 육지 생태의 주체로 국

---

38   옮긴이 주: 하천, 호수, 지하수 따위의 육수(陸水)의 영향을 받고 있는 바닷물.

39   「제도 장벽을 통해 권력이 생태를 해치지 않도록 방지하자」, 중국녹색시보(中國綠色時報), 2015년 8월 25일, 1면.

가와 민족 생존의 최대 자본이자, 인류 생존의 기반으로 생존 안전, 담수 안전, 국토 안전, 종의 안전, 기후 안전과 국가 외교와 같은 전반적인 부분과 관련이 있다. 중화민족의 역사 발전이라는 시각에서 이 문제를 바라보고, 후대를 위해 아름다운 보금자리를 남겨주어 당대 중국인에 대한 긍정적인 역사 기록을 남길 수 있도록 노력해야 한다."고 지적했다.[40]

자연자원의 관점에서 보면 산림 생태계는 풍부한 자원을 제공하는 기반이다. 시진핑 총서기는 "산림은 육지 생태의 주체이자 중요한 자원이며, 인류의 생존과 발전을 보장할 수 있는 중요한 생태 요소이다. 숲이 없는 지구와 인간의 모습은 상상할 수 없다"[41]고 강조했다.

자연 생태시스템의 관점에서 보자면 삼림은 매우 광범위한 생태 서비스를 제공하는 주체이다. 이에 시진핑 총서기는 "삼림은 환경을 아름답게 하고, 수원을 보존하고, 토양과 물을 유지하고, 황사를 막고, 기후를 조절하고, 생태환경의 선순환을 이룰 수 있다"고 강조했다.[42]

사회 경제 발전에 있어 산림 생태계의 역할을 보면, 임업 발전은 전면적인 샤오캉사회 실현을 위한 중요한 부분이며, 생태문명 건설을 위한 중요한 조치이다. 시진핑 총서기는 저서 『빈곤탈출』에서 '삼림은 저수지이고, 금고이자 곡물 창고'라고 지적하고[43], 환경을 미화하고 정화하여 인민

40 「중화민족의 영속적인 발전을 위하여-생태 문명 건설에 대한 시진핑 총서기의 관심 기록」, 인민일보, 2015년 3월 10일, 1면.

41 『시진핑, 국정 운영을 논하다』에 실린 시진핑 「아름다운 중국 건설을 위해 더 좋은 생태 여건을 마련하자」, 외문출판사, 2014년판, 207면.

42 시진핑, 「빈곤 탈출」, 푸젠인민출판사, 2014년판, 83면.

43 상동.

에게 좋은 생활환경을 제공한다는 관점에서 임업의 생태적, 사회적 이익을 이해할 것을 요구했다.

(2) 산림자원 상황은 여전히 심각하다

세계 산림자원과 비교했을 때 중국 산림자원 상황은 심각하다. 이는 중국의 임업 건설에 큰 여지가 있음을 보여준다. 2014년 4월 4일 시진핑 총서기는 수도 의무 식목행사에 참석해 "오랫동안 인공 조림 사업을 잘 이행해온 결과 지금은 나무가 우거지고, 산은 녹음으로 뒤덮였다. 산림녹화에 대한 인식이 전 인민의 마음에 깊이 뿌리를 내렸다. 하지만 중국의 자연자원과 자연 부존자원이 균형을 이루지 못하고 있고, 전면적인 샤오캉사회 실현이라는 목표와 좋은 환경을 바라는 인민들의 기대에 비하면 중국의 산림은 양적으로나 질적으로나 턱없이 부족하다는 것을 알아야 한다"[44]고 강조했다. 2015년 4월 3일 시진핑 총서기는 수도 의무 식목행사에 참석해 "전면적인 샤오캉사회 실현 목표와 더 나은 생태 환경에 대한 사람들의 기대와 비교할 때 생태적 부채는 여전히 매우 크고, 환경 문제는 여전히 심각하다. 녹지와 숲의 부족은 여전히 시급하게 해결해야 할 중대한 현실적인 문제이다"[45]고 재차 강조했다.

생태문명 건설에 대한 절박한 요구는 임업 발전에 새로운 기회를 주었다. 심각한 생태환경 상황과 문제로 인해 생태환경의 개선이 절실하게 요구된다. 2016년 4월 5일 시진핑 총서기는 수도 의무 식목행사에 참석해

---

44 「시진핑, 처음으로 임업과 전면적인 샤오캉의 관계 논의」, 저장임업(浙江林業), 2016년, 제4기.

45 상동.

"올해 채택된 '제13차 5개년 계획' 요강을 포함하여 18차 당대회에서 18기 5중 전회까지 생태문명 강화의 필요성을 강조했다. 이제 생태문명의 건설은 이미 모든 사람들의 마음에 깊이 파고 들었다"[46]고 지적했다. 생태문명 건설에 대한 절박한 요구는 임업 발전에 새로운 기회를 주었을 뿐 아니라 임업 발전에 역사상 가장 힘들고 어려운 생태건설 과제를 던져주었다.

〈제8차 전국 주요 삼림자원 조사 결과(2009-2013년)〉에 따르면 중국의 전체 산림자원은 계속 늘어나고, 산림의 질도 계속 향상되고 있지만 문제점도 많은 것으로 나타났다. 중국의 산림 녹화율은 21.63%에 불과해 세계 평균인 31%를 크게 밑돌고, 1인당 산림 면적은 세계 평균의 1/4, 1인당 산림 축적량은 세계 평균의 1/7에 불과하다. 산림자원의 총량이 상대적으로 부족하고, 품질이 높지 않으며, 분포도 변화하지 않고 있다. 이와 함께 경제 사회 발전 과정에서 산림자원의 파괴 현상은 여전하고, 임업 생태계의 레드라인을 엄수해야 한다는 압박이 여전하며, 산림의 효율적 공급과 증가하는 사회 수요 사이의 갈등이 여전히 두드러지고 있다.

(3) 삼림은 국가 생태 안보의 핵심이다

아름다운 중국을 건설하기 위한 가장 중요한 조치 중 하나는 생태 복원이다. 식수조림은 산림자원을 늘리는 중요한 방법이며, 생태복원을 위한 중요한 조치로써 인민 개개인의 광범위한 참여가 필요하고, 세대에 걸쳐 추진되어야 한다. 2014년 4월 4일 시진핑 총서기는 수도 의무 식목행사에

---

46 「시진핑, 처음으로 임업과 전면적인 샤오캉의 관계 논의」, 저장임업(浙江林業), 2016년, 제4기.

참여해 전국의 모든 민족은 세대에 걸쳐 변함없이 녹색 식물을 사랑하고 심고 보호함으로써 중국의 산림자원을 잘 육성하고, 잘 보호하고, 발전시키고, 아름다운 중국을 건설하기 위해 노력해야 한다고 강조했다. 임업 건설은 사회 경제의 지속가능한 발전과 관련된 근본적인 문제이다. 모든 인민은 나무 심기의 법적 의무를 다해야 하며, 각급 지도 간부들은 행동과 실천을 통해 국가 녹화 시스템의 이점을 최대한 활용하고, 지역 조건에 따라 조치를 취해야 한다. 아울러 과학적으로 식물을 심고, 인공 조림을 확대하고, 산림 면적을 늘리고, 숲의 질을 개선함으로써 생태기능을 강화하고, 모든 녹색 요소를 보호해야 한다.[47] 2015년 4월 3일 그는 수도 의무 식목행사에 참석했을 때 식수조림은 푸른 하늘과 땅, 맑은 물을 얻는 중요한 방법이며 가장 보편적인 민생 프로젝트라고 지적했다. 전국적으로 온 인민이 나무 심기에 동참하도록 만들고, 아름다운 중국 건설을 인민의 자발적인 행동으로 전환할 수 있도록 노력해야 한다.[48] 2016년 4월 5일 시진핑 총서기는 식목행사에서 "각급 지도 간부는 의무적으로 나무심기에 동참하고, 새로운 발전 이념을 알리는데 앞장서야 하며, 후대를 위해 노력하는 정신을 발양해 나무를 많이 심고, 잘 관리함으로써 대지와 산천을 푸르게 만들고, 사람들이 잘 살 수 있는 아름다운 생활환경을 만들기 위해 노력해야 한다"고 더욱 강조했다.[49]

---

47 「세대를 잇는 확고부동한 나무 사랑, 식수 보호의 노력을 기울여」, 인민일보, 2014년 4월 5일, 1면.

48 「전 인민의 나무 심기를 아름다운 중국 건설을 위한 인민의 자발적인 행동으로 만들자」, 인민일보, 2015년 4월 4일, 1면.

49 「후대를 위해 노력하는 정신을 발양해 나무를 많이 심고, 잘 관리하자」, 인민일보, 2016년 4월 6일, 1면.

임업 발전 전략은 소소하게 진행되어서는 안 되고, 국토 생태 최적화의 관점에서 실시되어야 한다. 2016년 1월 26일 시진핑 총서기는 중앙 재정경제 지도 그룹 제12차 회의에서 "삼림은 국가 생태안전과 관련이 있다. 국토의 녹화를 추진하기 위해 전 인민의 의무 식목행사를 유지하며, 주요 임업 사업 건설을 강화하고 경작지를 삼림으로 환원하기 위한 노력을 기울여야 한다. 산림의 질 향상하기 위해서 보호와 자연 복원에 우선순위를 부여하고, 양과 질을 동등하게 중시하는 가운데 질을 우선시하며 나무의 생장을 위한 입산 금지와 인공조림을 함께 병행해야 한다"고 강조했다. 천연림 보호 제도를 완비해야 한다. 봉쇄가 필요하면 봉쇄하고, 조성해야하면 조성하고, 삼림에 적합한 곳에 삼림을 조성하고, 관개가 필요한 곳에 관개를 하고, 초원을 조성해야 하는 곳에 풀을 심어 삼림의 질을 높일 수 있는 정확한 조치를 취해야 한다. 산림도시 건설에 주력하고, 도시 녹화를 잘 처리해 녹화에 적합한 모든 곳을 녹지로 만들어야 한다. 도시 주변의 녹화를 잘해야 한다. 농사에 부적합한 토지를 활용해 녹화 조림을 실시하고, 광역도시권의 녹화를 잘해서 도시와 도시 사이의 생태공간을 확대한다. 국립공원을 조성해 자연생태계의 본래의 모습과 완전성을 보호하고, 미래 세대를 위한 자연 유산을 남길 수 있도록 해야 한다. 19차 당대회 보고는 "천연림 보호제도를 완비하고, 경작지를 삼림으로 환원하고 초원으로 돌리는 것을 확대해야 한다.[50] 국토 개발 및 보호 제도를 마련하고, 주요 기능 지역에 대한 지원 정책을 개선하며, 국립공원을 주체로 하는 자연보호 구

---

50 시진핑, 「전면적인 샤오캉사회를 실현하고 신시대 중국 특색 사회주의의 위대한 승리를 거두자-중국공산당 제19차 전국대표대회 보고」, 인민출판사, 2017년판, 52면.

역 시스템을 구축한다"[51]고 밝혔다.

(4) 임업 발전은 생태보호와 경제발전을 전반적으로 고려해야 한다

임업 발전은 시스템적인 관점을 수립해 생태계의 법칙에 따라 점진적으로 추진해야 한다. 특히 '산, 물, 밭, 숲, 호수는 생명공동체'라고 강조한 시진핑 총서기의 관점은 시스템적인 특징을 충분히 반영했고, 자연생태계의 내재적 규율을 깊이 있게 보여준 임업 발전의 근간이 된다.

임업 개혁은 산림자원을 보호하고 개발하며, 임업 발전과 농민 소득 증대의 윈윈을 목표로 해야 한다. 2001년 당시 푸젠성 성장이었던 시진핑 총서기는 주요 민생사업으로 집단 산림 소유권 제도 개혁에 각별한 관심을 기울였다. 그는 우핑(武平)현을 시찰한 후 집단 산림 소유권 개혁이 농가 생산 도급 책임제처럼 산 아래부터 산꼭대기까지 실시될 수 있도록 하는 역사적 결단을 내렸다.

시진핑 총서기의 임업 개혁 목표는 생태를 아름답게 보존하고 인민이 부유해질 수 있도록 '생태와 민생을 보호하는 것'이다. 산림 자원을 보호하고 개발하며, 민생과 생태 개선, 임업 발전의 활력 증진에 도움이 되는 새로운 국유 산림 농장 시스템을 구축함으로써 자원을 증가시킨다. 생태를 양호하게 만들고, 임업 효율성을 향상시키고, 직원 소득을 증대시킨다. 이를 통해 안정적이고 조화로운 새로운 사회주의 산림 지구를 건설하는 것이다.[52]

---

51 시진핑, 「전면적인 샤오캉사회를 실현하고 신시대 중국 특색 사회주의의 위대한 승리를 거두자-중국공산당 제19차 전국대표대회 보고」, 인민출판사, 2017년판, 52면.

52 「중화민족의 영속적인 발전을 위하여-생태 문명 건설에 대한 시진핑 총서기의 관심 기

4. 수자원 이용과 보호 강화

수자원은 생명의 원천이고, 생산의 필수요소이며, 생태의 기반이다. 수자원의 효율적인 이용과 효과적인 보호를 실현하는 것은 전면적인 샤오 캉사회 실현에서 가장 관심을 기울여야 하는 중대한 문제일 뿐만 아니라 생태문명 건설 전략의 실시, 인류의 건전한 생존과 지속, 인류 사회의 진보와 관련된 전략적 문제이다. 시진핑 총서기는 중화민족의 영원한 발전 실현을 위한 전략적인 관점에서 심각한 중국 수자원 상황에 대해 깊게 분석하고 지속가능한 수자원 사용을 실현하는 중요성에 대해 상세하게 논의하고, 국가 수자원 안전을 보장하기 위한 전반적인 요구 사항을 체계적으로 설명했다. 아울러 새로운 시대 수자원 관리를 위한 새로운 생각을 내놓고, 중국의 수자원 관리 강화와 수자원 안전을 실현하기 위한 방향을 제시했다.

(1) 전반적인 발전의 관점에서 수자원의 전략적 위치를 이해해야 한다

중국은 물 부족 국가로 1인당 수자원 양은 세계 1인당 수자원 양의 1/4에 불과하다. 물 부족을 초래한 원인으로는 자연 생태적 요인뿐 아니라 사회 경제적 요인도 포함된다. 이에 대해 시진핑 총서기는 "물 부족의 중요한 원인은 물 보존을 위한 생태공간의 면적이 크게 줄어들었기 때문이다. 물을 담는 '대야'가 점점 작아져 강우를 저장하거나 유지할 수 없기 때문이다"고 지적했다.[53] 특히 광활한 암석 사막화 지역에서는 강수량은 높

록」, 인민일보, 2015년 3월 10일, 1면.

53 「중화민족의 영속적인 발전을 위하여-생태 문명 건설에 대한 시진핑 총서기의 관심 기록」, 인민일보, 2015년 3월 10일, 1면.

지만 효과적인 수자원관리 사업이 부족하기 때문에 빗물을 효과적으로 모아서 사용하기가 어려워 이들 지역에서 계절성 가뭄이 발생하고 있다. 2014년 2월 26일 베이징-텐진-허베이성 공동개발 보고에 대해 듣고 난 후, 시진핑 총서기는 화베이(華北) 지역의 물 부족 문제가 매우 심각하다고 지적하고, 수원을 함양한 산림, 호수, 습지와 같은 생태 보호에 신경을 쓰지 않고 과도하게 지하수를 지속적으로 개발한다면 더 강한 자연의 보복을 받게 될 수 있다고 덧붙였다.[54]

농업 생산에서 수자원은 가장 기본적인 생태 요소 중 하나이다. 농업 생산에 필요한 양질의 수자원이 보장되어야 한다. 농지 수리 시설, 특히 농작지의 '마지막 1km' 공정에 대한 건설을 확대해야 한다. 2011년 3월, 당시 국가 부주석이었던 시진핑 동지는 후난 조사연구에서 "수리는 농업의 생명선이다. 농지를 위한 기본적인 수리 건설을 강화하고, 주요 상수원 관리 허브와 수리 공사 건설을 힘쓰며, 자연재해에 대한 저항력과 수자원 조달 능력을 지속적으로 향상시켜야 한다.[55] 이것이 중국의 농업 생산을 확보하고 식량안보를 실현하는 열쇠다"라고 지적했다.

과거에 우리는 수자원 보호에 충분한 주의를 기울이지 않았고, 체계적인 수자원 관리 구상을 형성하지 않았으며, 효과적인 관리 조치가 부족했다. 관리 조치를 취했지만 과학적인 관리 수단과 방법이 부족해 기대했던 목표를 실현하지 못했다. 시진핑 총서기가 지적했듯이 과거에는 수자

---

54 「중화민족의 영속적인 발전을 위하여-생태 문명 건설에 대한 시진핑 총서기의 관심 기록」, 인민일보, 2015년 3월 10일, 1면.

55 「당 건설 강화와 개선에 더욱 분발해 '12차 5개년' 시기의 좋은 출발을 강력히 보장하자」, 인민일보, 2011년 3월 24일, 1면.

원 관리에 대한 체계적인 연구가 부족했다. '이제는 전체적인 시각에서 새로운 수자원 관리의 길을 모색해야지 머리가 아프면 머리를 치료하고, 다리가 아프면 다리를 고치는 식이 되어서는 안 된다'[56]. 시진핑 총서기의 이 말은 과학적이고 효과적인 수자원 관리를 위한 방향을 제시하는 뚜렷한 체계적인 관점을 보여준다.

(2) 수자원 관리는 "16자" 방침을 고수해야 한다

시진핑 총서기가 언급한 '물 절약 우선, 공간적 균형, 체계적 관리, 양손의 노력'이라는 수자원 관리 아이디어는 중국의 수자원 관리 실천 경험을 요약한 것일 뿐 아니라, 수자원 활용 이론을 더욱 발전시킨 것으로 수자원의 지속가능한 이용과 관리에 대해 중요하면서도 심오한 현실적인 의미를 갖는다. 물 절약이 우선되어야 한다. 중국의 물 부족과 수자원 이용 낭비의 현실을 기초로 사회 전반에서 물 한 방울이라도 절약할 수 있도록 유도하고, 수자원 이용 효율을 제공해 물 절약에 대한 분위기를 조성함으로써 수자원을 최소한으로 소모하고 최대의 경제 사회 및 생태 효율을 거둘수 있도록 해야 한다. 공간적 균형을 위해 수자원에 따라 적절한 조치를 취하고, 수자원에 따라 도시와 생산을 정하도록 해야 한다. 아울러 생태문명 건설의 관점에서 인구, 경제와 자원 환경의 관계를 잘 따져보고, 엄격한 수자원 환경에 대한 제약을 강화해야 한다. 체계적 관리는 다양한 자연생태 요소를 통합하고, 수자원 관리를 삼림과 농지 관리와 유기적으로 결합시

---

56 「중화민족의 영속적인 발전을 위하여-생태 문명 건설에 대한 시진핑 총서기의 관심 기록」, 인민일보, 2015년 3월 10일, 1면.

켜 수자원 문제를 조화롭게 해결하는 것이다. 양손의 노력이란 정부와 시장이 함께 시너지를 발휘할 수 있도록 노력하는 것이다. 즉, 수자원 배치에서 시장이 결정적인 역할을 하고, 정부는 물 안보 분야에 대한 전반적인 계획, 정책 유도 및 제도적인 보장 역할을 더 잘 발휘할 수 있도록 해야 한다. 세계 기후가 변화하는 거시적 배경 속에서 중국은 더욱 심각한 물 안보 상황에 직면하게 된다. 수자원 관리 임무가 더욱 어려워지며, 관리 기준은 더 높아질 것이다. 이를 위해 수자원 관리에 관한 시진핑 총서기의 중요한 논술을 깊이 연구하고 이해해야 한다. '20자 방침'의 요구에 따라 수자원 관리 이론에 대한 연구를 시작하고, 더 구체적인 실시 방안과 조치 및 대책을 내놓아야 한다. 실질적인 수자원 관리 이행을 통해 중화민족의 위대한 부흥인 중국몽을 실현하기 위한 더 튼실한 물 안보 보장을 제공함으로써 후손들에게 생존과 발전을 위한 자원과 공간을 만들어주어야 한다.

(3) 수자원 관리는 과학적인 계획으로 이끌어야 한다

수자원 이용과 보호를 과학적으로 계획하고 통합해 이끌어야 한다. 수자원 이용과 보호를 위한 과학적인 마스터플랜은 수자원 이용과 보호를 통합하고 이끌기 위한 중요한 기초 작업으로써 수자원 안보 실현을 지도할 수 있는 전략적인 요강이 된다. 마스터플랜을 바탕으로 그 틀 안에서 수리발전 계획, 수자원 계획, 지하수 탐사 계획, 농촌 식수 안전 계획, 물 생태 환경 보호 및 건설 계획, 토양 및 수자원 유지 계획을 포함한 다양한 특별 계획을 점차 수립하고 완비해 나아가야 한다. 마스터플랜이든 다양한 특별 계획이든 관계없이 지역 사회 발전 종합 계획과 기타 분야의 특별 계획에 대해 전반적인 계획을 세워 모든 계획 간의 조화를 실현하며, 주도적 역할을 담당할 필요가 있다.

(4) 수자원 관리는 수자원 이용 효율 제고를 전제로 해야 한다

시진핑 총서기는 "개발과 이용, 관리와 배치, 절약과 보호 등 수자원 관리의 여러 단계에서 지금 필요한 것은 절약이다. 생각과 인식, 조치 등 각 부분에서 물 절약을 우선순위로 두어야 한다"고 강조했다. 중국 수자원의 실제 사용 상황도 조방형에서 집약형으로 근본적인 전환을 가속화해야 한다. 수자원 이용 효율을 높이기 위해 사회 전체가 물은 부족한 자원이라는 개념을 가지고, 물을 아끼고 절약하는 좋은 사회 분위기를 조성해야 한다. 물 절약이 우선이라는 개념을 점진적으로 행동으로 전환시킨 다음 농업, 공업, 도시와 농촌의 다양한 용수 특성에 맞춰 구체적인 실시 조치를 마련해야 한다.

(5) 수자원 관리는 수생태 건설과 보호를 핵심으로 해야 한다

물 생태 건설과 보호는 물 관리의 근본이다. 자연환경에 대한 오염을 최소화하고 수용 능력을 초과하지 않도록 최선을 다해야 하며 생태환경이 훼손된 곳은 합리적이고 적절하게 회복시켜야 한다. 시진핑 총서기는 자연계의 담수 총량은 대체적으로 안정적이지만 국가나 지역에서 이용가능한 수자원의 양은 강수량뿐만 아니라 물을 담는 '그릇'의 크기에 의해 결정된다고 지적했다. 물을 담는 '그릇'을 키우는 것은 수자원의 지속적인 이용을 위한 기반이다. 여기에서 '그릇'이란 물 생태를 가리킨다. 물 관리와 산 관리, 산림 관리, 농지 관리를 유기적으로 결합해 통합성을 부각시키고, 물 저장 및 보존, 배수와 방류가 호환되는 물 생태를 조성해야 한다. 단순하게 홍수 방지와 가뭄 예방을 위해 배수를 하고 물을 끌어 쓰던 방식에서 물을 저장하고 보존하면서 배수를 함께 고려해야 한다. 홍수 방지와 가뭄 예방, 인간 공학과 자연 복원이 서로 분리되는 수자원 관리 모델을 피해야 한다. 이러한 설명은 수자원 활용과 관리 및 새로운 실천 분야에 시스템 이론을 적용한 완벽한 실례이다.

(6) 수자원 관리는 관리 메커니즘과 체제 혁신을 보장으로 해야 한다

끊임없이 나타나는 새로운 상황에 적응하고 새롭게 출현하는 문제들을 해결하려면 수자원 관리 메커니즘과 체제를 지속적으로 개선하고 혁신해야 한다. 시진핑 총서기는 체계적인 생태 복원, 생태 공간 확대, 물 절약, 수질 오염 관리 등 수자원의 안전을 보장하려면 시장과 정부가 충분히 역할을 수행할 수 있도록 시장 메커니즘에 의존해야 하는 것과 정부가 해야 할 일을 구분해야 한다고 지적했다. 정부는 공공재인 수자원의 이용과 관리에 있어 자신의 기능적 포지셔닝을 명확히 하고, 수자원 관리 메커니즘과 체제를 지속적으로 정비하고 혁신하며, 시장이 해결해야 하는 일에는 관여하지 않아야 한다. 자원 관리에서 정부의 역할을 충분히 발휘하기 위해서는 가장 엄격한 수자원 관리 시스템을 이행하고, 3개의 레드라인을 준수해야 한다. 아울러 과학적인 용수 효율 지수 시스템을 수립해 용수 표준과 계획 관리를 강화하고, 유역 수자원 생태 보상 메커니즘을 수립해야 한다. 수질기능구역의 수질 기준 평가 체계를 확립해 제3자 수질 평가 메커니즘과 수질기능구역에 대한 관리 감독을 강화해야 한다. 중구난방인 수자원 및 오염 관리, 감독과 모니터링 문제 해결을 위해 수자원 관리 체제를 혁신해야 한다. 엄격한 수자원 관리에 관한 법 집행을 통해 수자원 오염을 초래하는 기업에 대해 형사 책임을 묻고, 지방 정부의 지도 간부를 문책해야 한다. 수자원 배분에서 시장이 결정적인 역할을 하도록 하고, 수자원 건설의 투자 메커니즘과 경영 모델을 혁신해야 한다. 수자원 부족 상황에 따라 경제적 수단을 이용해 수자원 이용에서 물 값의 역할을 강화해야 한다.

중국 특색 사회주의 농촌 활성화의 길로 나아가다

제10장

당의 지도와 농촌 관리 강화

당의 지도와 농촌 관리 강화는 '삼농'에 관한 시진핑 총서기의 주요 논술 가운데 중요한 구성 부분이다. 18차 당대회 이후 시진핑 동지를 핵심으로 한 당 중앙은 '삼농' 사업에 대한 당의 지도를 강화하여 농촌 사회 관리를 강화해야 한다고 강조했다. '삼농' 업무에 대한 당의 지도 강화는 중국 공산당의 전통이며, 농업 및 농촌의 번영과 안정, 농민이 편안하게 생활하고 즐겁게 일하도록 보장하는 기본이다. 시진핑 총서기는 "당의 농촌 업무 관리는 우리의 전통으로 이 전통을 잃을 수는 없다[1]"고 지적했다. 농촌 사회 관리 강화 및 농촌 관리 방식과 방법에 대한 혁신과 변혁은 국가 관리 체계와 관리 능력의 현대화 전략을 효과적으로 이행하기 위해 필요한 요건이자 당연한 의무이다. 아울러 농촌 사회 문제에 대해 효과적으로 대응하고, 농촌 사회 갈등을 해결하는 것이며 농촌 관리 현대화를 실현함에 있어 반드시 걸어야 할 길이다.

---

1   중공중앙문헌연구실에서 편집한 『18차 당대회 이후 중요 문헌 선집(상)』에 실린 시진핑의 「중앙 농촌업무회의에서의 연설」, 중앙문헌출판사, 2014년판, 685면.

1. '삼농' 업무에 대한 당의 지도 강화와 혁신

(1) '삼농' 업무에 대한 당의 지도를 강화하고 혁신하는 중요한 의의

중국 특색 사회주의의 가장 본질적인 특징과 중국 특색 사회주의 제도의 가장 큰 강점은 중국 공산당이 이끌고, 당이 최고의 정치 지도 역량이라는 것이다.[2] '당은 당정군민학을 망라한 모든 분야를 이끌고 있다'[3] 중국공산당의 기본 신조는 인민을 위해 당을 세우고 통치하는 것이다. '삼농' 문제는 국가 경제와 민생과 관련된 근본적인 문제이다.[4] 전 인민을 동원해 '삼농'의 어려움을 해결하고, '삼농'을 발전시켜 농촌 활성화를 실현할 수 있는지 여부는 중국 공산당의 집권 지위 안정과 연관되고, 많은 대중들의 옹호와 지지를 받는 것을 결정짓는다. 중국 공산당은 항상 '삼농' 업무에 큰 비중을 두었고, '삼농' 업무에 대한 당의 지도력 강화를 강조해왔다. 중국 국정에 부합하고 농업과 농촌의 발전 법칙을 반영하며, 시대와 함께 맥락을 같이하면서 더불어 발전하는 '삼농'에 대한 전략적 사고를 이루었다. 이는 중국 특색 사회주의 이론 체계의 중요한 부분이 되었다. '삼농' 업무에 대한 당의 지도력 강화에 관한 시진핑 총서기의 중요 논술은 '삼농'을 중시하고 마음에 두고 있는 중국 공산당의 우수한 전통을 발양하였고, '삼농' 발전에 대한 역대 중국 공산당원들의 탐구와 투쟁을 계승하면서 '삼농' 발전 추진에 관한 기본적인 이론을 더욱 풍부하게 만들고 발전시켰다.

---

2   시진핑, 「전면적인 샤오캉사회를 실현하고 신시대 중국 특색 사회주의의 위대한 승리를 거두자-중국공산당 제19차 전국대표대회 보고」, 인민출판사, 2017년판, 20면.

3   상동.

4   상동, 32면.

이는 시진핑 시대 중국 특색 사회주의 사상을 중요하게 반영했고, 당대 마르크스주의 중국화의 최신 성과다.

개혁개방 이후 중국이 '삼농' 발전에서 성과를 이룰 수 있었던 이유는 '삼농' 사업에 대한 당의 높은 관심과 합리적인 리더십이 있었기 때문이다. 전면적인 샤오캉사회 실현을 결정짓고, '두개 100년' 목표가 교차되는 역사적 시기에 처해 있는 중국에게 있어서 '삼농' 업무에 대한 당 지도력 강화는 매우 중요하고도 절실하게 요구되는 사안이다. 시진핑 총서기는 빈곤에 맞서 싸울수록 당의 지도력을 강화하고 향상시켜야 한다고 강조했다.[5] 그는 "각급 당 위원회와 정부는 빈곤구제개발 업무를 매우 중요하게 생각해야 한다. 빈곤구제개발을 중요한 의사일정에 포함시켜 곤경에 처한 사람들, 특히 오래된 혁명지역, 빈곤지역에 있는 이들이 가난에서 벗어나 부를 쌓을 수 있도록 돕는 것을 중요 의사일정에 포함시키고 더욱 부각시켜야 한다……"[6]고 지적했다. 아울러 "빈곤탈출이라는 가장 중요한 과제를 안고 있는 지역의 당 위원회와 정부는 빈곤탈출을 '13차 5개년 계획' 기간 동안의 최우선 과제와 첫 번째 민생사업으로 삼아 전반적인 사회 경제 발전을 총괄해야 한다. 모두가 빈곤 퇴치를 책임지는 서약서에 사인하고, 군령장을 써야 할 때이다"[7]고 강조했다.

---

5 「빈곤 탈출을 위한 돌격 나팔은 이미 울렸고, 당과 국가 전체가 목표를 향한 각오를 다져야 한다」, 인민일보, 2015년 11월 29일, 1면.

6 『쟈오위루와 같은 현 위원회 서기가 되자』에 실린 시진핑의 「허베이성 푸핑현 빈곤구제개발 업무 시찰에서의 연설」, 중앙문헌출판사, 2015년판, 19면.

7 「빈곤 탈출을 위한 돌격 나팔은 이미 울렸고, 당과 국가 전체가 목표를 향한 각오를 다져야 한다」, 인민일보, 2015년 11월 29일, 1면.

(2) '삼농' 업무 지도에 대한 인식과 관심을 높여야 한다

'삼농' 업무에 대한 당의 지도력을 강화하기 위해 '삼농' 업무 지도에 대한 당의 인식을 높여야 한다. 현재 '삼농'문제는 여전히 부각되고 있으며 근본적으로 해결되지 않고 오히려 더 복잡해지는 양상을 보이고 있다. 특히 중국 경제가 뉴노멀로 진입하는 상황에서 '삼농'사업에 대한 당의 리더십 강화에 대한 요구가 더 높아지고 더 절실해지고 있다. '삼농' 업무 지도에 대한 당의 인식을 높이기 위해 '삼농' 업무를 국가 장래 및 운명과 연관된 전략적 수준으로 높여야 한다. 시진핑 총서기는 인민을 위한 통치와 '삼농'발전의 중요성을 강조했는데 이는 당내 업무에서 '삼농' 업무의 입지를 확고히 세우는 것의 중요성을 강조하기 위해서이다. 시진핑 총서기는 19차 당대회 보고에서 "농업, 농촌 및 농민문제는 국가 경제와 민생과 관련된 근본적인 문제이기 때문에 '삼농'문제의 효과적인 해결을 항상 당 전체 사업의 최우선으로 삼아야 한다[8]"고 명확히 밝혔다. 구체적인 실천에서 시진핑 총서기는 "……지도 전략, 전략기획, 재정투자, 업무배치 및 고과 평가에서도 최우선에 대한 요구를 자각해야 한다. 아울러 농업을 지원하고, 농민을 돌보고, 농촌에 봉사할 수 있도록 사회 전체가 힘을 합쳐 좋은 분위기를 형성해야 한다[9]"고 강조했다.

'삼농' 업무에 대한 당의 리더십 강화를 위해 우리는 긴박감과 적극성, 자각의식과 견고함을 향상시켜야 한다. 이제 당은 '삼농' 업무에 대한

---

8 시진핑, 「전면적인 샤오캉사회를 실현하고 신시대 중국 특색 사회주의의 위대한 승리를 거두자-중국공산당 제19차 전국대표대회 보고」, 인민출판사, 2017년판, 32면.

9 『지강신어』에 실린 시진핑의 「인민을 위하여 집권하고 '삼농'을 중시해야 한다」, 저장인민출판사, 2007년판, 100-101면.

관심을 높이고, 구체적인 업무를 이행함으로써 빈곤 해소 업무를 강화하고 농촌 활성화 전략을 추진하기 위해 주력해야 한다. 당 전체 사업이 중심을 가지고 전반적인 부분에 집중적으로 구현될 수 있도록 해야 한다. 빈곤탈출을 위한 결전의 시기에 들어선 지금, 정확한 빈곤구제와 정확한 빈곤탈출은 어렵고도 시급히 해결해야 하는 과제이기 때문에 '삼농' 업무의 긴박감과 적극성을 강화해야 한다. 시진핑 총서기는 "각급 당 위원회와 정부는 긴박감과 적극성을 강화해야 한다. 빈곤구제에 대한 생각을 더 명확하게 하고 책임을 강화해야 한다. 더 강력하고, 표적성이 강하고, 더 직접적으로 작용할 수 있으며 효과가 더 지속될 수 있는 조치를 취해야 한다. 특히 정확한 빈곤구제와 정확한 빈곤탈출에 더 많은 노력을 해야 한다"[10]고 지적했다.

'삼농' 업무에 대한 당의 지도를 강화함에 있어서 맹목적이고, 근시안적인 태도를 삼가고, 맥을 잘못 짚고 길을 잘못 들어가는 것을 방지해야 한다. 이를 위해서는 '삼농' 업무에 대한 당의 지도력을 강화하는 과정에서 과학적인 지도와 올바른 이념적 지도가 필요하다. 시진핑 총서기는 "적극적인 모색을 통해 개혁개방이 '삼농'을 촉진한다는 자각을 높이고, 대중의 개척정신을 충분히 존중해야 한다. 농업이 발전했는지, 농민이 만족하는지, 도시와 농촌의 간극이 줄어들었는지 여부를 점검의 기준으로 삼아 개혁개방을 통해 '삼농' 사업을 추진하고 도농 통합을 새로운 차원으로 끌어올리기 위해 노력해야 한다"[11]고 강조한 바 있다. 또한 그는 "시대

10 「시진핑, 빈곤구제 사업을 논하다-18차 당대회 이후 중요 논술 엮음」, 당건설, 2015년, 제12기.

11 『지강신어』에 실린 「시진핑 개혁 개방을 통해 '삼농'을 촉진해야 한다」, 저장인민출판사,

와 함께하는 정신과 강한 정치적 책임감을 가지고 개혁개방을 깊이 있게 추진함으로써 '삼농' 발전을 위해 끊임없이 활력을 불어넣고, 동력을 강화하고, 뒷심을 더해야 한다"[12]고 강조했다. 그는 '새로운 발전 이념을 관철하고 현대화 건설 체계 구축'을 위한 19차 당대회의 구체적인 전략 보고에서 "농업과 농촌의 우선적인 발전을 위해서는 산업 번영, 생태적 보금자리, 농촌 문명, 효과적인 거버넌스 및 풍요로운 삶에 대한 전반적인 요구에 따라 도농 통합 발전 체제 메커니즘과 정책 체계를 완비하고, 농업과 농촌 현대화 추진에 박차를 가해야 한다"[13]고 지적했다.

(3) 보다 실무적이고 효율적인 실천 방법을 취해야 한다

'삼농' 업무에 대한 당의 지도 강화를 반드시 실천에 옮기고 이행해야 한다. '삼농' 업무에 대한 당의 리더십 강화를 위해 현재의 '삼농' 업무를 바탕으로 '강화'라는 두 글자에 집중하고, 진정으로 부각시켜야 한다.

첫째, 각급 당 위원회는 더 서민적으로 대중과 밀착되어야 한다. 시진핑 총서기는 19차 당대회 보고에서 "인민을 이끌어 더 나은 삶을 만드는 것이 우리 당의 변함없는 목표다. 항상 인민의 이익을 최우선으로 삼아 개혁과 발전의 결실을 보다 공정하게 인민 전체가 누리고, 더 많은 혜택이 인민들에게 돌아갈 수 있도록 해야 한다. 인민 모두가 함께 잘 살 수 있도록

2007년판, 105면.

12 상동, 105-106면.

13 시진핑, 「전면적인 샤오캉사회를 실현하고 신시대 중국 특색 사회주의의 위대한 승리를 거두자-중국공산당 제19차 전국대표대회 보고」, 인민출판사, 2017년판, 32면.

계속 전진해나가야 한다"[14]고 지적했다. 농업 생산과 발전은 외부 환경의 영향을 받기 쉽다. 중국의 농촌은 동부, 중부, 서부지역 간, 남북 지역 간에 천차만별의 차이가 있다. 경제 사회 발전에 따라 농촌 인구 기반의 거대한 주축인 농민들의 더 나은 삶을 바라는 요구와 열망도 커지고 있다. 따라서 '삼농' 업무를 잘하기 위해서는 시간과 장소에 따라 일을 지도하고, 인민의 여건에 따라 대책을 조정할 필요가 있다. 한번 만들면 영원히 지속될 수 있는 대응책과 정책을 갖기는 매우 어렵다. 농업의 불안정성, 농촌 지역의 복잡성과 차이, 그리고 늘어나는 농민들의 더 나은 삶에 대한 요구에 어떻게 효과적으로 대처하는지가 바로 '삼농' 업무를 효과적으로 이끌기 위한 당의 근본적인 문제가 되고 있다. '지피지기면 백전백승'이고, '경차숙로(輕車熟路[15])'해야 적은 노력으로 많은 효과를 볼 수 있다. 각급 당 위원회는 '삼농' 업무를 지도할 때 기층으로 더 깊숙이 들어가 대중들과 더 밀착해야 한다. 시진핑 총서기는 "각급 당 위원회는 '삼농' 업무에 대한 지도력을 강화해야 한다. 더 많이 농촌에 가서 농민들이 사는 곳을 둘러보면서 농민들의 요구와 기대를 파악해야 한다. 생산과 생활에 대한 농민들의 실질적인 문제를 진심으로 이해하고 도와줌으로써 농촌 사회와 경제가 지속적이고 건전하게 발전할 수 있도록 추진해야 한다"[16]고 지적했다. 시진핑 총서기는 구이저우 화마오(花茂)촌을 시찰할 때 "대중의 지지는 사업을 검증할 수

---

14   시진핑, 「전면적인 샤오캉사회를 실현하고 신시대 중국 특색 사회주의의 위대한 승리를 거두자-중국공산당 제19차 전국대표대회 보고」, 인민출판사, 2017년판, 45면.

15   옮긴이 주: 가벼운 수레를 몰고 아는 길을 간다. 숙달되어 일 처리가 쉽다는 뜻을 비유.

16   중공중앙문헌연구실에서 편집한 『18차 당대회 이후 중요 문헌 선집(상)』에 실린 시진핑의 「중앙 농촌업무회의에서의 연설」, 중앙문헌출판사, 2014년판, 685-686면.

있는 중요한 지표가 된다. 당 중앙의 정책이 좋은지 나쁜지는 고향 사람들이 웃는지 혹은 우는 지를 봐야 한다. 웃고 있다면 정책이 좋다는 뜻이고, 울고 있다면 주의를 기울여 고칠 게 있으면 고치고, 개선 사항이 있으면 개선해야 한다[17]고 지적했다. 19차 당대회 보고에서 시진핑 총서기는 사람의 문제가 정당과 정권의 성격을 검증하는 시금석이라고 강조했다. 그러므로 보다 서민적으로 대중에게 더 가까이 다가가 현재 '삼농' 발전의 현실적인 수요를 진정으로 이해해야만, 당이 '삼농' 업무를 과학적이고 효과적이며 효율적으로 지도할 수 있도록 보장하고, '인민을 위해 전심전력을 다한다'는 취지를 진정으로 실현할 수 있다.

둘째, 각급 당 위원회는 강한 문제의식과 문제 지향성을 가져야 한다. 시진핑 총서기는 각급 당 위원회와 정부가 실제로 문제를 하나씩 해결하고 복제 가능한 경험을 찾아야 한다고 강조했다. 목표와 임무, 책임과 조치를 명확하게 하여 정확한 빈곤구제에 대한 요구를 구현해야 한다. 진짜 빈곤한 부분을 보고 지원하며, 진정으로 빈곤구제를 하고, 보여주기 식이 아닌 더 많은 빈곤 인구들에게 혜택을 주는 실질적인 일을 해야 한다. '삼농' 업무는 복잡하게 얽혀있다. 해결해야 할 주요 사안들과 주의가 필요한 사소한 사안들이 많이 있다. 그러나 '삼농'이 발전하는 현실 환경에서 많은 문제들이 은닉되고 발생할 가능성을 가지고 있음에도 불구하고 보이는 표상에 의해 쉽게 가려진다. 문제들이 드러날 때는 이미 비이상적으로 심각하게 발전된 상태다. 따라서 각급 당 위원회는 '삼농' 업무를 효과적으로 이끄는 과정에서 강한 문제의식과 문제에 집중하는 지향성을 가져야한다.

---

17 「인민의 정서, 인민의 마음」, 인민일보, 2015년 6월 18일, 4면.

문제를 찾아 발견하고, 드러나는 모습에서 깊숙이 가려져 있는 숨겨진 위험을 능숙하게 발견할 수 있어야 한다. 문제가 생기기 전에 실질적인 위험을 미연에 방지함으로써 문제가 싹트는 과정에서 해결할 수 있도록 해야 한다. 문제를 보고, 그 본질을 판단해 하나씩 차근차근 철저하게 해결해야 한다.

문제 해결은 주와 부를 나누어 차근차근 점진적으로 해야 한다. 지금 당이 이끄는 '삼농' 업무에서 가장 중요한 임무는 전면적인 샤오캉사회 실현의 결정적인 시기에 위대한 승리를 거두고, 2020년까지 전면적인 샤오캉사회를 실현하여 첫 번째 100년 분투 목표를 달성하는 것이다. '삼농' 업무 지도에서 문제의식과 문제의 지향성을 견지하고, 중대하고도 핵심적인 문제인 빈곤퇴치를 최우선으로 두고 먼저 해결해야 한다. 시진핑 총서기는 "각급 지도 간부들은 농촌과 빈곤지역을 많이 방문해 빈곤구제개발 업무를 확실하게 파악하고, 실질적으로 이행함으로써 빈곤지역 주민들이 정말로 실질적인 혜택을 지속적으로 받을 수 있도록 해야 한다"고 지적했다.[18] 그는 "각급 당 위원회와 정부는 어려운 사람들, 특히 옛 혁명 지구, 빈곤지역 주민들의 빈곤 탈출을 더 중요한 사안으로 생각해야 한다……"[19]고 강조했다.

18　「개혁의 집결 나팔은 이미 울렸다」, 인민일보, 2014년 3월 13일, 1면.

19　『시진핑, 국정운영을 논하다』에 실린 시진핑의 「빈곤지역의 빈곤 탈출과 발전을 가속화하자」 외문출판사, 2014년판, 190면.

2. 농촌사회 관리 강화

2013년 시진핑 총서기는 중앙 농촌업무회의에서 현재 농촌 사회 관리가 직면하고 있는 문제점을 전반적으로 분석하고, 농촌 사회 관리 강화의 중요성을 강조하며, 체계적인 관리, 법적 관리, 원천적 관리, 포괄적 관리의 네 가지 측면에서 농촌 사회 관리의 방향과 방법을 설명했다. 농촌 사회 관리 강화는 시진핑 신시대 중국 특색 사회주의 사상을 깊이 구현하기 위한 필연적인 요구이고, '삼농'문제에 효과적으로 대처하고 해결하기 위한 중요한 전략이자 루트이다.

(1) 농촌사회 관리를 강화하는 중요한 의의

개혁개방 이후 중국 농촌 사회는 놀라운 변화가 일어났고, 농촌 사회의 현대화 과정이 빠르게 추진되었다. 그러나 현대화는 농촌 발전과 함께 농촌 사회에 '현대화의 고민'도 안겨주었다. '현까지는 황권이 관할하고, 그 이하는 자치를 했던' 전통적인 농촌 사회 통치 관리 구도에서 인민공사 시기의 국유화 통합 형태에 이르기까지, 개혁개방 이후의 향촌 정치 관리 구도에서 18차 당대회 이후의 농촌 사회 관리 현대화 변혁에 이르기까지, 농촌 사회 관리는 나선형 상승 발전 형태를 보이고 있다. 관리는 의미와 속성뿐 아니라 방식과 전략 모두 최초의 통치-관리 통제-관리에서 현재의 거버넌스로 나아가고 있다. 오늘날 중국과 서구에서는 거버넌스에 대한 이론적 연구와 실무가 꾸준히 발전하고 있으며, 메타 거버넌스(Metagovernance)와 거버넌스 현대화가 점차 성행하고 있다. 이 과정에서 국가 권력의 사명에 관한 변혁이 불가피하고, 서비스형 정부의 개념이 점차 사람들의 마음에 지리 잡게 된다. 관리 개혁에 대한 현실적인 수요와 거버넌스 현대화의 이론과 실천 탐구는 농촌 거버넌스가 서비스를 중심으로 사회의 다원적 협력과 참여를 유도하는 현대화 개혁을 실현할 것을 요구하고 있다. 19차 당대회는 '당 위원회가 지도하고, 정부가 책임지며, 사회가 협력하고 대중이 참여하며, 법치로 보장되는 사회 거버넌스 체제를 완비[20]'함으로써 함께 건설하고 공유하는 사회 관리 구조를 구축할 것을 명확하게 요구했다. 시대의 발전 수요에 부응하고, 개혁과 발전의 방향과 흐름에 맞춰 농촌 사회 관리를 강화하는 것은 '삼농' 발전의 현실적 필요이자 시대의 부름이다.

(2) 인민 중심의 발전 방향을 견지해야 한다

시진핑 총서기는 19차 당대회 보고에서 "인민의 주체 지위를 고수하고, 대중을 위해 당을 건설하고, 인민을 위해 나라를 다스리며 인민을 진심으로 섬기는 근본 취지를 실천해야 하며, 국정운영 전반에 당의 대중 노선을 구현해야 한다. 더 나은 삶에 대한 인민의 갈망을 투쟁 목표로 삼아 인민에 의지하여 역사적 위업을 이루어야 한다"[21]고 지적했다. 당 19기 1중전회에서 시진핑 총서기는 "인민의 행복 추구는 중국 공산당 본연의 염원이다. 우리는 초심을 잊지 말고, 항상 더 나은 삶을 향한 사람들의 갈망을 투쟁의 목표로 삼아야 한다. 19차 당대회는 민생보장과 개선을 위한 종합 계획을 내놓았다. 인민들의 근본적인 이익을 실현하고, 보호하고 발전시키는 것을 최고의 기준으로 삼아 인민들이 보다 나은 삶을 살도록 이끌어야

---

20 시진핑, 「전면적인 샤오캉사회를 실현하고 신시대 중국 특색 사회주의의 위대한 승리를 거두자-중국공산당 제19차 전국대표대회 보고」, 인민출판사, 2017년판, 49면.

21 상동, 21면.

한다. 개혁과 발전의 결실이 보다 공정하게 더 많이 인민 전체에게 혜택이 돌아가도록 해야 한다. 인민들이 많이 얻고, 더 행복하고, 더 안정감을 느낄 수 있도록 하고, 인민 모두가 함께 잘 살 수 있도록 계속 전진해 나가야 한다"[22]고 지적했다. 사람 중심의 발전을 구체적으로 실천함으로써 각종 생산과 생활에 대한 농민의 수요를 만족시킨다. 도시와 농촌의 격차를 점차 줄여나가면서 도시와 농촌 공공 서비스의 평준화를 실현하고, 농민의 민생 보장과 개선을 먼저 생각하고 추구해야 한다. 역사를 되돌아보면, 농촌 사회 거버넌스는 과거의 통치, 관리통제, 관리에서 거버넌스 현대화 변혁으로 향하고 있다. 과거 농촌 사회 안정을 위해 농민의 관리통제를 핵심으로 했다면, 지금은 농민에게 봉사하고, 갈수록 늘어나는 더 나은 삶에 대한 농민들의 수요 만족을 중심으로 하는 근본적인 변화가 생겼다. 농촌 사회 거버넌스를 강화하기 위해서는 농민의 서비스 수요를 중심으로 농민의 근본적인 이익을 확실하게 지키는 데 힘을 보태고 초점을 맞추어야 한다. 시진핑 총서기는 "거버넌스와 관리는 한끝 차이다. 최대한 많은 인민들의 근본적인 이익을 지키는 것에 입각해 조화의 요소를 극대화하고, 사회 활력을 증진하고, 사회 관리 수준을 향상시켜야 한다. 이를 통해 안녕한 중국 건설을 전면적으로 추진하고, 국가 안보를 수호해야 하며, 인민들이 편안하게 생활할 수 있도록 사회 안정과 질서를 유지할 수 있어야 한다"고 지적했다.[23] 시진핑 총서기는 많은 농민들의 중요한 관심사는 농촌 안정이라고 지적하고, 농촌 사회 관리를 강화하고 혁신할 필요가 있다고 강조했다.

---

22   시진핑, 「당 19기 1중 전회 연설」, 구시, 2018년, 제1기.

23   중공중앙선전부 편저, 「시진핑 총서기의 중요 연설 시리즈」, 학습출판사, 인민출판사, 2014년판, 116면.

민생 보장과 개선을 우선하는 방향으로 관리를 강화하고 혁신해야 한다. 농촌 사회사업의 발전을 위한 공동의 힘을 형성한다. 배우고자 하는 농민들이 배울 수 있고, 의료 혜택과 노후 보장을 받을 수 있으면서 일정한 곳에서 생활할 수 있도록 해야 한다.[24] 그는 "민생 보장과 개선을 위해 인민들의 최대 관심사에 주목하고, 가장 직접적이고 현실적인 관심사를 포착해야 한다……"[25]고 강조했다. "모두가 책임을 다하고 함께 누릴 수 있어야 한다. 마지노선을 지키고, 요점을 강조하고, 제도를 완비하고, 기대를 유도한다. 공공서비스 체계를 개선하고, 대중의 기본생활을 보장함으로써 더 나은 삶에 대한 사람들의 늘어나는 요구를 꾸준히 충족시키고, 사회적 평등과 정의를 지속적으로 촉진한다. 효과적이고 좋은 사회 관리와 질서를 형성해 사람들의 획득감, 행복감, 안정감을 더 충족시키고, 보장하고 지속시킬 수 있도록 해야 한다"[26]고 밝혔다. 사람 중심의 발전을 지향하기 위해 도시 및 농촌 의무교육의 통합 발전을 추진하고, 농촌 의무교육을 중시해야 한다. 통일된 도시와 농촌 주민기본의료보험 제도와 중대질병보험 제도를 완비해야 한다. 도시와 농촌 사회 구제 시스템을 종합적으로 계획해야 한다. 농촌에 남아 있는 아동, 여성, 노인을 위한 돌봄 서비스 시스템을 완비한다. 정확한 빈곤구제와 빈곤 탈출을 견지하고, 빈곤 탈출을 위한 싸움에서 승리하기 위해 당과 사회 전체의 역량을 동원해야 한다. 농촌 활성화 전략에 중점을 두고, 빈 마을 문제에 주의를 기울여야 한다. 농업의 비

24 「시진핑, 샤오강 농촌 개혁 심포지엄 주재」, 인민일보(해외판), 2016년 4월 29일, 1면.

25 시진핑, 「전면적인 샤오캉사회를 실현하고 신시대 중국 특색 사회주의의 위대한 승리를 거두자-중국공산당 제19차 전국대표대회 보고」, 인민출판사, 2017년판, 45면.

26 상동.

교 효율이 낮은 문제를 해결하고, 농촌 주거 환경 정비를 추진함으로써 농민을 위해 행복한 가정과 아름다운 마을을 건설해야 한다.

(3) 체계적인 관리와 원천적 관리의 효과적인 연계에 주의를 기울여야 한다

시진핑 총서기는 "농촌 사회 관리의 강화는 체계적 관리, 법치 관리, 원천적 관리, 종합 시책으로 구현된다"[27]고 밝혔다. 체계적 관리, 법치 관리, 원천적 관리, 종합 시책의 '4가지 관리'에는 내재적인 논리 관계가 존재하며, 상호 촉진하고 보완한다. 체계적 관리와 원천적 관리가 효과적으로 연결되어야 한다.

첫째, 농촌 사회 거버넌스 주체의 다양한 변화와 협력을 실현해야 한다. 시진핑 총서기는 19차 당대회 보고에서 "함께 구축하고 관리하고 누릴 수 있는 사회 거버넌스 구도를 만들어야 한다"고 강조했다"[28]. 과거에는 정부를 단일 행정 주체로 보면서 정부의 일방적인 역할을 단편적으로 강조하고 지나치게 의존했다. 현재 농촌 사회 거버넌스 강화를 위해 단순한 관리에서 거버넌스의 현대화로 변혁해야 한다. 정부의 역할을 보다 잘 수행하면서 시장과 사회 주체가 농촌사회 거버넌스에 적극적으로 참여하도록 충분히 동원하고 효과적으로 유도하여 정부, 시장, 사회를 포함한 다각적인 농촌 사회 거버넌스 주체를 구축하여 협업과 협력을 실현해야 한다.

---

27 「토지 경영권 활성화를 위해 농민에게 선택권을 주어야 한다」, 신화일보(新華日報), 2016년 4월 29일, 1면.

28 시진핑, 「전면적인 샤오캉사회를 실현하고 신시대 중국 특색 사회주의의 위대한 승리를 거두자-중국공산당 제19차 전국대표대회 보고」, 인민출판사, 2017년판, 49면.

둘째, 농촌 사회 거버넌스 체제 메커니즘을 더욱 완비한다. 19차 당대회 보고에서 시진핑 총서기는 "사회 거버넌스 제도 건설을 강화하기 위해서 당 위원회가 지도하고 정부가 책임지며, 사회가 협력하고 대중이 참여하며, 법적으로 보장되는 사회 거버넌스 체제를 완비해야 한다. 이를 통해 사회 거버넌스의 사회화, 법치화, 정보화 및 전문화 수준을 향상시켜야 한다"고 지적했다[29]. 농촌 사회 거버넌스 체제 메커니즘을 완비하기 위해 농촌 사회 관리 과정에서의 조정, 감독, 제약, 봉사 분야에서 정부가 충분한 역할을 해야 한다. 농민들이 관심사를 표현하고 불만을 청구할 수 있는 채널을 열어 농민의 이익을 조정하고 보호할 수 있는 메커니즘을 완비함으로써 농부들이 법에 따라 권리를 행사하고 합리적으로 관심을 표명하도록 이끌어야 한다. 사회 조직 관리제도 개혁에 박차를 가해야 한다. 다양한 정책적 인센티브와 지침을 통해 시장 및 사회 주체들이 농촌 사회 관리와 농촌 공공서비스 공급에 적극적으로 참여하도록 유도한다. 이를 통해 사회 활력을 효과적으로 증진시키고 농촌 사회 거버넌스 주체의 역량을 증진시켜 농촌 사회 관리 과정에 대한 정부의 부족분을 보완한다. 이와 함께 사회 관리의 기본제도를 강화하기 위해 국가 인구 기본 정보 데이터베이스 구축하고, 사회 신용 코드 시스템과 관련 실명등록제를 일원화하며, 사회신용제도 개선 분야의 질적인 혁신을 이룰 필요가 있다.

아울러 체계적 관리를 바탕으로 반드시 원천적 관리를 견지하여 수동적이었던 것을 능동적으로 전환해야 한다. 당 18기 3중 전회에서 통과된

---

[29] 시진핑, 「전면적인 샤오캉사회를 실현하고 신시대 중국 특색 사회주의의 위대한 승리를 거두자-중국공산당 제19차 전국대표대회 보고」, 인민출판사, 2017년판, 49면.

〈중앙의 전면적인 개혁 심화에 관한 몇 가지 주요 문제의 결정〉은 "근원과 증상을 함께 관리하고, 근원 치료에 중점을 두는 원천적 관리를 고수하며, 네트워크화 관리와 사회화 서비스를 방향으로 삼아야 한다. 기층 종합 서비스 관리 플랫폼을 완비하여 민중의 다양한 관심을 적시에 반영하고 조정할 수 있도록 해야 한다"[30]고 밝혔다. 과거 정부라는 단일 주체에 의지해 정부의 역할을 일방적으로 강조하고 지나치게 의존한 결과, 정부에게 큰 부담을 주어 관리 효율 저하를 야기했다. 관리 방식에서도 아픈 증상이 생기면 치료를 하는 수동적인 대처가 이루어져 증상과 원인을 모두 치료하기 어려웠다. 체계적인 관리를 강조하고, 원천적 관리를 견지하는 이유는 과거 농촌 사회 관리에서 존재했던 폐단과 농촌 사회 관리가 직면하는 새로운 상황과 변화를 겨냥한 '새로운 처방전'이 필요하기 때문이다. 원천을 다스리고, 근원에 대한 관리에 초점을 맞춰 농촌 사회의 갈등과 충돌을 말단에서 해소하고, 근원을 없애야만 진정으로 농촌 사회 관리의 딜레마를 개선하고, 농촌 사회 관리의 현대화를 실현할 수 있다.

(4) 법치 관리와 포괄적 관리의 효과적인 결합에 주의를 기울여야 한다

법치 관리는 농촌 사회 관리의 전제이자 기초이고 보장일 뿐 아니라 법치 국가가 되기 위한 본질적인 요구이다. 전면적인 법치 추진은 중국 특색 사회주의의 본질적인 요구이자 중요한 보장이다. 19차 당대회는 법치의 종합적인 추진을 위해 중국 특색 사회주의 법치 체계를 구축함으로써

---

30   중공중앙문헌연구실에서 편집한 『18차 당대회 이후 중요 문헌 선집(상)』에 실린 시진핑의 「전면적인 개혁 심화를 위한 몇 가지 주요 문제에 대한 중국공산당 중앙의 결정」, 중앙문헌출판사, 2014년판, 539면.

사회주의 법치국가를 건설하는 목표를 분명히 했다.[31] 전면적인 법치를 추진하는 새로운 시대에 포괄적인 법치를 추진하기 위한 출발점과 중점이 농촌에 있고, 어려움 또한 농촌에 있다. 따라서 농촌 사회 관리를 강화하기 위해서는 먼저 법치 관리에 충분히 집중하고, 농촌 사회 관리 실현을 위한 법제화가 실효를 거두어야 한다.

첫째, 각종 법률과 법규를 완비하여 농촌 사회 관리의 법적 근거를 마련해야 한다. 농촌 사회 관리에 대한 불완전한 법과 규제가 농촌 사회의 법치 관리를 제약하는 주요 요인이다. 법치 관리를 위해서는 건전한 법률과 법규를 갖추는 것이 전제가 되어야 한다. 시진핑 총서기는 19차 당대회 보고에서 '과학 입법, 민주 입법, 법률에 따른 입법을 추진하여, 좋은 법으로 발전을 촉진하고, 좋은 통치를 보장해야 한다'[32]고 강조했다. 농촌 사회의 법치 관리를 실현하기 위해서는 정층설계를 충분히 갖추어 위에서 아래까지 일이관지(一以貫之)하는 농촌 사회 관리를 위한 법률체계를 구성해야 한다. 각급 당 위원회는 농촌 사회 관리의 모든 면이 법률에 의해 지배될 수 있도록 현재 농촌 사회 관리 현실과 결합해야 한다. 지역 조건에 맞는 대책 및 조정을 하는 기본 원칙에 따라 지역 발전의 필요를 충족시키는 법과 규정을 제정하고 개선해야 한다.

둘째, 각급 당 조직과 당원 전체의 법치 관리 능력을 끊임없이 향상시켜야 한다. 각급 당 조직과 당원 전체의 법치 관리 소양을 지속적으로 높여 각급 당 조직과 당원 전체가 헌법의 최고 우위 및 법 앞에서는 모두

---

31 시진핑, 「전면적인 샤오캉사회를 실현하고 신시대 중국 특색 사회주의의 위대한 승리를 거두자-중국공산당 제19차 전국대표대회 보고」, 인민출판사, 2017년판, 19면.

32 상동, 38-39면.

가 평등하다는 법치 이념을 가지고, 법을 존중하고 배우고 준수하고 수호하고 이용할 수 있도록 이끌어야 한다. 이는 각급 당 조직과 모든 당원에게 반드시 법률적 사고와 방식을 통해 '삼농' 업무를 잘 처리하고, 농촌 사회 거버넌스의 힘을 효과적으로 발휘하며, 농촌 사회 거버넌스의 다양한 행태를 표준화할 것을 요구한다. 시진핑 총서기는 각급 지도 간부는 법률적 사고와 법치 능력 향상을 통해 법치의 궤도에서 모든 사업을 추진해야 하고, 법에 의해 일을 처리하고, 문제가 생겼을 경우 법으로 문제를 해결하고, 갈등을 해소하는 좋은 분위기를 조성해야 한다고 수차례 강조했다.[33] 그는 "각급 당 조직과 당원 간부는 법치에 앞장서고, 법에 의한 행정 능력과 수준을 향상시키며, 모든 국정운영의 제도화와 합법화를 지속적으로 추진해야 한다[34]"고 요구했다. 이는 현대 국가가 갖춰야 할 '법치'의 틀로써 관리 능력과 관리 시스템의 현대화를 위한 기본적인 요구사항이다. 각급 당 조직과 전체 당원들은 법치에 대한 홍보와 교육을 대대적으로 실시해야 한다. 농민들의 법치 의식을 강화시켜 법을 존중하고 지키려는 자각성을 높여야 한다. 안전하고 평안한 마을 건설을 추진하고 치안 문제에 중점을 둔 특별 단속을 실시해 많은 농민들이 스스로 법을 지키고 이용할 수 있도록 유도해야 한다[35]는 시진핑 총서기의 중요한 논술에서 가장 잘 설명하고 있다.

---

33 중공중앙문헌연구실에서 편집한 『18차 당대회 이후 중요 문헌 선집(상)』에 실린 시진핑의 「수도 각계의 현행 헌법 공포·시행 30주년 기념 회의에서의 연설」, 중앙문헌출판사, 2014년판, 92면.

34 상동.

35 「시진핑, 샤오강 농촌 개혁 심포지엄 주재」, 인민일보(해외판), 2016년 4월 29일, 1면.

동시에 법치를 기반으로 종합적인 관리에 초점을 맞추고, 도덕적인 구속과 심리적인 소통을 통해 사회 행동을 표준화하고 이익 관계를 조절하며, 사회관계를 조정함으로써 사회 문제를 해결하는 데 주력해야 한다. 덕치와 법치는 예로부터 서로를 보완해왔다. 농촌 사회 관리에서 양자를 효과적으로 결합할 수 있을 때 최상의 관리 효과를 발휘할 수 있을 뿐 아니라, 농촌 사회에 대한 세심한 관리와 효율을 진정으로 이룰 수 있다. 당 18기 3중 전회에서 통과된 〈중앙의 전면적인 개혁 심화에 관한 몇 가지 주요 문제의 결정〉은 '종합적인 관리를 고수하고 도덕적 제약을 강화하며, 사회적 행동을 규범하고, 이익관계를 조절하고, 사회관계를 조정함으로써 사회문제를 해결해야 한다'[36]고 확실하게 언급했다. 법치관리를 바탕으로 종합 거버넌스의 효과를 잘 활용하고, 덕치를 통해 거버넌스 역량을 보완하고 거버넌스 메커니즘을 완비해야 한다는 점을 강조하고 있다. 시진핑 총서기는 19차 당대회 보고에서 덕치의 역할과 효과를 강화하기 위해 사상과 도덕을 강화해야 한다고 분명히 지적했다. 그는 "사람들의 이념적 이해와 도덕 수준, 문화 소양을 높여 사회 전체의 문화 수준을 높여야 한다. 이상과 신념에 대한 교육을 폭넓게 하고……사회 공중도덕, 직업윤리, 가정의 미덕, 개인의 품성을 갖출 수 있도록 시민 윤리 건설 프로젝트를 깊이 있게 추진하며……사상 정치업무를 강화하고 개선함으로써 대중의 정신문명을 구축하기 위해 더욱 노력하고……청렴건설과 자원봉사 제도화를

---

36   중공중앙문헌연구실에서 편집한 『18차 당대회 이후 중요 문헌 선집(상)』에 실린 시진핑의 「전면적인 개혁 심화를 위한 몇 가지 주요 문제에 대한 중국공산당 중앙의 결정」, 중앙문헌출판사, 2014년판, 539면.

추진하여 사회적 책임과 규칙, 헌신에 대한 의식을 강화해야 한다"[37]고 지적했다.

3. 기층 당 조직 건설 강화

시진핑 총서기는 기층 당 조직 건설 강화의 중요성을 강조하며, "기층은 사회의 세포로 조화로운 사회를 만들기 위한 기초이다. 기초가 부실하면 지반이 흔들린다. 다시 말해 기층은 이해충돌과 사회 모순의 '근원'일 뿐만 아니라 이해관계를 조정하고 사회 모순을 중재하는 '기회'가 될 수도 있다"[38]고 지적했다. 풀뿌리 차원의 기반이 튼튼해져 이해관계를 조정하고, 사상과 정서를 정리할 수 있다면, 사회 발전에서의 불안정한 문제들은 바로 해결될 수 있고, 아울러 여러 갈등이 효과적으로 해결되면서 사회 통합의 토대를 마련할 수 있다. 그렇기 때문에 탄탄한 토대를 마련하는 것은 조화로운 사회 건설의 중요한 부분일 뿐만 아니라 조화로운 사회 건설을 질서 있게 추진하는 중요한 보장이라는 점에서 의미가 크다.[39] 그는 19차 당대회 보고에서 기층 당 조직은 당의 노선, 방침, 정책, 결정이 이행될 수 있도록 보장하는 기반이라고 강조했다.[40] 그러므로, '삼농' 업무에 대한

37   시진핑, 「전면적인 샤오캉사회를 실현하고 신시대 중국 특색 사회주의의 위대한 승리를 거두자-중국공산당 제19차 전국대표대회 보고」, 인민출판사, 2017년판, 42-43면.

38   시진핑, 「말단 기초 업무를 강화하고, 사회 화합의 기틀을 다진다」, 구시, 2006년, 제21기.

39   상동.

40   시진핑, 「전면적인 샤오캉사회를 실현하고 신시대 중국 특색 사회주의의 위대한 승리를

당의 시노력을 상화하든 농촌의 사회 거버넌스 강화하든 모두 말단 당 조직 건설 강화가 기본 전제와 보장이 되어야 한다.

(1) 기층 당 조직 건설을 강화하는 중요한 의의

조직체제의 구조와 중요성 측면에서 볼 때, 기층 당 조직은 당 조직의 기반일 뿐만 아니라 근간이다. 시진핑 총서기는 기층 당 조직의 기반과 근간에 대해 여러 차례 강조한 바 있다. 그는 당 업무의 가장 튼튼한 힘을 뒷받침하는 곳이 기층이고, 가장 두드러지는 갈등과 문제가 일어나는 곳도 기층이기 때문에 기층의 기반을 잘 잡는 것을 장기적인 대책과 근본적인 조치로 삼아야 한다고 지적했다.[41] 그는 "기층 당 조직 구축에서는 모든 기층 당 조직을 전투 보루로 만드는 것이 초점이다. 기층 당 조직은 우리 당의 전반적인 업무와 전력의 근간이지만 전반적으로는 전투의 보루이기 때문에 그 정치적 기능을 충분히 발휘할 수 있어야 한다[42]"고 강조했다. 조직체제의 기능면에서 볼 때, 기층 당 조직은 말단 업무를 효과적으로 수행할 수 있는 유력한 뒷받침이고, 기층의 모순과 위험에 대응하는 전투 보루일 뿐 아니라, 전면적인 종엄치당(從嚴治黨:엄격한 당 관리)의 중요한 부분으로 당과 민중을 효과적으로 연결시키는 고리이다. 기층 당 조직은 민중과 가장 가까운 관계를 유지하면서 실제 상황을 가장 잘 이해하며, 대중과 연계를 가장 잘 한다. 시진핑 총서기는 당을 지탱하는 힘과 갈등, 당의 문

거두자-중국공산당 제19차 전국대표대회 보고」, 인민출판사, 2017년판, 65면.

41 「상황을 정확하게 보고, 추세에 맞춰 우위를 발휘하고, 변증적 사고를 잘 운용해 발전을 계획하자」, 인민일보, 2015년 6월 19일, 1면.

42 「시진핑, 중국공산당 중앙정치국 회의 주재」, 신화일보, 2014년 8월 30일, 1면.

제에 기층에 있다고 강조했다. 이는 기층 당 조직이 당 체계 전반 조직을 지탱하고, 당의 임무 이행을 뒷받침하며, 당과 대중의 연계 및 당이 위험과 시련에 대처하는 전투력을 지원할 수 있기 때문이다. 기층 당 조직은 당 집권의 기반이고, 당의 기본 세포이며, 당이 군중 속에 세워 둔 깃발이자, 전면적인 종엄치당의 중요한 고리이다.

기층 당 조직 건설 강화는 모든 당 사업의 토대일 뿐만 아니라 모든 일을 잘 처리할 수 있도록 만드는 근원이다. 전 인민을 이끌고 전면적인 샤오캉사회 실현하고 중화민족의 위대한 부흥을 실현하는 중국몽과 관련이 있을 뿐 아니라 전면적인 사회주의 현대화 건설이라는 새로운 국가의 위대한 여정과도 관계가 있다. 시진핑 총서기는 19차 당대회 보고에서 "기층 당 조직은 당의 노선, 방침, 정책과 결정을 배치하고 이행될 수 있도록 보장하는 기반이다. 조직력 향상을 중심으로 정치 기능을 부각시켜 기업, 농촌, 기관, 학교, 과학연구소, 거리 공동체, 사회조직 등 말단 당 조직을 건설하고, 당의 아이디어를 홍보하고, 당의 결정을 이행하며, 기층 관리를 지도하고 대중을 동원하고 단결시키면서 개혁 발전을 추진하는 강력한 전투 보루로 만들어야 한다"[43]고 강조했다. 농촌 기층 차원의 기본 업무를 강화하고 자치와 법치, 덕치가 결합된 농촌 관리 체계를 완비하며, 농업을 이해하고 농촌을 사랑하고 농민을 아끼는 '삼농' 실무팀을 조성하고 육성한다.[44] 민주혁명 시기 당이 이룩한 큰 성과에서 뿐 아니라 개혁개방 이후 대대적인 경제 사회 발전을 통해 거둔 놀라운 성과에서 기층 당 조직은 큰

---

43   시진핑, 「전면적인 샤오캉사회를 실현하고 신시대 중국 특색 사회주의의 위대한 승리를 거두자-중국공산당 제19차 전국대표대회 보고」, 인민출판사, 2017년판, 65면.

44   상동, 32면.

중국 특색 사회주의 농촌 활성화의 길로 나아가다

역할을 했다. 시진핑 총서기는 "광범위한 기층 조직에 의지해 당이 굳건한 기반을 다지고, 통일 단결된 전체를 이룰 수 있다. 당 말단 조직에 의존하여 당이 대중 깊이 뿌리를 내리고 당의 지도력을 순조롭게 실현할 수 있다"[45]고 지적했다.

(2) 기층 당 조직과 인재 구축을 강조해야 한다

시진핑 총서기의 농촌 조직 활성화 개념을 견지하여 수천만 개의 강력한 농촌의 기층 당 조직을 구축해야 한다. 수천만 명의 우수한 농촌의 당 조직 서기를 양성하고, 마을의 자치 실천을 심화하고, 농민 협력경제조직을 발전시켜야 한다. 당 위원회가 지도하고 정부가 책임지며, 사회가 협력하고 대중이 참여하며, 법적으로 보장되는 현대 농촌 사회 거버넌스 체제를 완비함으로써 농촌 사회의 충분한 활력과 안정 및 질서를 확보해야 한다.[46] 기층 당 조직체계의 틀을 완비하고, 기층 당 조직의 인재 구성에 주의를 기울이며, 내실화에 중점을 두어야 한다. 말단 조직체계가 미흡하고 인재가 부족하면 당의 말단 조직들은 동력 부족으로 활력을 잃게 되어 효율적으로 일할 수 없을 뿐 아니라 해결 능력도 떨어지게 되어 쉬운 문제조차도 해결하기 어렵게 된다. 시진핑 총서기는 "당 전체 조직 활동에서 말단 조직과 당원 대열 구축은 매우 중요하기 때문에 항상 그 중요성을 잘 파악

---

45 『지강신어』에 실린 시진핑의 「집권에서 기층이 중요하다」, 저장인민출판사, 2007년판, 111면.

46 「시진핑, 리커창, 왕후닝, 자오러지, 한정 전인대회의 일부 대표단 심의에 각각 참석하여」, 인민일보, 2018년 3월 9일, 1면.

하고 다잡아야 한다"[47]고 지적했다. 말단 당원 간부는 당과 국가 간부 대열의 기초이다. 시진핑 총서기는 "각급은 말단 부분을 중요하게 생각하고, 관심을 가지고 지원하며, 투자를 확대해야 한다. 지도자 팀 구성을 강화하고, 당 말단 조직이 대중을 섬길 수 있는 자원과 능력을 가지도록 해야 한다."[48] 당 말단 조직과 간부 대열 구성을 강화하는 것은 조화로운 사회 건설의 중요한 부분일 뿐만 아니나 조화로운 사회 건설을 위한 중요한 보증이다.

당 말단 조직과 간부 대열을 강화하기 위해 '산업 노동자, 젊은 농부, 지식 그룹, 비공유경제조직 및 사회 조직의 당원 육성[49]'에 중점을 두어야 한다. 당 말단 조직과 간부 대열을 강화하기 위해 말단 당 조직 서기를 뽑을 때, 우수한 인재 선출과 훈련, 관리에 주력하고 '양자택일', 조직이 선발하고 파견하는 방식을 통해 당에 대한 강한 충성심, 우수한 능력과 개혁의식, 강한 봉사의식을 가진 사람을 기층의 수장 자리를 맡겨야 한다. 기층 당 조직과 간부 대열을 강화하기 위해 총량 관리, 구조 최적화, 질적 향상, 역할 수행에 관한 일반적인 요구사항에 따라 〈당원 개발을 위한 중국공산당의 업무 세칙〉을 엄격하게 이행하고, 정치적 기준을 최우선으로 두고 당원의 자질 향상을 도모해야 한다. 당성 강화와 자질 향상에 중점을 두고 교육과 훈련을 착실하게 실시함으로써 전체 당원의 자질을 향상시킨다.

기층 당 조직과 간부 대열 강화를 위해 엄격한 당원 관리에 집중하고

47   중공중앙문헌연구실에서 편집한 『18차 당대회 이후 중요 문헌 선집(하)』에 실린 시진핑의 「전국 조직부장회의에서의 연설」, 중앙문헌출판사, 2013년판, 688면.

48   중공중앙문헌연구실에서 편집한 『18차 당대회 이후 중요 문헌 선집(상)』에 실린 시진핑의 「전국 조직업무회의에서의 연설」, 중앙문헌출판사, 2014년판, 352면.

49   시진핑, 「전면적인 샤오캉사회를 실현하고 신시대 중국 특색 사회주의의 위대한 승리를 거두자-중국공산당 제19차 전국대표대회 보고」, 인민출판사, 2017년판, 66면.

당원의 활력을 증진시켜야 한나. 낭내 인센티브 및 지원 메커니즘을 강화해야 한다. 당 조직의 친화력과 결속력을 높이고, 당원에 대한 효율적인 맞춤형 교육을 강화해야 한다. 부적격 당원에 대한 처분 조치를 착실하게 실시해 확고한 신념과 우수한 소양, 적절한 규모와 합리적인 구조를 갖추고, 엄격한 규율과 뛰어난 역할을 할 수 있는 당원들을 양성하기 위해 노력해야 한다. 기층 당 조직과 간부 대열 건설을 강화하기 위해 간부진 구축과 기층 사업의 실제적 결합을 통해 기층 사업의 수요를 충족시키고, 효과적으로 이행할 수 있는 간부 대열을 구성해야 한다. 시진핑 총서기의 말처럼 빈곤구제개발을 기층 당 조직 건설과 유기적으로 결합시켜 촌의 당 조직을 핵심으로 하는 촌급 조직을 구성할 수 있도록 만들어야 한다. 좋은 사상과 올바른 태도를 가지고 있고, 능력이 뛰어나고, 대중을 위해 기꺼이 봉사하고자 하는 우수한 젊은 간부, 퇴역 군인 및 대학졸업생들이 빈곤 마을에 일하도록 장려하고 선출해 파견한다. 이를 통해 당 말단 조직을 대중을 이끌고 빈곤에서 벗어나 부유하게 만드는 전투의 보루가 되도록 해야 한다.[50]

(3) 기층 당 조직의 서비스 기능을 강화해야 한다

기층 당 조직을 강화하려면 서비스 기능을 강화해야 한다. 기층 당 조직 건설을 과거의 관리 위주에서 서비스 중심으로 바꿔야 한다. 인민을 위해 전심전력으로 봉사하는 것이 중국 공산당의 근본 취지다. 시진핑 총서기는 더 나은 삶에 대한 많은 농민들의 동경을 농촌 진흥을 위한 동력으

50　시진핑, 「일부 성, 구, 시의 빈곤구제와 '13차 5개년' 시기 경제와 사회 발전 심포지엄에서의 연설(발췌)」, (2015년 6월 18일), 인민망.

로 만들고, 수많은 농민의 근본적인 이익을 보호하고, 농민들의 공동 번영을 출발점과 최종 목표로 삼아야 한다고 지적했다.[51] 당 말단 조직의 업무 중심을 발전과 민생, 대중과 당원들에게 봉사하는 쪽으로 전환하여 대중의 관심사를 즉각적으로 해결할 수 있도록 '수요 맞춤형' 서비스를 더 많이 제공할 수 있도록 해야 한다.[52] 당 말단 조직 강화를 위해 서비스 기능 강화를 핵심으로 주요 책임을 이행하며 당 건설 사업 책임제를 완비해야 한다. 시진핑 총서기가 강조한 것처럼 신시대의 여정에서 모든 당원들은 인민이 가장 관심을 갖는 직접적이고 현실적인 관심사를 챙기고, 이를 자신의 주요 현안으로 생각해야 한다. 인민의 관심사를 시작으로 민생을 위해 더 많은 혜택을 추구하며 민생의 우려를 해소해야 한다. 유아 양육, 교육, 노동 소득, 의료, 노인 지원, 거주, 소외층 지원 부분에서 새로운 진전을 거두고, 사회적 평등과 정의를 지속적으로 촉진하며, 인민 모두의 전인적 발전과 공동 번영을 계속 추진해야 한다.[53]

(4) 기층 당 조직에 대한 관리 감독을 강화해야 한다

기층 당 조직을 강화하기 위해 말단 조직에 대한 감독과 관리를 강화해야 한다. 시진핑 총서기는 "당의 지도를 견지하고, 당이 당을 스스로 관리하고 전면적인 종엄치당을 유지해야 한다. 이는 새로운 역사적 특징을

---

51 「시진핑, 리커창, 왕후닝, 자오러지, 한정 전인대회의 일부 대표단 심의에 각각 참석하여」, 인민일보, 2018년 3월 9일, 1면.

52 중공중앙문헌연구실에서 편집한 『18차 당대회 이후 중요 문헌 선집(상)』에 실린 시진핑의 「전국 조직업무회의에서의 연설」, 중앙문헌출판사, 2014년판, 352면.

53 시진핑, 「기층 기초 업무를 강화하고 사회 화합의 기틀을 다지자」, 구시, 2006년, 제21기.

가시는 위대한 부쟁에서 중국 특색 사회주의 구축이라는 위업을 추진하며, 민족 부흥의 위대한 꿈을 실현하기 위한 근본적인 보증이다. 아울러 우리 당이 시대를 따라가며 선진성과 순수성을 유지하기 위한 불가피한 요구이기도 하다"고 지적했다. "새로운 시대의 여정에서 모든 당 동지들은 새로운 시대 당 건설을 위한 일반적인 요구 사항에 따라 당의 전면적인 지도를 고수하고 강화해야 한다. 포괄적이고 엄격한 당 관리와 통제를 견지하고, 인내와 끈기를 가져야 한다. 일상적이고 장기적이고, 엄격하고 실질적이고, 깊이 있고 세밀한 부분에 공을 들이면서 습관을 통제하고 성과를 거둘 수 있도록 노력해야 한다"[54]고 강조했다. 첫째, 문제를 찾아내는 장기적인 메커니즘을 확립한다. 기층 당 조직과 간부들에 존재하는 문제를 찾아내고, 밝히고, 풀어나가는 것을 지속해야 한다. 시진핑 총서기는 공산당원의 선진성을 유지하는 장기적인 메커니즘을 만들어야 한다고 지적했다. 이와 관련된 문건을 내놓고, '부적절'하고 '부적합'한 기층 지도 간부들의 문제를 심층적으로 해결하기 위한 효과적인 조치를 취해야 한다[55]고 강조했다. 둘째, 건전한 감찰 제도를 마련해 기층 당 건설, 기층 리더십 책임제 평가에 대한 순찰 감독 및 점검을 강화해야 한다. 모든 지역과 부처 및 단위에서 전면적인 종엄치당의 요구를 관철하고, 기층 당 건설 업무 책임제를 이행하며, 중앙과 성 위원회가 기층 당 건설 중점 업무 이행 상황에 대한 감독을 실시해야 한다. 현(시·구) 당 위원회와 서기들이 기층 당 건설에 주력할 수 있도록 고과 평가 방식을 개선해 이를 간부의 선발과 임용, 징

---

54 시진핑, 「당 19기 1중 전회 연설」, 구시, 2018년, 제1기.

55 시진핑, 「기층 기초 업무를 강화하고 사회 화합의 기틀을 다지자」, 구시, 2006년, 제21기.

계와 장려를 위한 중요한 근거로 삼는다.[56] 셋째, 법을 어기고 규율을 어지럽히는 행위에 대한 처벌의 강도를 높인다. 법과 조직 규율의 기본적인 위상을 부각시키고, 풀뿌리 당원과 간부들에게 존재하는 법과 조직 규율 위반 문제, 특히 부정부패에 대한 문제를 즉시 시정하고 즉각적으로 처벌해야 한다. '3회1과(三會一課[57])'제도를 견지하고, 기층 당 조직 구성과 활동 방식에 대한 혁신을 추진해야 한다. 기층 당 조직을 이끄는 리더 그룹을 강화하고, 기층 당 조직의 저변을 확대해야 한다. 아울러 일부 당 조직의 약화와 유명무실화 및 소외 문제를 해결하는 데 노력을 기울여야 한다.[58] 넷째, 지원 교육 및 지도 체계 메커니즘을 확립해 완비하고, 기층 당 간부에 대한 교육 및 지도를 지속적으로 강화한다. 장기간 효과적으로 문제를 발견할 수 있는 메커니즘과 완벽한 감독 및 검사 제도를 구축하고, 법과 규율 위반 행위에 대한 시정 및 처벌 강도 강화해야 한다. 궁극적인 목적은 풀뿌리 당원과 간부들이 감독을 통해 스스로의 자질을 향상시키고, 업무상 언행을 자제하며, 국정운영 능력을 향상시키는 것에 있다. 징계와 처벌은 궁극적인 수단이 아니다. 핵심은 교육과 지도이다. 따라서 관리 감독을 강화하면서 기층 당원 간부를 위한 교육 및 지도 시스템을 구축하고 개선할 필요가 있다. 다양한 교육 및 지도 메커니즘을 적극적으로 모색해야 한다. 예를 들어 주변의 전형적인 행동과 선진적인 인물을 이용한 긍정 교육과 반면교

---

56 「완전히 진보적이고 탄탄한 기층 당 조직 건설을 추진하자」, 『중국조직인사보(中國組織人事報)』, 2015년 8월 28일, 1면.

57 옮긴이 주: 정기적으로 지부당원대회, 당지부위원회 회의를 개최하고, 제 시간에 당의 수업을 받는 것을 가리킴.

58 시진핑, 「전면적인 샤오캉사회를 실현하고 신시대 중국 특색 사회주의의 위대한 승리를 거두자-중국공산당 제19차 전국대표대회 보고」, 인민출판사, 2017년판, 65면.

사가 결합된 법치, 규율 선선 교육 능을 통해 좋은 시범 효과와 경고 효과를 형성해야 한다.

중국 국가 지도자 저서

후진타오, 「확고부동하게 중국 특색 사회주의의 길을 따라 앞으로 나아가고, 전면적인 샤오캉사회 실현을 위해 노력하자-중국공산당 18차 전국대표대회 보고」, 인민출판사, 2012년판.

시진핑, 「중국 농촌 시장화 연구」, 박사 학위 논문, 칭화대학(淸華大學), 2001년.

시진핑, 「지강신어(之江新語)」, 저장인민출판사, 2007년판.

시진핑, 「빈곤 탈출」, 푸젠인민출판사, 2014년판.

시진핑, 『시진핑, 국정운영을 논하다』, 외문출판사, 2014년판.

「샤오위루(焦裕祿)」와 같은 현 위원회 서기가 되자」, 중앙문헌출판사, 2015년판.

시진핑, 『시진핑, 국정운영을 논하다』(제2권), 외문출판사, 2017년판.

시진핑, 「전면적인 샤오캉사회를 실현하고 신시대 중국 특색 사회주의의 위대한 승리를 거두자-중국공산당 제19차 전국대표대회 보고」, 인민출판사, 2017년판.

전문 저서, 문집

「정관응집(鄭觀應集)」(하편), 네이멍구인민출판사(內蒙古人民出版社), 1996년판.

두룬성(杜潤生), 「두룬성: 중국 농촌 체제 개혁에 관한 주요 정책결정 기록」, 인민출판사, 2005년판.

관루이제(關銳捷) 책임편집, 「중국 농촌 개혁 20년」, 허베이(河北)과학기술출판사, 1998년판.

리페이린(李培林), 웨이허우카이(魏后凱) 주필, 「중국 빈곤 구제 및 개발 보고 2016」, 사회과학문헌출판사, 2016년판.

농업부 농촌 경제체제와 경영관리사, 농업부 농촌 협력 경영관리 종합센터 엮음, 「중국 농촌 경영관리 통계 연보

(2015)」, 중국농업출판사, 2016년판.

농업부 농촌 경제체제와 경영관리사, 농업부 농촌 협력 경영관리 종합센터 엮음, 「중국 농촌 경영관리 통계 연보(2016)」, 중국농업출판사, 2017년판.

인민일보사 논설부 편집, 「4개 전면' 학습서」, 인민출판사, 2015년판.

여신(汝信), 푸충란(付崇蘭), 「중국 도농 통합 발전 보고서(2013)」, 사회과학문헌출판사, 2013년판.

웨이허우카이(魏后凱), 황빙신(黃炳信) 주필, 「중국의 농촌 경제 상황 분석 및 예측(2016- 2017)」, 사회과학문헌출판사, 2017년판.

중공중앙문헌연구실 편저, 「전면적인 개혁 심화에 관한 시진핑의 논술 엮음」, 중앙문헌 출판사 2014년판.

중공중앙문헌연구실 편저, 「시진핑의 '4개전면' 전략 배치 조율과 추진에 관한 논술 엮 음」, 중앙문헌출판사, 2015년판.

중공중앙문헌연구실 편저, 「시진핑의 과학기술 혁신에 관한 논술 엮음」, 중앙문헌출판 사, 2016년판.

중공중앙문헌연구실 편저, 『시진핑의 전면적인 샤오캉사회 실현에 관한 논술 엮음』, 중 앙문헌출판사, 2016년판.

중공중앙문헌연구실 편저, 「17차 당대회 이후 중요 문헌 선집(하)」, 중앙문헌출판사, 2013년판.

중공중앙문헌연구실 편저, 「18차 당대회 이후 중요 문헌 선집(상)」, 중앙문헌출판사, 2014년판.

중공중앙문헌연구실 편저, 「18차 당대회 이후 중요 문헌 선집(중)」, 중앙문헌출판사, 2016년판.

중공중앙문헌연구실 편저, 「18차 당대회 이후 중요 문헌 선집(하)」, 중앙문헌출판사, 2018년판.

중공중앙선전부 편저, 「시진핑 총서기의 중요 연설 시리즈」, 학습출판사, 인민출판사, 2014년판.

중공중앙선전부 편저, 「시진핑 총서기의 중요 연설 시리즈」, 학습출판사, 인민출판사, 2016년판.

중공중앙선전부 편저, 「시진핑 신시대 중국 특색 사회주의 사상에 대한 30강」, 학습출 판사, 2018년판.

(미) Richard T. Ely and Edward W. Morehouse: 「토지경제학원리(Elements of land economics),」 텅웨이자오(滕維藻) 옮김, 상무인서관(商務印書館), 1982년판.

간행물

시진핑, 「생태 번영이 곧 문명의 번영이다-생태 건설을 추진하고 '녹색 저장'을 만들자」, 구시, 2003년, 제13기.

시진핑, 『말단 기초 업무를 강화하고, 사회 화합의 기틀을 다지자』, 구시, 2006년, 제21기.

시진핑, 「당 18기 5중 전회 제2차 전체회의 연설(발췌)」, 구시, 2016년, 제1기.

시진핑, 「당 19기 1중 전회 연설」, 구시, 2018년, 제1기.

리커창(李克强), 「개혁과 혁신을 동력으로 하여 농업현대화를 촉진하자」, 구시, 2015년 4기.

천린(陳林), 「시진핑 '삼농' 사상의 발전 맥락」참조, 인민논단, 2015년 10월 하.

천시원(陳錫文):「경제 발전 뉴노멀에 적응하여 농업 발전 방식의 전환을 가속화하자-중앙 경제업무회의에서 한 시진핑 총서기의 중요 담화 정신을 배우고 이행하자」, 구시, 2015년, 제6기.

한장푸, 「확고부동하게 농업 발전 방식 전환을 가속화하자-중앙 경제업무회의 시진핑 총서기의 중요 담화 정신에 대한 연구 및 실현」, 구시, 2015년, 제2기.

장차오량(蔣超良), 「중국 농업 현대화의 길을 잘 걷자-현대 농업 건설에 관한 시진핑 총서기의 중요 논술에 대한 연구 및 실현」, 구시, 2015년, 제8기.

젠화(羅箭華), 왕엔(王彦), 「신농촌 건설 과정에서의 농민들의 자질 향상에 대한 어려움 및 그 전략 분석」, 농촌경제, 2011년, 제1기.

농업부 농촌협력경제경영관리 종합 연구팀, 「뉴노멀 상황에서 농민합작사의 건전한 발전을 촉진하기 위한 연구 보고서(1)」, 중국농민합작사(中國農民合作社), 2016년, 제11기.

쉬서우성(徐守盛), 「현대 농업 건설에서 새로운 돌파구 모색-현대 농업 발전에 관한 시진핑 총서기의 중요 담화 정신을 배우자」, 구시, 2014년, 제14기.

장훙위(張紅宇), 「농촌 개혁 심화에 관한 4가지 문제」, 농업경제문제(農業經濟問題), 2016

년, 제7기.

장정허(張正河), 「중국 농업 현대화에 대하여 어떠한 새로운 판단이 있는가?」, 인민논단 (人民論壇), 2015년 10월 하.

중공 저장성 위원회, 「청산녹수는 금은보화라는 길로 나아가자-시진핑 동지의 '양산'중 요사상을 깊이 있게 학습하자」, 구시(求是), 2015년 17기.

중국공산당 농업부 당조 이론학습센터, 「과학적인 이론 사유로 농촌 개혁과 발전의 새 로운 경지를 열다」, 구시(求是), 2015년판, 제11기.

「소유권 견지, 도급권 안정, 경영권 활성화를 통해 현대 농업 발전의 제도적 기반을 마 련한다-국무원 신문판공실 브리핑 중 <농촌 토지 소유권, 도급권, 경영권 분 리 방법 보완에 관한 의견>에 관한 기자의 질문에 대한 한장푸(韓長賦)의 답 변」, 농촌업무통신(農村工作通訊), 2016년, 제22기.

「시진핑, '삼농'사상의 새로운 관점, 새로운 견해, 새로운 요구」, 인민논단, 2015년 10월 하.

「시진핑, 빈곤구제 사업을 논하다-18차 당대회 이후 중요 논술 엮음」, 당 건설, 2015년, 제12기.

「시진핑, 처음으로 임업과 전면적인 샤오캉의 관계 논의」, 저장임업(浙江林業), 2016년, 제4기.

「시진핑, 후베이 시찰에서 아름다운 농촌 건설은 분을 바르고 치장하는 것이 아니고, 도시화가 농촌을 황폐하게 해서는 안 된다고 지적했다」, 도시규획통신, 2013 년, 제15기.

「농업과 농촌 사업을 강화할 데 관한 중국공산당 중앙의 결정」, 중화인민공화국 국무 원공보, 1991년, 제42기.

신문

시진핑, 「'3개 대표론' 중요 사상으로 실천을 지도하자」, 인민일보, 2003년 8월25일, 9 면.

시진핑, 「효율적인 생태를 위한 새로운 농업 현대화의 길을 걷다」, 인민일보, 2007년 3 월 21일, 9면.

시진핑, 「실사구시의 사상 노선을 견지하다」, 학습시보(學習時報), 2012년 5월 28일, 1면.

시진핑, 「전국 정치협상회의 신년 다과회 연설」, 인민일보, 2013년 1월 2일, 2면.

시진핑, 「'중앙의 전면적인 개혁 심화에 관한 몇 가지 주요 문제의 결정'에 대한 설명」, 인민일보, 2013년 11월 16일, 1면.

시진핑, 「'인민경제 및 사회발전을 위한 13차 5개년 계획 수립에 대한 중국공산당 중앙위원회의 제안'에 관한 설명」, 인민일보, 2015년 11월 4일, 2면.

한쥔(韓俊), 「농업 개혁은 반드시 가정 경영을 기반으로 해야 한다」, 경제일보, 2014년 8월 7일, 14면.

한시핑(韓喜平), 「신농촌 건설은 농촌 현실에 맞는 길을 가야 한다」, 랴오닝일보(遼寧日報), 2015년 3월 17일, 7면.

한장푸의「농업 기반 안정화 및 식량 안보 보장-농업 문제에 관한 시진핑 동지의 중요 논술에 대한 심층 연구 및 실현」, 인민일보, 2013년 12월 29일, 5면.

한장푸, 「3가지 주요 체계 구축과 농업 현대화 추진을 위해 시진핑 총서기의 안후이 샤오강촌에서의 중요 연설을 배우자」, 인민일보, 2016년 5월 18일, 15면.

장세신(蔣協新), 「과학적 사고 방법 육성 및 '삼농' 업무 능력 강화-18차 당대회 이후 '삼농'문제에 대한 시진핑 총서기의 중요 논술을 깊이 배우자」, 농민일보, 2014년 6월 7일, 3면.

농업부과학기술교육사, 「새로운 직업 농민 정책 지원 체계 구축을 가속화하자」, 농민일보, 2014년 10월 18일, 3면.

창웨이(强衛), 「농촌 개혁을 심화하여 농촌 현대화를 추진하자-원활한 '삼농' 사업을 위해 시진핑 동지의 중요 연설의 정신을 깊이 연구하고 이행하자」, 인민일보, 2014년 7월 15일, 7면.

장티에(張鐵), 「빈곤 탈출의 '중국 경험'공유」, 인민일보, 2015년 11월 25일, 5면.

「개혁의 집결 나팔은 이미 울렸다」, 인민일보, 2014년 3월 13일, 1면.

「'삼권분리', 농촌 토지 재산권 제도의 중대한 혁신」, 인민일보, 2016년 11월 4일, 6면.

「중미 상호 이익이 되는 농업 협력을 새로운 차원으로 끌어올린다」, 인민일보(해외판), 2012년 2월 18일, 4면.

「인민의 정서, 인민의 마음」, 인민일보, 2015년 6월 18일, 4면.

「전략적 집중력을 유지하고 발전 자신감 강화를 통해 혁신 속에서 새로운 진보를 이룬다」, 인민일보(人民日報), 2015년 7월 19일, 1면.

「전면적인 샤오캉사회 실현을 위한 빈곤구제 공방선에서 승리를 거두자-빈곤구제개발에 관한 시진핑 동지의 중요한 연설 정신을 깊이 배우자」, 인민일보, 2014년 4월 9일, 7면.

「자오위루(焦裕祿)의 정신을 배우고 널리 알리자」, 인민일보, 2014년 3월 19일, 4면.

「공급합작사의 고유한 장점과 중요한 역할을 발휘하여 농업 발전과 농민의 치부, 도시의 번영과 농촌의 번영을 위한 새로운 장을 열어나가자」, 인민일보, 2014년 7월 25일, 1면.

「후대를 위해 노력하는 정신을 발양해 나무를 많이 심고, 잘 관리하자」, 인민일보, 2016년 4월 6일, 1면.

「토지 경영권 활성화를 위해 농민에게 선택권을 주어야 한다」, 신화일보(新華日報), 2016년 4월 29일, 1면.

「장시(江西) 농촌 진흥의 새로운 길을 열기 위해 노력하자」, 강서일보(江西日報), 2017년 12월 4일, B03면.

「영원히 실전에 임하는 자세로 남보다 앞서 새로운 장을 모색해야 한다」, 인민일보, 2015년 5월 28일, 1면.

「직업교육 발전에 더 나은 지원을 함으로써 '두 개 100년' 목표 실현을 위한 인재를 보장하자」, 인민일보, 2014년 6월 24일, 1면.

「현대 농업의 발전을 이끄는 '3대 체계' 구축」, 안후이일보, 2016년 4월 9일, 1면.

「환경문제가 전면적인 샤오캉 실현의 병목이 되다」, 중국환경보, 2015년 3월 12일, 1면.

「기층 대표, 총서기의 우려에 대해 말하다」, 인민일보, 2016년 3월 9일, 4면.

「포괄적인 도농 발전의 강도를 높이고, 사회주의 신농촌 건설에 박차를 가하자」, 해방일보, 2007년 8월 24일, 1면.

「새로운 상황에서 농촌 개혁을 더욱 강력히 추진하여 농업기초를 튼튼히 하고 농민들이 편안하게 생활하고 즐겁게 일할 수 있도록 촉진하자」, 인민일보, 2016년 4월 29일, 1면.

「도시 현대 농업 발전을 가속화하자」, 농민일보(農民日報), 2016년 5월 12일, 1면.

「'화장실 혁명'을 꾸준히 추진하고, 대중 생활의 질에 영향을 미치는 단점 보완을 위해 노력하자」, 인민일보, 2017년 11월 28일, 1면.

「전 인민의 나무 심기를 아름다운 중국 건설을 위한 인민의 자발적인 행동으로 만들자」, 인민일보, 2015년 4월 4일, 1면.

「전면적인 개혁개방 심화를 확고히 하고, 착실하게 경제 사회 발전을 추진하자」, 인민일보, 2013년 7월 24일, 1면.

「확실한 빈곤구제개발로 민족 지역의 사회와 경제 발전에 박차를 가하자」, 인민일보, 2015년 1월 22일, 1면.

「많은 농민들이 개혁 발전의 성과를 함께 누릴 수 있도록 도농 통합 발전 체제 메커니즘을 보완하자」, 인민일보, 2015년 5월 2일, 1면.

「상하이 신농촌 건설의 새로운 국면을 열다」, 해방일보(解放日報), 2007년 6월 14일, 1면.

「상황을 정확하게 보고, 추세에 맞춰 우위를 발휘하고, 변증적 사고를 잘 운용해 발전을 계획하자」, 인민일보, 2015년 6월 19일, 1면.

「사람 중심의 발전 이념을 확고하게 세우고, '4가지 엄격한' 요구 사항을 이행하며 사람들의 '혀끝 안전'을 확실하게 보장한다」, 인민일보, 2016년 1월 29일, 1면.

「좋은 생태환경은 가장 보편적인 민생복지이다-생태문명건설을 논하다」, 광명일보(光明日報), 2014년 11월 7일, 1면.

「청산녹수는 금은보화다-저장 시절 시진핑 동지의 중요 논술 엮음」, 저장일보, 2015년 4월 17일, 3면.

「아름다운 농촌은 '마을의 정취'를 가져야 한다」, 충칭일보(重慶日報), 2015년 4월 14일, 1면.

「천 개 마을 시범, 만 개 마을 정비-저장성의 과학적 발전관 실시와 도농 통합 발전에 관한 기록」, 인민일보, 2004년 8월 10일, 6면.

「농촌 생산 및 생활 여건을 종합적으로 개선하자」, 인민일보(해외판), 2013년 10월 10일, 1면.

「전면적인 샤오캉으로 중국몽을 고무시키자」, 인민일보. 2015년 2월 26일, 1면.

「전 인민을 전면적인 샤오캉으로-시진핑 총서기와 당 중앙이 주목한 빈곤구제 사업에 대한 기록」, 인민일보, 2015년 11월 27일, 3면.

「상황과 초점을 정확하게 파악해 빈곤구제의 실효성을 확보하며, 새로운 상황에서 동·서부의 빈곤구제 협력사업을 착실히 완수하자」, 인민일보, 2016년 7월 22일, 1면.

「18기 3중 전회 정신을 성실하게 이행해 전면적인 개혁 심화를 위한 강력한 긍정 에너지를 모아야 한다」, 인민일보, 2013년 11월 29일, 1면.

「개혁개방을 심화하고 혁신에 의한 발전을 추신하고, 연간 경제 시회 발전 목표를 실현하자」, 인민일보, 2013년 11월 6일, 1면.

「'삼농', 중국몽 실현의 기초」, 광명일보, 2013년 9월 13일, 10면.

「시장 지향, 인민을 위한 공정성과 효율성」, 인민일보, 2013년 11월 10일, 1면.

「농민의 전문 협력, 공급 및 마케팅 협력, 신용협력의 '삼위'인 새로운 협력 체계를 모색하고 구축했다-저장 농촌 개혁은 이렇게 문제를 풀어내다」, 경제일보(經濟日報), 2017년 7월 14일, 1면.

「'물적, 인적 신농촌' 건설을 함께 추진하자」, 인민일보(해외판), 2014년 12월 24일, 1면.

「완전히 진보적이고 탄탄한 기층 당 조직 건설을 추진하자」. 중국조직인사보(中國組織人事報), 2015년 8월 28일, 1면.

「빈곤 탈출을 위한 공방전의 집결 나팔을 울리다」, 인민일보(해외판), 2016년 3월 10일, 1면.

「빈곤 탈출을 위한 돌격 나팔은 이미 울렸고, 당과 국가 전체가 목표를 향한 각오를 다져야 한다」, 인민일보, 2015년 11월 29일, 1면.

「중화민족의 영속적인 발전을 위하여-생태 문명 건설에 대한 시진핑 총서기의 관심 기록」, 인민일보, 2015년 3월 10일, 1면.

「시진핑, 2015 빈곤 감소와 발전 고위급 포럼 참석 기조연설」, 인민일보, 2015년 10월 17일, 1면.

「시진핑, 리커창, 왕후닝, 자오러지, 한정 전인대회의 일부 대표단 심의에 각각 참석하여」, 인민일보, 2018년 3월 9일, 1면.

「시진핑, 리커창, 장더장, 위정성, 류윈산, 왕치산, 장가오리 전인대회의 일부 대표단 심의에 각각 참석」, 인민일보, 2016년 3월 9일, 1면.

「시진핑, 빈곤구제를 논하다」, 인민일보(해외판), 2016년 9월 1일, 7면.

「시진핑, 샤오강 농촌 개혁 심포지엄 주재」, 『인민일보(해외판)』, 2016년 4월 29일, 1면.

「시진핑, 중국공산당 중앙정치국 회의 주재」, 신화일보, 2014년 8월 30일, 1면.

「농촌 진흥을 위한 시책을 잘 세우자」, 광명일보(光明日報), 2018년 3월 9일, 1면.

「도로 건설로 부의 문을 활짝 열자-농촌 도로 발전에 관한 시진핑 총서기의 관심 기록」, 인민일보(해외판), 2014년 4월 29일, 1면.

「개혁 방안의 질을 엄격히 관리해 개혁의 진전과 성과를 보장하자」, 인민일보, 2014년

9월 30일, 1면.

「세대를 잇는 확고부동한 나무 사랑, 식수 보호의 노력을 기울여」, 인민일보, 2014년 4
월 5일, 1면.

「법규에 따른 경작지 점유와 보상의 균형을 잘 맞추고, 농촌 토지 이전을 규범에 맞게
질서정연하게 추진하자」, 인민일보, 2015년 5월 27일, 1면.

「더 큰 정치적 용기와 지혜로 개혁을 심화하고, 18차 당대회가 이끄는 개혁개방의 방향
으로 나아가자」, 인민일보, 2013년 1월 2일, 1면.

「당 건설 강화와 개선에 더욱 분발해 ‘12차 5개년’시기의 좋은 출발을 강력히 보장하
자」, 인민일보, 2011년 3월 24일, 1면.

「제도 장벽을 통해 권력이 생태를 해치지 않도록 방지하자」, 중국녹색시보(中國綠色時
報), 2015년 8월 25일, 1면.

「농촌 개혁 발전 추진을 위한 몇 가지 중대한 문제에 대한 중국공산당 중앙의 결정」, 인
민일보, 2008년 10월 20일, 1면.

「심층적인 농업 공급측 구조 개혁 추진으로 농업 및 농촌 발전을 위한 새로운 동력 육
성 가속화에 관한 중국공산당 국무원의 몇 가지 의견」, 인민일보, 2017년 2월
6일, 1면.

중국 공산당 중앙 국무원이 ‘개혁과 혁신 강화 및 농업 현대화 가속화에 대한 몇 가지
의견’ 발표」, 인민일보, 2015년 2월 2일, 1면.

「중앙 도시화업무회의 베이징에서 개최」, 인민일보, 2013년 12월 15일, 1면.

「중앙 농촌업무회의 베이징에서 개최」, 인민일보, 2013년 12월 25일, 1면.

「중앙 농촌업무회의 베이징에서 개최」, 인민일보, 2015년 12월 26일, 1면.

「중앙 농촌업무회의 베이징에서 개최」, 인민일보, 2017년 12월 30일, 1면.

「경제 발전 뉴노멀을 능동적으로 파악하고 적응하면서 개혁개방과 현대화 건설을 새
로운 차원으로 끌어 올리자」, 인민일보, 2014년 12월 15일, 1면.

「샤오캉의 꿈을 이루기 위한 탄탄대로를 잘 구축해야」, 인민일보, 2014년 4월 29일, 1
면.

찾아보기

ㅊ

ㅌ

ㅎ

번호

국가사회과학기금은 18차 당대회 이후 당 중앙의 국정운영에 대한 새로운 이념과 사상 및 전략 연구를 위해 '시진핑 국정운영에 대한 새로운 사상 연구'(승인번호:16ZZD001)라는 특별 프로젝트를 추진했고, '중국 특색 사회주의 농촌 활성화의 길로 나아가다'는 그 하위 프토젝트 중 하나인 '시진핑의 새로운 국정이념 사상 연구·농업 및 농촌 서적'의 최종 성과입니다. 이 프로젝트는 중앙 농촌업무 지도팀 판공실의 지도하에 중국사회과학원 농촌발전연구소와 후베이성 사회과학원의 공동 연구를 통해 완성되었습니다. 이 프로젝트는 천시원(陳錫文)이 팀장을 맡았고, 부팀장은 한쥔(韓俊), 웨이허우카이(魏后凱), 송야핑(宋亞平), 코디네이터는 런창칭(任常青), 학술비서는 마춰핑(馬翠萍)이 담당했습니다.

총 10장으로 구성된 이 책은 연구팀이 여러 차례 토론을 거쳐 함께 완성한 공동 성과입니다. 각 장의 집필진은 다음과 같습니다. 제1장 총론은 런창칭(任常青)이, 제2장 농촌 기본 경영 제도의 안정과 완비는 웬펑(苑鵬), 제3장 농촌 개혁 심화는 후빙촨(胡冰川), 제4장 국가 식량 안보 보장은 펑웨이(彭瑋), 제5장 중국 특색의 농업 현대화 실현은 가오량량(郜亮亮), 제6장 도시 통합 발전 추진은 마더푸(馬德富), 제7장 사회주의 신농촌 건설은 진화(金華), 제8장 정확한 빈곤구제개발계획 실시는 송야핑(宋亚平), 제9장 농촌 생태문명 건설 가속화는 위파원(於法稳), 제10장 당의 지도와 농촌 관리 강화는 마오청(毛鍼)이 집필했습니다.

이 책의 집필 개요와 기본 틀은 천시원(陳錫文), 한쥔(韓俊), 웨이허우카이(魏后凱)가 함께 결정하고 여러 차례의 수정과 보완을 거쳤습니다. 집필 과정에서 연구팀은 베이징에서 수차례 내부 세미나와 전문가 검토회의를 가졌으며, 쉬샤오칭(徐小青), 두즈슝(杜志雄), 친푸(秦富), 린완룽(林萬龍), 장웬홍(張元紅)이 원고에 대한 수정 의견과 건의를 제시했습니다. 단체 토론과 전문가의 의견에 따라 연구팀은 원고를 4차례 수정한 후 2017년 4월 심사 원고를 제출했고, 전문가와 상급 관련 기관의 검토의견에 따라 19차 당대회 정신을 바탕으로 수정하고 보완했습니다. 모든 원고는 웨이허우카이, 런창징, 위파원이 번갈아 검토하고 수정한 후 천시원과 웨어허우카이가 심사 결정했습니다. 중앙 농촌업무 지도팀 판공실의 자오양(趙陽), 뤄단(羅丹) 등이 일부 예비 작업에 참여했고, 왕빈(王賓)이 관련 문헌을 수집하고 정리했습니다.

이 책은 시진핑 신시대 중국 특색 사회주의 사상을 이해하고 터득한 결과물이자, '삼농'에 관한 시진핑 총서기의 중요한 논술을 배우고 이해하는 단계적인 성과입니다. 시진핑 신시대 중국 특색 사회주의 사상은 장기적으로 견지해야 하는 사업이며 지속적으로 끊임없이 배우고 터득해야 합니다. 집필진의 능력 한계로 인해 미흡한 부분이 있을 수 있습니다. 독자 여러분들의 지도편달을 부탁드립니다.

연구팀

2019년 2월

지은이 소개

천시원(陳錫文) 제13기 전국인민대표대회 상무위원회 위원, 농업및농촌 위원회 주임위원, 중앙농촌업무지도팀 전임 부팀장 겸 판 공실 주임, 중앙 당건설업무지도팀 구성원, 중앙정신문명 건설지도위원회 위원, 중국공산당 제16차, 제17차, 제18차 전국대표대회 대표. 순예팡(孫冶方)경제과학상, 중국발전 연구상 수상. 청화대학, 중국인민대학, 중국농업대학 등 대 학 겸직교수.

웨이허우카이(魏后凱) 경제학 박사, 중국사회과학원 농촌발전연구소 소장, 연구 원, 박사 지도교수, 전국인대 농업및농촌위원회 위원, 중국 교외경제연구회 회장, 중국임목어업 경제학회 회장 등 직 무 겸임. 국가"만인계획"철학사회과학 인재.

송야핑(宋亞平) 허베이(胡北)성 사회과학원 전임 원장, 2급 교수, 국무원 정부특수수당금 향유.『셴안(咸安)정치개혁』,『출로』,『중 국현제』등 10여 부 학술저서 출판. 인민일보,『근대사 연 구』,『이론 모색』,『쟝한(江漢)포럼』등 중요 신문과 잡지에 10여 편 학술논문 발표. 여러차례 국가급, 성급 상(성위원회 조사연구성과상, 성정부발전연구상 등) 수상.

옮긴이 소개

김선녀(金善女) 베이징대학 석사학위 취득.(2008년) 현재 중앙민족언어번역국 부교수.

시진핑 신시대 중국 특색 사회주의 사상 학습 총서

중국 특색 사회주의 농촌 활성화의 길로 나아가다
走中國特色社會主義鄉村振興道路

초판1쇄 인쇄 2021년 11월 16일
초판1쇄 발행 2021년 11월 26일

지은이　　천시원陳錫文 웨이허우카이魏后凱 송야핑宋亞平
옮긴이　　김선녀金善女
펴낸이　　이대현
편집　　　이태곤 권분옥 문선희 임애정 강윤경
디자인　　안혜진 최선주 이경진
마케팅　　박태훈 안현진

펴낸곳　　도서출판 역락
출판등록　1999년 4월 19일 제303-2002-000014호
주소　　　서울시 서초구 동광로 46길 6-6 문창빌딩 2층 (우06589)
전화　　　02-3409-2060
팩스　　　02-3409-2059
홈페이지　www.youkrackbooks.com
이메일　　youkrack@hanmail.net

ISBN 979-11-6742-044-2 94300
ISBN 979-11-6742-041-1 94300(세트)